人力资源管理
——数智时代的变革与实践

许 龙 郑伟波 编 著

清华大学出版社
北 京

内 容 简 介

本书分为理论基础篇、实践职能篇和数智转型篇3部分，设置了人力资源管理概述、人力资源管理的基础、工作分析、胜任素质模型、人力资源战略与规划、招聘与甄选、培训与开发、职业生涯规划与管理、绩效管理、薪酬管理、员工关系管理、数智化人力资源管理、员工体验管理、弹性工作制、数据隐私与伦理管理共计十五章内容，论述详尽、逻辑严谨，可以帮助读者全面、深入地理解人力资源管理，建立完整的知识体系。鉴于人力资源管理具有实践性和应用性强的特点，本书强化了对实际操作技能和方法的介绍，并引入了大量的案例分析，便于读者掌握并应用所学知识。本书紧跟时代步伐，专门设立了数智转型篇，探讨了与数智化人力资源管理相关的前沿话题，反映了人力资源管理在数智时代的最新变革与实践。

本书既适合作为高等院校人力资源管理相关专业本科和高职高专课程的教材，也可供人力资源管理从业人员或对本领域有兴趣的读者参考。

本书封面贴有清华大学出版社防伪标签，无标签者不得销售。

版权所有，侵权必究。举报：010-62782989，beiqinquan@tup.tsinghua.edu.cn。

图书在版编目(CIP)数据

人力资源管理：数智时代的变革与实践 / 许龙，郑伟波编著．
北京：清华大学出版社，2025.5.--ISBN 978-7-302-69135-8
Ⅰ．F241
中国国家版本馆 CIP 数据核字第 20256ML909 号

责任编辑：陈　莉
封面设计：周晓亮
版式设计：方加青
责任校对：马遥遥
责任印制：刘海龙

出版发行：清华大学出版社
网　　址：https://www.tup.com.cn，https://www.wqxuetang.com
地　　址：北京清华大学学研大厦 A 座　　邮　编：100084
社 总 机：010-83470000　　邮　购：010-62786544
投稿与读者服务：010-62776969，c-service@tup.tsinghua.edu.cn
质 量 反 馈：010-62772015，zhiliang@tup.tsinghua.edu.cn
印 装 者：北京同文印刷有限责任公司
经　　销：全国新华书店
开　　本：185mm×260mm　　印　张：18.5　　字　数：428 千字
版　　次：2025 年 6 月第 1 版　　印　次：2025 年 6 月第 1 次印刷
定　　价：68.00 元

产品编号：095996-01

作者简介 ABOUT THE AUTHOR

许龙，管理学博士，河北经贸大学工商管理学院副教授、硕士生导师，公司治理与企业成长研究中心研究院副主任，中国人力资源开发研究会京津冀协同发展人力资源开发研究中心特聘研究员，新西兰梅西大学访问学者，主要研究方向为数字化转型与企业高质量发展；近年来，主持省部级以上课题7项，公开发表SCI、CSSCI及北大核心期刊论文11篇，出版专著4部。

郑伟波，管理学博士，河北经贸大学工商管理学院教授、硕士研究生导师，民盟盟员；兼任中国人力资源开发研究会理事，京津冀人力资源开发研究中心执行主任；主要从事组织人才离职与保持、科技人才活力激发、国际化人才跨文化适应等领域的研究；先后主持国家社科1项、教育部课题5项、省部重点课题15项；出版《城市群比较视角的区域科技人才活力评价与激发》、《"嵌入式"国际化人才培养模式的建构与深化》、*Retaining your Valuable Knowledge Employees，best perspective of Social Capital*等专著6部，《人力资源管理》等教材2部；首批国家一流本科课程"人力资源管理"主讲教师、省级优秀教学团队带头人，先后荣获河北省第八届教学成果奖二等奖、河北省优秀科普图书优秀奖、河北省社科出版优秀成果奖；发表SSCI、EI、CSSCI学术文章17篇。

总序 Total order

在数智浪潮中探索新财经教育改革之路

——新财经教育系列教材总序

在数字化与智能化浪潮席卷全球的当下，高等教育正面临前所未有的变革与挑战。以大数据、人工智能、区块链等新兴技术为核心的数智变革，在商业实践领域亦得到了广泛开展，传统的商科教育已难以满足新时代社会对高素质人才的需求，亟须变革。国家教育部积极推动"四新"(新工科、新医科、新农科、新文科)建设，旨在培养满足新时代需求的创新型、复合型、应用型人才。作为新文科建设的重要组成，财经类专业教育的改革势在必行。

河北经贸大学是河北省重点建设的骨干大学，是以经济学、管理学、法学为主，兼有哲学、文学、理学、工学和艺术学的多学科财经类大学。学校始终紧跟时代步伐，积极探索教育教学改革的新路径。近年来，学校与教育部教育发展研究中心合作建设"新财经"本科教育实验基地，以培养具有家国情怀、专业知识、信息技术、职业素养、国际视野的复合性应用型高素质新财经人才为目标，全面推进新财经教育改革。经过几年的探索，形成了"价值引领·科技赋能·文化滋养·产教融合"的人才培养特色，截至2024年底，已开发新财经课程161门，立项建设人工智能试点课程35门、新财经类专业教材40部、新财经类专业教学案例库30个。2023年完成本科教育教学审核评估，评估专家组对新财经教育改革给予了充分肯定，改革案例被推荐为教育部典型示范案例。

河北经贸大学工商管理学院在推进新财经教育改革的过程中，积极更新教学内容，将企业真实场景转化为教学资源，努力使课堂教学与行业前沿保持"零时差"，并及时总结课程改革成果，恰逢其时地推出了《商业伦理与企业社会责任——数智时代的商业变革与管理创新》《商业智能与科学决策》《智慧资源建设与开发》《人力资源管理——数智时代的变革与实践》《数智时代人格认知与情商提升》等5本新财经教育系列教材。这既是工商管理学院在新财经教育改革领域的积极探索，也是教学改革和课程建设的重要成果。通过本系列教材的建设，基本实现了"将商业伦理融入课程基因，让人工智能成为基础素养，使产教融合贯穿培养全程"的工商管理类专业新财经教育改革目标。

本系列教材是河北经贸大学新财经教育改革核心理念的成果结晶，具有以下三个显著特征：一是覆盖价值根基、决策智能、资源开发、组织变革、领导力进化等商业管理关键领域；二是通过整合真实企业案例资源库、数字化工具包与伦理决策沙盘等，形成对数智时代的回应；三是建设动态更新的知识库、案例库和素材库等，确保教材内容始终与技术同步迭代。本系列教材的出版，凝聚了河北经贸大学工商管理学院众多专家、学者和教学骨干的智慧与心血，他们依托深厚的学术素养与丰富的教学经验，将前沿理论知识与实践案例有机融入教材之中。

本系列教材不仅是知识的载体，更是通向数智未来的桥梁。期待本系列教材助力新一代学人：既能游刃有余地驾驭算法世界，又能坚守价值判断的准绳，在科技与人文的交汇处找到平衡；既能掌控智能决策系统，赋能商业发展，又能守护商业文明初心，实现科技向善。这或许就是新财经教育的真谛——用科技拓展能力边界，以人文定航发展方向。希望本系列教材的出版能够为财经教育领域增添新的活力，为培养满足数智时代需求的高素质新财经人才提供有力支持。希望广大学生能够充分利用这些优质教材，努力学习，提升自身综合素质，为未来的职业发展打下坚实的基础。

河北经贸大学工商管理学院新财经教育系列教材编写组

2025年3月

序 PREFACE

党的二十大报告明确指出"加快发展数字经济"和"建设数字中国",党的二十届三中全会进一步强调"促进实体经济和数字经济深度融合"。可以预见,在未来的发展中,数字化、智能化将对我国经济社会生活的各领域、各行业产生深刻且长远的影响。

近年来,数字化、智能化的演进可谓日新月异。从计算机应用的初步探索,到互联网的全面普及,再到大数据、人工智能、云计算等前沿技术的广泛渗透、深度融合,数智科技的无限潜能不仅深刻改变了人们的工作与生活方式,而且持续颠覆传统组织管理的理念、认知和行为。过去,组织管理注重层级分明和流程规范;如今,数智技术广泛应用促使组织趋于扁平化,更加强调协作、共享和创新。在此背景下,组织数字化运营环境变得日趋繁杂,人力资源管理部门也从传统事务性职能部门转变为战略合作伙伴,并逐步向泛人才化、业务终端化和数字赋能转型。

当下,传统人力资源管理既面临数字化、智能化迅猛发展带来的巨大挑战,同时也迎来变革创新的契机。《人力资源管理——数智时代的变革与实践》一书顺应这一时代潮流,积极致力于培养适应数字化转型的职业管理人才,重塑数智化思维与管理理念,是极具现实意义和针对性的新探索。

本书精准把握人力资源管理理论发展的趋向,将数智技术与核心理论加以融合,构建新体系、提出新观点,显著提升了学科的数字化价值。本书的内容紧密贴合现代组织对数字化人力资源管理的真实需求,有力助推组织数智化转型。本书深度剖析数据挖掘、数据分析等技术在"选、育、用、留"各职能中的应用,为管理者提供切实可行的人力资源管理解决方案。尤其是对员工体验、弹性工作制、数据隐私与伦理挑战等前沿议题的研讨,充分彰显作者对人文关怀和社会责任的高度关切,使内容更丰富、框架更完备,更加契合时代与组织发展的需要。

此外,本书在案例上精挑细选,以华为、阿里巴巴、京东等典型企业实践经验为例,结合理论深入解析,帮助读者深刻领悟数字化转型对人力资源管理的深远影响。实践案例与理论知识水乳交融、相得益彰,不仅能让读者系统掌握数智时代人力资源管理最基本的概念、方法和原理,还能通过典型案例的解读为有效解决实际操作中的难题、为数字赋能组织管理决策提供有益思路。

当前,数智化浪潮以前所未有的速度重塑各行各业,人力资源管理学科面临前所未有的变革与挑战。本书不仅是数字化背景下组织管理变革的有益尝试,而且有助于人力资源管理从业者系统学习前沿知识和理论。无论是工商管理专业的学生,还是人力资源管理领域的从业者，皆能从中获得深刻洞见与实践启发。

诚望广大读者借由本书，深入洞察数智时代人力资源管理的深刻内涵，切实提升数智素养与职业发展能力，于时代浪潮中勇立潮头，勤于思、敏于行，积极助力组织实现数智化跨越和可持续高质量发展。

以此为序，亦是共勉。

陈　亮

2025年3月

前言 PREFACE

随着数智化浪潮以磅礴之势席卷全球，企业管理模式与社会运行方式正发生前所未有的深刻变革，人力资源管理领域亦被裹挟其中。借助先进的信息技术与大数据分析手段，企业对人力资源管理的关注已由单纯聚焦效率与规范，逐渐拓展到灵活应变、创新驱动，以及全面践行社会责任等更高层次的要求。本书正是基于这一时代背景应时而生，旨在以理论与实践紧密结合的方式，帮助读者构建从传统基础知识到前沿热点议题的完整知识体系，进而培养读者"知识广博、能力过硬和德法兼修"的综合素养。

在教材的设计理念中，社会主义核心价值观始终是不可或缺的基石。本书力图将对"人力资源"这一管理对象的关注，从单纯的业务范畴拓展至对人的尊重、对社会公平与正义的体悟，以及对责任担当与国际视野的自觉培育。在内容组织上，不仅系统阐释了从概念界定到经典理论，从核心职能介绍到实践操作指南的全流程知识体系，也充分融入了当今企业在数智化转型进程中所遭遇的各类挑战与机遇。通过案例分析、情境模拟、多元化教学活动等方式，深入探究了华为、阿里巴巴、京东等中国先进企业在招聘、绩效、培训、薪酬、数据隐私保护以及员工体验管理等领域的丰富实践经验。强调"人类命运共同体"理念、企业社会责任及公平正义等核心价值观，并将其有机融入对每一项人力资源管理职能的思考之中，帮助读者在真实的管理场景中理解理论与方法的深层内涵。

在编排结构上，本书分为3部分，为读者提供一条由浅入深的学习路径。第一部分是理论基础篇，聚焦于基础理论与宏观环境层面，从人力资源管理的基本原理、学科发展脉络、外部环境影响以及内部环境因素等多个维度进行深入剖析，使读者对人力资源管理的基本内涵、理念及研究范畴有清晰的认知。第二部分是实践职能篇，围绕人力资源管理的实践职能，全面且深入地解析了工作分析、胜任素质模型、招聘甄选、培训开发、职业生涯规划与管理、绩效管理、薪酬管理、员工关系管理等领域的核心知识要点，并辅以大量标杆企业真实案例及实用管理工具，实现理论知识与实践应用的无缝衔接。第三部分是数智转型篇，专门针对数智转型背景下的人力资源管理新趋势进行探讨，涵盖数智技术对传统人力资源职能的重塑、员工体验管理的创新探索、弹性工作制的管理策略，以及数据隐私与伦理决策的具体实践等前沿内容。在这一部分，本书尝试将数字时代的快速迭代特征与人文关怀理念深度融合，既引导读者掌握前沿技术在人力资源管理中的应用逻辑，又着重强调对员工权益保障、社会责任履行及管理伦理遵循的深层关注。

为了更好地体现高阶性、创新性、挑战度"两性一度"的理念，本书在案例选择、思考题设计及章节内容编排等方面，始终坚持引导读者在学习专业知识的同时，将企业实践与社会责任、管理伦理相结合：一方面，通过选取华为、海尔、平遥日升昌票号、滴滴出行等既熟悉又具典型意义的案例，阐释公平、责任与道德在管理过程中的重要性；另一方面，通过开展批判性思维训练和综合实践活动，鼓励读者在独立思考与团队讨论中深刻理解时代议题与个人使命。为满足多层次教育需求，本书还配备了教学课件、思考题、情境案例分析及课程标准等立体化教学资源，既能支撑本科生的系统学习，也能为研究生的学术研究与企业实践提供扎实参考。

本书系河北经贸大学工商管理学院"人力资源管理"课程团队多年教学与研究成果的结晶，是河北经贸大学"新财经教育系列教材"之一。自教育部大力推进"四新"建设以来，河北经贸大学积极探索多元联动协同育人模式，于2019年创设"新财经"教育改革模式，并与教育部教育发展研究中心合作建设"新财经"本科教育实验基地，成为财经类高校在财经教育领域中的一次崭新探索与有益尝试。作为学校的骨干学院，工商管理学院也积极响应新财经教育改革号召，不断完善教学设计，助力人力资源管理课程成为国家级一流本科课程。编者团队在参考国内外学者与业界同人意见的基础上，力图在尊重学科体系完整性的同时，敏锐回应新技术与新理念对人力资源管理的冲击与变革。然而，因编者水平有限，书中难免有不足之处，恳请各位读者批评指正，以便我们在后续研究中不断完善、持续提升。衷心希望本书能为更多读者带来启发与指引，也愿大家在数智时代的人力资源管理浪潮中勇立潮头，共同铸就包容且富有活力的组织与社会。

本书免费提供教学课件、教学大纲、课程教案和期末试卷，可扫码下载。

教学课件　　　　教学大纲　　　　课程教案　　　　期末试卷

作者在编写本书的过程中参考了大量国内外学者的研究成果，并尽可能附于参考文献处，但时间和精力有限，定有遗漏，在此一并致谢。

许龙

2025年1月

目录 CONTENTS

第一部分 理论基础篇

第一章 人力资源管理概述 / 2

第一节 人力资源 / 3
一、资源与人力资源 / 3
二、人力资源的特征 / 5
三、人力资源与相关概念辨析 / 9

第二节 人力资源管理 / 11
一、人力资源管理的概念 / 11
二、人力资源管理的基本职能及其关系 / 12
三、人力资源管理的功能 / 15
四、人力资源管理的根本任务 / 17
五、人力资源管理的基本原理 / 19

第三节 战略人力资源管理 / 24
一、战略人力资源管理的概念 / 24
二、战略人力资源管理的基本特征 / 24
三、战略人力资源管理的主要观点 / 25

第四节 人力资源管理者和人力资源管理部门 / 26
一、人力资源管理者 / 26
二、人力资源管理部门 / 28
三、人力资源管理者和人力资源管理部门的核心角色 / 31

本章小结 / 33
关键术语 / 33
思考题 / 33
案例1-1 海尔集团的战略人力资源管理 / 34
案例1-2 平遥日升昌票号的用人之道 / 35

第二章 人力资源管理的基础 / 37

第一节 理论基础 / 37

一、人性假设理论 / 37
　　　二、激励理论 / 41
　第二节　环境分析 / 47
　　　一、外部环境分析 / 48
　　　二、内部环境分析 / 48
本章小结 / 49
关键术语 / 50
思考题 / 50
案例2-1　华为的人本管理实践 / 50
案例2-2　阿里巴巴的激励策略 / 51
案例2-3　华为公司的组织结构变革 / 52

第二部分　实践职能篇

第三章　工作分析 / 56
　第一节　工作分析概述 / 56
　　　一、工作分析的概念 / 56
　　　二、工作分析的层次 / 57
　　　三、工作分析的时机 / 57
　　　四、工作分析的内容 / 58
　　　五、工作分析的作用 / 59
　第二节　工作分析的流程和方法 / 60
　　　一、工作分析的流程 / 60
　　　二、工作分析的方法 / 63
　第三节　工作说明书 / 66
　　　一、工作说明书的含义 / 66
　　　二、工作说明书的内容 / 66
　　　三、工作说明书的意义 / 67
　　　四、工作说明书的编写 / 68
　　　五、工作说明书的应用 / 71
本章小结 / 72
关键术语 / 73
思考题 / 73
案例3-1　瑞幸公司咖啡师岗位工作说明书 / 73

第四章　胜任素质模型 / 75
　第一节　胜任素质模型概述 / 75
　　　一、胜任素质 / 76

二、胜任素质模型的概念 / 78
　　三、胜任素质模型的类型 / 78
第二节　胜任素质模型的构建 / 78
　　一、胜任素质模型构建的程序 / 78
　　二、胜任素质模型构建的方法 / 79
本章小结 / 81
关键术语 / 81
思考题 / 81
案例4-1　首席数字官的胜任素质模型 / 81

第五章　人力资源战略与规划 / 83

第一节　人力资源战略概述 / 83
　　一、人力资源战略的概念 / 83
　　二、人力资源战略的地位 / 84
　　三、人力资源战略的匹配与柔性 / 85
第二节　人力资源规划概述 / 89
　　一、人力资源规划的概念 / 89
　　二、人力资源规划的功能 / 89
　　三、人力资源规划的种类 / 90
　　四、人力资源规划的内容 / 90
第三节　人力资源规划的制定原则和制定过程 / 93
　　一、人力资源规划的制定原则 / 93
　　二、人力资源规划的制定过程 / 94
第四节　人力资源供需预测及综合平衡 / 95
　　一、人力资源供给预测 / 95
　　二、人力资源需求预测 / 98
　　三、人力资源供需综合平衡 / 101
本章小结 / 103
关键术语 / 103
思考题 / 103
案例5-1　数智转型下的人力资源规划实践：XYZ公司 / 104

第六章　招聘与甄选 / 106

第一节　招聘概述 / 106
　　一、招聘的概念 / 106
　　二、招聘的流程 / 107
　　三、招聘的职责分工 / 109
　　四、招聘的意义 / 109

第二节　人力资源招募 / 110
　　一、人力资源招募的概念与渠道 / 110
　　二、企业内部招募 / 110
　　三、企业外部招募 / 114
　　四、企业内外部招募对比 / 116

第三节　人力资源甄选 / 116
　　一、人力资源甄选的概念与流程 / 116
　　二、人力资源甄选的技术 / 118

第四节　人力资源录用 / 122
　　一、人力资源录用的原则 / 123
　　二、人力资源录用的流程 / 123

第五节　人力资源招聘效果评估 / 125

本章小结 / 126

关键术语 / 126

思考题 / 127

案例6-1　张旭的烦恼 / 127

第七章　培训与开发 / 129

第一节　培训与开发概述 / 130
　　一、培训与开发的概念及异同点 / 130
　　二、培训与开发的目标 / 131
　　三、培训与开发的意义 / 131
　　四、培训与开发的原则 / 131
　　五、企业培训与开发的注意事项 / 132

第二节　培训与开发的实施过程 / 133
　　一、培训需求分析 / 133
　　二、培训方案设计 / 136
　　三、培训活动实施 / 139
　　四、培训转化 / 140
　　五、培训效果评估 / 141

第三节　培训与开发的具体应用 / 143
　　一、在职培训与脱产培训 / 144
　　二、新员工培训 / 145
　　三、管理人员培训 / 146

本章小结 / 147

关键术语 / 148

思考题 / 148

案例7-1　华为大学的成功实践 / 148

第八章 职业生涯规划与管理 / 150

第一节 职业生涯规划 / 151
一、职业生涯概述 / 151
二、职业生涯规划概述 / 153

第二节 职业生涯规划的理论 / 155
一、职业发展理论 / 155
二、职业发展性向理论 / 156
三、职业锚理论 / 157
四、特征-因素理论 / 158
五、职业决策模型理论 / 159

第三节 职业生涯规划的原则和流程 / 159
一、职业生涯规划的原则 / 159
二、职业生涯规划的流程 / 160

第四节 职业生涯管理 / 162
一、职业生涯管理概述 / 162
二、职业生涯通道管理 / 163
三、职业生涯管理方式 / 164

本章小结 / 166
关键术语 / 166
思考题 / 166
案例8-1 阿里巴巴的职业生涯管理 / 166

第九章 绩效管理 / 168

第一节 绩效与绩效管理 / 169
一、绩效概述 / 169
二、绩效管理概述 / 170

第二节 绩效管理的工具 / 171
一、目标管理 / 171
二、关键绩效指标 / 173
三、平衡计分卡 / 175
四、目标与关键结果 / 177

第三节 绩效管理的流程 / 180
一、绩效计划 / 180
二、绩效实施与监控 / 181
三、绩效考核与评估 / 182
四、绩效反馈与改进 / 184
五、绩效结果应用 / 185

第四节　绩效评价方法 / 186
　　一、比较法 / 186
　　二、量表法 / 188
　　三、描述法 / 191
本章小结 / 191
关键术语 / 191
思考题 / 191
案例9-1　A公司的绩效考核 / 192

第十章　薪酬管理 / 194

第一节　薪酬概述 / 195
　　一、薪酬的概念 / 195
　　二、薪酬的构成 / 195
　　三、薪酬的影响因素 / 196
　　四、薪酬的功能 / 197
　　五、薪酬的设计模式 / 198
　　六、薪酬管理的基本理论与根本原则 / 199

第二节　薪酬设计 / 200
　　一、关键决策点 / 201
　　二、基本薪酬 / 202
　　三、可变薪酬 / 205
　　四、福利体系 / 206

第三节　特殊人员的薪酬管理 / 208
　　一、销售人员的薪酬管理 / 208
　　二、技术人员的薪酬管理 / 209
　　三、管理人员的薪酬管理 / 211
　　四、外派人员的薪酬管理 / 212

本章小结 / 213
关键术语 / 213
思考题 / 214
案例10-1　A公司薪酬管理与福利设计 / 214

第十一章　员工关系管理 / 216

第一节　员工关系管理概述 / 217
　　一、员工关系 / 217
　　二、员工关系管理的相关内容 / 218

第二节　劳动关系 / 219
　　一、劳动关系概述 / 219

二、劳动合同 / 220

三、劳动争议 / 221

四、离职管理 / 222

第三节 劳动保护 / 223

一、劳动保护概述 / 223

二、工作时间 / 224

三、压力管理 / 225

本章小结 / 225

关键术语 / 226

思考题 / 226

案例11-1 滴滴出行公司的员工关系管理 / 226

第三部分 数智转型篇

第十二章 数智化人力资源管理 / 231

第一节 人力资源管理数智化及其发展脉络 / 231

一、人力资源管理数智化的概念 / 231

二、人力资源管理数智化的历史演进 / 232

三、人力资源管理数智化的发展趋势 / 232

四、人力资源管理数智化的意义 / 236

第二节 数智化人力资源管理的流程与内容 / 237

一、常见的数智技术 / 237

二、数智化人力资源管理的流程 / 238

三、数智化人力资源管理的内容 / 239

本章小结 / 240

关键术语 / 240

思考题 / 240

案例12-1 数字时代天虹的人力资源管理变革 / 241

第十三章 员工体验管理 / 243

第一节 员工体验概述 / 243

一、员工体验的概念 / 243

二、员工体验概念的演变过程 / 244

三、关注员工体验的意义 / 244

第二节 员工体验管理的相关内容 / 245

一、员工体验管理的流程 / 245

二、员工体验管理的要素 / 246

三、员工体验管理的核心触点 / 250

四、员工体验管理的测评工具 / 251

本章小结 / 252

关键术语 / 252

思考题 / 252

案例13-1　京东方人力资源共享服务中心打造极致员工体验 / 252

第十四章　弹性工作制 / 254

第一节　弹性工作制概述 / 254

　　一、弹性工作制的概念 / 254

　　二、弹性工作制的类型 / 254

　　三、弹性工作制的演变过程 / 255

　　四、实施弹性工作制的意义 / 256

第二节　弹性工作制的管理 / 256

　　一、弹性工作制的实施流程 / 256

　　二、弹性工作制的要素 / 257

本章小结 / 258

关键术语 / 258

思考题 / 259

案例14-1　字节跳动的弹性工作制实践 / 259

第十五章　数据隐私与伦理管理 / 261

第一节　数据隐私与伦理管理概述 / 262

　　一、数据隐私 / 262

　　二、数据在人力资源管理中的应用 / 263

　　三、数据隐私与伦理管理的价值和意义 / 264

　　四、数据隐私与伦理管理的相关法律法规 / 265

第二节　人力资源数据隐私安全与保护 / 266

　　一、员工数据收集与存储 / 266

　　二、数据安全与防护措施 / 267

　　三、员工权益与全环节参与 / 269

第三节　伦理管理实践与决策支持 / 270

　　一、伦理管理的原则 / 270

　　二、伦理决策流程 / 271

　　三、关键实践活动 / 271

本章小结 / 272

关键术语 / 272

思考题 / 272

案例15-1　京东的员工数据隐私与伦理管理实践 / 273

参考文献 / 275

第一部分 理论基础篇

第一章
人力资源管理概述

学习目标

(1) 理解人力资源及人力资源管理的基本概念。理解人力资源的定义并描述其特征，区分人力资源与相关概念(如劳动力、人力资本等)的差异，解释人力资源管理的基本职能及其相互关系，阐述人力资源管理的功能、根本任务和基本原理。

(2) 掌握战略人力资源管理的核心内容。掌握战略人力资源管理的概念及其基本特征，总结战略人力资源管理的主要观点和实践应用。

(3) 分析人力资源管理者和部门的角色。能够描述人力资源管理者和人力资源管理部门的职责，明确人力资源管理者与总经理、直线经理在权利与义务方面的差异，并分析各自在组织中的核心角色和对组织绩效的影响。

我们雇用聪明的人，不是为了告诉他们该做什么，而是让他们告诉我们该做什么。
—— 史蒂夫·乔布斯(Steve Jobs)

什么样的企业能赢？不是成本领先的企业，不是产品有特色的企业，而是那些善于吸引、发展和留住人的企业。成功的商家将是那些善于吸引、发展和留住具有必要技能、眼光及经验的人才，并以此推进全球业务的公司。
——戴维·尤里奇(Dave Ulrich)

企业资源主要包括有形的物力资源、财力资源和无形的人力资源。其中，人力资源因其独特的创造性和发展潜力，被视为可持续发展的关键。只有提高人力资源的质量，合理、有效地管理和激励员工，企业才能提升效益，获得并持续保持竞争优势。因此，人力资源被视为企业持续竞争优势的重要源泉。

在数字化、智能化迅猛发展的当前，企业正经历着深刻变革。人工智能、大数据、云计算和物联网等技术的应用，正在重塑企业的业务模式和管理方式。这些技术不仅提升了生产效率和业务敏捷性，还对人力资源管理提出了新的要求。企业需要培养具有数字技能和创新思维的员工，以适应不断变化的市场环境。

现代人力资源管理通过科学化、系统化的管理手段，对员工进行培训、组织和调配，使人力与物力达到最佳配置。同时，关注员工的思想、心理和行为，并进行有效的引导和协调，充分发挥员工的主观能动性，实现人尽其才、事得其人、人事相宜，最终推动组织目标的实现。

传统的人事管理以企业发展为核心,将员工视为实现组织目标的手段,较少关注企业的社会责任和员工个人发展。与之不同,现代人力资源管理在承担社会责任的前提下,致力于提高员工素质,为员工提供培训、教育和职业规划支持。通过提升员工满意度和塑造和谐的员工关系,激发员工的积极性与主动性,最终实现企业和员工的共同发展。

在充满易变性(volatility)、不确定性(uncertainty)、复杂性(complexity)和模糊性(ambiguity)的乌卡(VUCA)时代,企业面临的挑战日益严峻。数字化转型与智能化升级进一步加剧了市场竞争,要求企业具备更强的适应能力和创新能力。人力资源及其管理工作在企业的生存和发展中发挥着关键作用,受到各层级管理者的高度重视。数字化、智能化的人力资源管理已成为新的趋势,利用新兴技术手段提升人力资源管理的效率和效果,已成为衡量企业管理水平与能力的重要标志,也是企业在乌卡时代应对挑战的核心竞争力。

第一节 人力资源

一、资源与人力资源

(一) 资源

资源是人类生存与发展的物质基础。从经济学角度看,所谓资源,必须满足三个条件:第一,已被发现且可供使用;第二,具有使用价值;第三,具有经济价值。凡是符合以上三个条件的物质,就能够被列入经济资源目录,资源多为有限的、稀缺的。因此,经济学的核心要义是解决经济资源的稀缺性与人类需求的无限性之间的矛盾。

马克思指出:"无论生产的社会形式如何,劳动者和生产资料始终是生产的要素。"他认为,生产要素包括劳动对象、劳动资料和劳动者。换言之,社会生产必须具备土地、劳动、资本三类生产要素。其中,资本可被视为劳动和土地的货币表现。因此,人力和物力是社会生产过程中最基本的生产要素,均具备物质实体。这种物质实体,也就是资源,是人力和物力赖以存在并发挥作用的物质基础。

进一步地,经济学家熊彼特认为,除土地、劳动、资本外,企业家精神也应纳入生产要素的考虑范畴。随着社会发展,信息技术及其应用在社会经济活动中的作用越发凸显,知识、技术、数据及更广泛的信息等也应被视为单独的生产资源。

大体来看,生产资源可被划分为以下类型。

(1) 自然资源,指用于生产活动的一切未经加工的自然物质,如土地、森林、矿藏等。

(2) 资本资源,指用于生产活动的一切经过加工的自然物质,如资金、机器、厂房、设备等。

(3) 信息资源，指对生产活动以及与之相关的其他活动和事物描述的符号集合。自然资源和资本资源具有明显的独占性，而信息资源则具有共享性。当前，以数据为代表的信息资源已被视为最重要的生产要素之一，其经过收集、处理后，用于支持决策、优化流程和创造价值，具有体量大、增长快、潜力大等特点。

(4) 人力资源，指能够推动国民经济和社会发展，具有智力、体力及劳动能力的人的总和，包括数量和质量两个方面。

(5) 技术资源，指用于生产活动的各类技术和工艺，包括专利、专有技术等。

在上述五类资源中，人力资源能够为社会创造物质财富和精神财富，为社会提供劳动和服务，其生产贡献能满足人类需要，是生产活动中最活跃的因素，被广泛称为"第一资源"。值得注意的是，人力资源的开发和管理能够更进一步促进其他类型资源的价值发挥，加速推进生产力的发展。

(二) 人力资源

目前，对"人力资源"(human resource)的认知源于彼得·德鲁克(Peter Drucker)立足企业管理范畴的界定。他认为，人力资源是指企业所雇用的所有员工，是企业所有资源中最富有生产力、最具有多元才能，也是最丰富的资源。在我国，最早提出"人力资源"概念的是毛泽东，他在1955年为《中国农村的社会主义高潮》所写的按语中指出："中国的妇女是一种伟大的人力资源，必须发掘这种资源，为建设一个社会主义中国而奋斗。"

可大致从两个角度对人力资源进行界定：人员观与能力观。人员观从人的角度出发，将人力资源界定为一定社会区域内所有具备劳动能力的适龄劳动人口和超过劳动年龄人口的总和。能力观从能力的角度对人力资源进行界定，是当前的主流观点。例如，德鲁克将人力资源界定为企业员工所天然拥有并自主支配使用的协调力、整合力、判断力和想象力等。

综合来看，所谓人力资源，是指能够被组织运用的人(可以是内部员工，也可以是外部的非员工)所具备的对价值创造具有贡献作用的体力和脑力的总和。此处，组织可以是国家、地区，也可以是大型企业或小型作坊。

人力资源的特征体现在四个维度：身体素质、智力、知识与技能。

(1) 身体素质，指个体的生理健康状况，包括力量、速度、耐力、柔韧度、灵敏度等人体的功能状态，以及一定程度的劳动负荷承受能力和消除疲劳的能力。

(2) 智力，指个体认识事物、运用知识解决问题的能力，包括观察力、记忆力、思维力和想象力等。

(3) 知识，指个体从事实践活动的各种经验和理论。知识由信息而来，是通过对信息的提取、识别、分析和归纳等转换而来。通常而言，知识可分为四大类：第一类，知道是什么(know-what)，指关于企业事实方面的知识，例如企业有多少员工、生产产品用的什么原料、企业的主要产品是什么，等等；第二类，知道为什么(know-why)，指明白企业运作的原理和规律，例如为什么生产某种产品而非另外一种，等等；第三类，知道怎样做(know-how)，指做某些事情需要掌握的技术和需要具备的能力，例如如何处理一个交易金额超过客户信用额度的订单，等等；第四类，知道是谁(know-who)，是指在工作过程中，知道如果出现了问题应该请教谁。

(4) 技能，指个体合理化、规范化、系列化和熟练化的实践操作能力。

身体素质、智力、知识和技能的水平以及不同的组合模式，导致了人力资源个体的差异性，也使得不同组织的人力资源数量与质量有所差异。

二、人力资源的特征

彼得·德鲁克在《管理的实践》中将人力资源与其他类型的资源进行辨析，指出相对于其他资源，人力资源中"人"(human)的存在导致一些因素是管理者在管理过程中必须考量的，包括协作、整合、判断、想象等个体和群体特征，也包括个体对自身人力资源具有绝对控制权等特殊性质。换言之，要想充分发挥人力资源的价值与潜能，则必须进行有效的配置与激励，方可为企业带来预期的经济效益。

整体来看，人力资源作为一种特殊存在的资源形式，可从以下三个维度与自然资源进行区分：一是自然与社会维度，强调人所具备的基本属性，包括其所具备的生理特征和社会影响，是人力资源管理的基础；二是能力与开发维度，强调人力资源的可塑性与可发展性，可通过管理与开发提升其能力；三是经济与价值维度，关注人力资源在经济活动中的价值体现，及其增值潜力和动态变化性。

(1) 自然与社会维度的生物性、社会性和再生性。首先，人力资源与人的自然生理特征相联系，是人力资源最基本的属性。作为生物体，人具有生命周期，包括出生、成长、成熟、衰老和死亡等不同阶段。这意味着人力资源的数量和质量受到生物学规律的影响，如人口的出生率、死亡率和健康状况等。个体的身体素质和健康水平将直接影响其劳动能力和工作效率。其次，人力资源总是处于特定的社会环境中，其形成、分配和使用都受到社会经济体系的影响。人的行为、价值观和能力发展都与社会文化、教育制度、法律法规和道德规范等密切相关。社会性还体现在个体潜能的发挥受制于所处的社会环境，包括宏观的社会经济环境和微观的组织环境。社会制度、文化背景和经济发展水平都会影响人力资源的特征和利用方式。最后，人力资源是一种可再生的资源，其再生性主要体现在人口的再生产和劳动力的再生产上。通过新生人口的不断加入和现有人力资源的培训与发展，人力资源得以持续更新和扩充。不同于一般生物资源的再生性，人力资源的再生性不仅遵循生物学规律，还受到人类意识和社会活动的影响。例如，组织可通过教育、职业培训和采取健康保障措施等方式提高人力资源的质量，实现人力资源的有效再生产。

(2) 能力与开发维度的理智性、能动性和可控性。首先，人力资源是具有智力的资源，能够进行思维、判断、创新和学习，这也是其区别于其他资源的核心特征。人具备逻辑推理、抽象思维和创造力，能够理解复杂的信息，能够解决问题，并为组织带来创新和发展。这种理智性使得人力资源在生产和管理活动中发挥着关键作用，是组织实现目标和持续发展的重要保证。其次，人力资源具有主观能动性，能够有意识地选择和调整自身行为，以适应和改造外部环境。人可以根据自身的需要和组织的目标，主动学习新知识、掌握新技能，提高自身的适应能力和竞争力。这种能动性体现了人力资源的自主性和创造力，这是组织创新和变革的重要动力。最后，虽然人具有主观能动性，但通过采取有效的管理和激励措施，组织可以引导和影响人力资源的行为与绩效。人力资源的可控性体现在管理者可通过制度建设、文化塑造、激励机制和培训发展等手段，调动员工的积极性，提高组织的凝聚力和战斗力。这种可控性为人力资源管理提供了可能，使组织能够充分发挥人力资源的潜力，实现战略目标。

拓展阅读

人的动物脑、情绪脑与理智脑

现代神经科学将人的大脑活动分为三个主要系统，分别对应人类进化过程中的不同阶段，并对个人的行为与决策产生显著影响。

一是动物脑，也被称作"鳄鱼脑"或"爬行动物脑"，是大脑中最原始的部分，包括脑干和小脑等结构。这部分大脑区域负责维持个体的基本生命活动，如心跳、呼吸、睡眠周期及应激反应等。它驱动个体的生存本能，例如面对危险时迅速做出战斗、逃跑或僵住不动的反应（即战或逃反应），确保个体在环境中的即时生存。

二是情绪脑，也被称作边缘系统，包括海马体、杏仁核、下丘脑及前扣带回等部位。这部分大脑区域主要负责处理情感和情绪反应，以及记忆形成与巩固，特别是与情绪相关的情境记忆。在决策过程中，情绪脑提供快速、直觉性的评估，影响个人喜好、厌恶和社会互动。例如，情绪脑会驱使人们追求奖励并避免惩罚，对社交信号做出反应，面临冲突时体验紧张和焦虑。

三是理智脑，主要在大脑皮层的前额叶区域，包括前额叶皮层、顶叶、颞叶和枕叶等高级认知中枢。该部分大脑区域主要负责逻辑推理、计划制订、问题解决、决策分析、道德判断、自我意识、抽象思维及延迟满足的能力等。在管理情境中，理智脑的作用体现在战略规划、风险评估、创造性思考，以及抑制冲动、调整行为以适应复杂社会环境的需求。

处理问题时，大脑并不严格遵循固定的顺序处理信息，但大致按照以下顺序响应外界刺激。首先，动物脑对突发状况做出快速、无意识的反应。例如，当个体遭遇潜在威胁时，动物脑会迅速触发战或逃反应，确保生存。紧随其后，情绪脑会对情境进行初步评估，产生相应的情绪反应，并与记忆中的经验关联起来。这些情绪信号可以影响后续的行为决策，例如在团队合作中遇到冲突时，情绪脑可能会引发愤怒或不安等情绪。最后，理智脑开始介入，有意识地对情境进行更深入的分析和思考，制定策略、解决问题或调整行为。然而，在紧急或强烈情绪化的场景下，理智脑可能需要更多时间才能发挥效用，或者被情绪脑的冲动反应所影响。

> **拓展阅读**

算法时代的个体主观能动性

自古以来，人的主观能动性就是哲学和社会科学讨论的核心概念。主观能动性指个体在认识世界和改造世界的过程中能够自主地、有目的地进行选择和行动的能力。神经科学发现，人的主观能动性体现在大脑的认知、情感、决策等高级功能中，这些功能主要由前额叶和其他新皮层区域支持。例如，前额叶负责控制、工作、记忆、计划及道德判断等功能，这些都是主观能动性的基础。与此同时，大脑的可塑性和神经网络活动模式的变化与个体的学习、适应和决策过程密切相关，体现了人类能够根据自身经验和目标调整行为的主观能动性特征。此外，大脑的社会认知网络使得人们能够理解他人的意图和情绪，进而做出基于社会环境和个人价值取向的选择。

在算法推荐时代，大数据分析技术通过分析用户的行为数据、偏好和交互历史，生成个性化的信息推送，可能会通过以下作用机制影响个体的主观能动性：第一，信息窄化。算法倾向于提供符合用户兴趣的内容，导致用户接触的信息可能受限于其已知的兴趣领域，而不会主动探索新的知识或观点，从而减弱了拓展视野和自我教育的主观能动性。第二，决策引导。过度依赖算法推荐可能导致用户在消费、社交甚至政治参与等方面受到算法潜移默化的影响，削弱了他们自主思考和独立决策的能力。第三，行为塑造。长期接受算法推荐内容的人，其行为模式、价值观和世界观可能被算法所塑造，而个体本应具有的批判性思维和多元视角的发展则可能受到影响。第四，自控力挑战。算法往往根据心理学原理设计，以提高用户黏性，例如通过即时满足感来刺激多巴胺系统，这可能使部分用户难以抵抗诱惑，减少在时间管理和个人发展上的主观能动性。

综上所述，虽然大数据算法推荐极大地便利了人们的生活和信息获取，但也可能在一定程度上制约了人们的主观能动性发挥。因此，对人力资源管理实践而言，一方面，应通过各类数据分析和机制设置更好地激发个体的主观能动性；另一方面，也应尽可能地避免因信息窄化等消极机制影响个体的主观能动性。

(3) 经济与价值维度的增值性、时效性和可变性。首先，人力资源具有增值性，可通过教育、培训、实践和经验积累，不断提高自身的价值。人力资源的增值性体现在，通过学习新知识提升专业技能和理论水平，通过实践和培训提高操作能力与工作效率，通过经验积累和自我反思提升解决问题与创新的能力。与物质资源不同，人力资源的价值并不会因使用而减少，反而可能因持续学习和应用而增加。其次，人力资源的价值发挥具有时效性，受到时间和环境因素的影响：①个体的劳动能力在不同年龄阶段有所差异，通常在青壮年时期到达高峰，随后可能逐渐下降；②随着知识革新、技术演变等，原有的知识、技术和经验可能过时或贬值，需要不断学习新的知识和技术；③经济环境、政策法规、行业趋势等的变化，亦会影响人力资源的价值和作用。因此，组织需要关注员工的持续发展，为其提供终身学习的机会，以保持人力资源的活力和竞争力。最后，正是因为人力资源的增值性与时效性，同样水平的人力资源会因心理状态不同所创造价值有所差异,劳动成效亦有所不同。换言之,人力资源的价值和绩效具有可变性,受到心理状态、激励机制、工作环境及组织变革等多方面因素的影响。情绪、动机和满意度等都会影响员工的工作态度和效率。合理的薪酬、晋升机会和认可等激励措施能提升员工的积极性和忠诚度。良好的工作环境和团队氛围有助于发挥员工的潜能,组织应通过有效的人力资源管理创造良好的工作条件,激发员工积极性,最大限度地发挥人力资源的价值。

拓展阅读

数智时代面临淘汰的职业与新兴职业

1. 面临淘汰的职业

在数智时代,随着技术进步和产业结构的变革,一些传统职业由于自动化、人工智能及机器学习等技术的发展而面临淘汰的风险。

(1) 传统驾驶员。自动驾驶技术的进步使得无人驾驶的汽车、卡车甚至公共交通工具成为可能,这可能会导致部分驾驶员的工作被取代。

(2) 制造业流水线工人。机器人技术和智能制造系统的普及,使得大量重复性劳动岗位被自动化设备取代。

(3) 数据录入员与简单的文职工作。OCR(光学字符识别)技术和AI(人工智能)技术可以自动完成文档输入和简单的行政任务。

(4) 低技能员工。越来越多的客户服务由聊天机器人和智能助手提供,它们能够完成基本问题解答和服务引导等工作。

(5) 基础会计与审计。AI可完成财务报表分析、税务计算及合规检查等工作,简化并替代一部分会计师的基础职能。

2. 新兴职业

数智时代也催生了一系列新兴职业,以满足新的经济和技术环境的需求。

(1) 商业数据分析师。随着大数据技术的广泛应用,对能够解读和利用海量数据以支持决策的专业人才需求剧增。

(2) AI算法工程师与开发师。专注于设计和训练各种人工智能算法,推动人工智能产品的创新和发展。

(3) 数据标注师。AI模型的训练需要大量人工对图像、文本、语音等各类数据进行标注和分类,从而形成了一种新的职业领域。

(4) 智能城市规划师。结合物联网、大数据等技术,为构建智慧城市提供具有前瞻性和科技导向的规划设计方案。

(5) 网络安全专家。社会生产数字化程度加深的同时,网络安全问题日益严峻,因此对网络安全专业人才的需求不断增加。

(6) 在线学习服务师/教育技术专员。在线教育的兴起使得对能够设计、实施和维护在线教学平台的技术与教学专业人员的需求增加。

(7) 医疗AI顾问。在医疗健康行业，能够利用AI技术辅助诊断、进行治疗规划及患者管理的专业人员正在崭露头角。

(8) 虚拟现实和增强现实开发者。虚拟现实和增强现实技术在多个行业的应用中不断扩大，需要专业的开发者创建沉浸式体验内容。

总之，数智时代的到来正深刻地改变着劳动力市场的结构，不仅消减了一些传统岗位，而且为具备新技术背景和跨学科能力的人才提供了广阔的发展空间。

通过以上三个维度的分析可以看出，人力资源具有多重特征，这些特征相互联系、相互影响，使得人力资源具有复杂性和特殊性。理解并充分利用人力资源的这些特征，对于组织的人力资源管理实践具有重要意义。在现代社会，随着科技进步和经济发展，人力资源的特征也在不断演变。例如，数字技术和智能技术的发展使得知识更新速度加快，人力资源的时效性和可变性更加突出。同时，随着人工智能和自动化技术的发展，一些传统职业面临淘汰，而新兴职业不断涌现。这些变化既给人力资源管理带来了新的挑战，也带来了新的机遇。因此，企业应当重视人力资源的开发与管理，通过持续的培训提升员工的能力和素质，使其适应快速变化的外部环境。同时，建立有效的激励机制，激发员工的主动性和创造性，最大限度地发挥人力资源的价值，实现组织的长期发展目标。

三、人力资源与相关概念辨析

(一) 人口资源、人力资源与人才资源

人口资源指一定社会经济区域(一个国家或一个地区)内全部人口的总量，主要体现为人口的数量。人力资源是人口资源中具有劳动能力并参与生产活动的人口，能够推动社会经济发展。人才资源指人力资源中具有较高知识水平、较强劳动能力，能够在价值创造过程中发挥决定性或关键性作用的高素质人才总和，主要体现人口的质量。由概念可知，人口资源是三者之中覆盖范围最大的，是人力资源、人才资源的基本底数。人才资源是三者之中覆盖范围最小的，是更为优质的、能够创造更多价值的人力资源。三者之间的关系如图1-1所示。

图1-1 人口资源、人力资源与人才资源的关系

(二) 人力资源、人力资本与人力资本资源

"人力资本"(human capital)最早由经济学家舒尔茨(Theodore W. Schultz)提出。他将人力资本界定为体现在劳动者身上，通过教育、培训、医疗保健等后天投资形成的知识、技术、健康和经验的总和。按照劳动经济学的观点，人力资本的投资途径主要包括教育和培训、迁移、医疗保健。

人力资源与人力资本都是以人为基础的概念，强调的皆为人所具备的能力、知识和技能。两者的主要差异在于：其一，人力资源立足管理学视角，探索的是实现企业战略目标所需要的资源，是由果溯因的视角；而人力资本则立足经济学视角，探索的是通过投资活动获取并积累的知识、技术和能力所具备的潜在价值创造可能，指向的是随之而来的劳动报酬或经济利益，是由因索果的视角。其二，人力资本从成本收益角度考虑形成人力资本所进行的投资活动能够换来超出投资的回报；而人力资源从投入产出角度考虑收集、积累的人力资本对特定组织目标实现的贡献与价值，即对产出的推动力。其三，作为一种资源概念，人力资源是存量概念，指的是一定时间、空间范围内对价值创造具有一定贡献且能够为组织所利用的体力和脑力的总和；而人力资本作为一类特殊的资本，兼具存量与流量概念，既包含经验积累、技能提升和体能损耗的动态性，又涵盖教育投入、健康投入等在人身上的凝结。人力资源与人力资本的对比分析如表1-1所示。

表1-1 人力资源与人力资本的对比分析

比较维度	人力资源	人力资本
定义	人口资源中具备劳动能力并参与生产活动的人口，是一种可被管理和调配的资源	体现在劳动者身上，通过教育、培训、医疗保健等后天投资形成的知识、技术、健康和经验的总和，是一种资本形式
视角	管理学视角，关注如何有效管理和配置人员以实现组织目标	经济学视角，关注对人的投资如何提升生产力和价值创造力
属性	存量概念，强调现有人员的数量与质量	动态概念，强调通过持续投资提升个人能力，具有增值潜力
关注点	强调人员在组织中的作用和贡献，关注对组织绩效的影响	强调对人的投资和回报，关注个人生产力的提升及其潜在经济收益
控制权	组织对人力资源有一定的管理权和支配权	人力资本归个人所有，组织无法完全控制，只能通过激励和环境影响

总体来看，人力资源和人力资本虽然概念不同，但密切相关。人力资源强调组织层面的人员管理，是一种资源视角；人力资本强调个人层面的能力积累，是一种资本视角。有效的人力资源管理需要考虑人力资本的投资和积累，而人力资本的增值也需要通过组织的平台和机会得以实现。理解两者的区别与联系，有助于制定更加全面的人力资源战略，推动组织的可持续发展。

近年来，越来越多学者开始探索"人力资本资源"(human capital resource)这一概念，将"人力资本"和"人力资源"相结合。其中，资源强调其与技术、土地或资金等其他资源类似，可被组织获取和利用；资本强调该资源通过帮助企业单元任务的完成而为企业带

来潜在价值；人力意指该资源的独特属性，其载体和所有者为个体员工，企业并不能自由控制此类特殊的组织资源。这一概念在战略人力资源管理领域具有重要意义，被视为组织获取竞争优势的关键。通过有效的人力资源管理策略，企业可以开发和利用人力资本资源，提升组织绩效并实现战略目标。

第二节　人力资源管理

作为企业管理的重要构成，人力资源管理本质上仍属于管理范畴，需要遵循管理的一般原则和规律。所谓管理，其实质就是在组织资源有限且目标多样的情况下，解决资源分配与目标实现之间的矛盾。具体解决途径包括在特定环境下对组织所掌握的资源进行计划、组织、领导和控制，确保各类资源能够以有效的方式组合在一起，以实现组织既定目标。管理活动与流程如图1-2所示。

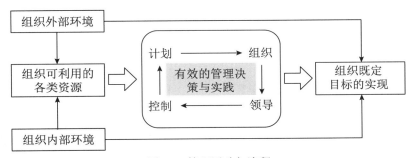

图1-2　管理活动与流程

由此可知，管理决策与实践发生在特定环境中，受组织内外部各类环境要素的影响与制约。管理的对象是组织为实现既定目标可以利用的内外部各类资源，既包括资金资源、物资资源等有形资源，也包括信息资源、技术资源等无形资源。人力资源是极为重要的管理对象。

管理是为了实现既定目标而开展的活动过程，具有明确的目的性和意识性。一旦管理缺失确定的目标，管理活动就会迷失方向、杂乱无章，甚至给组织带来致命性后果。同时，管理的目标并非一成不变，会因内外部环境的变化而发生调整。鉴于此，为实现组织目标而开展的管理活动亦应随之调整，应具备灵活性和适应性。判断管理决策和活动是否有效的重要标准和唯一标准是其能否有效地实现组织目标。换言之，管理能够通过计划、组织、领导和控制等管理活动达成以最小的资源投入实现最大组织产出的目标。

一、人力资源管理的概念

作为一种特殊类型的管理活动，人力资源管理(human resource management，HRM)是在一定的内外部环境与条件下，组织通过开展以人为基础的计划、组织、领导与控制等管理活动，对组织中人与人、人与事、事与事之间的关系进行协调，以充分挖掘人的潜能、激发人的创造力，从而实现个人愿望与组织目标协同发展的系列活动与过程。

总体来看，组织期望通过人力资源管理达到以下四个目标。

(1) 人与事的匹配：做到事得其人，人尽其才，提倡德才兼备。

(2) 人与人的协调：达到互补凝聚，共赴事功，强调团队精神。

(3) 工作与工作的联系：确保权责有序，灵活高效，发挥整体优势。

(4) 人的工作报酬与个体需求相一致：实现酬适其需，人尽其力，追求最大贡献。

在当前数字化转型的背景下，人力资源管理不仅需要关注传统的人员管理，还需要应对新技术对工作的影响。诸如远程办公、人工智能应用等趋势，要求人力资源管理者具备更高的灵活性和创新能力，方可实现以上四个目标。因此，人力资源管理在现代企业管理中扮演着越来越重要的角色，是企业获取竞争优势的关键因素之一。人力资源管理者需要不断提升专业能力，关注时代变化，积极创新管理方式，才能满足组织和员工的共同需求，实现组织的可持续发展。

二、人力资源管理的基本职能及其关系

（一）人力资源管理的基本职能

由于人力资源的特殊性，人力资源管理的职能与一般管理的计划、组织、领导和控制职能既有相同之处，又有所差异。综合国内外研究机构与学者的观点，人力资源管理应承担的基本职能包括以下几个方面。

(1) 人力资源战略与规划。人力资源战略与规划是人力资源管理的首要职能，类似于管理的计划职能。人力资源战略是指根据组织的总体战略目标，明确人力资源的长期发展方向和策略，确保人力资源管理活动与组织战略保持一致，涉及人力资源的愿景、使命、目标和关键战略举措等。人力资源规划是在战略的指导下，对组织在一定时期内的人力资源需求与供给状况做出预测，并根据预测结果制订实现人力资源供需平衡的各类计划，包括人员编制计划、人才引进计划、人员晋升和继任计划等。在数字时代，人力资源战略与规划需要充分考虑新技术、新业态对组织和人力资源的影响。借助大数据分析和人工智能技术，组织可以更精准地预测人力资源需求与供给趋势，识别关键人才岗位，制定灵活的人才策略，以支持组织战略目标的实现。

(2) 职位分析与构建胜任素质模型。类似于管理的组织职能，职位分析和胜任素质模型为后续人力资源管理实践活动奠定了组织基础。职位分析一方面要对组织内各职位的工作内容和承担的工作职责进行清晰界定与分工，另一方面要明确各职位的任职资格，包括学历、专业、年龄、技能、工作经验、工作能力及工作态度等。换言之，职位分析明晰了组织内要"干什么"和"由谁来干"的事情。在企业数字化转型与升级的背景下，组织需要关注新兴技术对岗位职责和技能要求的影响，及时更新岗位描述与任职资格。胜任素质

模型聚焦于组织内特定职位与工作绩效水平有因果关系的个体特征与行为，是职位分析中任职资格的重要补充，明确"谁能做好"。通过数字化工具，如人才测评软件等，组织可以更科学地构建胜任素质模型。

(3) 招聘与甄选。招聘与甄选是组织人力资源管理的重要职能，包括招募、甄选与录用三个环节。招募是企业采取一定手段吸引内外部候选人申报企业空缺职位的过程。随着数字技术的发展，企业可通过网络招聘平台、社交媒体和智能招聘系统等多种渠道高效地发布招聘信息和获取人才。甄选是采用一系列方法对所招募的候选人进行评价和筛选，从而挑选最合适人员的过程。人工智能和大数据技术的应用，使得甄选过程更加精准和高效。录用是指甄选到的最合适候选人进入企业并开展初始安置、试用及正式录用的过程。

(4) 培训与开发。培训与开发也是组织人力资源管理的重要手段，包括建立培训体系、确定培训需求和计划、实施培训过程并评价、反馈培训效果等实践活动，是从质量维度确保组织的人力资源能够满足组织战略目标所需。在数字时代，在线学习平台、虚拟现实培训和移动学习等新型培训方式兴起，企业可以为员工提供更灵活和更个性化的培训内容，增强培训效果，扩大覆盖面。

(5) 绩效管理。绩效管理属于人力资源管理的控制职能，是根据既定目标和计划对员工个体、团体及企业工作结果进行评价的过程，包括绩效计划、绩效实施、绩效评价与绩效反馈等四个环节。在这一过程中，针对绩效的沟通贯穿其中、至关重要，通过沟通对绩效达成过程中存在的问题进行纠偏与改进，从而确保了最终绩效结果的实现。数字化工具，如绩效管理软件和实施反馈应用程序，能够帮助企业及时、客观地进行绩效考核和反馈，促进员工持续改进和发展。

(6) 薪酬管理。薪酬管理是人力资源管理中极为重要的激励职能，也是员工普遍关注的焦点。实现这一职能，需要开展以下活动：确定薪酬水平与结构、开展职位评价、制定福利及其他待遇标准、薪酬预测与发放等。借助数字化薪酬管理系统，企业可以实现薪酬管理的自动化和精细化，确保薪酬发放的准确性和及时性。

当然，除了以上六大职能，人力资源管理还包含职业生涯规划与管理、员工关系管理等重要环节。职业生涯规划与管理可以立足个体，员工通过对自身情况和客观环境的分析，确立自己的职业目标、获取职业信息、选择能实现该目标的职业，并且为实现该目标制订行动计划和行动方案；也可以立足组织，组织为了更好地实现员工的职业理想和职业追求，最大限度地寻求组织利益和个人职业成功的一致性，而对员工的职业历程和职业发展进行计划、组织、领导、控制等。在数字时代，员工可利用在线职业发展平台、自主学习系统等工具，更好地管理和规划自己的职业生涯；组织也可以通过人才管理系统跟踪和支持员工的职业发展，促进人才的持续成长。

员工关系管理是围绕组织内外各利益相关者(包括所有者、管理者、员工及其代言人等)基于雇佣关系和利益关系而形成的权力和利益关系的维护与提升。一方面，员工关系管理应以劳动法等相关法律法规为指导开展相关工作；另一方面，可以依托前文所提到的各项人力资源管理职能确保员工关系的和谐与长期稳定。在数字时代，企业可以利用内部社交网络、员工服务平台等，加强与员工的沟通和互动，提升员工的满意度和归属感。

(二) 人力资源管理基本职能之间的关系

以上人力资源管理基本职能的阐述，旨在明确各职能的内涵、要义，以及各职能在管理活动中的定位。实际上，这些职能并非彼此割裂、孤立存在，而是形成了一个相互联系、彼此影响、相互促进的有机系统，如图1-3所示。在人力资源管理系统中，各职能之间相互支撑、紧密联系，最终为实现组织战略目标奠定坚实的人力资源基础。

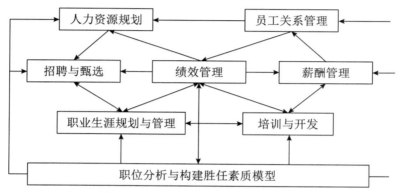

图1-3 人力资源管理系统及职能关系图

在人力资源管理系统中，职位分析和构建胜任素质模型是其他各项职能的基础，其他各项职能的顺利实施多得益于各岗位工作职责的明确和胜任素质模型的构建。人力资源规划的关键在于预测组织所需人力资源的数量和质量，其基本依据就是职位的工作职责、工作量、任职资格和胜任素质模型；预测组织内部人力资源供给时，要用到各职位可调动或晋升的信息，这也是职位说明书中的内容。进行人员招募时，需要发布空缺职位的工作职责和任职资格，其本质就是职位说明书的简化版本；而甄选与录用的标准主要来自职位说明书中的任职资格要求与胜任素质模型。培训需求的确定也要以职位说明书中的任职资格与胜任素质模型为依据。简单地说，将员工的现实情况和这些要求进行比较，两者的差距就是要培训的内容。绩效管理、薪酬管理与职位分析的关系更加直接。绩效管理中，绩效考核指标近乎完全根据职位工作职责确定；薪酬管理中，员工工资等级也是根据职位说明书确定。

在人力资源管理系统中，绩效管理位于核心地位。例如，预测组织内部人力资源供给时，需要对现有员工的工作业绩、工作能力等做出评价，这些属于绩效考核的内容。招募也与绩效考核有关，可以根据不同渠道员工绩效情况的对比开展招聘渠道优化。甄选、录用也和绩效管理互相影响，一方面，可以依据绩效考核结果提高甄选的有效性；另一方面，有效的甄选过程与结果将有助于员工实现更好的绩效。对培训与开发而言，绩效评估可以进一步确认培训与开发是否切实改善了员工能力、动机等方面不足的情况，以及是否进而提升了绩效结果。薪酬管理与绩效管理的关联则更为紧密。当前，多数企业设计薪酬结构时往往将员工薪酬分为固定工资和绩效薪酬两部分，前者由工资等级确定，后者则是由绩效考核结果确定。绩效管理的不公平、不公正会导致员工关系恶化，而基于和谐关系管理的融洽氛围将有助于提高员工工作效率，从而实现绩效提升。

同样，人力资源管理的其他职能之间也存在密切联系。招聘计划的制订要依据人力资源规划，诸如招聘什么员工、招聘多少员工等都是人力资源规划的结果。培训与开发也会受到甄选效果的影响。如果甄选效果不好，员工无法满足职位要求，对新员工进行培训的任务就会加重；反之，新员工培训的任务就相对轻松。员工关系管理的目标就是提高员工的组织承诺度，而培训与开发、薪酬管理等职能正是达成这一目标的重要手段。薪酬除了包括工资、福利等货币报酬，还包括各种形式的非货币报酬，培训正是其重要形式之一。

可见，只有人力资源管理各职能之间相互配合、彼此支撑，方可形成"1+1>2"的系统效果，才能更有效率、更有效益地实现组织战略目标。

三、人力资源管理的功能

人力资源管理各职能的有效开展能够进一步确保其功能的实现。总体来看，人力资源管理具有以下6个功能：维持、吸纳、激励、挖潜、导向和协调，如图1-4所示。

图1-4 人力资源管理的功能

(一) 维持功能

人力资源的保存与维持是人力资源管理的核心功能之一。维持人力资源，意味着确保组织内部人员队伍的稳定。只有如此，方可形成稳定的生产能力，才能确保企业能够持续且稳定地面向消费市场提供产品和服务，才能确保企业获取并维持持续的竞争优势。通常而言，企业所创造价值的80%是由20%的员工创造的，其中包括企业的中高层管理人员、关键技术人员和具有发展潜力的基层骨干等，他们是企业无形资产中最有价值的一部分。企业只有将有限的资源向他们倾斜，提高他们的忠诚度，才能够形成健康、稳定的组织。在数字时代，维持功能也面临新的挑战和机遇。企业需要借助人力资源信息系统和员工关系管理平台，实时关注员工的需求和满意度，提升员工体验，降低员工流失率。同时，通过数据分析，可以更准确地识别关键人才，制定有针对性的留住策略。

(二) 吸纳功能

伴随市场竞争的加剧，人才竞争已成为企业获取竞争优势的关键所在，人才吸纳更是重中之重。好的企业之所以能够吸引优秀人才，得益于它在人员的招募和甄选等方面形成了一套有效的现代化制度，以及科学、规范且具有内部一致性和外部竞争力的激励制度。换言之，人力资源体系或制度是吸引外部人才的根本所在。数字技术为吸纳人才提供了新的工具和渠道，企业可以利用网络招聘平台、社交媒体、专业人才网站和移动应用等扩大人才搜索范围，提高招聘效率。同时，人工智能和大数据技术的应用可以帮助企业更精准地定位目标候选人，提升招聘效果。

(三) 激励功能

人力资源管理有助于激活现有的人力资源，充分调动广大员工的积极性和创造性，最大限度地发挥人的主观能动性。一个规范、科学、相对稳定的激励制度，就如同给每个员工装上了一台发动机，而好的激励机制就是一台马力巨大的工作绩效发动机。人力资源管理为企业设计和建立一套较为完善和科学的绩效考核制度，不但能激励员工，而且能最大限度地将人才潜能转化为现实的工作业绩。在数字时代，企业可以利用绩效管理系统和反馈工具，及时了解员工的工作状态和需求，采取个性化的激励措施。通过大数据分析，更好地制定薪酬激励方案，确保激励的公平性和有效性。

(四) 挖潜功能

人力资源管理通过对人力资源的动态管理，例如人力资源诊断、人员素质测评、人力资源激励、个人职业生涯设计等，充分发挥员工的积极性和主观能动性，充分挖掘员工潜能，使人的有效技能得到施展。如此，方可实现人力资源的精干和高效，形成协力同心、齐头并进的团队氛围与文化，从而最大限度地挖掘人的潜能与使用价值。数字技术能够赋能企业实现挖潜功能。借助在线学习平台、知识管理系统和人才测评工具，企业可以为员工提供持续学习和发展机会，帮助员工提升技能，挖掘员工的潜力。同时，大数据技术也可以帮助企业识别员工的优势，制定个性化培养方案。

(五) 导向功能

人力资源管理的导向功能可从个体和组织两个层面考察。在个体层面，人力资源管理应引导组织获得优势资源；在组织层面，人力资源管理应引导组织形成以优势资源为核心的经营战略，并在人力资源管理过程中发挥组织的持续竞争优势。企业数字化转型过程中，人力资源管理的导向功能尤为重要。人力资源管理需要引导员工适应新的技术和工作方式，培养员工的数字化技能，支持组织的战略转型。通过人力资源管理，确保人力资源管理目标与组织战略目标保持一致，为组织的长远发展提供支持。

(六) 协调功能

人力资源管理应帮助企业实现内部的结构协调、功能协调和运作方式协调。结构协调指各部门的结构协调，人员配置的比例合理；功能协调是指各部门在功能上相互适应、相互匹配，并在此基础上有效调节员工之间的利益关系和行为方式，实现各部门各司其职，紧密配合，职责范围既不互相重叠，又不互相冲突；运作方式协调指各部门在工作规范、工作程序、工作方式、工作效率等方面必须相互一致和相互匹配。只有各部门结构协调、功能协调和运作方式协调，才能充分利用人力资源，发挥人尽其才的整体性人力资源开发作用，最大限度地发挥人力资源的作用。借助协同办公平台、内部沟通平台等数字技术，企业可以加强各部门之间的信息共享和协作，提高工作效率和协调性。

四、人力资源管理的根本任务

现代人力资源管理就是一个人力资源获取、整合、保持、激励、控制、调整及开发的过程，也是求才、用才、育才、励才、留才的过程。具体来说，现代人力资源管理的主要工作内容如下。

(1) 制定人力资源战略与规划。根据组织的发展战略和经营计划，评估组织的人力资源现状及发展趋势，明确人力资源支持和组织战略目标，收集和分析人力资源供给与需求方面的信息和资料，预测人力资源供给和需求的发展趋势，制定人力资源招聘、调配、培训、开发及发展计划等政策。

(2) 人力资源成本会计工作。人力资源管理部门应与财务等部门合作，建立人力资源会计体系，开展人力资源投入成本与产出效益的核算工作。人力资源成本会计工作不仅可以改进人力资源管理工作本身，而且可以为决策部门提供准确和可量化的决策依据。

(3) 职位分析和工作设计。对组织中的各项工作和岗位进行分析，确定每一项工作和岗位对员工的具体要求，包括技术及种类、范围和熟悉程度，学习、工作与生活经验，身体健康状况，工作的责任、权利与义务等方面的情况。这种具体要求必须形成书面材料，即岗位职责说明书。岗位职责说明书不仅是招聘工作的依据，也是对员工的工作表现进行评价的标准，还是对员工进行培训、调配、晋升等工作的依据。

(4) 胜任素质模型构建。构建胜任素质模型需要在岗位分析与工作设计的基础上，明确特定岗位或角色达到高绩效表现所必需的知识、技术、能力、特质、动机等深层次要素。构建胜任素质模型时，首先需要确定关键岗位，然后通过一定的技术与方法收集、分析胜任素质模型的要素，并根据胜任素质模型的应用结果进行调整。通过构建科学的胜任素质模型，企业可以更加精准地识别和培养人才，提升人力资源管理的整体水平。

(5) 人力资源的招聘与选拔。根据组织内的岗位需要及工作岗位职责说明书，采用各种方法和手段，如内部推荐、刊登广告、举办人才交流会、到职业介绍所登记等，从组织内部或外部吸引应聘人员。经过受教育程度、工作经历、年龄、健康状况等方面的资格审查，从应聘者中初步筛选一定数量的候选人，再经过笔试、面试、在线测评、评价中心、情景模拟等，确定最后录用人选。应聘人员的筛选应遵循机会均等、双向选择、择优录用等原则。

(6) 雇佣管理与劳资关系。员工一旦被组织聘用，就与组织形成了一种雇用与被雇用的相互依存关系。为了保护双方的合法权益，有必要就员工的工资、福利、工作条件和环境等事宜达成协议，签订劳动合同。在数字时代，电子劳动合同和在线人事管理系统的应用，使得雇佣管理更加便捷和规范。同时，企业还应关注远程办公等新型工作方式带来的劳资关系变化，确保合法合规。

(7) 岗前教育、培训和发展。任何新员工应聘进入组织都必须接受岗前教育，这是帮助新员工了解和适应组织、接受组织文化的有效手段。岗前教育的主要内容包括组织的历史、发展状况和未来发展规划，职业道德和组织纪律，劳动安全，卫生与健康，社会保障和质量管理知识与要求，岗位职责、员工权益及工资福利等。之后，为了提高员工的工作能力和技能，有必要开展有针对性的岗位技能培训。对于管理人员，尤其是即将晋升者，需要开展提高性的培训和教育，促使他们尽快具有在更高一级职位上工作的知识结构、管理技巧和应变能力。

(8) 工作绩效考核。工作绩效考核是对照工作岗位职责说明书和胜任素质模型，对员工的业务能力、工作表现及工作态度等进行评价，并给予量化处理的过程。这种评价可以是自我总结，也可以是他人评估或综合评价。考核结果是员工晋升、发放工资、安排培训等的重要依据，有利于调动员工的积极性和创造性，检查和改进人力资源管理工作。

(9) 辅导员工职业发展。人力资源管理部门和管理人员有责任关心员工的个人发展，帮助其制订个人发展计划，并及时进行监督和考察。这样做有利于促进组织的发展，使员工有归属感，进而激发其工作积极性和创造性，提高组织效益。在帮助员工制订个人发展计划时，要考虑其与组织发展计划的协调性或一致性。只有这样，人力资源管理部门才能对员工提供有效的帮助和指导，促使个人发展计划的顺利实施。

(10) 员工薪酬福利保障设计。合理、科学的薪酬福利体系关系到组织中员工队伍的稳定性。人力资源管理部门要根据员工的资历、职级、岗位、实际表现和工作成绩等，制定相应的、具有吸引力的薪酬福利标准和制度，并根据员工工作职务的升降、工作岗位的变换、工作表现的好坏与工作成绩的优劣进行相应的薪酬调整，不能只升不降。员工福利是社会和组织保障的一部分，是薪酬的补充或延续，主要包括政府规定的养老保险、医疗保险、失业保险、工伤保险、生育保险及节假日福利等。为了保障员工的工作安全和健康，企业应提供必要的安全培训和良好的工作条件等。

(11) 保管员工档案。人力资源管理部门有责任保管员工进入企业时的简历，以及在企业工作期间关于工作主动性、工作表现、工作成绩、工资报酬、职务变动、奖惩、培训和教育等方面的书面材料。电子人事档案系统的应用，使得员工档案的管理更加便捷和安全。电子档案不仅节省了物理空间，还方便了信息的检索和更新，同时加强了数据的保密性和合规性。

综上所述，人力资源管理的根本任务是通过系统化、战略化的管理活动，实现人力资源的最优配置和最大价值创造。在数字时代，企业需要充分利用现代科技手段，提高人力资源管理的效率和效果，推动组织和员工的可持续发展。

五、人力资源管理的基本原理

在企业中，人是第一重要的资源。只有将不同特点的人组合在一起，互补互促，才能最大限度地发挥组织的效力。然而，同样一群人，按照不同的方式进行组合，效果可能截然不同。只有遵循一定的管理原理，把每个人都安排在合适的岗位上，并且采用各种激励手段，在组织中开展公平竞争，通过积极向上的企业文化将人们凝聚在一起，才能实现整体大于部分之和的效果。人力资源管理的基本原理如下。

（1）**系统优化原理**。人类社会由若干大小不一的系统构成。所谓系统，是在一定目的、条件和环境下，由若干互相作用的要素按照一定关系组成的有机整体，其特定功能的强弱决定了系统结构的合理性。从系统观点出发，优化指使用合理、经济、有效的管理方法，根据需要和可能性，实现系统整体的高效运行。人力资源管理的系统优化就是要在给定的内外部条件下，利用组织、协调、运行、控制等手段和方法，从多种可能方案中选择最优方案，使人力资源管理系统实现最理想的目标，取得最优绩效。

拓展阅读

系统优化四要点

系统优化是一种从整体视角理解和处理问题的方法，它强调各部分之间的相互关联和动态互动。

首先，整体大于部分之和。系统论认为，一个系统的整体特性或功能不能简单地通过各个组成部分的属性加总来得到。当各部分在特定结构下协同工作时，可能会涌现出全新的、无法仅从个体层面预见的性质或行为模式。例如，在生态系统中，生物多样性及各物种的相互作用共同决定了生态系统的稳定性，这种稳定性并非单个物种独立贡献所能达到。

其次，在整体中理解部分。系统思维要求在分析系统内部各部分时，必须将其置于整个系统背景下考虑。部分的行为和意义往往取决于其在整个系统中的位置和角色。例如在企业组织中，员工的绩效不仅与个人能力有关，还与其所在团队氛围、公司文化及市场环境等因素紧密相关。孤立地看待员工个人而不考虑其他因素，可能会导致对员工表现和潜力的误判。

再次，部分最优不一定是整体最佳。在优化系统某部分以追求局部最优时，并不能保证实现整个系统的最佳。局部优化可能带来全局失衡，即所谓的"次优解"现象。例如，在供应链管理中，单纯追求某一环节的成本最低，可能导致库存积压、运输延迟等问题，从而损害供应链的整体效率。

最后，改变要素对整体影响最小。改变系统内部的一个要素或参数时，可能会引发一系列连锁反应，对整个系统产生深远的影响。系统论倡导在变革过程中寻找那些能产生积极且可控的涟漪效应的杠杆点，同时增强系统的抗冲击能力和自适应性。例如，在城市规划中，改善某一交通节点的设计，需要考察周围居民出行习惯，并评估其如何影响周边道路流量，确保这种改变不会导致其他区域出现拥堵加剧等负面效果。

总之，系统论提倡全面、动态、联系和平衡地看待问题，强调关注事物间的相互联系而非孤立地看待某一事物，力求通过整体把握动态关系找到最优解决方案。

(2) **能级对应原理**。能级指人的能力大小的分级。能级对应指在人力资源管理中，要根据人的能力大小安排工作、岗位和职位，使人尽其才，才尽其用。能级对应原理要求承认人有能力差别，企业应根据人的能级层次建立稳定的组织形态，同时承认能级本身的动态性、可变性与开放性，使人的能级与组织的要求动态匹配。该原理揭示了人力资源的能级结构应是一个稳定的、上小下大的正三角形结构。换言之，能级越高，人数越少；能级越低，人数越多。人力资源管理的能级对应原理是指不同能力的人，其在企业中的责任、权力、利益应有差别，应将合适的人放在合适的岗位上。

(3) **系统动力原理**。人力资源管理的系统动力原理是指通过一定的方式激发人的工作热情，包括物质动力(如物质的奖励与惩罚)与精神动力(如成就感、挫折感、危机意识等)。物质动力是指人类对基本物质需要和物质享受的追求。在人力资源管理中，物质利益包括工资、奖金、保险、住房、医疗等，这是人类生存的基础。人除了有物质需求，还有精神需求，包括友爱、表扬、奖励、晋升、信任、尊重等。此外，系统动力还包括信息动力。信息动力是指给予人们期望或感情满足的各种信息。现代社会是信息社会，信息在人们的生活中变得越来越重要，人们对信息的渴求不断增强。信息虽然不会直接作用于人身上，但可以间接地对工作效率产生影响。

(4) **同素异构原理**。在人力资源管理过程中，组织构成是非常重要的内容。在一个组织中，即便人力资源的因素相同，但由于采用不同的组织结构，其组织效力也大不相同，这就是所谓的同素异构原理。因为传统组织的金字塔结构存在传递信息慢、缺乏灵活性、难以适应外界快速变化的需要等不足之处，所以需要进行变革。当前变革的趋势是压缩层次、拓宽跨度。组织结构由金字塔形向扁平化、网络化发展，以增强组织的适应性和灵活性，进而有效发挥组织人力资源的积极性、创造性和主动性。不仅如此，实施同样的人力资源管理实践也会因内外部条件的不同而产生异质性结构，这也是人力资源管理系统的同素异构。

(5) **要素有用原理**。一般而言，个体之间具有较大的差异性，能力、技术、经验乃至性格等各有不同。为实现人尽其才，要求人力资源管理者识别每个人的"闪光点"。例如，有的人研究开发能力强，有的人组织协调能力强，有的人表达和自我展示的能力强，有的人对社会经济发展变化的适应能力强等。这种差异要求人力资源管理工作者要对人有深刻的认识，不可求全责备，在人力资源配置过程中，要合理地搭配与组合人才，充分发挥每个人的长处和优势，而不是只采用淘汰的办法，使人产生不安全感。

(6) **互补增值原理**。人力资源的互补增值原理是指组织的人力资源存在知识、性格、能力等多方面的互补性,通过互补可以发挥个体优势,以形成整体功能的优化。一是知识互补,具有不同知识结构的人思维方式不同,他们互为补充,就容易产生思想火花的碰撞,从而获得最佳方案。二是性格互补,比如一个组织中既要有踏踏实实的管家型人才,也要有敢闯敢冲的开拓型人才和能够出谋划策的智囊型人才。三是能力互补,即一个组织中既要有善于经营管理的人才,也要有善于公关协调的人才,还要有善于搞市场营销的人才和做行政人事工作的人才。

(7) **动态适应原理**。现代社会是一个动态的社会,物质是动态的,信息是动态的,人力资源也在不断流动。对个人来说,有主动择业的权利;对组织来说,则可以对人的工作进行适时的纵向或横向调整;对国家来说,可以通过制定政策引导人才合理流动。因此,人才流动是绝对的,人才在流动中寻找适合自己的位置,组织则在流动中寻找符合组织要求的人才。人力资源管理要正确地认识人才流动,保持一种动态、开放的态势,促进人才在流动中得到合理配置。

(8) **竞争强化原理**。物竞天择,适者生存,竞争已成为社会经济发展的一种普遍规律,竞争无处不在。人力资源管理的竞争强化原理是指通过各种有组织的非对抗性的良性竞争,培养和激发员工的进取心、毅力和创造精神,使他们全面施展自己的才能,达到服务社会、促进组织发展的目的。通过不同系统、不同层次的竞争,可以选拔战略性人才和各类优秀的管理型人才,也可以发现技术型人才及创造型、开拓型人才。注意,无论竞争发生在哪个层次,采取何种形式,都要强调竞争的公开性、公平性、合法性和参与性。只有这样,竞争才能促进人力资源的有效开发。

拓展阅读

鲇鱼效应与华为的红蓝军战略

鲇鱼效应源于生物学现象。沙丁鱼生性懒惰且容易缺氧死亡,在长途运输沙丁鱼的过程中,渔民发现如果在装满沙丁鱼的容器中放入几条鲇鱼,由于鲇鱼是肉食性鱼类且活动力强,会不断追逐沙丁鱼,可迫使沙丁鱼为了躲避天敌而持续游动,从而保持活力,大大降低了沙丁鱼因静止不动导致缺氧死亡的概率。

在管理学和人力资源管理领域,鲇鱼效应被引申为一种激发组织内部活力和竞争意识的策略。组织适当引入具有竞争力的新员工、新产品或者新技术等承担"鲇鱼"角色,激发原有员工和团队的竞争意识,打破原有的舒适区和安逸状态,促使所有员工提高工作效率和创新能力。再如,人力资源管理部门可以通过设立竞争岗位、实行绩效考核与晋升等制度,鼓励员工积极表现,增强其工作积极性和求胜欲望。总体来看,鲇鱼型人才不仅能够激发个体员工的积极性,还可以带来新的工作理念、思维方式和管理方法,有助于推动企业文化的更新和发展,提升企业的适应力和竞争力。

华为公司的红蓝军战略是鲇鱼效应在企业实践中的典型应用。华为为了在激烈的市场竞争中持续创新,内部设立了"红军"和"蓝军"两个团队。其中,红军代表原有的主力团队,负责现有产品和技术的研发与维护;蓝军作为挑战者团队,主要任务是突破现有思维模式，研发新的产品和技术，甚至是颠覆性的创新。这种内部竞争机制使得两个团队在相互竞争的过程中不断提升，防止组织陷入惯性和惰性。通过在企业内部模拟市场竞争，华为鼓励员工挑战自我，追求卓越。华为创始人任正非认为，适度的内部竞争可以激发员工的潜能。他强调，红蓝军的设置不是为了内耗，而是为了促进全员创新。

(9) **反馈控制原理**。人力资源管理的反馈控制原理指的是人力资源管理的各个环节是相互关联的，形成一个反馈回路，某一环节发生变化都会产生连锁反应。换言之，在人力资源管理实践过程中，各个环节、各个要素或各个变量形成前后相连、首尾相顾、因果相关的反馈环，其中任何一个环节、要素或变量的变化，都会引起其他环节、要素或变量发生变化，并最终使该环节、要素或变量进一步变化，从而形成反馈回路和反馈控制运动。因此，在人力资源管理中，要注意把握各个环节、要素或变量之间的关系，抓住关键环节、主要要素或关键变量，提高工作效率。

(10) **弹性冗余原理**。人力资源管理的弹性冗余原理指人力资源管理过程中必须留有余地、保持弹性。"弹性"建立在"弹性度"的基础上，超过了度，弹性就会丧失。人力资源也一样，人们的劳动强度、劳动时间、劳动定额等都有一定的"度"，超过这个"度"进行开发，只会使人身心疲惫，精神萎靡不振，造成人力资源的巨大损失。因此，人力资源管理要在充分发挥和调动人力资源的能力、动力和潜力的基础上，主张松紧适度、张弛有度、劳逸结合，使人们更有效、更健康地开展工作。

拓展阅读

我们是如何陷入贫穷与忙碌的

《稀缺：我们是如何陷入贫穷与忙碌的》是经济学家塞德希尔·穆来纳森(Sendhil Mullainathan)和心理学家埃尔德·沙菲尔(Eldar Shafir)共同撰写的一部跨学科作品。书中指出，稀缺并不仅仅是物质资源或时间上的绝对缺乏，更多的是一种心理状态——稀缺心态，会在面对资源限制时占据个体的认知带宽而消极影响个体决策、行为和生活。

无论是金钱上的缺乏还是时间上的紧迫，都会导致人们陷入一种"管窥"(tunneling)现象，即过度关注眼前最紧迫的问题，而忽视长期规划和重要但不紧急的事物。稀缺心态会降低人的认知能力和执行控制力，使得个体容易做出短视的选择，例如只顾解决当下问题而忽视投资于未来，或者因为急于求成而导致效率下降和错误增加。

该书指出了"余闲"对避免稀缺心态的重要性，即拥有一定的富余空间可以缓冲不确定性，帮助人们更好地应对突发状况，避免因资源紧张而陷入恶性循环。例如，一家医院面临手术室经常不够用的问题，即手术需求大于手术室供给时，可以借鉴书中的"前瞻性规划"和"保持余闲"来解决问题。一是前瞻性规划。医院管理者需要预测未来一段时间内的手术需求，并基于此进行时间安排，确保在高峰时段有足够的手术室供使用。这意味着要对历史数据进行分析，考虑季节性变化、疾病发病规律等因素，合理分配资源以应对突发或计划外的手术需求。二是保持余闲。为了打破手术室短缺导致的恶性循环，医院可以主动决定在非高峰期预留一间或多间手术室作为备用(即使在某些时间段内这可能会造成资源表面上的浪费)，以便迅速响应紧急手术或者临时增加的手术任务，从而避免手术排期过于紧凑而导致的效率降低和患者等待时间延长等问题。

(11) **利益相容原理**。人力资源管理的利益相容原理强调员工与企业之间的利益应当一致，实现共同发展。员工与企业是互相依存、互惠互利的关系，只有双方利益目标相一致时，才能形成良性合作关系，推动企业的持续发展。在人力资源管理中，利益相容原理要求管理者在制定政策和实施管理实践时，充分考虑员工的利益和需求，使个人目标与组织目标相协调。因此，人力资源管理必须做好三件事：第一，对企业有利，对员工有利的事；第二，对企业有利，对员工无害的事；第三，对员工有利，对企业无害的事。

(12) **文化凝聚原理**。组织文化是一种建立在组织成员信仰基础上的共同价值观。组织文化对于组织人力资源具有重要的凝聚功能和约束功能。现代人力资源管理与组织文化建设息息相关，许多大型组织的管理已发展到文化管理阶段。人力资源管理要重视文化的作用和功能，通过塑造积极的组织文化、树立良好的组织形象等，吸引和开发人力资源，建立组织与个人、个人与个人之间的忠诚关系，提高组织运行效率。

拓展阅读

阿里巴巴集团：从旧的"独孤九剑"到新的"六脉神剑"

阿里巴巴集团的价值观从"独孤九剑"发展到"六脉神剑"，不仅是企业文化的自我革新，也是对公司成长历程的深刻反思。

2001年，阿里巴巴提出了包含激情、创新、教学相长等九大要素的"独孤九剑"价值观，帮助公司在互联网泡沫时期保持了稳定和增长。然而，随着公司规模的扩大和业务的多元化，原有的价值观显得过于复杂，不易于理解和执行。因此，2005年阿里巴巴将其简化为"六脉神剑"，包括客户第一、团队合作、拥抱变化、激情、诚信、敬业等六大核心价值，这一变化使得价值观更加易于理解和执行，有助于不同业务、岗位和区域的员工保持一致的行动和目标。

2019年，阿里巴巴在庆祝其成立20周年之际，发布了新的"六脉神剑"价值观，其内容更加生活化、场景化。

(1) 客户第一，员工第二，股东第三：强调了客户、员工和股东的价值排序，体现了阿里巴巴对各方利益的平衡和重视。

(2) 因为信任，所以简单：倡导建立信任，简化工作流程和人际关系。

(3) 唯一不变的是变化：鼓励员工适应和拥抱变化，以应对快速变化的市场环境。

(4) 今天最好的表现是明天最低的要求：强调持续进步和自我超越的重要性。

(5) 此时此刻，非我莫属：鼓励员工承担责任，相信自己的能力。

(6) 认真生活，快乐工作：提倡工作与生活的平衡，追求快乐和满足感。

价值观的更新是为了寻找同路人，实现走向未来、持续发展102年的愿景。它们不仅是对过去经验的总结，也是为迎接未来挑战所做的准备，体现了阿里巴巴对客户、员工、股东和社会的责任感。阿里巴巴价值观的演变，反映了公司对外部环境变化的适应和对内部文化传承的重视。通过这些价值观的指导，阿里巴巴将继续在全球舞台上发挥其影响力，实现其长远的目标和愿景。

第三节　战略人力资源管理

如果企业人力资源管理采用传统人事管理模式，缺乏长远性、系统性、前瞻性，则不能在企业发展过程中发挥应有作用。如何将人力资源管理与企业战略相结合，如何将传统的人力资源管理向战略人力资源管理转变，是企业当前面临的重大课题。

一、战略人力资源管理的概念

战略人力资源管理是为了实现组织长期目标，以战略为导向，对人力资源进行有效开发、合理配置、充分利用和科学管理的制度、程序与方法的总和。它贯穿人力资源的整个过程，包括人力资源规划、招聘与配置、培训与开发、绩效管理、薪酬福利管理、劳动关系管理等环节，以保证组织获得竞争优势和实现最优绩效。1981年，玛丽·德瓦娜(Mary Devanna)、查尔斯·福母布隆(Charles Formbrum)和诺埃尔·蒂奇(Noel Tichy)在《人力资源管理：一个战略观》中首次提出"战略人力资源管理"的概念。1984年，迈克尔·比尔(Michael Beer)撰写的《管理人力资本》标志着人力资源管理向战略人力资源管理的飞跃。20世纪90年代，将人力资源视为组织战略贡献者，依靠核心人力资源建立竞争优势和依靠员工实现战略目标成为战略人力资源管理的基本特征。帕特里克·怀特(Patrick Wright)等认为，战略人力资源管理是企业为实现目标所进行和采取的一系列有计划、有战略意义的人力资源部署和管理行为。我国学者赵曙明认为，战略人力资源管理是指利用人力资源管理实践，将个人绩效和组织战略目标相匹配，以获取并保持竞争优势。

二、战略人力资源管理的基本特征

相较于传统人事管理或一般的人力资源管理，战略人力资源管理具有以下基本特征。

（一）战略性

战略性是战略人力资源管理最根本的特征，主要表现为人力资源战略与组织总体战略的匹配，也称为纵向匹配。此时，人力资源管理不再局限于人力资源管理系统本身，而是自觉地将人力资源管理与组织发展战略结合起来，让人力资源管理为组织总体战略目标的实现提供支持。在这种观念下，人力资源管理者更加着眼于未来，对组织内外部环境的变化保持高度的敏感，时刻关注环境变化对组织发展的影响，并能主动地分析组织的人力资源管理工作应该如何应对这些变化，以保证组织战略目标的实现。人力资源管理的目标不仅仅是满足组织近期的发展需要，还包括从人力资源的角度帮助企业培养核心竞争力，为企业持续、稳健发展提供人力资源支持。战略人力资源管理使得人力资源管理部门在组织中的地位发生了转变，地位也得到了提高。尤为重要的是，人力资源管理方式发生了根本性变化。传统人力资源管理中大量具体、琐碎的日常事务被外包或由计算机完成，人力资源管理的重心向战略性工作转移。

(二) 系统性

企业为了获得竞争优势而将人力资源管理政策、制度与管理实践等设计成一个系统。战略人力资源管理的系统性主要表现为以系统性的观点看待人力资源管理。人力资源管理自身构成一个系统，包含若干子系统，又处于组织这个大系统之中。系统性强调的是系统内各要素间的协调与配合，追求系统整体功能的最优，既要求人力资源管理决策的系统性，也强调人力资源管理者的整体思想和协作意识。人力资源管理者不再只是人力资源管理部门的工作人员，而是所有的管理者。人力资源管理的业务边界逐渐淡化，非人力资源管理部门管理者的人力资源管理职责日益突出，也要求人力资源管理部门的工作人员更多地了解组织内其他部门的业务，以使人力资源管理更好地为组织服务。

(三) 匹配性

匹配性是战略人力资源管理的核心要求，包括纵向匹配和横向匹配。纵向匹配指人力资源管理战略与组织战略的匹配，以及人力资源子系统战略与人力资源管理战略的匹配，即所谓的战略性。横向匹配指人力资源管理职责与组织其他管理职责的匹配，以及人力资源管理系统内部各职责间的相互匹配，即所谓的系统性。

(四) 动态性

动态性主要是指人力资源管理的柔性和灵活性，即人力资源管理对组织内外部环境的适应性。动态性基于一个基本的假设：组织的内外部环境是不断变化的。在人力资源管理过程中，组织不是简单地追求某种"最佳"的人力资源管理实践，而是追求人力资源管理实践与组织内外部环境的不断适应。人力资源管理的动态性对组织和管理者都提出了全新的要求。它要求组织的系统保持柔性，人员保持柔性，更重要的是，组织必须具备创新求变的活力。组织学习能力的获取成为人力资源管理的一个重要目标。

三、战略人力资源管理的主要观点

综观相关研究，对于战略人力资源管理，当前存在三种主流观点。

(1) 普适性观点(universalistic perspective)。该观点认为，人力资源管理实务与组织绩效之间存在正向线性关系，且这种关系适用于所有企业。普遍来看，内部晋升机会、正式的培训系统、绩效评价、利润分享计划、员工安全感、员工发言权和工作界定等被视为具有普适价值的人力资源管理实务，采用这些人力资源管理实务能明显提高企业绩效水平，所有组织都应该采用这些人力资源管理实务。

(2) 权变性观点(contingent perspective)。与普适性观点不同，权变性观点认为，人力资源管理与组织绩效之间并不是一种线性关系，会受到各种情境变量的影响。其中，组织战略是一项关键权变变量，会影响人力资源管理与组织绩效之间的关系。当组织采用A战略时，某项人力资源管理实务可能会影响组织绩效；而当组织采用B战略时，这项人力资源管理实务可能并不影响组织绩效，或者会产生不同的影响。也就是说，采用不同战略的组织应该采用不同的人力资源管理方式。

(3) 配置性观点(configurational perspective)。配置性观点把各项人力资源管理实务中的配置或模式作为自变量，以判断其与组织绩效之间的关系。配置性观点比普适性、权变性观点更系统和复杂：首先，配置性观点采用整体和系统的观点来分析问题，力图寻找能使组织绩效最大化的人力资源管理配置或模式；其次，配置性观点假设不同的配置或模式都存在最大化组织绩效的可能；最后，这些配置是从理论上推导出来的理想框架，而不是实际观察到的现象。因此，持配置性观点的战略人力资源管理需要从理论上推导出理想的人力资源管理配置或模式，再识别组织实际人力资源管理模式和理想模式的吻合程度，以及与组织绩效之间的关系。

第四节 人力资源管理者和人力资源管理部门

一、人力资源管理者

在组织中，人力资源管理者有两个来源：一是就职于人力资源管理部门，从事人力资源管理工作的专业人员；二是承担人力资源管理职责的各级管理者，包含基层、中层和高层管理者。

在实际的人力资源管理过程中，高层管理者、中层管理者、人力资源管理部门的专职人员均承担着不同职责。

高层管理者主要扮演以下4种角色：①战略制定者，负责确定公司的总体战略方向，并确保人力资源战略与公司整体业务战略相一致。②文化倡导者，作为公司的领导者，通过自身的言行影响组织氛围，塑造积极的企业文化，吸引、激励和留住人才。③决策支持者，参与重大人事决策，包括关键职位任命、员工发展计划和变革管理过程。④资源分配者，批准必要的资金和资源投入，以确保人力资源部门能够有效地开展工作。

中层管理者主要扮演以下5种角色：①政策执行者，将企业级人力资源政策和流程转化为部门层面的操作指南,并确保团队成员遵守相关规定。②教练和导师,对下属进行一对一指导,提供职业发展支持,并进行及时、有效的绩效反馈。③团队建设者,构建和维护高效的团队,促进团队间的沟通与协作,激发团队潜力。④人才开发者,识别和发展团队内部的关键人才,为员工的职业成长提供机会和平台。⑤问题解决者,处理员工关系问题,调解内部纠纷,同时向上级管理层反映和报告人力资源管理面临的挑战等问题。

人力资源管理部门的专职人员主要扮演以下5种角色:①战略伙伴,与高层管理者紧密合作,制定并执行符合公司战略目标的人力资源管理制度和方案。②专业服务提供者,负责招聘、选拔、培训与发展、绩效管理、薪酬福利设计与发放、劳动关系管理等各项具体的人力资源职能活动。③变革推动者,识别组织变革需求,设计和推行改革措施,帮助组织适应外部环境变化和内部结构调整。④员工代言人,维护员工权益,倾听员工声音,协助解决冲突,并通过制度化途径反馈员工关切的问题和提出的建议。⑤合规监督者,确保所有人力资源实践都遵循相关法律法规及公司政策,以规避潜在的风险。

综上,高层管理者、人力资源管理部门的专职人员和中层管理者形成了一个相互协作的人力资源管理体系,共同推进组织人力资源的有效管理和优化配置,以达到提升组织效能、培养人才和保障组织长期稳定发展的目标。高层管理者主要从战略和全局出发,确定组织方向、塑造组织文化、支持重大人事决策并分配资源。中层管理者负责将人力资源政策落地,培养员工并建设人才梯队,解决人力资源管理过程中的日常问题。人力资源管理部门的专职人员既要参与战略制定,又要负责具体人力资源管理活动,是连接战略和实践的重要纽带。

人力资源管理从业者应具备以下素质。

(1) 思想道德素质。人力资源管理者应具有较高的理论水平和政策水平,具有强烈的事业心和责任感,有崇高的道德品质、高尚的道德情操。在人力资源管理过程中严格自律、坚持原则、不徇私情、秉公办事、脚踏实地、兢兢业业、与时俱进、开拓创新、团结协作、干事创业,为企业可持续发展做出积极的贡献。

(2) 心理素质。人力资源管理者应具有较强的心理承受能力和良好的心理素质,意志坚强、不怕压力、无所畏惧,还要心胸开阔、不计较个人得失,能够容忍和原谅别人的过失,冷静地应对人力资源管理过程中可能出现的新情况、新问题。

(3) 知识素质。人力资源管理者应具备本体性知识、信息知识、人文知识和实践知识,对企业经营管理活动的主要内容有所了解和掌握,只有这样才能得到别人的尊重和信任,才能在人力资源管理过程中施展才华,推动人力资源管理工作协调发展。

(4) 能力素质。人力资源管理者应具备管理能力、文字组织能力、语言表达能力、计算机操作能力、外语能力、交流与合作的能力、获取和处理信息的能力、学习能力、计算能力、分析和解决问题的能力等。

(5) 身体素质。身体是革命的本钱,要想干好本职工作,必须有健康的身体,能够承受各种压力,始终保持旺盛的精力。

二、人力资源管理部门

(一) 人力资源管理部门的职能

一般而言，人力资源管理部门应当承担起人力资源管理的各项职能工作，包括但不限于以下8项重要内容：第一，制定人力资源战略与规划。根据企业业务发展要求，在工作调查和职位分析的基础上，分析企业人力资源现状和未来一段时间内人力资源供需情况，编制公司人力资源战略与规划及具体的实施方案。第二，招聘与甄选。根据企业发展并结合人力资源规划，组织并实施招聘工作，帮助空缺岗位部门的管理者甄选适宜的候选人。第三，培训与开发。根据企业人力资源规划，开展培训需求调查，制订培训计划并组织实施。第四，绩效管理。根据企业发展目标和计划，与其他各职能部门共同制定绩效管理方案，辅助各层级管理者开展绩效监控与评估工作，确保绩效结果能够辅助各项人力资源管理决策，达到鼓舞士气和调动员工积极性的目的。第五，薪酬与福利管理。根据企业总体发展战略和人力资源规划，制订企业薪酬制度、设计薪酬方案、计算员工薪酬和组织落实薪酬发放等，设计并管理员工福利计划。第六，员工关系管理。负责员工聘用、劳动合同、调动、退休、离职、解聘等日常管理，组织职称与技术等级评聘，负责人事档案管理和公司人力资源信息系统的维护工作，协调企业内部员工工作，维护公司良好的劳动关系。第七，制定人才管理与继任计划。负责制定和实施人才管理策略，包括关键岗位的继任计划、领导力发展和人才保留策略等，确保企业拥有持续的核心人才供应。第八，助力组织发展与文化建设。促进组织变革，推动组织结构优化，塑造和维护企业文化，提高员工敬业度和组织凝聚力。

(二) 人力资源管理部门的组织结构

人力资源管理部门的组织结构是指人力资源管理部门在整个企业组织架构中的位置以及自身的组织形态，在一定程度上反映了人力资源部门的地位，体现了人力资源管理的工作方式，也决定了对人力资源管理人员的需求。

对于小型企业而言，人力资源管理部门往往采用直线职能制设置，即依据人力资源管理职能设置相应的部门和岗位。因其工作量不大，并无必要设置独立的人力资源管理部门，可将人力资源管理职能合并在总经理办公室、综合管理部等行政管理部门，并设置专职人力资源管理人员，如图1-5所示。

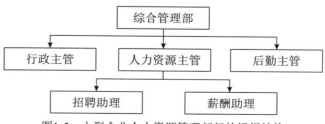

图1-5　小型企业人力资源管理部门的组织结构

随着企业规模的扩大，人力资源管理部门需要处理的事务增多、管理对象增加，需要单独设置人力资源管理部门。对于大中型企业而言，人力资源管理部门往往设置一个管理层次，即由人力资源部领导及各职能主管负责企业的人力资源管理事务，具体如图1-6所示。

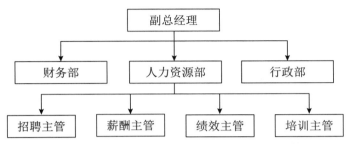

图1-6　大中型企业人力资源管理部门的组织结构

对于特大型企业而言，单一层次的人力资源管理部门往往不能满足其需求，因此设置多层次结构，如图1-7所示。这种组织结构的设置，可以使人力资源管理工作的分工更加明确，有利于经验的积累，但是也存在一系列问题。首先，这种设计容易使各个职能的衔接脱钩，导致人力资源管理工作缺乏系统性，不利于发挥人力资源管理的整体效应。其次，这种设计混淆了人力资源管理各个层次的工作，不利于人力资源管理部门地位的提升。最后，这种设计没有真正以客户为导向，忽视了业务部门和员工的需求，不利于发挥人力资源管理对企业经营的支持作用。

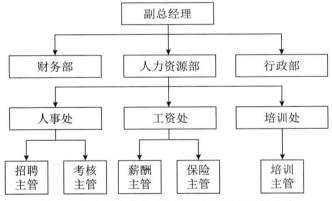

图1-7　特大型企业人力资源管理部门的组织结构

近年来，随着流程再造思想的推广和普及，以及计算机和网络技术的发展，人力资源管理部门的架构也发生了根本性的变化，产生了一种以客户为导向，以流程为主线的新型组织结构，即由戴维·尤里奇(Dave Ulrich)提出的人力资源管理的三支柱模型，如图1-8所示。在三支柱模型中，人力资源管理部门以一种服务提供者的身份出现，分别面向高层管理者、中层管理者、业务部门和全体员工提供差异化服务。一是人力资源专家中心(center of expertise, COE)，面向高层管理者，相当于人力资源管理部门的研发中心，主要职责是制定人力资源战略、出台相关制度政策、向其他部门提供人力资源咨询服务等。人力资源专家中心的人员不仅需要精通人力资源管理专业知识，还应该充分了解企业发展趋势与历史状态，是企业及人力资源管理领域的专家。二是人力资源业务伙伴(human resource business partner，HRBP)，面向中层管理者和业务部门，深入了解业务需求，提供个性化的人力资源解决方案，为各中层管理者和业务部门在招聘、培训、绩效、薪酬等各项人力资源管理职能上提供支持。HRBP需要具备业务和人力资源管理的双重能力。三是共享服务中心(shared services center，SSC)，面向全体员工，负责处理人力资源事务性工作，如日常手续办理、人力资源政策解答、相关事务申述等。现阶段，由于人工智能、大数据等前沿技术的发展，较多企业的共享服务中心被人工智能工具取代，这有助于更好地发挥人力资源管理的作用，提升人力资源管理部门的地位。

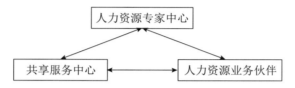

图1-8　新型的人力资源管理部门组织结构——三支柱模型

采用三支柱模型，人力资源管理部门的工作有了清晰的层次，人力资源业务伙伴和人力资源专家中心的人员摆脱了日常事务性工作的纠缠，可以集中精力进行高附加值的工作，这有助于更好地发挥人力资源管理的作用，提升人力资源管理的地位。然而，实施三支柱模型也面临一些挑战。首先，组织需要确保三支柱之间的有效沟通与协作，避免职能孤岛现象，确保人力资源管理实践的一致性和协调性。其次，组织需要清晰界定三支柱的角色和职责，防止职责重叠或缺失。最后，三支柱模型的实施对人才要求较高，尤其是对人力资源业务伙伴而言，需要既懂业务又懂人力资源管理。

拓展阅读

华为的三支柱模型实践

华为作为我国通信行业的领军企业，根据自身情况结合三支柱模型开展人力资源管理实践。就人力资源业务伙伴而言，华为将其深度嵌入各个业务部门，作为与业务线紧密合作的战略合作伙伴。人力资源业务伙伴了解所在业务单元的战略目标、运营挑战和员工需求，并据此提供个性化的解决方案。例如，人力资源业务伙伴可能会参与业务战略的制定过程，确保人力资源战略与企业整体战略保持一致，还负责指导直线经理进行人才管理、绩效评估、激励计划实施等工作，推动业绩增长和组织效能提升。

同时，华为设有专门的人力资源政策制定中心和专业知识支持中心，负责设计并优化全公司的核心人力资源政策、流程及方案。人力资源专家中心的工作内容涵盖多个专业领域，如招聘与选拔、培训与发展、薪酬福利、员工关系等。例如，人力资源专家中心会研究市场趋势、设计吸引和保留优秀人才的全球性薪酬结构，并且不断更新和发展公司的培训体系，以满足公司快速发展和全球化的需求。

最后，华为建立了高效的人力资源共享服务中心，统一处理大量日常的、重复性的事务性工作，如员工入离职手续办理、考勤核算、工资发放、社保和公积金缴纳等。通过采用集中化和标准化的服务模式，人力资源共享服务中心显著提高了服务效率，减少了错误率，同时释放人力资源合作伙伴和人力资源专家中心的专业人力资源去关注更高层次的战略性和创新性工作。

通过应用人力资源管理三支柱模型，华为成功地实现了人力资源职能的专业化分工和协同运作，既保证了人力资源政策的全局一致性，又提升了对各业务单位个性化需求的支持能力，从而助力公司实现长期可持续发展。

三、人力资源管理者和人力资源管理部门的核心角色

20世纪90年代初期，人力资源管理部门的作用受到广泛质疑。一些管理者与学者认为，人力资源部门过于官僚化，缺乏对业务的了解，不能为企业创造真正的价值。典型代表是《哈佛商业评论》原总编托马斯·斯图尔特(Thomas Stewart)在《财富》杂志上发表的文章"炸掉人力资源部"。斯图尔特在文中指出，人力资源部是典型的官僚机构，毫无客户导向的服务意识，并细数了人力资源部的"四宗罪"。与此同时，著名管理咨询顾问拉姆·查兰等人也对人力资源管理提出了批评。2014年，拉姆·查兰在其发表的文章"是时候拆分人力资源部了"中指出，人力资源部未能发挥应有的战略作用，建议将人力资源部拆分为两部分：一是行政共享部分，负责人力资源的行政事务和合规性工作；二是领导力和组织部分，专注于组织能力提升、领导发展等。他认为，只有这样，人力资源管理才能真正为企业战略服务，创造价值。

面对这些质疑和争论，戴维·尤里奇于1997年出版了专著《人力资源转型》(*Human Resource Champions*)，通过提出并回答一个替代性问题——人力资源部门到底应该如何做才能真正为企业创造价值——巧妙地避免了陷入争论漩涡并回应了对人力资源管理的批评。尤里奇基于咨询实践和对标杆企业的研究，构建了人力资源角色四象限模型，提出人力资源管理应当扮演战略伙伴、行政专家、员工激励者和变革推动者4种角色，如图1-9所示。战略伙伴指人力资源管理者和人力资源管理部门要参与企业战略的制定，并且要确保企业所制定的人力资源战略得以有效实施，这就要求人力资源管理者和人力资源管理部门的工作必须以企业战略为导向。行政专家指人力资源管理者和人力资源管理部门要进行各种人力资源管理制度和政策的设计与执行，要承担相应的职能管理活动，如人力资源规划、招聘录用、培训、绩效管理等。员工激励者指人力资源管理者和人力资源管理部门要构筑员工与企业间的心理契约，通过各种手段激发员工的献身精神，使他们更加积极、主动地工作。变革推动者指人力资源管理者和人力资源管理部门要积极地推动组织各项变革的实施，组织发展需要适应内外部环境的变化并不断进行变革，而所有变革都需要员工的参与，因此人力资源管理者和人力资源管理部门要成为变革的助推器。

图1-9 人力资源角色四象限模型

综上所述,在当今时代背景下,三支柱模型和角色四象限模型等为人力资源管理部门指明了转型方向,强调了其在战略实施、流程优化、员工关怀和变革管理中的重要价值。这意味着,人力资源管理部门只有不断提升自身的业务敏感度和战略贡献度,才能真正为企业创造价值。

拓展阅读

人力资源管理助推华为组织变革

华为是中国乃至全球领先的电信设备和消费电子产品制造商,在其发展过程中,人力资源管理始终扮演着至关重要的角色。华为从初创时期的小型企业成长为国际巨头,每一步重大变革和发展都离不开人力资源管理的有效推动与支持。

初创阶段:人才战略。华为在成立初期就确立了"以奋斗者为本"的人力资源管理理念,注重吸引、培养和激励有才能、肯拼搏的员工。通过实施具有竞争力的薪酬福利及股票期权等长期激励机制,激发员工的积极性和创造力。同时,华为创始人任正非提出"先有鸡还是先有蛋"的问题,强调企业要先投资人才,再由人才创造价值,形成良性循环。

发展阶段:人力资源管理三支柱模型。随着业务规模扩大和技术迭代加速,华为借鉴并实施了人力资源管理三支柱模型。设立人力资源业务伙伴,将人力资源部门嵌入各个业务单元中,确保人力资源策略与业务需求紧密结合;建设人力资源专家中心,专注于特定领域的人力资源政策设计与优化,如绩效管理、薪酬福利体系、人才培养等;通过建立人力资源共享服务中心实现日常事务性工作的高效处理,使人力资源合作伙伴和人力资源专家中心聚焦更高层次的战略工作。

国际化阶段:全球化人才布局。在全球化进程中,华为充分利用人力资源管理进行全球范围内的招聘与培训,吸引了大量国际顶尖人才加入。在全球各地设立研发中心和分支机构,注重本地化人才的吸纳和培育,并通过跨文化管理和沟通培训,提升团队凝聚力和执行力。同时,华为实施海外派遣和交流项目,鼓励内部人才流动,促进知识与经验的分享,增强整体组织能力。

创新与转型阶段:持续学习与发展。在行业竞争加剧的背景下,华为持续加大对技术研发和创新人才的投资力度。一方面,通过构建全面的职业发展路径和提供丰富的在线学习资源，鼓励员工终身学习，不断提升技能水平和创新能力。另一方面，深化内部创业文化和容错机制，鼓励员工敢于突破、敢于试错，以应对快速变化的技术环境，满足不断变化的市场需求。

综上，华为在不同的发展阶段，始终坚持"以奋斗者为本"的人力资源管理理念，通过不断优化人力资源结构、激励机制、培训体系和管理模式，有效推动了企业的变革与发展。

本章小结

人力资源是指人所具备的、对价值创造有贡献的，能够被组织所用的体力和脑力劳动的总和。作为一种资源，它具备数量和质量的属性，但相较于其他资源，人力资源还具备独有的特征。人力资源管理是在一定环境条件下，通过计划、组织、领导与控制等管理职能，对组织中人与人、人和事、事与事之间的关系进行协调，以充分挖掘人的潜能，激发人的创造力，从而实现个人愿望与组织目标的一系列活动过程。

人力资源管理包括人力资源战略与规划编制、职位分析与构建胜任素质模型、招聘与甄选、培训与开发、绩效管理、薪酬管理和员工关系管理等职能，具有维持功能、吸纳功能、激励功能、挖潜功能、导向功能和协调功能。为了更好地服务企业战略目标，所有人力资源管理均应以组织战略为导向，根据组织战略制定相应的人力资源管理政策、制度和管理措施，以推动组织战略的实现。换言之，战略人力资源管理具备战略性、系统性、匹配性和动态性等基本特征。

要做好人力资源管理工作，人力资源管理人员应具备思想道德素质、心理素质、知识素质、能力素质和身体素质等。人力资源管理部门具有人力资源规划、招聘管理、薪酬管理、培训管理、绩效管理和劳动关系管理的职能，并有一定的组织结构。人力资源管理者和人力资源管理部门扮演战略伙伴、行政专家、员工激励者、变革推动者的角色。

关键术语

人力资源　　　　　　人力资源管理　　　　　战略人力资源管理
人力资本　　　　　　人力资源管理部门　　　人力资源角色
人力资源管理职能　　胜任素质模型　　　　　岗位分析
员工关系管理

思考题

1. 什么是人力资源管理？其基本职能有哪些？
2. 人力资源管理的功能有哪些？请具体说明。
3. 如何定义人力资源管理者？他们应具备哪些素质？

4. 人力资源管理部门的作用与基本职能是什么？
5. 战略人力资源管理具有哪些主要观点和基本特征？
6. 人力资源管理的核心角色有哪些？请举例说明。
7. 在现代企业中，人力资源管理者如何扮演战略伙伴的角色？
8. 你认为人力资源管理部门应如何调整组织结构，以更好地支持企业战略目标的实现。

案例1-1

海尔集团的战略人力资源管理

海尔集团作为全球知名的企业，其战略人力资源管理实践一直走在创新前沿。近年来，海尔在传统人力资源管理模式的基础上不断探索与变革，特别是在平台化转型和小微组织建设方面取得了显著成效。

一、平台化转型

海尔集团的平台化转型始于2013年，目的是适应互联网时代的挑战和机遇。这一转型的核心是从传统的科层制企业向开放的平台型企业转变，强调去中心化、网络化和自驱动。通过搭建海尔的平台生态系统，将大公司拆分成众多小而灵活的小微团队，每个小微团队如同一个个自主经营体，拥有自己的目标市场和利润中心，并能够快速响应市场需求和变化。

例如，在海尔的平台上，员工可以主动发起项目，聚集志同道合的人组建团队，即形成小微团队。这些小微团队基于用户需求进行产品和服务创新，直接面向市场运作，享有较大的决策权和收益分享权，极大地激发了员工的积极性和创造力。

二、小微组织建设

海尔推行的小组制或小微组织模式，是平台化转型的重要载体。该模式下，员工不再是被动接受指令的角色，而是自我驱动、创新创业的主体。具体操作上，海尔鼓励内部创业，允许员工提出新的业务方向和项目提案，一旦获得批准，就可以组成跨部门、跨职能的小微团队，团队成员共同参与决策，共享成果。

例如，海尔的一个成功案例是关于智能家电产品的研发和推广。某个由基层员工自发组成的小微团队敏锐捕捉到智能家居市场的潜力，迅速组织技术研发、设计和营销等资源，成功开发出一系列智能家电产品，并在市场上取得良好反响。在这个过程中，团队成员不仅获得了职业发展的机会，也因为项目成功而得到相应的激励回报。

此外，海尔还采用"人单合一"的管理模式强化小组制的应用。所谓"人单合一"，就是把每一个员工(人)和他的市场目标(单)紧密结合起来，实现员工价值与用户价值的一致性。在这一模式下，每个员工都有自己的"单"，即目标市场和客户需求。他们需要自己找到并满足这些需求，从而创造价值。

综上所述，海尔集团的战略人力资源管理实践注重发挥员工的主观能动性和创新能力，通过平台化转型和小微组织建设，构建了一个高度动态、扁平化的组织结构，使得企业能够更加敏捷地应对市场变化，持续推动企业的创新发展和业绩提升。同时，也为全球范围内的企业管理者提供了关于在数字时代重构人力资源管理体系的有效经验。

请根据案例材料分析并思考以下问题：

1. 海尔集团推动平台化转型的原因是什么？结合战略人力资源管理的特征进行分析。
2. 论述海尔集团小微团队与"人单合一"模式在战略人力资源管理中的优势与劣势。
3. 海尔集团的实践活动体现了人力资源管理的哪些基本原理？请举例说明。
4. 从人力资源管理者的角度看，海尔的人力资源管理部门应如何支持和推进平台化转型？

案例1-2

平遥日升昌票号的用人之道

中国第一家票号——日升昌，坐落于"大清金融第一街"平遥古城西大街的繁华地段。整座旧址占地2324平方米，布局紧凑，功能分明。但就是这样一座小小的院落，开我国银行业之先河，并一度操纵19世纪整个清王朝的经济命脉。

日升昌票号创建于清代道光四年(1824年)。其创始经理人是雷履泰，东家为平遥县达蒲村的李氏家族。日升昌最初是一家名为"西玉成"的颜料铺，后来在雷履泰的策划下转型为票号，成为专营汇兑业务的金融机构。

当时，由于民族资本主义的发展，现银运输量巨大，但公路交通运输不便且费用高、不安全，镖局押送现银的方式既耗费时间又存在风险。在这种情况下，专门经营汇兑业务的金融机构应运而生了。日升昌的诞生结束了我国金融业镖局押送现银的落后状况，极大地加速了商业运转和货币流通，有力地推动了社会经济发展。日升昌的黄金时期年汇兑总额高达3800万两白银，经营网点遍布东北、西北以外的整个中国，被誉为"天下第一号"，号称"汇遍天下"。

更令人称道的是，日升昌在风雨飘摇的一百年间，面对外患频频、内乱不断的局面，凭借一整套极具现代意义的管理制度纵横商界，屹立不倒。

一、股份制与两权分离：凝聚人心，共创辉煌

为协调劳资关系、调动员工积极性，日升昌创造性地实施了人身顶股制，即员工可以用自己的劳动力作为股份，与财东的资本股一起参与票号的分红。经理的股份由财东确定，票号内部各职能部门负责人和分号掌柜、伙计的股份则由经理根据每个人的工作能力和工作效率确定。通过人身顶股，员工的利益和票号的业绩、业务发展紧密相联。这种激励机制将员工和票号的命运捆绑在一起，从掌柜到伙计无不殚精竭虑，促成了票号内部经营管理、服务态度、业务素质的全面提升。

票号采用东、掌合伙制的管理形式，即所有权与经营权分离。财东凭信任出资聘请掌柜(即经理)。聘用之前，先由财东对人选进行严格的考察，确定其有所作为、能攻能守、多谋善变且德才兼备，可以担此重任，便以重礼招聘。一旦聘用，便委以全权，经营决策、分号设置、职工录用、人员调配等均由掌柜决断，财东不予干预，并始终恪守用人不疑、疑人不用之道。财东只在年终结算时行使权利，平时不得在号内住宿、借钱，不能指挥号内人员为其办事，也不能保荐学徒，更不能以票号名义在外活动。这种管理模式确保了掌柜在任职期间总揽大权，能够从容地调动人、财、物等资源，达到最佳的经营水平，实现了所有权和经营权的有效分离，与现代企业的两权分离制度有异曲同工之妙。

二、任人唯贤，不拘一格降人才

日升昌非常重视人才的选拔和培养，实行严格的学徒制度。学徒年龄必须在13~15岁，身高五尺，仪态大方，家世清白，懂礼貌，善珠算，精楷书，不怕远行，能吃苦。入号前，学徒必须有担保人，由主考人当面测其智力，试其文字，通过者择日进号。进号称"请进"，表示人才被礼请入内，前途无量。入号后，由老师傅带小徒弟，采用传、帮、带的方式进行培养，内容主要包括：一是业务技术，包括珠算、习字、抄录信稿、记账、写信等，学习蒙、满、俄语，了解资金运作，熟记银两成色；二是职业道德训练，重信义、除虚伪、贵忠诚、鄙利己、幸辛苦、戒奢华，并派往繁华重镇，以观其色；三年学徒期满，方可正式录用。学徒制的严格执行为日升昌提供了人才储备。

票号的工作人员必须是学徒出身，经过层层遴选和提拔。道德、业务、行为都有高标准的要求，确保各个层次、各个环节都处于最佳状态。

请根据案例材料分析并思考以下问题：

1. 我国传统文化理念在日升昌票号的人力资源管理中发挥了哪些作用？请结合案例分析其对员工激励和组织发展的影响。

2. 试从现代人力资源管理理论的角度，分析日升昌的用人之道，包括其在激励机制、培训与开发、组织结构等方面的实践。

3. 日升昌采用的所有权与经营权分离的管理模式，对现代企业的人力资源管理有何启示？

4. 结合人力资源管理的基本原理，讨论日升昌如何实现员工与企业的双赢。

第二章 人力资源管理的基础

学习目标

(1) 理解人性假设理论,掌握不同人性假设理论下的管理策略,能够将其应用于实际工作之中。

(2) 理解并综合运用各类激励理论,能够将其应用于实际工作中,提升员工积极性和组织绩效。

(3) 掌握人力资源管理外部与内部环境的分析方法,能够有效评估环境,支持人力资源管理的决策。

第一节 理论基础

人力资源管理的对象是企业内的个体,需要通过一系列管理职能的实施来激励他们,确保个体行为与组织目标相一致。为了实现这一目的,必须了解个体的人性特征,并掌握激励的技巧与手段。

一、人性假设理论

著名管理学者道格拉斯·麦格雷戈(Douglas McGregor)指出:"每一项管理的决策和措施,都是基于有关人性与其行为的假设。"因此,人性假设是人力资源管理的重要理论基础。其中,麦格雷戈在《企业的人性面》一书中提出的X-Y理论和美国行为科学家埃德加·沙因(Edgar Schein)提出的四种人性假设理论得到了业界的广泛认同。

(一) 麦格雷戈的X-Y理论

麦格雷戈基于对人性的传统观念归纳并提炼了X理论,其认为:①大多数人天生不喜欢工作,只要可能,他们就会逃避工作。②由于人的懒惰性,组织必须采取强制措施或惩罚办法逼迫员工为实现组织目标而努力。③大多数人工作的目的在于满足物质与安全需要。因此,迫使员工努力工作的手段是采用"胡萝卜加大棒"的管理模式,让他们去做那些经济收益最大的事情。④只有极少数人能够克制自己。

与之相对，麦格雷戈提出了关于人性价值的Y理论，其认为：①一般人并非天生不喜欢工作，多数人愿意工作，将工作视为娱乐、休息等活动的一般自然存在。②大多数人愿意在工作中承担责任(包括对工作、对他人、对自己)，因此，外来的控制与惩罚并非促进个体努力工作的唯一手段，有时甚至会成为一种威胁和阻碍。③人具有自我指导、自我控制的能力，在一定条件下，能够主动将个人目标与组织目标相统一。④每个人的思维都具有独创性和合理性，每个人都能够在解决组织难题时发挥极佳的想象力、创造力。

后来，约翰·莫尔斯(John Morse)和杰伊·洛尔施(Jay Lorsch)在Y理论的基础上提出了超Y理论。超Y理论认为人性具有以下特征：①不同个体加入组织的目标并不一致，则管理模式亦有所差异。有些人适宜在严格的规章制度下工作，有些人需要适度的自主性方可发挥主观能动性。②组织的各项管理实践活动都需要充分考虑工作性质、工作目标、员工素质等方面，不存在适用于所有场景的普适性实践活动。③旧目标的达成可以为员工实现新目标提供动力。

拓展阅读

《思考，快与慢》与人的有限理性

诺贝尔经济学奖得主丹尼尔·卡尼曼(Daniel Kahneman)的经典著作《思考，快与慢》对人类决策过程的有限理性进行了深入研究。在该书中，卡尼曼提出人类大脑中存在两套系统：系统一(快速、直觉性思考)和系统二(慢速、逻辑性和分析性思考)。基于此，卡尼曼从以下4个方面阐释了人的有限理性。

(1) 认知偏误与启发式思维。人在日常决策过程中并非总是理性的，往往依赖一系列心理捷径或启发式方法进行快速判断，如锚定效应(anchoring effect，过度依赖初始信息，对后续判断产生影响)、可得性偏误(availability bias，更容易受熟悉或易于记忆的信息影响，忽视客观概率)、确认偏误(confirmation bias，倾向于寻找支持自己观点的证据而忽视对立证据)等。

(2) 认知资源的限制。系统二的运行需要耗费大量的认知资源，包括注意力、记忆力和计算能力等。面对复杂问题时，由于个体的心理能量有限，个体不能始终保持深思熟虑和全面考虑所有相关信息，容易做出非最优甚至错误的决策。

(3) 决策疲劳。随着时间推移和决策次数增加，个体的认知资源逐渐耗尽，导致在处理后续决策时更可能采用简单、快捷但不一定准确的系统思考方式。

(4) 过度自信与自我欺骗。人们普遍对自己的知识水平和判断力过于自信，这种过度自信可能导致对不确定性的低估及对未来事件预测的不准确。此外，个体还存在自我欺骗倾向，认同对自己有利的解释和结果。

卡尼曼的研究挑战了传统经济学中的理性人假设，强调了人在决策过程中存在有限理性，这对于人力资源管理具有重要意义。管理者需要认识到员工和自身在决策时可能存在的认知偏误和非理性行为，在制定政策和管理策略时，应考虑到这些人性特点，避免过分依赖理性假设，应采用更为灵活和人性化的管理方式。

(二) 沙因的四种人性假设理论

沙因将前人的人性假设归纳为经济人假设、社会人假设、自我实现人假设和复杂人假设4类。

(1) **经济人假设**。该假设类似于麦格雷戈的X理论，是把人视为经济动物的古典管理理论，认为人的一切行为都是为了最大限度地满足自己的私利，工作只是为了获得经济报酬。因此，鉴于人的本性是懒惰的，组织在管理过程中必须加以鞭策，人的行为动机源于经济和权力。对于此类的人性假设，管理者常采取以下管理策略：第一，管理工作的重点在于提高生产率、完成生产任务，人在感情和道义上应负的责任是无关紧要的。换言之，重视工作任务，忽视人的情感、需要、动机、人际交往等社会心理因素。第二，管理工作只是少数人的事，与多数员工无关。多数员工的主要任务是听从管理者的指挥，拼命干活。第三，在奖励制度方面，主要用金钱刺激工人的生产积极性，同时对消极怠工者采用严厉的惩罚措施，即"胡萝卜加大棒"。

(2) **社会人假设**。基于梅奥(Elton Mayo)等所做的霍桑实验提出，工人并非机械的、被动的机器，而是活生生的人。而且，个体并非孤立的，而是复杂社会系统中的一员。因此，社会人假设指出应该重视社会需要与自我尊重需要，弱化物质需要与经济利益：①社会需要是人类行为的基本激励因素，人际关系是形成个体身份感知的基本因素。②工业革命带来的机械化使工作丧失了较多内在意义，导致个体必须从工作中的社交关系里寻回这些丧失的意义。③非正式组织有利于满足个体的社会需要，非正式组织的社会影响比正式组织的经济收益对人有更大影响。④对个体来说，最强烈的期望是能够得到领导者的承认并且社会需要能够得到满足。

拓展阅读

霍桑实验

霍桑实验(Hawthorne Studies)是20世纪20年代至30年代初，由哈佛大学教授埃尔顿·梅奥领导的研究团队在美国西部电气公司(Western Electric Company)霍桑工厂开展的一项关于工作环境、员工行为和生产力之间关系的心理学和社会科学研究。该实验为人际关系学派的研究和行为科学管理理论奠定了基础，深刻影响了管理学的发展。实验大致分为以下几个阶段。

第一阶段：照明实验。霍桑实验的最初目的是研究工作场所的照明条件对生产效率的影响。研究人员调整了工作环境的照明强度，观察其对工人生产效率的影响。然而，结果出乎意料，无论是提高还是降低照明强度，工人的生产效率都有所提高。这一意外发现表明，除了物理条件，还有其他未知因素会影响工作效率。

第二阶段：继电器装配室实验。在这一阶段，研究人员选取了6名女工，将他们安排在一个专门的实验室中，改变工作条件，如工作时间、休息时间、工资制度等，并与其进行了深入交谈。研究发现，当员工感到被关注和重视时，其生产效率会显著提升。也就是说，人际关系、心理因素及管理层对员工的关注程度对生产效率有着重要的影响。

第三阶段：深入访谈。在这一阶段，实验进一步扩展到对更广泛的社会和心理变量的研究。研究人员对两万多名员工进行了深入访谈，了解他们对工作、管理、薪酬、同事关系等方面的看法。结果显示，员工的情绪状态、满意度和非正式群体的作用对工作积极性有重要影响，这证明了倾听员工心声和重视员工感受的重要性。

第四阶段：接线板装配室实验。在这一阶段，研究人员选取了14名男工，没有对工作条件进行任何改变，仅仅对其工作行为进行观察和记录。结果发现，工人们形成了自己的非正式群体规范，限制了个人的工作产出，避免管理层提高工作标准或引入新的工人。研究表明，非正式群体的压力和规范对员工行为有显著影响。

总体来看，霍桑实验得出了以下重要结论：①社会人假设。工人不仅仅是经济驱动的个体，他们有情感和社交需求，需要得到认同、尊重和归属感。工作不仅满足物质需要，而且满足社会和心理需要。②非正式群体有很大的影响力。组织中存在非正式的、基于共同兴趣和友谊形成的群体，这些群体对成员的行为和态度有很大影响。非正式组织的规范和价值观可能与正式组织不一致，但对员工行为具有强大的约束力。③霍桑效应。人们意识到自己成为研究对象时，会改变自己的行为和表现，即霍桑效应，又称实验者效应。这种效应体现在即使没有实质性的环境变化，仅仅是得到了更多的关注或者有了更多的参与感，也会导致绩效的暂时提升。④士气的重要性。良好的工作氛围、公平的待遇、有效的沟通和反馈机制对维持与提高员工士气至关重要，进而会影响其工作绩效。管理者的关心和支持可以增强员工的归属感与工作积极性。

综上所述，霍桑实验颠覆了传统管理理论中过分强调物质刺激和机械效率的观点，使人们更加关注个体的心理需求和社会互动，为后来的人际关系学派的研究和行为科学管理理论奠定了基础。

(3) 自我实现人假设。该假设的核心思想是人都有一种寻求工作意义、充分发挥潜能、实现自我理想的自我实现欲望，其基本假设如下：①人生来就是勤奋的。如果没有不良条件的限制，则从事体力和脑力工作如同游戏和休息一样自然。②外来的控制和惩罚的威胁并不是促使人为实现组织目标而努力的唯一方法。人在达成自己所承诺的目标的过程中，是能够自我约束、自我控制的。③如果给予机会，员工会自愿地把个人目标与组织目标结合在一起。④员工在适当条件下不但能接受责任，而且会追求责任。逃避责任、缺乏雄心和强调安全是经验结果，而非人的天性。⑤许多员工都具有解决组织问题的想象力、独创性和勤奋精神。⑥在现代工业社会，一般员工的智慧潜能只有很小一部分被利用了。

(4) 复杂人假设。复杂人假设的观点类似超Y理论，强调因人、因时、因地制宜，其基本假设包括：①人有不同层次和水平的多种需要，不仅是复杂的，而且随着人的发展和工作条件的改变而不断变化。②每个人的多种需要不是并列的，而是互相联系、互相影响，结合为一个统一整体并形成一定的结构。有的人经济上的需要居于中心位置，有的人社会需要占主导地位，有的人最迫切的需要是施展自己的才华，于是就形成了个体错综复杂的动机模式。③个体此时此地的需要是原有需要与当今社会发生交互作用的结果。人的工作性质不同、社会地位不同、能力不同、与周围人的关系不同，其需要与动机模式也不同。④不存在对任何时代、任何组织或任何人都普遍适用的管理模式。

拓展阅读

《乡土中国》与中国人的性格特征

费孝通先生所著的《乡土中国》通过对传统中国农村社会的深入剖析，揭示了一系列影响中国人性格特征的社会结构和文化因素。

(1) 乡土本色与安土重迁。中国基层社会是乡土性的，即以土地为依托、聚族而居，人们有深厚的乡土情结和对土地的依恋，表现为稳定性和保守性。这使得多数中国人倾向于稳定的生活方式，注重家庭和亲情关系，对家乡有深厚感情。这种情结在现代社会中依然体现为中国人对家族和故土的强烈归属感。

(2) 集体主义与家族观念。中国传统乡土社会强调家族共同生活、共同劳作，家族利益高于个人利益。这种强烈的家族意识和集体主义精神培养了中国人高度的责任感、服从性和协作能力。现代社会中，中国人的团体精神和对群体和谐的重视，依然可以从这种传统中找到根源。

(3) 道德规范与礼治秩序。中国的乡土社会依赖传统的道德规范和社会舆论来维持秩序，而非纯粹依赖法律约束，形成了礼俗社会的特点。在这种环境下成长起来的中国人通常受到高度自觉的道德约束，尊重传统习俗，注重和谐的社会关系。这种特征在现代社会依然可以见到，体现为中国人对道德规范的重视，以及对尊重、礼节的强调。

(4) 差序格局中的自我中心主义。中国人的社会关系呈现出一种差序格局，即以自己为中心向外层扩展的同心圆状网络，关系网的建立基于亲疏远近的原则。这种结构导致了人际关系的相对性和伸缩性，使中国人在处理人际关系时具有较强的策略性和适应性，同时也形成了重视人情、面子等非正式规则的性格特征。

总体来说，《乡土中国》中描述的中国人的性格特征体现了中国传统乡村社会的特性，这在一定程度上塑造了中国人的行为模式和价值取向，并在现代社会中仍然有所体现。然而，随着社会结构的变化和全球化的影响，中国人的性格特征也在不断演变和更新。现代中国人既保持了传统的文化底蕴，又展现出一定的开放心态和创新精神，尤其是在数字时代，越来越多的中国人能够接受新事物并进行创造性的实践。

二、激励理论

人力资源管理的本质在于对员工外显的行为进行管理，使其与组织所期望的目标相一致。大量研究显示，人的行为由内在动机所驱动，并且因特定需求未满足而引发特定行为。因此，人力资源管理中对人的行为的管理，是通过各种激励手段来激发个体内在动机,并引导其向既定目标前进的过程。熟悉并掌握激励理论,对管理者开展人力资源管理实践活动具有重要意义。

按照侧重点的不同,经典激励理论大致可以分为内容型激励理论、过程型激励理论和行为改造型激励理论。内容型激励理论试图明晰激励因素的内容和构成,过程型激励理论关注激励发生的过程,行为改造型激励理论则主要探索行为改造和转变的具体机制。

(一) 内容型激励理论

(1) **需求层次理论**。亚伯拉罕·马斯洛(Abraham Maslow)将需求分为5个层次,由低到高分别是生理需求、安全需求、社会需求、尊重需求和自我实现需求,如图2-1所示。需求的满足和实现需要逐层推进,只有当低级需求得到满足后,个体才会去追求更高一级的需求。虽然个体可能同时存在多个层次的需求,但其中一个层次通常会占据主导地位。

图2-1 马斯洛需求层次模型

(2) **双因素理论**。双因素理论,又称激励-保健因素理论,由弗雷德里克·赫兹伯格(Frederick Herzberg)提出,其认为个人工作态度对工作成功与否具有决定性作用,影响工作态度的因素有两类:激励因素和保健因素。激励因素包括成就、认可、工作本身、责任、晋升等,这些因素与员工满意紧密相关。保健因素包括公司政策、管理实践、工作条件、薪酬等,这些因素与员工不满意紧密相关。换言之,保健因素的存在只能确保员工由不满意向没有不满意转化,而激励因素的存在方可确保员工能够由不满意过渡到满意。此理论将管理者的关注点引向工作本身的内容和设计,提醒管理者应更加注重工作安排、量才使用、人尽其才等。

拓展阅读

阿里巴巴对双因素理论的运用

阿里巴巴集团为全球领先的科技企业,其人力资源管理成功地应用了双因素理论,并通过两因素的相互转化实现了对员工的长效激励。

在早期发展阶段,为了满足员工的基本生活需求(保健因素),提供了具有竞争力的薪酬待遇和舒适的工作环境,减少员工对组织和工作的潜在不满。随着企业的发展,阿里巴巴逐渐将这些原本作为保健因素的基础性因素转化为更深层次的激励因素。例如，阿里巴巴推出的股权激励计划，将员工的利益与公司长远发展绑定，不仅满足了员工基本生活需求，也成了激发他们创新和奋斗的长期动力。

此外，阿里巴巴重视企业使命和愿景的传播，使员工明确"让天下没有难做的生意"的使命。这一使命驱动的文化作为一种激励因素，赋予了员工更强的责任感和成就感，激发他们追求卓越的内在动力。与此同时，阿里巴巴还提供了丰富的职业发展机会、培训和技能提升资源(如提供心理咨询服务、定期开展团队建设活动及设置完善的职业发展通道等)，将员工的成长与发展融入日常工作之中。这种将"员工关怀"逐渐内化为激励因素的做法，有效促进了员工对公司文化的认同，进一步提高了他们的工作积极性。

通过灵活运用双因素理论，阿里巴巴不仅满足了员工的基本需求，还通过长期激励机制将保健因素逐渐转化为激励因素。这一实践，不仅调动了员工的工作热情和创造力，而且有效增强了组织的凝聚力。

请根据案例材料分析并思考以下问题：

1. 阿里巴巴是如何将保健因素逐渐转化为激励因素的？请结合双因素理论分析其激励效果。

2. 股权激励计划在阿里巴巴的激励机制中扮演了什么角色？如何实现员工利益与公司发展的绑定？

3. 结合阿里巴巴的案例，讨论企业文化和职业发展机会如何作为激励因素影响员工的内在动机。

(3) 成就需求理论。戴维·麦克利兰(David McClelland)研究发现，个体在生存和物质条件满足后，仍存在权力需求(need for power)、归属需求(need for affiliation)和成就需求(need for achievement)等更高层次的需求。权力需求指个体对他人施加影响和控制他人的欲望，是决定管理者取得成功的关键因素。归属需求指个体与别人建立良好人际关系、寻求别人接纳和友谊的需求，是保持社会交往和维持人际关系的重要条件。成就需求指人们实现具有挑战性的目标和追求事业成功的愿望。成就需求的强烈程度与内在工作动机密切相关，对个人和组织等均有重要价值。麦克利兰指出，成就需求并不是与生俱来的，可以通过教育和培训培养。这对人力资源开发具有重要启示。

(二) 过程型激励理论

(1) 期望理论。弗洛姆(Victor Vroom)提出，人之所以有动力从事特定工作并达成目标，是因为这项工作与组织目标的达成有助于实现自己的目标、满足自身的需求。因此，激励效果取决于两方面：效价(个体对特定行为可能带来结果的主观评价)和期望值(个体对某一行为导致特定结果的可能性大小的评估)。前者的取值范围为-1~1，可能带来的结果对个体越重要则效价越接近1，对个体越无关紧要则效价越接近0，对个体越反感则效价越接近-1。后者的取值范围为0~1，结果越可能实现则效价越接近1，越不可能实现则效价越接近0。换言之，个体受到的激励程度取决于三个关键关系的建立：一是个人努力和个人绩效之间的关系,二是个人绩效和组织奖励的关系,三是组织奖励与个人目标的关系。组织只有构建了以上三重关系,才能实现个体目标与组织目标的协调一致。期望理论的基本模式如图2-2所示。

图2-2 期望理论的基本模式

(2) **公平理论**。约翰·亚当斯(John Adams)基于社会比较理论指出,员工工作积极性不仅受到绝对报酬的影响,还受到相对公平的影响。相对公平不仅是个体与他人横向比较的付出与回报,还包括个体与自我以往纵向对比的付出与回报。只有当个体回报大于或等于付出时,个体才会觉得报酬是公平的,才会保持或增加原有的工作投入。

(3) **目标设置理论**。目标设置理论由埃德温·洛克(Edwin Locke)提出,核心观点在于,设置科学、合理的目标是实现个体激励的关键所在,一方面目标要明确,另一方面目标要具有一定的挑战性。洛克发现,有目标的任务要比无目标的任务激励效果更好;目标越明确(清晰描述、准确衡量)越能够实现激励效果;有一定难度但经过努力能够实现(跳一跳够得到)的任务比没有难度或难度过大的任务激励效果更好。因此,管理者一是要设置具体、明确的目标,二是要确保目标具有一定难度,三是要让员工参与制定目标并认同所设置的目标。

(三) 行为改造型激励理论

行为改造型激励理论是行为科学流派的经典理论,其代表人物是伯尔赫斯·斯金纳(Burrhus Skinner)。斯金纳以巴甫洛夫的条件反射论、华生的行为主义和桑代克的尝试-错误学习理论为基础提出强化理论,即对一种行为的肯定或否定的后果(报酬或惩罚等)在一定程度上决定了此行为在后续重复出现的可能性。具体而言,可以通过以下4条途径改造行为:正强化(positive reinforcement)、负强化(negative reinforcement)、惩罚(punishment)和撤销(extinction)。

(1) 正强化,指某种行为发生后,立即用物质或精神奖励来肯定此种行为,确保个体感知到该行为是有利或符合期望的,从而提高该行为反复出现的概率。

(2) 负强化,也称为规避(avoidance),指通过撤销负面结果来保持个体特定行为,或预知不符合要求的行为可能引起的后果而规避该行为。

(3) 惩罚,指当不符合要求的行为发生后给予相应处罚或惩戒,实现对该行为的否定,从而减少该行为的反复出现。

(4) 撤销,指撤销某一特定行为原来存在的正强化,使行为逐渐降低重复发生的概率,乃至最终消失。

与此同时,可以根据员工的行为差异选择不同模式的强化方式,包括连续强化和间隔强化。其中,后者又包含固定间隔、固定比率、可变间隔、可变比率等类型的强化。连续强化是指在每次行为发生之后都进行强化;固定间隔强化是指固定一段时间给予强化;固定比率强化是指确定一定数量的行为发生后给予强化;可变间隔强化是指给予强化的时间间隔是变动的，但时间长短围绕着平均数变动；可变比率强化是指一定数量的行为发生后给予强化，这一数量虽不确定但围绕着确定值变动。

拓展阅读

抖音对强化理论的运用

抖音(TikTok)作为字节跳动旗下的短视频社交平台，通过灵活运用一系列的激励和行为强化手段，实现了有效的用户吸引和活跃度提升。

首先，正强化：奖励用户的积极行为。抖音采用一系列正向反馈手段，鼓励用户在平台上互动和创造内容。①点赞、评论与分享奖励。用户在抖音上发布的内容如果获得大量点赞、评论或分享，会有被认可的满足感，增强了他们继续参与互动并创造内容的积极性。②个性化内容推荐。抖音的推荐算法会根据用户的观看习惯和喜好推送其感兴趣的内容。当发现平台能够快速提供自己感兴趣的短视频时，用户就会有强烈的满足感，进一步提升观看黏性。③成就系统。抖音平台设有关注数、粉丝数、获赞数等成就体系，达到一定里程碑后，用户会获得平台的虚拟徽章或其他形式的标识。这些正强化方式让用户感受到自身的影响力并获得成就感，从而增加他们在平台上的投入。

其次，随机性正强化：营造用户期待感。抖音采用了随机性正强化，通过不定期的奖励提升用户的期待感和新鲜感。在观看直播或刷短视频时，用户可能会随机获得平台派发的小礼品或红包。这种不确定性奖励机制增强了用户的兴奋感和参与感，使他们愿意在平台上花更多时间以获得"意外之喜"。

再次，基于社会认同的正强化。抖音通过设计社交挑战和话题互动来激励用户参与创作，满足用户的社交需求。一方面，抖音发起的热点挑战吸引了大量用户参与和创作，用户在挑战中收获的点赞和关注不仅是对其创作的认可，更是对其社交认同的强化。通过参与热点话题，用户有机会获得更高的曝光度，甚至在平台上"出圈"，这进一步激发了用户的创作欲望。另一方面，抖音的互动设计(如粉丝评论、关注互动等)为用户提供了广泛的社交认同感，满足了用户与他人建立联系的需求。这种基于社会认可的正强化，帮助用户在社交互动中体验成就感和归属感，增强了他们对平台的依赖感。

最后，负强化：消除不满因素。抖音利用负强化进一步提升用户的参与度。例如，抖音平台会定期优化内容过滤和算法规则，避免出现用户不喜欢或反感的内容。这种优化过程消除了用户不愉快的使用体验，使他们更加享受平台上的内容消费。

通过多种形式的强化手段，抖音为用户提供了及时反馈和随机奖励，让他们在内容消费和互动过程中感到持续的满足和愉悦。这种精细化设计的强化机制，不仅让用户更乐于在平台上投入时间，还提升了用户的长期留存率和活跃度。

请根据案例材料分析并思考以下问题：

1. 抖音如何通过正强化和随机性正强化来提升用户的活跃度？请结合强化理论具体分析。

2. 随机性奖励(如红包、抽奖)在用户行为激励中的作用是什么？为什么这种随机奖励的设计比固定奖励更能提高用户黏性？

3. 抖音的成就系统和社交认可设计如何帮助用户获得成就感和归属感？这对平台用户留存率有何影响？

(四) 激励理论的整合

以上各类激励理论均从不同角度研究激励问题，不可避免地存在不系统、不完整的问题。因此，在人力资源管理的实践中，应该综合应用各类理论，建立员工激励的综合模型，如图2-3所示。

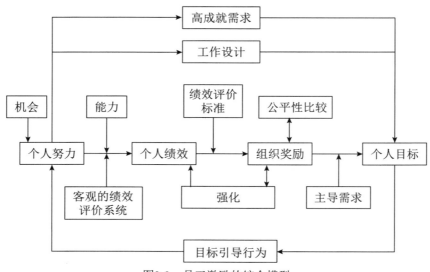

图2-3 员工激励的综合模型

(资料来源：罗宾斯. 组织行为学[M]. 10版. 北京：中国人民大学出版社，2005.)

由此可知，在人力资源管理过程中，应当注意以下关键点。首先，为员工提供展现才华的平台与机会至关重要，要创造条件让员工充分发挥潜能。其次，对于有高成就需求的人而言，只要不制造障碍，他们就可以全力以赴地实现个人目标，组织能做或要做的就是尽可能帮助他们人岗匹配。再次，设计"有趣"的工作是比物质激励更有效的激励方式，组织应通过工作专门化、工作轮换、工作扩大化或工作丰富化等手段尽可能地让工作变得像"玩"一样有趣。最后，通过科学、有效的人力资源管理制度来确保组织目标和个体目标的一致性。例如，建立科学、客观的绩效评价体系与标准，实现对员工绩效的公平评价。再如，通过科学、有效的招募与甄选工作，确保员工具有组织所需的能力与潜力等。

■ 拓展阅读

游戏化工作设计

在现代企业中，为了提高员工的工作积极性和体验，许多公司开始借鉴游戏设计的思路，将工作设计得更"游戏化"。这种设计不仅注重工作任务的完成，还注重激发员工的参与感和成就感，使工作可以"玩着干"。

任务分解与奖励系统。企业将工作任务分解为一系列的小任务或"关卡"，每完成一个任务或达到特定目标后，员工能够获得"奖励积分"或"徽章"。公司可为销售团队设计积分系统，每完成一通销售电话或促成一次客户签约，员工会获得相应的积分。积分可以兑换礼品、额外假期，甚至可以为晋升加分。公司也可以在任务完成的过程中设置不同的"成就徽章"，如"新手入门"（完成前5个任务）、"销售高手"（完成一定数量的销售任务）等。这种视觉化的成就徽章帮助员工明确自己的成长路径，同时激发了员工的成就感和竞争意识。

排行榜与公开表彰。设置排行榜，鼓励员工之间的良性竞争。例如，定期发布团队内各员工的任务完成进度或销售额排名，使员工对自身的表现有清晰的认知，并激励他们向高排名目标靠近；每月、每季度或每年评选"最佳表现员工"，不仅在内部平台公布，还设有小型颁奖仪式；对于一些有创新性或特殊贡献的员工，可以设立"特别奖"，对其进行表彰并增强对其他员工的激励效果。

即时反馈与互动体验。游戏化设计强调反馈的即时性。员工完成任务后可以立即收到系统的正向反馈，强化其积极行为。例如，员工完成任务后立即收到"完成任务"的弹窗提醒和祝贺信息，如："你已完成第5个客户拜访任务，距离达成目标又近了一步！"公司也可以为员工创建虚拟角色，随着积分和任务完成数量的提升，角色形象不断升级或不断获取"装备"。这不仅给工作带来了乐趣，还让员工在虚拟世界中有了"成就体验"，提高了成就感。

团队协作与挑战模式。在游戏化工作设计中，团队协作和挑战任务被用于增强团队凝聚力，并激发员工的协作精神。例如，公司可设计小组协作任务，各小组在指定时间内完成任务，以团队的平均成绩为准，表现优异的小组会获得集体奖励，如团队聚餐、拓展活动等。公司也可以定期组织跨部门的任务挑战赛，邀请员工参与指定项目或解决问题，提升员工的跨部门协作能力。这样的活动不仅有助于培养员工的团队意识，而且为工作增添了挑战性和趣味性。

请根据案例材料分析并思考以下问题：

1. 游戏化的工作设计如何帮助企业实现更高的员工参与度和工作满意度？请结合具体的激励机制分析其对员工行为的影响。

2. 针对不同类型和岗位的员工，游戏化的激励机制是否都同样适用？如何调整游戏化的激励机制以适应个体差异？

3. 游戏化激励机制的过度应用可能带来哪些问题？企业应如何平衡游戏化激励机制的娱乐性和实际工作的严肃性？

第二节 环境分析

作为一种系统性管理活动，人力资源管理并非孤立存在，而是受到内部和外部环境的多重影响。基于系统论的观点，以企业系统为边界，可将人力资源管理的环境分为内部环境和外部环境两类。

一、外部环境分析

人力资源管理的外部环境指企业系统外能够对人力资源管理活动产生影响的各种因素。这些因素一般不受企业的直接控制，企业只能依据外部环境的状态和变化制定相应措施。通常可以利用管理学、战略管理等理论的环境分析工具对外部环境进行分析，外部环境主要包括政治环境、经济环境、法律环境、文化环境、产业环境等。

(1) **政治环境**。政治环境主要包括政治局面的稳定程度、政府的管理模式及政策方针等因素。政治局面的稳定虽然不能确保企业发展状态，却是企业正常运作的基本前提。动荡的政治环境可能导致社会资源分配紊乱，增加企业的经营风险，从而威胁企业的生存与发展。

(2) **经济环境**。影响人力资源管理的经济环境包括经济体制、经济发展状况及劳动力市场状况等因素。不同的经济体制会对人力资源管理产生不同的影响。例如，在计划经济体制下，企业资源(包括人力资源)的配置，主要由政府进行计划性分配，企业和员工缺乏决定权与控制权；而在市场经济体制下，人力资源配置则更多地依赖于市场这一"看不见的手"的调控，企业和员工均有一定的决策权与控制权。除此之外，宏观经济形势和就业市场状况也会直接影响企业的招聘和薪酬管理策略。

(3) **法律环境**。企业作为社会组织的一种重要存在形式，在日常经营活动中必须遵守国家强制实施的各类法律法规。针对企业人力资源管理活动，需要遵循的法律法规包括又不限于《中华人民共和国劳动法》《中华人民共和国劳动合同法》《失业保险条例》《中华人民共和国社会保险法》《中华人民共和国就业促进法》《中华人民共和国妇女权益保障法》等。遵守这些法律法规不仅是企业的法律责任，也是企业社会责任的体现。

(4) **文化环境**。文化环境包括社会的价值观、伦理道德、风俗习惯、宗教信仰等，具有重要的社会整合和导向作用，深刻且内隐地影响人们的思维方式和行为方式。正因如此，在跨文化环境中，员工对权力距离、集体主义与个体主义、时间观念等方面存在态度差异，可能需要企业采用不同的管理方式。例如，在权力距离较小的西方文化环境中，员工对平等关系有较高要求；而在权力距离较大的东方文化环境中，层次分明的管理方式更为普遍。

(5) **产业环境**。产业环境是指企业所处行业的竞争状况，包括竞争者的数量、进入壁垒、替代产品的威胁等因素。处于同一产业的企业不仅在产品市场上相互竞争，而且在劳动力市场上竞争。因此，行业内的竞争状况会影响企业的人才吸引、薪酬定位和员工福利等人力资源管理政策。

二、内部环境分析

人力资源管理的内部环境指企业系统内对人力资源管理具有影响的各种因素。相对于外部环境的影响因素，内部环境中的影响因素多由企业直接控制和影响，通常包括发展战略、生命周期、企业文化、组织结构等。

(1) **发展战略**。企业发展战略是企业为实现其长远目标和使命所制定的最高层次的管理计划，是企业经营发展的最高统领。作为企业管理系统的重要组成部分，人力资源管理战略必须与企业战略相匹配。人力资源管理战略与企业发展战略的紧密结合，是确保企业保持竞争力的重要条件。通过系统的人力资源管理战略与规划，企业能够有效支持战略实施，实现资源的最优配置。

(2) **生命周期**。企业的生命周期包括创业阶段、集体化阶段、正规化阶段和合作阶段。在不同阶段，人力资源管理的焦点和逻辑各不相同。例如，处于创业阶段的企业往往面临较大的生存压力，此时人力资源管理的重点在于吸引和留住关键人才，确保公司能快速适应市场需求。企业进入正规化阶段后，组织规模扩大，人力资源管理的重心可能转向制度建设、文化塑造和员工发展，旨在保持组织的凝聚力和可持续发展。

(3) **企业文化**。企业文化是组织成员共同信奉的核心价值观和行为准则，是企业凝聚力的重要来源。企业文化对员工的工作态度和行为有重要的导向作用，也影响人力资源管理的实际操作。良好的企业文化能够增强员工的归属感和责任感，帮助企业吸引并留住优秀人才。同时，人力资源管理可以通过招聘与甄选、绩效管理、薪酬管理等方式强化和传承组织文化。

(4) **组织结构**。组织结构是组织内部正式确定的任务分配和协调框架，反映组织的职责分配和权力分配。不同的组织结构对人力资源管理的影响是显著的。例如，直线职能型组织结构较适合稳定的业务环境，而矩阵制和平台型结构则更加灵活，适合快速变化的市场环境。组织结构不仅决定了各部门和员工的职能分工，还直接影响人力资源管理中的招聘、培训、绩效管理和晋升等具体职能的实施。合理的组织结构有助于提高工作效率，促进团队协作，并为人力资源管理提供良好的支持。

本章小结

人力资源管理的基础包括理论基础和环境分析，对组织开展有效的人力资源管理实践有深远影响。管理中的人性假设反映管理者对被管理者的认知与态度，成为管理决策的基础。经典的人性假设理论包括麦格雷戈的X-Y理论和沙因提出的经济人假设、社会人假设、自我实现人假设和复杂人假设，这些理论为理解员工的行为和制定人力资源管理策略提供了重要视角。

人力资源管理的一项核心职能是激励员工，以实现组织目标与个人需求的统一。激励理论作为人力资源管理的重要理论基础，可以帮助管理者识别员工的需求、动机和行为模式。其中，马斯洛的需求层次理论、赫兹伯格的双因素理论、麦克利兰的成就需求理论是内容型激励理论的典型代表；弗洛姆的期望理论、亚当斯的公平理论、洛克的目标设置理论是过程型激励理论的典型代表；斯金纳的强化理论则是行为改造型激励理论的典型代表。这些理论分别从需求、过程和行为调整的角度出发，为人力资源管理的激励机制提供了多维指导。

人力资源的环境包括外部环境和内部环境。外部环境涵盖政治、经济、法律、文化和产业环境等因素，为企业开展人力资源管理提供了必要的条件和约束。内部环境则涵盖企业的发展战略、生命周期、企业文化、组织结构等因素，直接影响企业的人力资源管理策略和实践效果。企业需要在外部环境的约束下，通过人力资源管理实践活动实现内部环境的优化和调整，以提升整体组织绩效和企业适应市场变化的能力。

关键术语

人性假设　　　　　　　激励理论　　　　　　　内容型激励理论
过程型激励理论　　　　行为改造型激励理论
人力资源管理的外部环境　　人力资源管理的内部环境

思考题

1. 常见的人性假设有哪些？各类人性假设的差别是什么？如何在不同人性假设的基础上制定适宜的人力资源管理策略？

2. 常见的激励理论的主要内容分别是什么？它们如何从不同角度激励员工？对人力资源管理的实践有何种意义？

3. 人力资源管理的外部环境包括哪些因素？这些因素各自如何影响企业的人力资源管理活动？

4. 人力资源管理的内部环境包括哪些因素？这些因素各自如何影响企业的人力资源管理活动？

案例2-1

华为的人本管理实践

华为技术有限公司在人本管理方面的创新实践已在全球范围内引发了广泛关注。自1987年成立以来，华为始终坚持"以奋斗者为本"的核心价值观，将人本管理理念深度融入企业战略、组织架构、人力资源政策及日常运营的各个层面，为企业的持续发展提供了强大支撑。

(1) 人才引进与发展。华为秉持开放、包容的用人理念，从全球化视角，通过科学、严谨的选拔流程，积极引进多元化背景的顶尖人才。华为提出"英雄不问出处"，强调对员工的能力和潜力的重视，而非局限于学历或职业背景。为充分挖掘员工潜力，华为投入大量资源构建了全面的职业发展体系，包括内部培训、岗位轮换、海外派遣及领导力培养项目等。这些举措旨在帮助员工不断提升专业技能和综合素养，使他们在实现自我价值的同时为企业的长远发展贡献力量。

(2) 激励机制。在员工激励方面，华为创新地实施了虚拟受限股制度，让员工利益与公司长期发展紧密联系起来，使员工不仅是企业的"奋斗者"，也是企业的"主人"。这一机制大大增强了员工的积极性、责任感和归属感。与此同时，华为还推行了以绩效为导向的薪酬体系，将工资、奖金和长期激励(如股票期权)直接与员工的个人绩效和贡献挂钩，激励员工通过工作获得公平的报酬。这种激励机制体现了公平和效率的平衡，保障了优秀人才在华为内部的成长。

(3) 企业文化与员工关系管理。华为的企业文化以狼性精神为特色，注重团队合作、拼搏进取和敏捷应对挑战。这种文化不仅培养了员工的奋斗意识，也强调了集体力量的重要性。此外，华为提倡知本主义，高度重视知识资本的价值，鼓励员工不断学习和创新，以适应快速变化的市场需求。为促进内部信息的流通和员工与管理层的双向沟通，华为建立了开放、透明的沟通平台——心声社区，员工可以直接向管理层表达意见和建议。这一平台在信息流动和管理透明度方面起到了积极作用，使员工感受到被重视和被尊重。

(4) 员工福利与支持。华为十分关注员工的心理健康和生活质量，积极推行多层次的员工关怀计划，包括设立健康咨询中心、实施家庭关爱计划等，以支持员工实现工作和生活的平衡。这种以人为本的福利体系，使得华为的员工在拼搏进取的同时，也得到了必要的心理支持和生活保障。

综上，华为在人本管理方面通过完善的激励机制、系统化的职业发展体系、积极向上的企业文化和人性化的员工关怀政策，成功吸引、留住并培养了大量优秀人才。这一系统化、科学化的人力资源管理模式为华为在全球市场上的成功奠定了坚实基础。

请根据案例材料思考并分析以下问题：

1. 根据人性假设理论，分析华为开展的人本管理实践体现了何种人性假设？请结合具体实践进行说明。

2. 结合华为的激励机制，分析该公司如何运用内容型、过程型和行为改造型激励理论提升员工的积极性和工作绩效？

3. 华为实施的员工虚拟受限股制度和绩效导向的薪酬体系对员工行为产生了什么影响？如何通过这些制度实现公平性和激励性？

4. 华为通过心声社区等平台实现了员工与管理层的双向沟通，这对企业的文化建设和员工关系管理有什么作用？如何看待此类沟通平台的价值？

案例2-2

阿里巴巴的激励策略

阿里巴巴集团作为中国乃至全球最具影响力的电子商务和技术企业之一，自1999年创立以来，始终将创新和人本管理作为企业发展的核心驱动力。在人力资源管理方面，阿里巴巴不仅借鉴国际先进的管理理念，还结合自身的独特文化和企业需求，灵活运用经典的激励理论，建立了一套高效且多层次的员工激励体系。

(1) 马斯洛需求层次理论的应用。阿里巴巴通过构建多层次的激励机制，有效满足员工从基础到更高层次的需求。首先，公司提供具有竞争力的薪酬待遇与福利保障，满足员工的基本生活需求。其次，通过举办阿里日、家庭开放日等活动，营造积极向上的企业文化氛围，满足员工的情感归属和社交需求。在更高层次上，阿里巴巴推行股权激励计划，使员工有机会分享公司成长带来的红利，帮助他们实现个人财富增值，激发自我价值实现。此外，阿里巴巴设立"感动阿里"等荣誉奖项，公开表彰优秀员工，进一步满足员工对尊重和成就感的需求，激发其创新精神。

(2) 赫兹伯格双因素理论的应用。根据赫兹伯格的双因素理论，阿里巴巴关注消除引发员工不满的保健因素和提升工作满意度的激励因素。在保健因素方面，阿里巴巴营造了舒适的工作环境，提供丰富的健康福利和社会保障，为员工的身心健康提供支持，减少工作中的负面情绪。与此同时，阿里巴巴通过实施多元化的激励措施提升员工的满意度。例如，公司鼓励内部创业，员工可以提出创新的业务想法并亲自推动落实，从而获得更多的机会和更大的成长空间。鼓励不同团队之间的公平竞争，激励员工积极参与创新并提升自身能力，不仅提高了员工满意度，也提升了其对工作的积极性和投入度。

(3) 期望理论的应用。在激励员工实现目标方面，阿里巴巴充分运用了弗洛姆的期望理论，通过设定清晰、具体的绩效目标，为员工提供实现个人目标和满足自我期望的机会。在绩效管理体系中，阿里巴巴与员工共同制定可衡量的关键绩效指标，定期进行考核和反馈，以帮助员工了解自己在目标实现过程中的表现，并进一步改进。同时，公司建立了基于目标达成情况的激励机制。对于表现突出的员工，阿里巴巴会提供相应的经济奖励、职位晋升机会及授予"优秀员工"称号等，进一步强化员工的成就感和对公司目标的认同感。

请根据案例材料思考并分析以下问题：

1. 结合阿里巴巴的激励策略，分析公司如何运用马斯洛需求层次理论来满足员工的不同需求？如何体现需求的层次性？

2. 根据赫兹伯格的双因素理论，探讨阿里巴巴在激励因素和保健因素方面的具体举措。哪些因素属于保健因素，哪些因素属于激励因素？阿里巴巴如何实现两者的有效平衡？

3. 根据期望理论的核心概念，分析阿里巴巴如何通过KPI管理、经济奖励和提供晋升机会等方式提高员工的期望值，这些激励措施如何帮助员工实现个人目标与组织目标的匹配？

案例2-3

华为公司的组织结构变革

在中国企业中，华为公司的组织结构设计与变革为现代企业管理提供了一个极具借鉴意义的案例。自1987年成立以来，华为根据市场环境的变化和业务发展的需求不断地进行组织结构调整，以应对激烈的市场和技术竞争。

在公司初创阶段，华为采用了传统的直线职能制组织结构，各部门的责任和权限清晰、明确，使得内部管理和运营效率极高，有助于早期业务的迅速扩展。随着产品线的扩展和技术研发需求的增加，华为逐渐引入矩阵式组织结构，在职能制组织结构的基础上设置跨部门项目组。项目经理负责协调不同职能部门的人员，以确保在完成专业分工的同时，促进部门间的协同创新，从而提升研发与市场拓展效率。

随着华为在全球市场上地位的提升，为了更精确地响应市场需求，华为进一步变革了组织结构，采用面向市场的BG(business group)模式。公司按照产品类别和服务领域划分为多个业务集团，如运营商网络、企业业务、消费者业务等，每个BG作为独立运作的利润中心，拥有自己的研发、生产、销售和服务团队，能够直接面对市场与客户，强化了企业对市场变化的响应速度和灵活性。

近年来，为了应对数字化转型和云计算等新兴技术的挑战，华为进行了更深刻的组织结构革新，向平台化和生态化方向发展。例如，公司创建了共享服务平台，提高了资源共享效率，建立了"军团"式敏捷组织，在特定业务领域快速集结跨部门人才和资源，以实现战略重点的快速落地。此外，华为还提倡开放与合作，鼓励构建内外部合作伙伴生态，通过开放的合作机制促进多方共赢。

综上所述，华为组织结构的演变反映了其通过灵活的组织变革紧跟市场步伐，积极应对全球市场挑战的战略。华为不仅通过组织优化和管理创新保持了企业的高效运作，还通过敏捷的变革持续增强了其全球竞争力，为其在技术和市场领域的长期优势奠定了坚实的基础。

请根据案例材料思考并分析以下问题：

1. 结合案例，分析华为公司在不同发展阶段采用不同组织结构的原因。不同的组织结构在公司的特定阶段有哪些优势与限制？

2. 华为在组织结构变革过程中，为什么逐渐向BG模式和平台化组织结构转型？这些变革在提升公司竞争力方面起到了哪些作用？

3. 从人力资源管理角度分析，华为组织结构的调整对员工的管理、激励及协作有哪些影响？

第二部分 实践职能篇

第三章 工作分析

学习目标

(1) 理解工作分析的概念、内容和重要性。能够描述工作分析的核心内容，了解工作分析对人力资源管理的基础性价值。

(2) 掌握工作分析的基本流程与方法。能够识别和运用多种工作分析方法，评价各方法的优缺点和使用情景。

(3) 掌握编写工作说明书的关键内容和步骤。能够阐述工作说明书的含义、核心内容，以及工作说明书对员工和管理者的价值，掌握编写工作说明书的步骤和规范，能够运用工作说明书优化组织内部的沟通机制、绩效管理制度与职业发展规划等。

人力资源管理的有效开展需要以组织所承担或执行的具体活动为基础，最终落实到具体职位上，这些职位对应的工作任务和职责形成了组织运作的基石。为了使人力资源管理活动更具针对性和实效性，必须对组织内部各职位的工作内容、职责和要求等信息进行全面分析与清晰描述，这正是工作分析的任务。本章将深入探讨工作分析的概念、流程、方法和工作说明书的编写。

第一节 工作分析概述

工作分析在人力资源管理中具有基础性作用，它不仅是招聘、培训、绩效管理等各类人力资源职能的前提条件，也是实现组织目标的重要支撑。工作分析在人力资源管理中的基础作用如图3-1所示。

一、工作分析的概念

工作分析(job analysis)，又称职位分析、岗位分析或职务分析，指采用专门方法获取、分析并描述组织中特定岗位的相关信息，从而使其他人了解该岗位的过程。这些信息包括工作描述信息和任职资格信息两大部分：前者包括工作目的、工作内容、职责权限和工作关系等内容，后者包括该岗位员工的素质、知识、技能、任职资格要求等内容。工作分析通过对这些信息的准确收集、分析与呈现，为组织的规划设计、人力资源管理及其他管理职能奠定了基础。

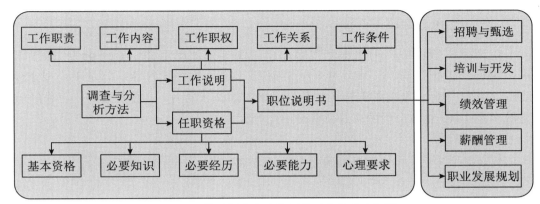

图3-1　工作分析在人力资源管理中的基础作用

二、工作分析的层次

开展工作分析时，应该关注其所涉及的3个层次：①组织层次。组织层次的工作分析主要关注组织整体的目标、使命，并对内外部环境进行调查和分析，确保工作分析的宏观视角。②作业层次。作业层次的工作分析主要关注部门或特定作业的需求，系统地收集能够反映工作特征的关键数据，核定期望绩效标准，观测实际作业过程，进而确定总体理想绩效与实际绩效的差异。③个体层次。个体层次的工作分析着重于个体实现理想绩效所需要的知识、技能、能力等，为个体的培训和晋升提供依据。

三、工作分析的时机

工作分析是企业人力资源管理的基础性常规工作，应该根据企业战略、业务流程和市场环境的变化做出动态调整。一般而言，组织应在以下情况下开展或更新工作分析。

(1) 企业初创阶段。工作分析可帮助新成立企业明确岗位职责和任职资格，为后续人力资源管理工作奠定基础。由于新成立企业多数职位处于空缺状态，此阶段最紧要的是提供粗略的工作分析以便开展招聘工作，更为详尽的工作分析可待组织稳定运行一段时间后开展。

(2) 组织结构或战略调整场景。战略调整、业务发展导致工作内容、工作性质等发生实质性变化时，需要及时更新工作分析以确保信息的准确性。

(3) 技术进步或劳动生产率变化。由于技术创新、劳动生产率提升等需要重新定岗、定员导致职位发生实质性变更时，需要及时开展工作分析以确保工作说明书内容的准确性和有效性。

(4) 制定绩效管理、职位晋升或培训等制度时。制定绩效管理、职位晋升或培训等制度时，需要通过工作分析获取详细信息，以便深入理解各岗位职责和绩效标准。

四、工作分析的内容

工作分析主要包括以下两部分内容：一是工作描述(job description)，包括职位名称、职责、工作要求、工作场所、工作时间、工作条件等内容；二是工作要求(job specification)，包括任职者的专业、年龄、必需的知识和能力、必备的证书、工作经历、心理要求等内容。工作分析的系统模型如图3-2所示。

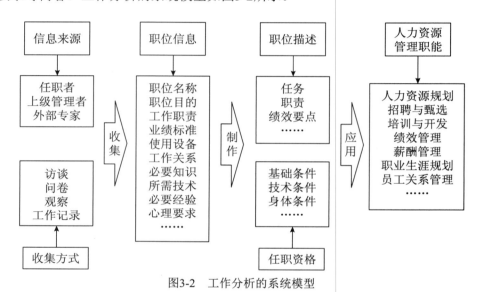

图3-2 工作分析的系统模型

工作分析回答了关于岗位的6W和1H等问题，具体内容如下。

(1) what，岗位具体的工作内容是什么？
(2) when，工作应该在何时完成？
(3) where，工作开展的具体地点和环境如何？
(4) why，从事这些工作的原因与目的是什么？
(5) who，工作应该由谁来完成？
(6) for whom，工作的服务对象是谁？
(7) how，工作应该如何开展？

(一) 工作描述

工作描述是对岗位的工作性质、职责、任务和环境等方面的书面描述，通常包括以下内容。

(1) 职位名称，指具体的岗位及其在组织职位体系中的位置。
(2) 工作活动和程序，包括该岗位要完成的工作任务，工作职责，完成工作所需要的资料、机器设备与材料，工作流程，工作中与其他工作人员的正式联系及上下级关系，明确该岗位在工作流程中所处的地位和作用。

(3) 工作条件和物理环境，包括适当的温度和湿度、适当的光照度、通风设备、安全措施、建筑条件，以及工作的地理位置等。

(4) 职业条件，包括工资报酬、奖金制度、工作时间、工作季节性、晋升机会、进修和提高的机会、该岗位在本组织中的地位以及与其他岗位的关系。

(5) 社会环境，包括工作团体的情况、社会心理气氛、同事特征及相互关系、各部门之间的关系等。

(二) 工作要求

工作要求，又称任职资格，是指任职者必须具备的知识、技能、能力、兴趣、体格和行为特点等心理及生理要求，主要包括以下内容：有关工作程序和技术的要求、工作技能、独立判断与思考能力、记忆力、注意力、知觉能力、警觉性、操作能力(速度、准确性和协调性)、工作态度和各种特殊要求。工作要求还包括任职者需要具备的受教育程度、工作经验、生活经历和健康状况等。

工作分析的最终产出是工作说明书，是对工作描述和工作要求的综合说明。一般而言，工作说明书应包括职位名称、所在部门、工作关系、职位薪酬等级、职位编号、编制日期、职位价值、职责要求、关键绩效指标和任职资格等内容。工作说明书可为企业招聘与录用、工作分派、签订劳动合同及职业咨询等提供原始资料和科学依据。

五、工作分析的作用

任何组织的目标达成都依赖于岗位体系中的任职者能够基于组织需求履行特定职责、完成特定任务。但是，随着组织规模的变动，并不能确保任职者清楚了解岗位职责和要求，需要依靠管理者向各个任职者传达岗位期望。多数情况下，管理者传达的岗位期望源于自我认知，可能存在误区，也有可能并不到位。因此，工作分析形成的工作说明书可以清晰地传达组织期望和岗位目标。

工作分析作为人力资源管理重要的基础工作，对其他人力资源管理活动具有以下作用。

(1) 制定有效的人事预测方案和人事计划。人力资源规划的核心工作是人力资源需求与供给预测，工作说明书可为有效的人力资源供需预测提供可靠依据。组织中的工作岗位及各岗位的岗位职责、任职资格等确定了人力资源的需求，将之与人才盘点确定的人力资源供给状况做对比，能够对今后几年的岗位和工作变化有初步了解，也能够为制定人力资源规划提供参考。

(2) 招聘和任用合适的员工。工作分析确定的任职资格，即特定岗位所需的知识、能力、经验等都可为制订招聘与甄选计划提供参考。同时，工作分析获取的员工工作强度和工作定额等信息，为组织开展定岗定员提供依据，确定员工录用与上岗的最低条件。进一步，人力资源管理部门在选拔或任用员工时也可通过工作分析了解岗位任职资格，确保人岗匹配、人尽其用，从而合理开展晋升、调动等工作。

(3) 设计人员培训和开发方案。通过工作分析，可以明确各岗位所应具备的技能、知识和心理条件。这些条件和要求并非人人都能够满足和达到，需要不断培训，不断开发。因此，可以依据工作分析的结果设计和制定培训方案，根据实际工作要求和聘用人员的不同情况，有区别、有针对性地安排培训内容，以培训促进员工工作技能的发展，提高工作效率。

(4) 明确工作职责，提高工作绩效。工作分析一方面明确了工作职责和绩效标准，另一方面建立了规范、合理的工作程序。因此，通过工作分析，任职者能更合理地运用技能和经验，以便合理安排工作、及时完成任务。

(5) 提供考核、升职和作业的标准。工作分析可以为工作考核和升职提供标准与依据。如果工作的考核、评定和职务的晋升缺乏科学依据，则将影响员工的积极性，降低工作效率。根据工作分析的结果，可以制定各项工作的客观标准和考核依据，也可以作为职务晋升和工作调配的条件与要求，还可以确定合理的作业标准，提高生产的计划性和管理水平。

(6) 制定先进、合理的工作定额和报酬制度。工作分析明确了科学、合理的工作定额，即在现有工作条件下大多数人经过努力能够达到、部分人可以超过、少数人能够接近的工作量。这是制定企业部门定员标准和工资奖励制度的重要依据。工资奖励制度是与工作定额和技术等级标准密切相关的，把工作定额和技术等级标准的评定建立在工作分析的基础上，就能够制定出合理、公平的报酬制度。

(7) 改善工作设计和工作环境。通过工作分析，不但可以确定岗位的任务特征和要求，建立工作规范，找到工作中不利于发挥员工积极性和能力的因素，还可以减少工作环境中有损工作安全、加重工作负荷、造成工作疲劳与紧张，以及影响员工心理的各种不合理因素。通过工作分析，可以改善工作设计和工作环境，从而最大限度地调动员工的工作积极性和发挥员工的技能水平，使员工在安全、舒适的环境中工作。

(8) 加强职业咨询和职业指导。职业咨询和职业指导是人力资源管理工作的一项重要内容，工作分析可以为职业咨询和职业指导提供可靠、有效的信息。

第二节　工作分析的流程和方法

一、工作分析的流程

通常，工作分析的流程包括准备阶段、调查阶段、分析阶段和完成阶段。

(一) 准备阶段

工作分析的准备阶段，核心工作包括以下几项。

(1) 明确工作分析的目的与用途。明确收集、分析相关材料是什么目的、解决何种问题。目的和用途的不同，会导致所需收集材料、分析范围、调研对象、使用方法等的差异。

(2) 成立工作分析小组。根据精简、高效的原则，工作分析小组应由企业高层领导、工作分析人员及外部专家、顾问等组成。工作分析人员包括人力资源管理专业人员及熟悉拟分析岗位具体情况的人员，外部专家顾问应具备与工作分析相关的丰富经验和专门技术，以确保分析过程的顺利开展和分析结果的科学、有效。

(3) 培训工作分析人员。为确保工作分析的效果，还要由外部专家顾问对工作分析小组的人员进行业务培训，确保对工作分析目标和用途的认知达成一致。

(4) 做好其他必要的准备工作。例如预先研究拟分析岗位的书面材料，与拟分析岗位的员工和相关人员建立良好沟通，开展宣传以消除员工对工作分析的误解和紧张情绪。

(二) 调查阶段

工作分析的调查阶段，核心任务包括以下几项。

(1) 设计工作分析方案。明确分析对象，确定拟分析岗位的调研样本，要考虑调研样本的典型性和代表性。协调相关人员，确认拟调研人员的时间安排，确保工作分析由易到难、按部就班地有序开展，做好心理疏导并化解可能的误解，构建良好工作关系。

(2) 搜集岗位背景资料。这些背景资料包括但不限于组织结构图、工作流程图、国家职业分类标准等。如果前期有成形的工作说明书，也可将其作为开展工作分析的重要参考。以上资料应根据当下具体情况有选择地使用和参考，避免照搬照抄。

(3) 收集岗位相关信息。一般包含以下几类：①工作活动，包括完成工作必须进行的与工作有关的活动和过程、活动记录、工作程序、个人在工作中的权利和责任等。②工作中的人的活动，包括：第一，人的行为，如身体行动及工作中的沟通；第二，作业中的基本动作；第三，工作对人的要求，包括精力消耗、体力消耗等。③工作中使用的机器、工具、设备及工作辅助用品等，包括电话、计算机、传真机等。④与工作有关的有形和无形因素，包括完成工作必需的知识、工作加工与处理的材料、所生产的产品或提供的服务等。⑤工作绩效信息，包括完成工作消耗的时间、投入的成本、可能的误差等。⑥工作的背景条件，包括工作时间、地点、噪声、温度、湿度等。⑦工作对人的要求，包括个人特征、所需的受教育水平与培训水平、工作经验等。

(4) 开展工作分析调研。在获取和收集以上信息时，除可依赖已有资料外，多数信息来源于工作执行者本人、管理监督者、顾客、专家等。由于各种主观与客观原因，不同的信息提供者所提供的信息可能存在一定的差异。因此，在开展工作分析调研活动时，工作分析人员应该保持中立视角，选择科学、合理的工作分析方法，以掌握准确、可靠的信息。

(三) 分析阶段

工作分析的分析阶段，应仔细审核所收集的信息，创造性地分析、发现有关工作和任职者的关键信息，归纳、总结工作分析的必需材料和要素。通过对所收集信息进行创造性分析，可以得到以下信息。

(1) 工作名称。工作名称应明确，能大致体现工作内容。如果工作分析时完成了工作等级评价，则应在工作名称后加上等级。

(2) 雇用情况。同一岗位的任职情况应该予以记录，包括人数、学历、性别等。如果一个岗位的任职人员经常变动，则应该将其变动范围予以说明。如果任职人员是轮班制或在两个以上岗位任职时，也应该予以说明。由此，可以更清楚地了解不同岗位的工作负荷量及人员配置情况。

(3) 工作职责。描述岗位应承担的职责以及每项职责的主要任务与活动。通常而言，工作职责的描述应采用"动词+宾语+目的状语"的动因短语格式；动词的使用要明确，如"负责公司的培训计划"不如"制订公司的培训计划""执行公司的培训计划"等明确；不同的工作职责可以按照重要程度进行排序。

(4) 业绩标准。明确衡量岗位工作职责的要素与标准。衡量要素要对应工作职责的每项任务，要清晰地呈现可以从哪些角度对这些任务进行衡量；衡量标准是这些要素必须达到的最低标准，可以是具体的数字，也可以是百分比。例如，对于销售主管的衡量要素可以是销售额，可以将销售额实现100万元作为标准，也可以将销售额实现同比10%的提升作为标准。

(5) 工作关系。工作关系既包括正常工作情况下经常发生互动往来的企业内部特定部门和岗位，也包括企业内部部门和岗位与相关的企业外部部门和人员。值得注意的是，偶然发生联系的部门和人员、仅在特定情况下发生关系的部门和人员并不包含在工作关系之中。

(6) 工作设备、工作环境与工作条件。工作设备包括从事工作时所需使用的各种机械、设备、工具等及其名称、性能、用途等。工作环境包括室内、室外、湿度、宽窄、温度、振动、油渍、噪声、光度、灰尘、突变等。工作条件包括具体工作时间、工作天数、轮班次数等。

(7) 任职资格。一般而言，任职资格应包括所学专业、学历水平、资格证书、工作经验、必要的知识和能力、身体状况等内容。应该强调的是，任职资格所明确的以上内容都是最基本的要求，是承担这一岗位工作所需的最低标准。同时，任职资格的确定必须遵循国家和行业的有关规定。例如，司机必须是非红绿色盲，还需要持有相应车型的驾驶执照等。

(四) 完成阶段

工作分析的完成阶段应完成以下核心任务。

(1) 工作说明书的撰写。工作分析人员根据规范性要求将以上信息编制成工作描述、工作说明书等：①将工作分析所获得的资料以文字说明的方式展示，列举工作名称、工作内容、工作设备与材料、工作环境及工作条件等。②以工作内容及活动的形式分项排列，由实际从事工作的人员加以评判，或填写分析所需时间及发生次数，以了解工作内容。列表或问卷只是处理形式不同而已。③把工作的活动按工作系统与作业顺序进行列举，然后对每一项作业进行详细分析，作为培训的参考。④列举完成工作的几项最重要行为，确定工作本身特别需要的因素和亟待排除的因素。

(2) 工作分析结果的应用。工作分析的结果必须经过广泛验证与运用方可确保其真实性和有效性。因此，工作分析结果的应用工作主要包括：①培训相关人员应用工作分析结果。工作分析结果的应用工作在很大程度上影响工作分析结果的有效性和价值实现，因此，培训相关人员可以增强管理活动的科学性和规范性。②根据工作分析结果制定招聘方案、绩效方案、薪酬方案等各种具体应用文件。③反馈并修正工作说明书。工作说明书的适用性只有通过反馈才能得到确认，还需要根据反馈修改其中不合适的内容。控制活动是工作分析过程中的一项长期的重要活动。

二、工作分析的方法

(一) 工作分析方法概述

整体而言，工作分析包括任务分析、人员分析和方法分析3个维度，所涉及的内容、方法和步骤皆有所差异。

1. 任务分析

任务分析指工作分析人员借助一定的手段与方法，对组织内岗位体系中的所有工作任务进行分析与拆解，识别出整个岗位体系的基本要素及其关系。开展任务分析时，可以采用决策表、流程图、语句描述、时间列、任务清单等形式。

(1) 决策表是把工作活动中的条件与行动加以区分，根据条件的不同、对应关系的不同，并以表格的形式揭示。

(2) 流程图是指以工作活动流程图的形式揭示工作任务的操作要素与流向。

(3) 语句描述是指通过语言的形式揭示工作任务中的要素、关系及运作要求。

(4) 时间列是指依据工作时间的长短与工作任务的顺序揭示整个工作过程中各项任务的重要程度与关系。

(5) 任务清单是指把岗位工作活动中所有的任务逐个列出，让被调查的人标明前后顺序、重要程度或困难程度等。

一般来说，决策表、流程图更适合那些任务之间存在顺序关系或逻辑关系的流水作业岗位任务分析，而语句描述、时间列、任务清单更适合那些缺乏逻辑关系、顺序关系的岗位任务分析。

2. 人员分析

人员分析是指通过特定方法识别那些足以保证员工成功从事特定岗位的知识、能力、技能和其他个性特征的因素，一般通过岗位定位和人员定位来实现。岗位定位是指通过对岗位工作任务的要求分析来确定任职资格，人员定位是指通过对任职者行为活动及其成效的分析概括出任职资格。岗位定位首先应分析岗位工作描述中的框架要求，并把这些要求与知识、技术、能力及其他性格特征因素对照、比较后确认任职资格要求，最后采用一定的技术、工具和方法修正最终结果。人员定位首先应分析各岗位任职者的工作行为特征，识别各岗位所要求的共同因素，以及支撑各岗位工作成功的关键因素。

开展人员分析时，常用的方法包括职能工作分析法和关键事件法。前者通过任职者本人对有关数据资料的处理、人员交往与管理、工具的操作水平要求等确定人员的任职资格。后者通过设计一定的表格，专门记录工作者工作过程中那些特别有效和特别无效的工作行为，以此作为将来确定任职资格的依据。

与任务分析相比，两者虽然目的一致但侧重点有所差异：一是，任务分析从岗位工作描述出发，人员分析从工作者行为描述出发；二是，任务分析认为工作活动的内容与岗位工作要求一致，而人员分析认为人员工作行为与岗位工作要求一致；三是，任务分析是从定性描述到定量描述，而人员分析是从定量描述到定性描述；四是，任务分析的结果主要是与工作职责、工作数量、工作质量要求有关的内容，而人员分析的结果主要是与工作者任职资格有关的内容。

3. 方法分析

方法分析指通过系统观察、记录与分析现有的工作过程，发现存在的问题并提出最优的运作方式，其主要内容包括：识别工作过程中有没有不合理、不经济的行为及环节；判断工作过程中有没有不合理、不经济的分工及协作；辨析工作过程中人、事、物三者之间有没有不合理、不经济及不均匀的现象；评估工作过程中的人在哪些环节充分发挥了主动性与创造性，在哪些环节上还没有发挥作用。

方法分析的主要方法包括：①问题分析，常用于工作要素与流程分析，通过对工作目的、工作地点、工作流程顺序、人员配置、工作方法等方面的分析，确定目前工作中存在的问题，并提出解决方案。②有效工时利用率分析，指工作日内完全用于生产劳动并能创造劳动价值的工时与制度工时之比分析，或工作日内净工作时间与制度工作时间之比分析。③优选法分析，是指通过对各项工作任务做不同的排列组合，寻找最佳操作方式的分析。

(二) 常见的工作分析方法

(1) 观察法。观察法是工作分析人员通过到现场实地观察，了解员工实际操作情况，记录某时期的工作内容、形式和方法并予以分析、归纳，整理为适用的文字资料的方法。该方法多用于了解工作条件、工作环境的危险性或所使用的工具及设备等。观察法的优点在于通过对工作的直接观察和工作者的介绍，工作分析人员能够更多、更深刻地了解工作要求，从而获得比较客观、正确的信息。缺点在于要求观察者有足够丰富的实际操作经验。因此，观察法并不适用于工作周期长、以脑力劳动为主、紧急且偶然的工作。

(2) 访谈法。访谈法又称面谈法,是工作分析人员通过与工作执行者进行面对面的谈话来收集信息的方法。工作分析人员分别访问工作执行者本人及其主管人员,以了解工作说明书中各项目的正确性,或对原填写事项有所疑问,以访谈方式加以澄清。访谈可获得观察所不能获得的资料,对已获得的资料加以证实。访谈的内容包括工作目标、工作内容、工作性质和范围,以及所负责任等,访谈的形式有个人面谈、集体面谈和管理人员面谈3种。访谈法的优点是可以获得标准和非标准的资料,也可以获得体力劳动和脑力劳动的资料。由于工作者本身也是自己行为的观察者,因此,他可以提供不易观察到的情况。其缺点是工作分析人员对某工作的固有观念会影响对分析结果的正确判断。工作者也可能出于自身利益的考虑,采取不合作的态度或有意无意地夸大自己所从事工作的重要性、复杂性,导致工作信息失真。若工作分析人员和被调查者相互不信任,则应用该方法有一定的危险性。访谈者的选择应呈随机性,选择范围为工作执行者。访谈法一般不作为单独收集信息的方法,而是和其他方法一起使用。

(3) 问卷法。问卷法是运用最普遍的工作分析方法之一,首先设计、分发问卷并要求调研对象在一定期限内填写以获取有关的信息,然后归纳、分析所回收的相关信息,最后依据所获信息编写岗位说明。职务调查表是较为成形的工作分析调查问卷之一,由工作执行者填写基本资料、工作时间要求、工作内容、工作责任、任职者所需知识技能、工作的劳动强度、工作环境等内容。该方法的优点在于费用低、难度小、速度快等。员工可在业余时间完成问卷,没有心理压力。采用结构化问卷收集信息,不必亲临现场,可以节省人力。其缺点在于无法避免人为误差,填写过程中缺乏有效交流和沟通,准确性在较大程度上依赖调研对象的耐心、文化水平、表达能力及所掌握的资料等因素。

(4) 关键事件法。关键事件法是一种特殊的访谈方法,通过询问员工工作过程中极为失败或极为成功的事件作为分析依据开展工作分析。该方法的优点在于将研究焦点集中在可观察、可测量的行为上;其缺点在于时间成本、人力成本较高,且因不涉及中等绩效员工而无法做出全面分析。

(5) 工作日志法。一般首先由任职者本人按照标准格式,及时、详细地记录工作内容、感受与流程,然后由工作分析人员在此基础上开展综合分析。工作日志由任职者自行编写,较易出现夸大工作成效、难度的问题,因此采用工作日志法开展工作分析时往往与其他工作分析方法结合使用。

(6) 工作实践法。工作实践法是指工作分析人员从事所要研究的工作,在工作过程中掌握有关工作要求的第一手资料,可以了解工作的实际任务,以及在体力、环境、社会方面的要求。工作实践法适用于短期内可以掌握的工作,不适用于需要进行大量训练才能胜任或有危害的工作。

除了以上六种常见工作分析方法,还存在一些特殊的工作分析方法可用于对特定工作和岗位进行分析。例如,岗位分析问卷法是采用包含194个项目的问卷进行工作分析的问卷调查法。再如,工作要素法是对工作的要素或影响任职者成功完成工作所需的人员特征进行分析。

第三节 工作说明书

工作说明书是工作分析的最终产出，通过职位描述将总结的实践经验提炼为指导性管理文件。一般情况下，工作说明书由一线经理制定，人力资源经理起辅助作用，主要提供工作说明书的框架、格式和参考性意见。工作说明书的形成过程如图3-3所示。

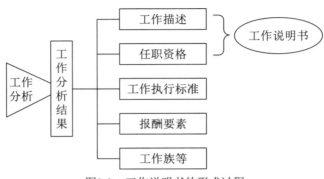

图3-3 工作说明书的形成过程

一、工作说明书的含义

工作说明书，又称职位说明书，是一份采用标准格式对岗位的工作内容和任职资格进行描述的正式文件。它明确规定了企业对员工的期望，包括员工的职责、工作方式及工作条件，是对职责、活动、条件、任职资格、能力和工作标准等方面信息的综合描述文件。随着公司规模的扩大，工作说明书应不断修正和补充，以与公司发展状况保持同步，且工作说明书的格式也应因岗位特点而有所差异。

二、工作说明书的内容

一份完整的工作说明书通常包括工作概况、工作说明和任职资格等内容。前两项属于工作描述，最后一项属于职位要求。

(一) 工作概况

(1) 职位标识，包括岗位名称、所在部门、直接上级、定员、部门编码、岗位编码等信息。

(2) 工作描述，用一两句话描述该岗位的工作目标和主要职责、权限等。

(二) 工作说明

(1) 工作内容，详细描述该岗位的具体工作，应全面、详尽地列出达成工作目标所要做的全部任务，包括每项工作的综述、活动过程、工作联系和工作权限，也可描述每项工作的环境和工作条件，以及在不同阶段用到的不同的工具和设备等。

(2) 工作特征，反映该岗位通常表现的工作特征，如倒班、加班、出差等情况。

(3) 工作结果及建议考核标准，反映该岗位工作的具体考核内容等。

(三) 任职资格

(1) 教育背景，从事该岗位的最低学历要求和专业要求。

(2) 工作经历，反映从事该岗位之前，应具有的最起码的工作经验，一般包括相关的知识、经验、背景和本组织内部的工作经历两方面的内容。

(3) 专业技能、证书与其他能力，反映从事该岗位应具有的基本技能和能力。某些岗位对专业技能要求较高，没有此项专业技能就无法开展工作，也有一些岗位对某些能力要求一般。

(4) 专门培训，指员工从事某岗位工作之前应完成的基本专业培训，如果员工未完成该培训则不允许上岗或不能胜任工作。

(5) 体能要求，指岗位对体能的特定需求。

三、工作说明书的意义

工作说明书在组织的人力资源管理及其他管理活动中的意义如下。

第一，明确岗位存在的目的和使命。岗位的存在一定要基于战略和流程，并与具体的工作任务相关联，否则岗位就没有存在的必要，即岗位设置是不合理的。

第二，明确岗位的任务和职责、权限。凡是不能量化的就不能控制和管理，凡是不能明确的任务和职责、权限就无法真正地实施与执行。只有分工明确、权责得当、协作互动，岗位才能发挥作用。

第三，统一管理者与被管理者对岗位的认识。现实中很多管理问题是由管理者与被管理者对工作的认知和理解不同造成的，而工作说明书可以使管理者和被管理者对岗位的认识达成一致，以免在具体的管理和工作过程中产生偏差。

第四，明确衡量岗位绩效的标准。当具体工作任务明确的时候，绩效考核的标准自然容易明确，这些都可以在工作说明书中列明。

第五，明确任职者需要具备的条件。通过对岗位的分析与比对，对人的知识、技能、素质要求清晰起来，在招聘、培训、考核、职业规划上都可以做到有依据、有标准。

第六，为岗位评估提供了参照依据。岗位价值是决定薪酬等级和薪酬水平的一个要素，对岗位价值的评估不是靠主观想象，科学、明确的工作说明书为岗位评估提供了参照依据。

四、工作说明书的编写

(一) 编写原则

编写工作说明书时,应遵循以下原则。

(1) 简单明了。工作说明书的语言应当简单明了,浅显易懂。内容越具体越好,避免形式化、书面化。编写工作说明书时,编者应根据自己收集的信息进行分析、归类、汇总,清楚、明确地指明各岗位的职责,避免岗位职责的重复。

(2) 内容全面。工作说明书应尽量简单明了,但这并不意味着为了追求简明而导致语言过于抽象,范围过于狭窄。工作说明书是对某个岗位所有职责、任职资格及工作环境等的综述,因此,内容应全面。

(3) 对事不对人。工作说明书仅描述岗位本身的特性,而与从事或即将从事该岗位的具体人员无关。编写时,不应受现有任职者的影响。尽管这很难做到但过分迁就目前的任职者,会影响其客观性与公正性。当然,也不要矫枉过正,如果不考虑现实条件,按照绝对理想的任职标准和考核标准编写,则会缺乏实用性。

(4) 尽可能具体,可操作。工作说明书的内容如果过于简略,语焉不详,或者生僻的专业术语过多,会使人难以理解。因此,工作说明书的内容不能仅仅局限在工作职责方面,应该注意实用性和可操作性。

(5) 任职资格与岗位责任相对应。工作说明书应该有利于优化企业的工作流程,避免多头领导现象,改善现有的职责划分,界定各个岗位的职责时必须对职责交叉、职权不明的现象进行调整,使得任职资格与岗位责任相对应,从而明确各岗位的职责与权限,规范工作流程,实现科学管理。

(6) 结合实际情景。不同企业的规模、文化不尽相同,则工作说明书应满足企业发展需求。

(二) 编写时的注意事项

编写工作说明书时应注意以下事项。

(1) 做好工作说明书编制的引导工作。做好宣传,确保全员尤其是管理层意识到该项工作的重要性。

(2) 工作说明书的编制应是针对岗位的,编制过程中可以参考该岗位表现突出员工所具备的素质,但总体而言是对岗不对人。

(3) 充分减少灰色地带。工作说明书的编制过程中要充分沟通,确保组织的各项工作都落实到每个岗位上,尽量减少一些职责不明的灰色地带。

(4) 工作说明书表述要规范。工作说明书体现的是规范,其表述要统一。

(5) 工作说明书要定期更新。企业是不断发展的,内外部环境也在不断变化,工作说明书要结合组织实际架构、工作分工调整等因素适时进行更新。

(三) 工作说明书示例

表3-1所示为工作说明书示例，可供参考。

表3-1　工作说明书

岗位名称		所属部门		岗位编码	
岗位类别		岗位序列		岗位定编	
岗位概述					
要求：用简练而准确的语言描述本岗位在组织或部门中存在的目的和作用。 三段式格式：工作依据+工作内容+工作成果。 注意：①岗位设置目的陈述不包括如何完成结果的过程；②要反映该职位存在的价值。 应避免工作目的描述太空洞、所做描述与其他职位没有显著区别、对工作职责简单罗列					
岗位主要关系					
直接上级			直接下级		
内部协作关系			外部协作关系		

岗位职责及工作标准				
岗位职责	工作要求	权限	履行时间	相关文档
职责一：				
具体职责1				
具体职责2				
具体职责3				
注意：①尽量避免使用模糊的数量词，如"许多""一些"等；②如果存在歧义，要在备注中给出解释和说明；③尽量避免采用模糊的动词，如"负责"				
职责二：				
职责三：				

关键业绩指标
关键绩效指标(key performance indicator，KPI)是指衡量本岗位工作完成情况和价值贡献的最重要的衡量指标及标准。 关键绩效指标的来源如下。 第一来源(需要首要考虑的来源)：上级部门/单位的要求或指标分解。 第二来源：相关流程对职责履行的要求。 第三来源：自身对履行本岗位职责的要求。 关键绩效指标一般体现在质量、数量、时间、成本等方面。 质量(quality)：在规定条件下完成工作的质量。一般采用比率、评估结果、及时性、满意度、准确性、达成率、完成情况、合格率、周转次数等表示。 数量(quantity)：在规定条件下完成工作的数量。一般采用个数、时数、次数、人数、项数、额度等表示。 时间(time)：在规定条件下完成工作的时间。一般采用完成时间、批准时间、开始时间、结束时间、最早开始时间、最迟开始时间、最早结束时间、最迟结束时间等表示。 成本(cost)：在规定条件下完成工作所耗费的成本。一般用费用额、预算控制等表示。

续表

任职资格(在对应选项括号内打钩)			
知识与学历	最低学历要求	初中( ) 高中( ) 大专/中专/技校( ) 大学本科( ) 硕士及以上( )	
	专业知识要求		
	执(职)业资格要求	法律法规或国家政策、公司制度对持证上岗方面的要求,特殊技能证等	
	相关专业技术职务任职资格	不需要( ) 初级职称( ) 中级职称( ) 高级职称( )	
	外语要求	无( ) 一般英语水平( ) 较熟练的英语水平( )	
	计算机知识要求	无( ) 基本的办公软件操作能力( ) 专业的软件程序或计算机维护能力( )	
工作经验	工作熟练期	不需要熟练期( ) 1~3年相关工作经验( ) 3~5年相关工作经验( ) 5年以上相关工作经验( )	
	工作经验的多样性	不需要多岗位/工种的工作经验( ) 需要1种相关岗位/工种的工作经验( ) 需要2种相关岗位/工种的工作经验( ) 需要3种及以上相关岗位/工种的工作经验( )	
所需基础培训			

所需基本能力	能力名称		一般水平	较强水平
所需基本能力	人际交往能力	团队合作能力		
		语言表达能力		
		文字处理能力		
		说服能力		
		谈判能力		
		其他(请注明)		
	管理技能	领导能力		
		组织协调能力		
		计划能力		
		时间管理能力		
		其他(请注明)		
	创新能力和开拓能力	创新能力		
		开拓能力		

续表

所需基本能力	判断与决策能力	战略思考能力		
		问题分析能力		
		推断评估能力		
		决策能力		
	其他能力(如手指灵巧、肢体协调平衡、感官敏锐等)			

其他事项				
使用工具与设备	普通办公设备( ) 专业办公设备( ) 生产操作设备( ) 其他：			
工作环境	消耗体力的程度	轻松( ) 一般( ) 较繁重( )		
	工作环境的舒适性	舒适(主要在办公室)( ) 一般(办公室工作人员，经常到作业现场进行工作指导、检查)( ) 较差(主要在生产作业现场或室外)( )		
	工作环境的危险性	有职业病危险(工作环境潮湿、噪声、粉尘、高热、高空、露天作业等带来生命危险或者职业病危险)( ) 无职业病危险( )		
工作时间	8小时工作制( ) 综合计算工时工作制( ) 不定时工作制( ) 其他：			

备注：					
编制日期		生效日期		撰写人	
审核人		复核人		批准人	

五、工作说明书的应用

工作说明书在企业人力资源管理各方面都有广泛的应用，是人力资源管理最根本的依据，其具体应用如下。

(1) 人力资源规划。人力资源规划是企业发展战略的重要组成部分，而工作分析是人力资源管理中一项重要的常规性技术，两者密不可分。作为工作分析的结果，工作说明书明确了企业甄选员工的条件、职责，是人力资源规划的最基本依据。

(2) 招聘与录用。企业招聘的最终目的是寻找和获取合格的员工，任职规范是成功招聘的基础。而工作说明书确定了这个岗位的任职条件，招聘工作者只需要依照任职条件来挑选人员。工作说明书将作为员工录用以后签订的劳动合同的附件。企业录用员工后，这名员工应该承担什么责任，以及要负责到何种程度，这些问题也已经事先在工作说明书里有所规定，企业不需要对员工重复说明。

(3) 员工培训。对员工进行培训是为了满足岗位的需要，有针对性地对具有一定文化素质的员工进行岗位专业知识和实际技能的培训，完善上岗任职资格，提高员工胜任本职工作的能力。根据工作说明书的具体要求，对一些任职条件不足，但其他方面优秀、符合公司急需人才要求的员工进行教育和培训，提升其素质，最后使其达到工作说明书的任职要求。

(4) 绩效管理。首先，工作说明书确定了岗位职责，绩效考核的时候，根据工作说明书考核这个岗位上的员工是不是尽职尽责，是不是完成了工作目标。其次，工作说明书确定了岗位的职责范围，当某项工作没有完成或出现问题时，责任十分清楚。除此之外，工作说明书还规定了考核评价内容。

(5) 薪酬管理。直接决定薪酬的是岗位评价。岗位评价是企业制定薪酬政策的基本依据，整个薪酬体系需要以岗位评价为支撑性资料。而岗位评价的基础是岗位分析和工作说明书，如果没有工作说明书等资料，就无法进行岗位评价。因此，从根本上说，工作说明书为企业制定薪酬政策提供了重要的依据。

(6) 员工晋升与开发。人力资源管理中一项非常重要的工作是人力资源开发，就是通过一些手段使员工的素质和积极性不断提高，最大限度地发挥员工的潜能，为企业做出更大的贡献。员工的晋升与开发离不开人事考核。人事考核以员工为对象，以工作说明书的要求为考核依据，通过对员工德、能、勤、绩等方面的综合评价，判断他们是否称职，并以此作为任免、奖罚、报酬、培训的依据，促进"人适其位"。因此，工作说明书也为员工晋升与开发提供了依据。

本章小结

工作分析，又称职位分析、岗位分析或职务分析，指采用专门方法获取、分析并描述组织中特定岗位的相关信息，从而使其他人了解该岗位的过程。工作分析的核心产出包括工作描述和工作说明书，为人力资源管理的各项职能(如招聘、培训、绩效管理等)提供了依据。

在具体操作中，常见的工作分析方法有观察法、访谈法、问卷法、关键事件法、工作日志法、工作实践法等。开展工作分析时，可遵循准备阶段、调查阶段、分析阶段和完成阶段的流程，不同阶段的核心任务与工作重心各不相同。

工作说明书是工作分析的最终产出，明确企业对员工的期望，规定员工的职责、操作方式及工作条件。工作说明书包括工作概况、工作说明和任职资格等内容。编写工作说明书时应遵循以下原则，确保工作说明书对各项管理活动的指导性和实用性：简单明了；内容全面；对事不对人；尽可能具体，可操作性强；任职资格与岗位责任对应；结合实际情景。

关键术语

工作分析　　　　　任务分析　　　　　人员分析
方法分析　　　　　工作描述　　　　　任职资格
工作说明书

思考题

1. 什么是工作分析？其基本内容和常用方法有哪些？
2. 工作分析的流程是什么？每个阶段应关注哪些核心任务？
3. 简述工作说明书的主要内容和编写原则，并说明工作说明书的编写过程中有哪些注意事项。

案例3-1

瑞幸公司咖啡师岗位工作说明书

瑞幸咖啡作为中国本土快速崛起的连锁咖啡品牌，成立于2017年，总部位于厦门。秉持"让每一个顾客轻松享受一杯喝得到、喝得值的好咖啡"的愿景，瑞幸公司通过创新的新零售模式，将线上线下服务体系相结合，提供高质量、高性价比且便捷的咖啡消费体验。瑞幸公司借助移动互联网技术，实现了从点单、支付到配送全过程的数字化管理，成为国内领先的咖啡新零售代表。

在瑞幸公司的业务模式中，咖啡师作为一线岗位承担了确保顾客满意度的核心职责。通过详细的工作分析，瑞幸公司制定了咖啡师岗位的工作说明书，以明确咖啡师的工作职责、操作流程和岗位要求，为人力资源管理提供标准与依据。瑞幸公司咖啡师岗位工作说明书如表3-2所示。

表3-2　瑞幸公司咖啡师岗位工作说明书

(一) 工作识别与描述	
职位名称	咖啡师
工作概述	根据标准流程制作各类咖啡饮品，同时通过瑞幸公司的数字化系统接收并快速处理线上线下订单，确保顾客享受一致且优质的咖啡体验
(二) 工作任务列举与说明	
1. 熟练操作指定的咖啡设备，严格执行标准化的饮品制作流程，确保饮品质量稳定； 2. 利用移动端应用或门店POS系统接收并处理客户订单，确保响应迅速、服务高效； 3. 根据顾客的个性化需求进行饮品调制，及时解答顾客关于产品的疑问，为顾客提供友好而专业的服务； 4. 维持吧台区域的清洁和整洁，严格遵循食品安全和卫生标准，确保工作环境符合相关法规； 5. 积极参加公司组织的产品知识培训，熟悉新品信息，提升专业技能； 6. 协助团队完成店面日常运营任务，包括物料补充、库存盘点及营销活动等	

续表

(三) 工作环境与条件
1. 快节奏环境：需要在现代零售环境下工作，要求在高峰时段完成高效、准确的操作。
2. 灵活排班：能够适应灵活的排班安排，以满足全时段线上线下服务需求。
3. 工作压力：具备较强的抗压能力，能够适应多任务并行的工作节奏
(四) 任职资格与要求
1. 高中及以上学历，具备相关行业工作经验者优先考虑；
2. 对咖啡文化有浓厚兴趣，愿意接受瑞幸公司提供的全面技能培训；
3. 具备良好的客户服务技巧，擅长沟通与交流，能够满足客户的多样化需求；
4. 具备基本的数字化工具使用能力，如熟练使用智能手机应用和POS系统；
5. 严格遵守公司规章制度和食品安全规定，致力于不断提升个人业务水平和服务质量

通过上述工作说明书，瑞幸公司不仅能够清晰地界定咖啡师岗位的核心职责和素质要求，还为人力资源管理部门的招聘、培训和绩效管理等工作提供了明确的标准。通过合理的人力资源管理活动，瑞幸公司可以更有效地提升服务质量，增强市场竞争力，巩固其在中国咖啡市场的地位。

请根据案例材料分析并思考以下问题。

1. 瑞幸公司在形成咖啡师岗位工作说明书的过程中应当开展哪些工作分析活动？请具体论述形成工作说明书的核心步骤和流程。

2. 基于工作说明书，瑞幸公司可以针对咖啡师岗位进行哪些具体的人力资源管理活动？如何更好地帮助人力资源管理部门开展招聘、培训、绩效管理、薪酬管理等工作？

第四章 胜任素质模型

> **学习目标**

(1) 理解胜任素质的概念、类型和应用场景。能够定义胜任素质，区分不同类型的胜任素质，并阐述其在组织管理中的作用和价值。

(2) 掌握胜任素质模型的概念和类型。能够解释胜任素质模型，描述胜任素质模型的基本构成要素，并理解其在提升员工绩效、优化人力资源管理和推动组织发展方面的重要性。

(3) 掌握胜任素质模型构建的程序和方法。掌握构建胜任素质模型的标准程序，能够根据实际情景选择构建胜任素质模型的合适方法。

在工作分析过程中，企业可以形成对岗位的基础要求，识别能基本满足岗位需求的知识、技术、能力、经验等素质。然而，仅凭这些基础素质，无法确保个体能够出色地完成工作。因此，越来越多的企业引入了胜任素质模型，以识别和定义能够达成卓越绩效的深层素质，从而补充和完善传统的工作分析结果。

第一节 胜任素质模型概述

胜任素质模型是由美国心理学家大卫·麦克利兰(David McClelland)在帮助美国国务院甄选情报员的过程中提出的。当时，美国国务院以智力因素为考核指标选拔情报员，但效果并不理想，许多智力表现优秀的情报员无法胜任实际工作。为此，美国国务院邀请麦克利兰设计一种能够有效预测情报员工作业绩的选拔方法。麦克利兰结合关键事件法和主题统觉测试，设计出一种名为"行为事件访谈"(behavioral event interview，BEI)的技术，并在后续研究中正式提出了"胜任素质"(competency)的概念。目前，越来越多的组织，包括政府机构和企事业单位，都在运用胜任素质模型开展人力资源及其他管理工作。

一、胜任素质

(一) 胜任素质的定义

关于胜任素质,目前被广泛认可的是斯潘塞夫妇的定义。他们将胜任素质描述为"能够将某一工作中表现优异者与表现平平者区分开的潜在且深层次特征,可以是动机、特质、自我形象、态度或价值观等,也可以是特定领域的知识、认知或行为技能等"。简而言之,胜任素质是那些可被测量和评价的个体特征,并能够区分优秀绩效和一般绩效。进一步讲,胜任素质又可以分为辨别性胜任素质和基准性胜任素质。辨别性胜任素质是能够区分特定工作中表现优秀者与表现一般者的个体行为特征。基准性胜任素质是能够区分特定工作中表现合格者与表现不合格者的个体行为特征。

(二) 胜任素质的构成要素

麦克利兰认为胜任素质包括知识、技能、社会角色、自我概念、特质和动机,并据此建立了胜任素质的冰山模型(见图4-1)。其中,知识和技能是胜任素质的表层内容,是冰山漂浮在水面以上的部分;社会角色、自我概念、特质和动机是胜任素质中比较深层的内容,是冰山隐藏在水面以下的部分。深层胜任素质是决定个体行为和表现的关键所在。

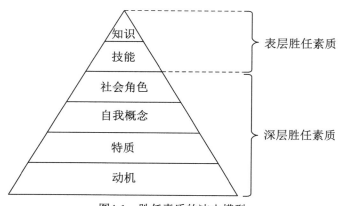

图4-1 胜任素质的冰山模型

具体而言,任意一项胜任素质都包含名称、定义、维度、分级、等级标准、行为描述等六要素,例如动机胜任素质的子素质之一为成就欲,其六要素如表4-1所示。

表4-1 成就欲的六要素

成就欲:希望更好地完成工作或达到一个优秀的绩效标准	
A:激励成就的强度和完整性	
A1	不符合工作上的标准。在工作上漫不经心,只达到基本要求却很关心工作以外的事,如社交活动、地位、兴趣、家庭活动和朋友关系

续表

A2	只专注在任务上。虽然努力工作，但对于产出却没有证据显示达到杰出的标准
A3	想把工作做好，就要努力工作，以符合工作要求的标准。想把工作做好、做对，偶尔对浪费与无效率表现出沮丧，例如抱怨时间浪费和想做得更好，但没有实质性的进步
A4	工作符合管理上的标准，例如预算的管理符合销售的业绩要求等
A5	自己设立衡量优异的标准。使用特定的方法来衡量产出，而不是使用管理者要求的优异标准，例如费用、时间管理、淘汰率、打击竞争者等，或者设立的目标达不到A7的设定都归纳在这个部分
A6	持续不断地改善绩效。在系统或工作方法上做出改变以改善绩效，例如降低成本、提高效率、改善品质、顾客满意、士气提升、收益增加，而没有设定任何特别的目标
A7	设定具有挑战性的目标。设定及达成具有挑战性的目标，例如6个月提升销售/品质/生产力15%。具有挑战性表示目标有一定的难度但并不是不可能达成的。开始设定及执行具有挑战性的目标就可以计分，即使目标没有达成也给予计分，设定的所谓安全目标不具备挑战性，则不予计分
B：成就的影响范围	
B1	只关心个人的表现。通过时间管理技术及良好的工作方式，只改善个人的工作效率或只影响单个人，如主要部属及秘书的工作效率
B2	影响一个或两个人，影响其在财务上小额的承诺
B3	影响一群人(4~15人)，获得中等数量的销售或财务承诺，通过使工作更系统或使其他人更有效率来改进群体绩效
B4	影响一个部门的人(超过15人)，获得较好的业绩或相当程度的财务承诺
B5	影响一个中型组织或一个大组织的部门
B6	影响一个大型组织
B7	影响整个产业

(资料来源：董克用，李超平. 人力资源管理概论[M]. 5版. 北京：中国人民大学出版社，2019.)

表4-1中，示例胜任素质的名称是"成就欲"，定义是"希望更好地完成工作或达到一个优秀的绩效标准"，维度包括"激励成就的强度和完整性"和"成就的影响范围"，前一维度包含7个级别，级别A1的等级标准是"不符合工作上的标准"，具体行为描述是"在工作上漫不经心，只达到基本要求却很关心工作以外的事，如社交活动、地位、兴趣、家庭活动和朋友关系"。

(三) 胜任素质的核心特征

胜任素质应该具备以下四个核心特征：第一，客观性。胜任素质是通过比较绩效优异与绩效一般的个体的根本差异得出的，是客观存在的，而非假设。第二，深层次。胜任素质是能够跨越情境、时间、空间的行为或思维风格，能够精准预测个体在广泛环境与工作中的行为和绩效。第三，因果性。胜任素质需要能够预测特定行为的反应方式进而预测工作绩效，是能够引起行动指向结果的特质。第四，测评性。胜任素质应该可以被划分为差距恰好可被察觉的不同等级，而且不同级别应有各自对应的行为描述以测评个体的不同行为。

二、胜任素质模型的概念

胜任素质模型指完成某项工作或达成特定目标所需要的一系列胜任素质的组合,包括动机、个性与品质要求、自我形象与社会角色等特征,以及知识、技术、能力水平等。胜任素质模型具有特殊性,不同组织和岗位的胜任素质模型各不相同。通常情况下,胜任素质模型具有以下特征。

(1) 由5~9项胜任素质构成,不应过多或过少。
(2) 每项胜任素质在模型中都有一定权重。
(3) 每项胜任素质都应有明确界定。
(4) 部分胜任素质还界定了应达成的等级。

与胜任素质相同,胜任素质模型也可以分为基准性胜任素质模型和辨别性胜任素质模型。前者区分绩效合格者与绩效不合格者,后者区分绩效优秀者与绩效一般者。

三、胜任素质模型的类型

胜任素质模型因工作特征、时空范围、目标需求等的变化而有所差异,组织中的胜任素质模型大致可以分为以下四类。

(1) 职位胜任素质模型。此类胜任素质模型适用范围较为狭窄,仅适用于特定岗位,如销售总监胜任素质模型、研发主管胜任素质模型。

(2) 职能胜任素质模型。此类胜任素质模型是根据职能部门中专业性较强的某类职位任职者的成功实践而总结、提炼出来的,如人力资源管理人员胜任素质模型、财务管理人员胜任素质模型。

(3) 角色胜任素质模型。此类胜任素质模型是对组织中某类角色的职能胜任素质模型的概括,如主管人员胜任素质模型就是对财务主管、人事主管、销售主管等职能胜任素质的高度概括。

(4) 组织胜任素质模型。此类胜任素质模型立足于组织发展愿景和长远目标,与组织的核心价值观紧密结合,是最高层次的胜任素质模型,对组织内部不同工作领域、层次和职位上的所有人员都有要求。

第二节 胜任素质模型的构建

一、胜任素质模型构建的程序

胜任素质模型的构建通常包括6个关键步骤,如图4-2所示。这些步骤为构建模型提供了系统性指导,确保模型能够有效支持人力资源管理决策。

图4-2 胜任素质模型的构建程序

(1) 确定绩效标准。建立胜任素质模型的第一步是确定清晰的绩效标准,即区分绩效优秀者、绩效一般者和绩效不合格者的标准。这一步非常关键,因为胜任素质模型的构建依赖于不同绩效水平的员工的比较及各群体之间的根本差异。如果绩效标准出现偏差,将导致后续模型的准确性受到影响。

(2) 确定效标样本。根据已确定的绩效标准对企业人员进行评价与判断,将员工分为绩效优秀、绩效一般和绩效较差等组别。如果目标是建立辨别性胜任素质模型,需要重点比较绩效优秀者与绩效一般者之间的根本差异;如果目标是建立基准性胜任素质模型,则需要关注绩效一般者与绩效较差者之间的差异。通常,每一组样本应包含至少10人,以保证结果的代表性。

(3) 获取样本数据。使用行为事件访谈法、专家小组评议法、问卷调查法等方法获取样本数据。其中,行为事件访谈法是构建胜任素质模型的关键方法。

(4) 数据处理与分析。对所获取的样本数据进行分析,以识别能够区分绩效优秀者和绩效一般者、绩效合格者与绩效不合格者之间差异的胜任素质,这一步通常称为"成立假设""主体分析"或"概念形成"等。针对行为事件访谈法获取的文本数据,需要进行编码分析;针对问卷调查法获取的量化数据,则需要进行实证分析。

(5) 构建模型。对数据的处理与分析结果进行整理、归纳,建立初步的胜任素质模型。具体操作包括:比较不同效标样本在每项胜任素质上的频次、等级差异,以识别组别间的共性与差异特征,并根据主题进行特征归纳、确定胜任素质项目;根据频次的集中程度,估计各类特征组的大致权重,确定每项胜任素质的等级;描述胜任素质等级,以文字、图、表等相结合的形式构建胜任素质模型。

(6) 验证模型。验证胜任素质模型的有效性可以采用以下3种方法:交叉效度、构想效度和预测效度。交叉效度是选择与之前不同的效标样本并重新收集样本数据,分析构建的胜任素质模型是否能够有效区分第二个效标样本中的不同组别人群。构想效度是根据胜任素质模型编制评价量表测度第二个效标样本,考察不同绩效组别之间是否存在显著差异。预测效度是指利用胜任素质模型甄选或培训相关人员,考察这些人员是否能够在未来工作中表现出色。

二、胜任素质模型构建的方法

构建胜任素质模型的关键方法是由麦克利兰开发的行为事件访谈法,该方法结合了关键事件技术和主题统觉测试技术。一般而言,行为事件访谈法采用行为回顾式探查技术,通过对绩效优秀者、绩效一般者、绩效不合格者开展基于工作中的成功与失败事件的回顾访谈获取胜任素质信息。

在访谈过程中，访谈者应引导被访者详细回顾工作中的成功与失败事件：①情境的起因和涉及人员。例如，这个情境是怎样引起的，牵涉了哪些人？②当时的想法和感受。例如，被访者当时是怎么想的，感觉如何？③预期的目标和具体行动。例如，在当时情境中，想要完成什么，实际做了什么？④最终结果。例如，这些行为最终导致了什么结果？也就是说，访谈者应采用行为事件访谈法的STAR技术(见表4-2)进行提问。

表4-2　行为事件访谈法的STAR技术

情境(situation)与任务(task)	行为(action)	结果(result)
• 是什么事情？ • 发生的原因是什么？ • 牵涉了哪些人？ • 主要任务是什么？要达到什么目标	• 当时是如何看待这件事的？ • 怎样看待所牵涉的人？ • 当时的感受如何？ • 当时采取了什么行动？具体说了什么、做了什么？ • 采取这些行动的原因是什么？ • 如何知道应该这样做和说	• 事情的结果如何？ • 这一结果是如何发生的？ • 这件事情引发了什么问题或后果？ • 最终得到了何种反馈

首先，为了确保行为事件访谈法的顺利进行，访谈者应该在访谈前做好以下准备工作。①了解访谈对象的姓名、职务、工作性质及组织中的相关情况。注意，最好避免了解访谈对象的绩效水平，以免提问时受到影响。②预订安静、不受打扰的谈话场所，以便访谈顺利进行。③让访谈对象了解关键事件法的要点、步骤、方法等，以尽可能减少误差。④准备好录音设备以更好地捕获访谈对象处理事件的动机和思想中的细微差别。⑤准备访谈提纲并熟悉要访谈的内容，一方面可以让访谈对象事前做好准备，另一方面也便于访谈者事后总结。

其次，开展行为事件访谈时，可大致分为4个阶段：①介绍与说明阶段，访谈者应自我介绍、简要说明访谈目的和程序，并通过一些技巧和方式确保访谈对象消除疑虑。②工作职责了解阶段，访谈者引导访谈对象就工作经历、部门职责、工作内容、职位情况与上下级关系等进行沟通。③行为事件访谈阶段，采用STAR技术对访谈对象进行访谈。在这一过程中，访谈者需要根据访谈提纲引导谈话的内容和走向。如果访谈对象跑题，访谈者应及时打断并引导其回到需要沟通的话题；如果访谈对象无法给出具体事例，访谈者需要引导和鼓励访谈对象。④结束阶段，一方面要感谢访谈对象接受访谈并提供了非常有价值的内容，询问如有必要再次接受访谈的可能性；另一方面要及时记录和整理访谈内容。

最后，开展数据编码工作。编码前，要尽可能组成4人以上的编码小组，编码人员应对胜任素质词典有充分了解。在编码过程中，达成一致性认知后，编码人员彼此独立编码并反复讨论，形成正式编码分析用的编码手册，以编码手册为基础开始正式编码工作。

总体来看，行为事件访谈法的优点在于资料收集效率较高，不仅能够了解行为结果，还可以明晰行为产生的动机、特质、自我认知等潜在特征。行为事件访谈法的缺点也较为明显，主要体现在时间和经济成本较高，且对访谈者的能力要求较高。

本章小结

胜任素质是那些可被测量和评价的个体特征，能够区分优秀绩效和一般绩效。胜任素质不仅关注个体的表层特征，如知识和技术等，也注重个体深层次的特征，包括动机、特质、自我概念和社会角色等。与传统的任职资格不同，胜任素质模型聚焦于绩效优异者所必需的关键素质，是完成某项工作或达成特定目标所需要的一系列胜任素质的组合，包括动机、个性与品质要求、自我形象与社会角色等特征，以及知识、技术、能力水平等。

构建胜任素质模型的程序包括确定绩效标准、选择效标样本、获取样本数据、数据处理与分析、构建模型与验证模型等步骤。其中，行为事件访谈法是最关键的方法。行为事件访谈法是通过对绩效优秀者、绩效一般者、绩效不合格者开展基于工作中的成功与失败事件的STAR回顾访谈后，通过编码等方式识别绩效差异人群的深层素质差异，并以此构建胜任素质模型的方法。也就是说，行为事件访谈法不仅关注行为本身，更关注行为背后的动机和思维模式。

关键术语

胜任素质　　　　　　　　胜任素质模型
辨别性胜任素质模型　　　基准性胜任素质模型
行为事件访谈法　　　　　STAR技术

思考题

1. 什么是胜任素质？常见的胜任素质包括哪些？
2. 什么是胜任素质模型？常见的胜任素质模型有哪些？
3. 构建胜任素质模型的关键方法是什么？简述构建胜任素质模型的程序。

案例4-1

首席数字官的胜任素质模型

21世纪以来，随着互联网、移动互联网及大数据、云计算、人工智能等新一代信息技术的迅猛发展，企业的商业模式、产品服务、市场策略乃至组织结构都在发生深刻变革。这些技术的发展不仅为企业带来了前所未有的机遇，也提出了巨大的挑战。越来越多的企业意识到，数字化转型已成为保持核心竞争力的必由之路。在这种背景下，企业内部需要一个专门的领导角色来规划和实施数字化战略，负责借助数字化手段实现传统业务流程、产品和服务的创新与升级。虽然首席信息官(chief information officer，CIO)在许多企业中已承担起一定的技术领导角色，但其核心工作多偏重IT基础设施建设和维护，难以完全满足推动业务模式创新、利用数字技术创造新价值的需求。因此，越来越多的企业设立了首席数字官(chief digital officer，CDO)这一职务，全面引领企业的数字化变革。

首席数字官不仅关注技术本身，而且关注如何通过技术和数据驱动企业的战略发展与业务增长。他们需要具备深厚的技术背景、丰富的业务知识、强大的战略规划能力和跨部门协作经验。CDO不仅需要熟悉IT技术，还要能够跨越市场营销、客户服务、产品开发等多个领域，将数字化战略融入企业的各个层面，确保企业在数字时代的竞争优势。

综合来看，首席数字官应该具备以下核心素质。

第一，战略思维与领导力。CDO需要具备前瞻性的战略规划能力，能敏锐洞察市场和技术趋势，制定适合企业的数字化转型战略目标和发展路径；具有强大的领导力，可以引领组织变革，整合跨部门资源，并推动企业文化向数字化方向转变。

第二，技术创新与业务融合。CDO不仅需要精通前沿技术(如大数据分析、人工智能、云计算等)，还需要理解这些技术对业务模式的影响，并能够将数字技术有效应用于实际业务流程，实现商业模式创新和效率提升。

第三，数据驱动决策。CDO需要具备大数据分析与解读能力，能够通过数据分析洞察业务问题，并利用数据支持决策，从而驱动企业运营优化和产品改进。

第四，跨界沟通协作。作为数字化转型的推动者，CDO需要在IT团队、业务部门、管理层及外部合作伙伴之间建立良好的沟通桥梁，确保数字化战略的有效执行。

第五，风险管理意识。企业数字化转型过程中涉及信息安全、隐私保护和合规性风险等，CDO需要具备相关的专业知识，并能够制定应对策略，确保企业在数字化转型过程中合规，保障客户和企业的信息安全。

第六，持续学习与创新能力。CDO需要保持对新技术的敏锐性和适应力，具备强烈的学习意愿和创新意识，引导企业探索新的数字化可能性，保持技术的先进性。

第七，商业敏感度与执行力。CDO需要具备良好的商业敏感度，理解公司财务和市场动态，确保数字化项目与企业盈利目标一致；具备高效的项目管理和执行能力，能够有效推动数字化项目的落地。

第八，人才发展与团队建设。CDO需要关注数字化人才的培养与团队建设，吸引并留住高素质的技术人才，打造一支高效、专业的数字化团队，为企业的长期数字化战略发展奠定人才基础。

以上从整体上描绘了CDO的关键胜任素质，在具体实践中，不同企业应根据行业特点、发展阶段、企业文化等，对胜任素质进行适应性调整。

请根据案例材料思考并分析以下问题：

1. 基于胜任素质模型的概念，如何为不同类型的企业定制化设计首席数字官的胜任素质模型？

2. 如何利用胜任素质模型优化企业的人力资源管理系统，以支持企业数字化转型战略的实现？

3. 在构建首席数字官胜任素质模型的过程中，应该如何检验该模型的适用性和有效性？

4. 如何在快速变革的环境中确保首席数字官胜任素质模型的动态适应性？

第五章 人力资源战略与规划

学习目标

(1) 理解人力资源战略的概念、地位、匹配与柔性，掌握人力资源战略在组织中的重要性，以及人力资源战略与组织战略的匹配方式。

(2) 掌握人力资源规划的概念、功能、种类和内容，了解人力资源规划在实现组织战略过程中的作用。

(3) 掌握人力资源规划的制定原则和制定流程，理解制定高效、灵活的人力资源规划的流程。

(4) 掌握人力资源供给和需求预测的方法及其应用，能够应用多种预测工具评估组织未来人力资源供给及需求。

(5) 了解人力资源供需综合平衡的过程，掌握协调人力资源供需的有效方法。

乌卡时代的高速变化对企业开展人力资源管理提出了新的挑战和更高的要求。在乌卡时代，企业面临高速变化的外部环境，必须适应市场的快速变化，优化人力资源管理，以提高组织竞争力。凡事预则立，不预则废。只有提前制定详细规划并适应环境变化，企业才能在市场竞争中保持稳步发展。处于激烈市场竞争中的企业，必须对不断变化的人力资源供需做出预测并及时应对，方可确保人力资源满足组织战略所需。实现这一目标的过程就是人力资源战略与规划。人力资源战略与规划是企业为实现发展目标，对所需人力资源进行供需预测、制定系统的政策和措施，以满足自身人力资源需求的活动。作为一种战略规划，人力资源规划是企业实现人力资源供需平衡、提高组织效能的核心手段，也是支撑组织战略的重要工具。

第一节 人力资源战略概述

一、人力资源战略的概念

人力资源管理是实现组织战略和组织目标的重要手段。在全球化、信息化和市场化的社会环境下，面对日趋激烈的竞争环境，组织的人力资源管理应与组织战略相匹配，并据此制定相应的人力资源战略。然而，传统的人力资源管理主要聚焦于人事管理的技术层面，关注的是员工的基本管理，而非从战略角度出发进行系统性和前瞻性设计。传统人力资源管理往往与组织战略脱节甚至相互冲突，这降低了人力资源管理在企业中的价值。在迅速变化的管理环境下，实施成功的战略管理对组织的生存和发展具有重要意义。越来越多的学者开始关注组织内部的资源和能力，人力资源及其管理也被视为组织核心能力的源头。人力资源管理系统与其他管理系统，以及与各系统内部子系统之间的匹配问题也得到了广泛关注，企业试图建立一个与组织战略紧密连接且各模块之间有效衔接的人力资源管理模式，以便更有效地管理员工、实现组织战略与愿景。

人力资源战略是指为了实现组织目标而采取的一系列具有全局性、整体性和长远性特征的人力资源部署、计划与管理行为。首先，人力资源的战略性强调将人力资源管理视为获取竞争优势的重要手段之一。其次，人力资源战略的全局性强调通过人力资源规划、政策和管理实践实现人力资源优化配置，使其具备战略性而助力竞争优势的获取。再次，人力资源战略的整体性强调人力资源与组织战略、人力资源与其他管理活动、人力资源管理各子系统之间的匹配与相互契合。最后，人力资源管理的长远性，一方面强调人力资源管理活动的近端目标在于实现组织绩效最大化，另一方面强调人力资源管理活动应注重对外部环境的响应并具备强灵活性，从而实现组织与员工双赢的长远目标。

二、人力资源战略的地位

(一) 组织战略与人力资源战略

作为统领组织人力资源管理实践活动的整体部署与计划，人力资源战略应该服务于组织战略的实现和落地，是组织战略在人力资源领域的具体呈现。组织战略与人力资源战略是相互促进、相互依托的互动关系。企业发展战略指引人力资源战略，人力资源战略服务于企业发展战略目标的实现。人力资源战略的有效执行是保障企业各项工作正常运行的前提，人力资源战略和企业战略之间的相互配合是提高企业绩效的关键所在。

(1) 组织战略决定人力资源战略。人力资源战略以组织战略目标为依据，必须服从组织战略规划。企业应根据企业自身的战略规划制定相应的人力资源战略，以满足实际人力资源需求。人力资源战略是组织战略的重要组成部分，为组织战略规划服务，是企业获取战略竞争优势的重要基础。

(2) 人力资源战略会随组织战略目标的变化而变化。组织所处的政治、经济、法律、技术、文化等一系列外部环境处于不断变化中，这使得组织目标也处于不断变化和调整中，进而引起组织内外人力资源供需的变化。因此，为确保满足组织在近期、中期和长期对人力资源的需求，人力资源战略也要发生变化和调整。

(3) 组织战略目标的实现必须依赖人力资源战略。人力资源战略直接影响组织战略目标的实现效果，因为人力资源战略直接决定组织人力资源需求能否得到保障，各部门是否有合适而足够的人员实现各自的目标。

(二) 人力资源战略与其他职能战略

组织战略的落地与实现，除了需要人力资源战略的匹配，还需要财务战略、运营战略等的支持。组织战略的达成需要企业各类资源(人、财、物)彼此协调并实现内部供求平衡。人力资源是所有资源中最宝贵的资源，物力、财力和其他资源都是通过人来发挥作用的。

人力资源战略与组织中其他职能战略之间的关系大致可分为两种：一是平行关系。组织战略一般由人力资源战略、营销战略、生产战略、财务战略等共同支撑。人力资源战略作为其中的一种，与组织中其他职能战略是平行关系。二是决定关系。组织根据战略目标对各部门进行子目标划分，再根据各部门实现子目标的需要确定需要的人员。人力资源战略决定了其他职能战略是否有合适且足够的人员来实施。

三、人力资源战略的匹配与柔性

人力资源战略的匹配与柔性强调人力资源及其管理活动需要在两个方面同时保持适应性。一方面，人力资源管理应注重与企业的外部环境和内部资源保持一致性，以确保人力资源战略符合企业的发展方向并能满足现实需求；另一方面，人力资源管理活动需要具备灵活性，以适应动态变化的外部环境与内部资源。

(一) 人力资源战略的匹配

人力资源战略的匹配主要体现在两个方面：与企业战略的纵向匹配和人力资源管理系统内部职能之间的横向匹配。

1. 与企业战略的纵向匹配

纵向匹配强调人力资源战略与企业整体战略的协调性和一致性。这种匹配性基于权变视角，认为企业的人力资源活动对企业绩效的提升并非线性叠加的结果，而是受到特定权变因素(如行业特性、社会环境和法律法规等)影响。也就是说，并不存在普遍适用于所有企业和场景的人力资源管理"最佳实践"，企业需要根据所处的环境特征来制定人力资源战略。因此，人力资源战略应服务于组织战略，组织的使命、愿景与价值观应当成为人力资源战略的起点，如图5-1所示。

例如，迈克尔·波特提出的3种基本竞争战略——成本领先战略、产品差异化战略和聚焦战略，是企业提升竞争力的核心选择。每一种竞争战略会对人力资源管理提出不同要求，如表5-1所示。实施成本领先战略的企业，需要开展诱引型人力资源战略，通过丰厚的报酬吸引人才，但不一定在员工培训和开发上投入过多，以控制成本。实施产品差异化战略的企业更适合开展投资型人力资源战略，注重人才开发，通过持续投资提升员工的技能与创新能力，以支撑企业的差异化优势。而实施聚焦战略的企业，参与型人力资源战略更为适宜,在决策过程中给予员工更多自主权,以便灵活、快速地响应特定细分市场的需求。这种战略通常采用扁平化、分权化的组织结构来提高对外部市场的响应速度。

	发展战略/竞争战略	人力资源战略
使命、愿景和价值观	• 确定目标和经营范围 • 阐明长期方向 • 建立稳定的信念和原则	• 建立基本管理哲学 • 建立文化的基础 • 引导伦理行为
外部环境分析	• 机会和威胁 • 环境扫描 • 行业/竞争对手分析	• 人口统计学特征趋势 • 劳动力的外部供给 • 竞争对手标杆分析
内部资源分析	• 优势和劣势 • 核心能力 • 资源:人、流程和机制	• 文化和能力 • 员工需求预测 • 员工供给预测
战略规划	• 公司战略 • 业务战略 • 职能战略:保持一致性	• 生产效率和效能 • 质量、服务和创新 • 外部匹配和内部匹配
战略执行	• 设计结构、机制等 • 分配资源 • 领导、沟通和变革	• 平衡供给和需求 • 机构精简、裁员等 • 人力资源实践
战略评估	• 评估和标杆管理 • 确保一致性 • 敏捷性和灵活性	• 人力资本评估体系 • 平衡计分卡

图5-1 人力资源战略与企业战略的纵向匹配示例

表5-1 竞争战略与人力资源战略的匹配示例

竞争战略	成本领先战略	产品差异化战略	聚焦战略
人力资源战略	诱引型	投资型	参与型
特征	• 中央集权 • 高度分工 • 严格控制 • 以工资与奖金为主激励员工	• 注重人才储备与人力资源投资 • 与员工建立长期关系	• 决策权下放 • 员工参与管理 • 采取各类举措提高员工积极性和主动性

2. 人力资源管理系统内部职能之间的横向匹配

横向匹配指的是人力资源管理系统内部各子系统(如招聘、培训、绩效管理等)之间的协调一致性。权变观虽然将权变变量纳入理论模型中,但进行人力资源实践或系统分析时仍集中于研究单一实践或实践组合对组织绩效的提升作用,并未考虑人力资源管理实践之间的交互效应,认为不同实践活动对企业绩效的影响是一种线性叠加状态。横向匹配则立足于构型视角,认为不同实践活动对企业绩效的影响是一种要素间互补与递增效果。由不同管理活动构成的人力资源管理系统具有不同的外在形态和内在构成,这些不同形态的人力资源管理系统可以通过管理活动的搭配和协调对企业绩效产生一致的影响效果。这种对不同人力资源系统构型的研究与探索,标志着构型视角的形成。换言之,构型观认为在相同战略下存在多种理想型人力资源管理系统能够满足战略所需并实现相同的绩效提升功效，即人力资源管理系统的等效性。因此，在研究过程中，认同构型观的研究者倾向于探索整体人力资源管理系统对组织绩效的影响效果，而基于普适视角或权变视角的研究者倾向于研究普遍情形下特定人力资源实践活动的优劣性。例如，舒勒(Randall Schuler)和杰克逊(Susan Jackson)提出了一系列人力资源管理的备选清单，以供企业根据自身战略选择具有内部适宜性的人力资源管理系统(见图5-2)。

职位分析与职位设计	绩效管理
少量任务——多种任务 简单任务——复杂任务 要求少量技能——要求大量技能 具体的职位描述——一般性的职位描述	行为标准——结果标准 开发导向——管理导向 短期标准——长期标准 个人导向——群体导向
招募与甄选	薪资结构、奖金与福利
外部来源——内部来源 有限社会化——全面社会化 评价特定技能——评价一般技能 狭窄的职业发展通道——宽阔的职业发展通道	以薪酬福利为重——以奖金为重 短期奖励——长期奖励 强调内部公平——强调外部公平 奖励个人——奖励群体
培训与开发	劳资关系与员工关系
集中在当前工作技能上——集中在未来工作技能上 个人导向——群体导向 培训少数员工——培训所有员工 随机的、无计划的——有计划的、系统的	集体谈判——个人谈判 自上而下的决策——员工参与决策 正规的既定程序——无正规的既定程序 将员工看成费用——将员工看成财富

图5-2 人力资源管理的横向匹配示例

(二) 人力资源战略的柔性

人力资源战略的柔性是指人力资源战略对外部环境的变化和企业内部多样化需求的适应能力。人力资源战略的柔性旨在确保组织能够快速应对和适应人员结构、数量与工作方式等的变化，体现在员工结构的调整、雇佣方式的灵活性、薪酬水平的适应性调节等方面。

根据柔性管理的理念和原则，阿特金森(Atkinson)指出，人力资源战略柔性应包括数量柔性和职能柔性两个维度。前者是指组织应该根据市场和生产需求变化，对组织可利用的人力资源的数量与种类进行调整；后者是指组织内员工的知识、技术和能力等可以及时调整，以迅速响应市场需求与产业变化。沙米·凯拉(Sami Kara)、杰尔曼·凯斯(German Kayas)和肖恩(Shaun)认为，人力资源战略柔性包括技能柔性、决策柔性、财务柔性和人员柔性等。

核心-边缘雇佣策略是实现人力资源战略柔性的关键。阿特金森将人力资源分为核心人力资源、边缘人力资源和外部人力资源。核心人力资源是企业内部处理关键事务的主要员工，是因岗位职责具有不可替代性而需要长期雇用的全职员工。核心人力资源往往具有较高技能、较强创新能力，需要给予较好的薪资福利、稳定的工作和较高的组织地位。因此，短期内可为此类人员提供跨部门学习与沟通、工作多样化和职能扩大化等工作实践机会，长期应为其提供更宽阔的职业生涯通道、更丰富的培训规划等，其目的都是配合外部与组织变化,实现职能多样性发展需求。边缘人力资源是企业中的次要人员,其主要功能在于协助核心人员完成工作任务。与核心人力资源相比,边缘人力资源具有较低的工作自主性,所需技能较少,不要求或较少要求工作经验和专业背景。因此,边缘人力资源具有较强的替代性,并不要求长期雇佣关系,可以由全职人员、兼职人员和临时人员承担相应工作职责。对于此类人员,企业安排的工作层级相对简单、工作范围相对狭窄,很少要求其参与跨部门工作,具有较低的薪酬水平、较短的生涯规划、较弱的工作保障。因此,当组织内部与外部环境变动时,往往将边缘人力资源作为缓冲实现人力资源数量、结构等的弹性。外部人力资源是那些并非组织直接雇用,而是通过人力派遣机构或外包商雇用的人力资源。外部人力资源所承担的工作往往具有低技能、高重复性、专业度低等性质。因此,此类人员并不需要高度的组织承诺和心理契约,只需要通过有效劳动契约的运用和工作模式的安排实现对外部不可预知变化的响应,进一步降低单位劳动成本。

近年来,莱帕克(David Lepak)和斯内尔(Scott Snell)进一步拓展核心-边缘雇佣策略,根据员工人力资本差异(对企业的价值与市场稀缺性)将内部员工分为4类,并绘制图5-3所示的核心-边缘人力资源战略四象限图。

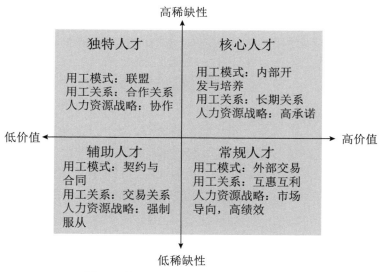

图5-3 核心-边缘人力资源战略四象限图

第一象限:对企业的价值较高、市场稀缺性较高的核心人才。此类员工拥有企业最核心的技术、知识和能力,应该主要采用内部开发和培养的方式进行大量投资。一方面可以维护员工稳定和组织绩效,另一方面也可以确保收回人力资本投资,企业应该采用高承诺型人力资源战略,维持长期、稳定且紧密的员工关系。

第二象限:市场稀缺性较高且对企业的价值较低的独特人才,如专家、顾问等。此类人才并不会直接为企业创造市场价值,但因为其人力资本的稀缺性较强,当企业需要时会因信息不对称等问题导致较高的交易成本。因此,对于此类人才,采用市场合作模式在市场上直接购买服务形成长期协作关系更为适宜,不仅可以降低企业获取所需稀缺性人力资源的成本，还可以满足组织战略需求。

第三象限：对企业的价值较低且市场稀缺性较低的辅助人才。这类人才只拥有一般性的技能或能力，且这些技能和能力具有较强的市场替代性。因此，辅助人才并不会成为企业核心竞争优势的来源。企业为了减少员工流动和降低管理成本等，通常会选择外包方式将相应岗位的职责外包给人力资源服务公司。此时，企业无须花费大量时间和精力进行人力资源开发与投资，只需要签订市场合同和管理制度，强制要求相关人员履行管理职责。

第四象限：对企业的价值较高但市场稀缺性相对较低的常规人才。此类员工对完成企业目标有较高价值，但其所拥有的知识、技术和能力并不具备稀缺性。此类员工并不看重企业发展，而是专注于自身职业发展与成长。因为此类员工具有较强的市场可替代性，企业往往基于互惠互利的外部交易模式实施以市场导向、高绩效为特征的人力资源战略。

第二节　人力资源规划概述

一、人力资源规划的概念

人力资源规划是指企业依据宏观政策、发展战略、生产经营目标，以及内外环境的变化，通过科学方法预测未来组织对人力资源的需求，并制定相应的政策与措施，以确保企业在不同条件下始终能得到所需的人力资源支持。简言之，人力资源规划即通过预测人力资源供需并采取平衡措施，确保人力资源的合理配置。

人力资源规划的核心目标是确保企业在适当时间内满足各岗位对人力资源的需求，包括数量、质量、层次和结构等方面的匹配。这一规划有助于企业在发展进程中实现人力资源的优化配置，同时最大限度地开发与利用人力资源潜力，以满足企业和员工的共同需求。

在企业人力资源体系中，人力资源规划具有前瞻性和战略性，是企业制定和调整人力资源政策与措施的依据，为招聘与甄选、绩效管理、薪酬管理、人力资源开发与培训等具体活动提供目标与方向，确保企业内部人力资源的合理调剂，支持企业的长远发展。

二、人力资源规划的功能

人力资源规划具有以下功能。

第一，人力资源规划是企业人力资源管理的基础。企业应以人为本，做到人岗匹配，实现人尽其才、才尽其用。因此，企业需要根据内外部环境预测未来人力资源供需，并通过调整实现供需平衡。

第二，作为企业战略总体规划的核心组成部分，人力资源管理的重要性超越了传统的物资与财务资源管理，成为首要资源管理内容。人力资源规划不仅为企业的长期发展储备人才,还帮助企业在不断变化的市场中保持战略一致性,确保组织内人力资源的数量和质量符合企业发展的要求。

第三,人力资源规划有助于满足企业在发展过程中对人力资源的动态需求。随着技术、产业等外部环境的变化,企业的人力资源需求也需要相应调整。通过结构调整、技能引进和专业化培训等方法,人力资源规划帮助企业适应变化,增强应对市场和技术变迁的能力。

第四,人力资源规划能够有效地预测和管理企业未来人力资源需求,确保人力资源管理活动的有序进行,从而提高人力资本的使用效率。合理的人力资源规划不仅能提高企业的运行效率,还能降低与人力资源相关的管理成本,从而增强企业的竞争力。

三、人力资源规划的种类

人力资源规划可以依据时间、性质和范围的不同分为以下几类,以满足企业在不同阶段和情境下的人力资源需求。

(1) 根据规划时间长短的不同,人力资源规划可分为短期、中期和远期。短期人力资源规划是指1~3年的人力资源规划,聚焦于明确当前的具体需求,细化任务和落实措施,确保企业在短期内满足业务发展的人员需求。中期人力资源规划的时间范围一般为3~5年,承担连接短期与远期规划的作用,为短期人力资源规划提供具体指引,同时确保企业战略的阶段性需求得到支撑。远期人力资源规划的时间跨度较大,一般在5年以上,以企业发展战略为导向,制定人力资源的总体方针与政策,具有战略性、权威性、原则性,为企业的长期人力资源供需奠定基础。

(2) 根据规划性质差异,人力资源规划可分为战略性人力资源规划和战术性人力资源规划。战略性人力资源规划立足企业战略发展需求,明确社会、法律、技术等宏观环境的变化对企业人力资源的影响,从而制定长期人力资源管理和开发的政策与措施。战术性人力资源规划专注于人力资源的具体配置和执行层面,进行劳动力需求和供给预测,确保企业在短期内获取合适的人员数量、结构与技能。

(3) 根据规划范围的差异,人力资源规划可分为总体规划和具体规划。总体规划指对规划时间范围内的人力资源管理设定整体的原则、方针、目标、实现步骤和预算安排等。具体规划是总体规划在特定时空范围内的细化与具体,每一项具体规划亦是由目标、任务、政策、步骤和预算等要素构成,从不同维度确保人力资源总体规划的实现。具体规划应包括人员补充规划、配置规划、晋升规划、教育培训规划、工资激励规划、员工职业生涯规划、退休解聘规划等。

四、人力资源规划的内容

人力资源规划是确保人力资源管理系统有效运行的基础,位于人力资源战略的核心位置,其主要任务是解决以下关键问题:①如何使人力资源管理成为企业发展的战略伙伴?

②如何使企业战略准确体现在人力资源管理的使命、目标、制度和流程中？③如何从被动适应需求转变为面向战略的主动供给？④如何根据企业战略为企业提供充分、优良的人才支持？⑤如何推动员工对企业战略、文化和价值观的认同，为实现企业战略做出贡献？

为了回答这些核心问题，人力资源规划可分为以下三个阶段(见图5-4)。首先，信息收集阶段。在此阶段，人力资源部门对企业发展战略、内外部环境、人力资源现状及影响因素进行综合分析和人才盘点，以准确掌握企业的人力资源供需情况。其次，总体规划阶段。在该阶段，人力资源部门基于收集到的信息，制定人力资源总体设计方案，确定战略规划目标和人力资源数量、结构及职能等方面的具体目标。最后，实施计划阶段。根据人力资源总体规划，制订详细的执行计划，包括招聘、制度改革、素质评价、补充调配、薪酬奖励、劳动关系、组织变革、职位分析、职业生涯、晋升发展、退休解聘、满意度调查等方面的具体措施。

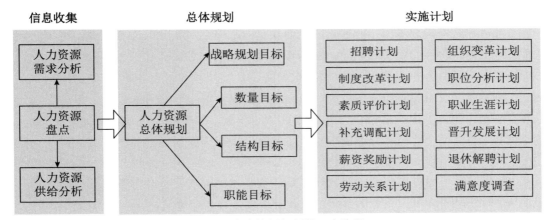

图5-4 人力资源规划的三个阶段

人力资源规划需要解决企业人力资源供需平衡问题，从数量、素质和技能等方面考虑人力资源的招聘、选拔、管理和发展。总体来看，人力资源规划包括以下三项核心内容。

1. 人力资源数量规划

人力资源数量规划是依据企业未来的业务模式、业务流程和组织结构等，确定各级组织所需的人力资源数量及各岗位之间的合理配比，并制订详细的人力资源需求计划。人力资源数量规划为人力资源配置提供标准，明确未来的人员配置方向。但在实际操作中，规划和企业现状之间可能存在差距，如何尽可能地缩小差距是企业人力资源部门下一步要解决的核心问题。

2. 人力资源素质规划

人力资源素质规划是依据企业战略和业务要求，制定各职类、职种、职层人员的任职资格要求，为选拔、培训和保留人才提供基础。人力资源素质规划的主要形式包括任职资格标准和素质模型，如图5-5所示。任职资格标准反映企业战略及组织运行方式对各职类、职种、职层人员任职所需的核心技能和行为能力要求；素质模型明确各职类、职种、职层人员适合的行为特质,有助于精准选拔符合企业文化和岗位需求的候选人。

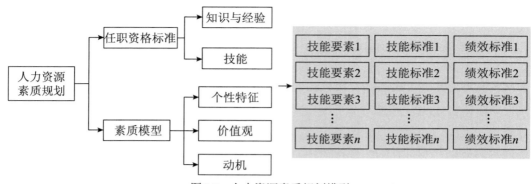

图5-5 人力资源素质规划模型

3. 人力资源结构规划

人力资源结构规划基于行业特点、企业规模及战略,对企业人力资源进行层级划分,明确不同职类、职种、职层的职能、职责和权限。结构规划旨在打破部门壁垒,为业务系统提供支持,同时为企业管理系统(如任职资格、薪酬体系和培训体系等)奠定基础。人力资源结构规划引入职务族和职务序列,清晰地定义企业职类与职种的关系,将组织划分为管理、技术、业务、生产等部门,并形成具体的职级、职类和职序体系,如表5-2所示。各层次职位的分类、等级和标准清晰、明了,有助于明确组织内部各层人员的关系。在此基础上,人力资源规划需要建立有效机制和管理手段,如招聘、培训、绩效、职业发展等计划,以确保各方面目标的实现。通过战略梳理和调研分析,企业可识别出关键的人力资源管理问题并优先解决,为人力资源总体规划的落地奠定坚实基础。

表5-2 人力资源结构体系

职位	管理人员			技术人员		营销人员	操作人员	
	高层管理人员	中层管理人员	一般管理人员	研发人员	技术员	销售员	后勤辅助人员	一线员工
1级1次								
1级2次								
……								
2级1次								
2级2次								
……								

第三节 人力资源规划的制定原则和制定过程

一、人力资源规划的制定原则

在人力资源规划制定过程中，应遵循以下原则，以确保规划的科学性、可行性和长远性。

(1) 充分考虑内外部环境的变化。人力资源规划的核心在于立足现实、面向未来。企业内部环境和外部环境都充满了不确定性和变化趋势。就内部环境而言，这些变化包括职能调整、业务流程变化、发展战略转型、人员流动趋势等。就外部环境而言，这些变化体现在社会政治经济形势、政府政策、人才市场供需关系等方面。因此，制定人力资源规划时，应对这些变化做出全面评估，以确保规划不仅能解决当前问题，还能为未来发展提供指引。

(2) 确保组织发展的人力资源基础。人力资源规划的首要目标是为企业发展提供充足数量和高质量的人力资源。这一目标需要通过以下措施实现：人员流入和流出预测(评估企业人员招聘和离职的动态趋势)，内部流动预测(分析员工岗位调整、晋升或轮岗的可能性)，外部供给分析(考察外部劳动力市场状况和潜在资源可用性)，人员流动损益分析(评估人员流动对组织人力资源总量与质量的影响)等。只有在人力资源供给得到保障的情况下，企业才能进一步实施深层次的人力资源开发与管理策略。

(3) 兼顾组织和员工的长远利益。人力资源规划不仅是服务组织战略的工具，还是员工成长和职业发展的规划蓝图。因此，人力资源规划一方面应支持企业战略目标的实现，包括人员数量和质量需求；另一方面需要关注员工职业发展的实际需求，例如岗位成长空间、职业路径规划和个人价值实现等。一个成功的人力资源规划应在组织和员工之间找到平衡点，谋求双赢的局面。忽视员工成长的规划不仅会降低员工的满意度和忠诚度，还可能对企业的可持续发展造成不利影响。

(4) 关注人力资源管理系统内部与外部的一致性。人力资源规划需要与企业战略和各智能模块保持高度一致。一方面，确保招聘、培训、绩效管理、薪酬激励等人力资源管理子系统之间的相互协调，实现内部一致性。另一方面，人力资源规划应根据企业的总体发展规划进行调整，确保外部一致性。此外，人力资源规划应具有层次化设计能力——在总规划的指导下，制定部门或岗位层面的细化规划，使之与企业总体战略目标形成有机统一。只有在系统性和层次性得到保证的前提下，人力资源规划才能真正发挥应有的作用，为企业提供竞争优势。

总体来看，人力资源规划的制定原则强调以环境变化为导向，以员工成长为中心，以战略协同为核心的思维方式，为组织的发展提供有效的支持，同时保障员工的个人成长与职业发展需求。这些原则相辅相成，共同构成了科学、合理的人力资源规划的基础。

二、人力资源规划的制定过程

人力资源规划的制定是一项系统化工作，通常分为资料收集、资料分析、规划制定、实施与评估4个阶段。这些阶段相辅相成，形成了完整的规划流程，如图5-6所示。

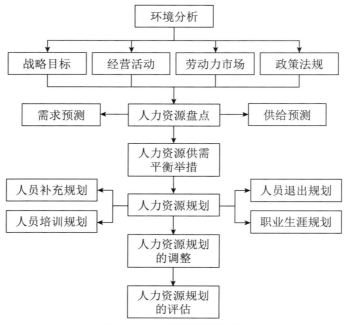

图5-6 人力资源规划流程

(1) 资料收集阶段。资料收集是人力资源规划的基础环节，通过系统调研获取内外部环境的相关信息，为后续分析和制定规划奠定依据。外部信息包括政府政策法规、经济形式、技术发展趋势、行业动态、竞争对手人力资源政策、劳动力市场供需状况等。例如，若政府调整了最低工资标准，企业需要根据相关政策调整薪酬预算。内部信息包括组织战略、经营目标、现有人力资源状况、岗位需求、人力流动趋势等。例如，根据内部岗位空缺和人员流动率提前识别潜在的人力资源风险等。

(2) 资料分析阶段。这一阶段旨在对收集的数据进行整理和分析，以识别组织当前的人力资源优势与不足。首先，结合内外部环境信息，分析组织现有战略目标与资源匹配程度。例如，通过评估劳动力市场供给情况，判断企业是否需要通过外包等方式弥补短期人员短缺。其次，深入分析现有员工的数量、技能结构及流动趋势等人力资源状况，明确资源配置中的潜在问题。例如，针对关键岗位人员流失率较高的情况，需要制订有针对性的留用计划等。

(3) 规划制定阶段。规划制定是人力资源规划的核心，需要在资料分析阶段的基础上明确未来的供需关系并制定相应政策。首先，采用定性和定量相结合的方法，对组织未来人力资源供需进行预测。例如，若企业计划拓展海外业务，则需要明确国际化人才的需求规模和能力要求。其次，结合内部现有人力资源状况及外部劳动力市场趋势，评估供给能力。例如,通过分析内部培训计划的覆盖面和效果,判断是否能够满足未来技能需求。最后,根据供需分析结果制定相应政策以解决供需失衡问题。一般存在以下3种情况:①当净需求为正时,即人力资源供不应求,这时组织需要招聘新员工、加班、培训、晋升、外包、工作再设计等;②当净需求为负时,即人力资源供大于求,这时组织需要减少临时工数量、实行工作分担制、提前退休,甚至解雇等;③当净需求为零时,即人力资源供求相等,在这种情况下,组织不需要进行重大的人力资源调整,但要考虑组织人力资源的结构是否合理。

(4) 实施与评估阶段。实施与评估是确保规划执行效果的重要环节,也是完善规划的关键步骤。首先,根据制定的规划方案,推进招聘、培训、岗位调整等具体措施。例如,在实施人员补充计划时,可通过内部晋升与外部招聘相结合的方式,确保关键岗位的人员到位。其次,通过定量和定性指标,对规划的实际效果进行分析。例如,评估实际招聘人数与预测需求的差距、员工流动率的变化、实施措施的成本效益等。最后,根据评估结果对规划中存在的问题进行修正,并总结经验,将其应用于下一轮规划。例如,如果规划执行过程中发现内部晋升比例偏低,则需要重新审视晋升机制的合理性。同时,评估人力资源规划要尽可能地客观、公正和准确。

人力资源规划的制定原则和制定过程为企业实现资源的高效配置提供了重要保障。基于科学的人力资源规划,企业能够在内外部环境的动态变化中保持人力资源的数量、质量和结构与战略目标的匹配。同时,通过规范的规划制定流程,企业能够不断优化人力资源管理实践,从而增强竞争力,实现可持续发展。

第四节 人力资源供需预测及综合平衡

一、人力资源供给预测

人力资源供给预测是指通过分析企业内部人力资源流动情况和外部劳动力市场供给情况,估算未来特定时间内可获得的人力资源数量、质量及结构的过程。人力资源供给预测包括企业内部人力资源供给预测(如人员晋升、调动等的预测)和企业外部人力资源供给预测。

(一) 企业内部人力资源供给预测

企业内部人力资源是企业可控资源的重要部分,其供给量受员工自然流失(如伤残、退休、离职等)、内部流动(如晋升、降职、平调等),以及企业政策和环境的多重影响。为了精准预测企业内部人力资源供给,企业通常采用管理人员接替模型、马尔可夫模型、技能清单法等方法。

1. 管理人员接替模型

管理人员接替模型是一种简单且有效的管理岗位供给预测方法，特别适用于中小型企业对管理者的后备人才规划。具体操作包括以下步骤：首先，根据组织结构与管理层级，列出空缺岗位的潜在接替者；其次，根据潜在接替者的绩效记录与发展潜力进行分层分类，并绘制如图5-7所示的管理人员接替模型；最后，优先考虑与空缺岗位职责匹配度最高的候选人，确保岗位职责的延续性和适应性。

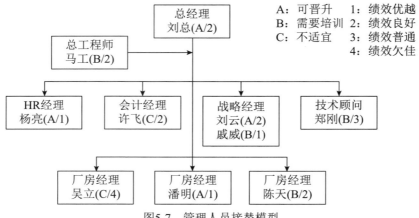

图5-7 管理人员接替模型

如图5-7所示，总经理的潜在接替者包括杨亮、刘云和潘明。基于岗位职责与过往绩效分析，刘云因其在战略发展领域的丰富经验被选定为候选人。

2. 马尔可夫模型

马尔可夫模型通过分析员工流动历史数据，预测未来各职位的人员流入、流出及内部流动趋势，其核心是基于状态转移概率矩阵对员工流动规律进行量化，如图5-8所示。马尔可夫模型的假设前提在于员工流动具有一定的规律性，转移概率可依据历史数据预

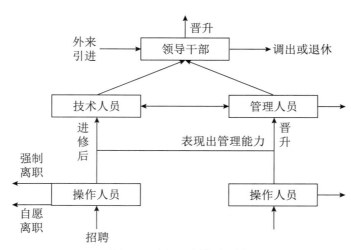

图5-8 马尔可夫模型示例

测。例如，某会计师事务所的员工按职级分为合伙人、经理、高级会计师和会计员4类。基于过去24个月的流动率数据预测未来可能的人员离职率，如表5-3所示。根据这一概率，可对未来一年的各职位人员需求情况进行预测，如表5-4所示。

表5-3 预测未来可能的人员离职率

初始人数		合伙人	经理	高级会计师	会计员	离职
40	合伙人	0.80	—	—	—	0.20
80	经理	0.10	0.70	—	—	0.20
120	高级会计师	—	0.05	0.80	0.05	0.10
160	会计员	—	—	0.15	0.65	0.20

表5-4 预测未来一年的各职位人员需求情况　　　　　　　　　　　　单位：人

初始人数	合伙人	经理	高级会计师	会计员	离职
40	32	—	—	—	8
80	8	56	—	—	16
120	—	6	96	6	12
160	—	—	24	104	32
合计	40	62	120	110	68

3. 技能清单法

技能清单法是指通过记录员工的工作能力、培训背景、过往经历、持有证书等信息，为人力资源供给预测提供数据支持。技能清单的典型要素包括：①个人数据，如年龄、性别、婚姻状况等；②技能，如教育经历、工作经验、培训经历等；③专业资格，如证书、特殊成就等；④薪酬和工作历史，如工资水平、晋升记录等；⑤公司数据，如福利数据、退休信息、资历；⑥其他信息，如个人兴趣、健康状况等。通过整合技能清单，企业可以快速识别内部可用资源和潜在供给能力。

(二) 企业外部人力资源供给预测

仅靠企业内部供给通常难以满足岗位需求，因此，外部人力资源市场成为补充企业人力资源的重要来源。外部人力资源供给预测需要关注以下关键因素：①人口政策及现状，包括人口规模、人口年龄和素质结构、现有劳动力参与率等，这些决定了社会总体的劳动力供给情况。②劳动力市场发展程度。劳动力市场化程度越高，劳动力流动越自由，企业对外部供给的预测也越准确。③就业意识与择业心理，如失业人员不愿从事艰苦工作、毕业生期望过高等，都会影响外部劳动力供给质量。④企业吸引力。企业的薪酬、福利、职业发展机会等也会影响企业吸引外部劳动力的能力。

企业外部人力资源供给的渠道主要包括：①大中专院校应届毕业生，通过教育部门获取毕业生数量与专业信息，适合初级和中级岗位的补充。②复转业军人，由国家指令性安置，适合对纪律性和执行能力要求较高的岗位。③失业人员，需要结合就业心理、就业政策等进行综合预测。④其他组织人员，通过猎头、人才市场等获取，特别适合中高端岗位的补充。

企业可通过历史数据、市场调研、政策分析等方法预测外部劳动力供给情况。例如，利用大专院校毕业生数据预测新入职人员；分析劳动力市场薪酬趋势，确定吸引高技能人才的可能；结合政府政策，估算复转业军人安置数据及成本。

企业内部和外部人力资源供给预测是确保企业可持续发展的重要手段。通过科学的预测方法和系统的数据分析，企业能够在人员配置、岗位补充和组织效率提升等方面实现精细化管理。最终，企业需要将内部供给的稳定性和外部供给的灵活性相结合，确保人力资源规划的精准性与适应性。

二、人力资源需求预测

人力资源需求预测是指组织根据战略目标和发展规划，对未来所需的员工数量、类型及结构等进行估算。这项工作是人力资源管理的重要基础，能够帮助企业明确未来的人力资源需求趋势，做好人才储备工作。同时，通过合理预测各部门、各岗位的人员需求，企业可以实现定岗定编，避免人力资源的过度浪费或不足，降低人力资源管理成本。

人力资源需求通常以企业战略、发展规划及相关内外部环境为依据，综合考虑影响企业用工需求的多种因素，包括企业外部环境、企业内部状况及人力资源特点等，如表5-5所示。

表5-5　人力资源需求影响因素

维度	影响因素
企业外部环境	经济形势，社会、政治和法律环境，技术进步，竞争对手，教育水平等
企业内部状况	战略计划、预算分配、生产和销售预测、新建部门或企业扩张、工作设计、产品质量等
人力资源特点	退休、辞职、解聘、死亡、休假、人员流动等

(一) 人力资源需求预测技术

常见的人力资源需求预测技术包括经验预测法、自上而下法、工作负荷法、回归分析法、趋势预测法和德尔菲法等。

1. 经验预测法

经验预测法是一种简单的预测方法，主要依靠管理者对历史经验的总结进行推测。该方法适用于较稳定的小型企业，但因主观性强，预测结果易受到个人主观影响。因此，为了提高准确性，可结合历史数据及多方意见综合分析。

2. 自下而上法

自上而下法基于部门管理者对其团队的了解，通过由基层逐渐向上汇总需求数据的方式形成整体预测。这种方法适用于短期需求预测，但由于基层管理者难以全面理解组织的长期战略目标，因此对长期人力资源需求的预测准确度较低。

3. 工作负荷法

工作负荷法通过计算标准任务时间和未来预期工作量来预测所需人员数量。例如，某工厂的新设车间通过历史数据计算4项工作的单位时间分别为0.5小时/件、2.0小时/件、1.5小时/件、1.0小时/件。之后，对未来三年每项工作总产量进行估算，如表5-6所示。

表5-6　新设车间未来三年总产量预测　　　　　　　　　　　单位：件

工作名称	第一年	第二年	第三年
工作1	12 000	12 000	10 000
工作2	95 000	100 000	120 000
工作3	29 000	34 000	38 000
工作4	8 000	6 000	5 000

根据单位时间和总产量可对各项工作所需的工作小时数进行计算，结果如表5-7所示。每人每年整体的工作小时数约为1800小时，因此，新设车间在未来三年完成各项工作所需人员数量如表5-8所示。

表5-7　新设车间各工作所需工作时数计算　　　　　　　　　单位：小时

工作名称	第一年	第二年	第三年
工作1	6 000	6 000	5 000
工作2	190 000	200 000	240 000
工作3	43 500	51 000	57 000
工作4	8 000	6 000	5 000

表5-8　新设车间未来三年所需人员数量　　　　　　　　　　单位：人

工作名称	第一年	第二年	第三年
工作1	4	4	3
工作2	106	112	134
工作3	25	29	32
工作4	5	4	4

4. 回归分析法

回归分析法通过选择特定要素(自变量)预测另一要素(因变量)的定量技术，实现对人力资源需求的预测。该方法适用于涉及多种影响因素的复杂预测场景。例如，在预测销售人员需求时，不仅需要考虑销售目标，还需要分析员工效率等变量。回归分析包括一元回归和多元回归，其中多元回归需要同时考虑多个因素，预测结果更为准确。

5. 趋势预测法

趋势分析法以历史数据为基础，通过最小二乘法得出人力资源需求趋势线，用于预测未来人力资源需求。趋势预测法假设未来的人力资源需求趋势与过去保持一致，适用于预测短期需求。举例而言，某公司过去12年的人力资源数量如表5-9所示。

表5-9　某公司过去12年的人力资源数量

年度	1	2	3	4	5	6	7	8	9	10	11	12
人数	510	480	490	540	570	600	640	750	770	820	840	930

在此基础上，利用以下公式计算出人力资源需求趋势线的斜率与截距，并据此计算未来的人力资源需求。对此例而言，人力资源需求趋势线的斜率为390.7，截距为41.3，其未来第三年的人力资源需求量为1010。

$$a = \bar{y} - b\bar{x}$$

$$b = \frac{\sum_{i=1}^{n}(x_i - \bar{x})(y_i - \bar{y})}{\sum_{i=1}^{n}(x_i - \bar{x})^2}$$

$$\bar{y} = \frac{\sum_{i=1}^{n} y}{n} \ ; \ \bar{x} = \frac{\sum_{i=1}^{n} x}{n}$$

6. 德尔菲法

德尔菲法是一种基于专家意见的预测方法，是在对专家开展多轮问卷调查和匿名反馈的基础上最终达成一致性意见的方法，适用于技术型企业长期人力资源预测的场景，其具体流程如图5-9所示。该方法的假设前提在于因技术领域的人力资源需求和变化较为复杂，难以运用定量方法对工作量、工作效率等进行预测，而相关领域的技术专家因能够更好地把握技术发展趋势而形成较为准确的人力资源需求预测。为了增强该方法的预测可信度，往往反复讨论直至得到一致性答案。在第一次讨论中，专家们彼此独立对

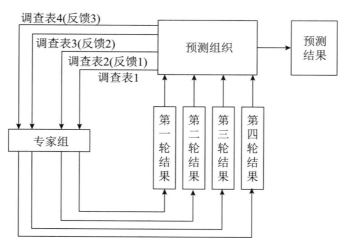

图5-9　德尔菲法实施流程

所提出问题进行技术发展预测，人力资源管理者将专家意见整理、汇编形成技术发展方案。以技术发展方案为基础，战略、人力资源、生产、销售等部门经理再一次对未来人力资源需求进行预测。无论是第一轮预测还是第二轮预测，专家们均需要独立开展预测工作且彼此不能沟通与交流，直至全部专家预测方案趋于一致后才结束预测。

三、人力资源供需综合平衡

人力资源的供需均衡(包括数量和质量)是人力资源规划的核心目标。开展人力资源供需预测的最终目的在于制定科学、有效且具有可操作性的供需平衡规划，为企业的战略实施和日常运营提供稳定的人力资源支持。在制定供需平衡规划的过程中，企业需要立足实际，针对具体问题进行深入分析，形成覆盖各部门且在数量、质量、层次和结构上协调一致的人力资源规划。一般而言，企业的人力资源供需关系存在以下3种可能情景，不同情况下需要采取相应举措以实现人力资源的供需平衡。

(一) 企业人力资源供不应求

当企业预测未来人力资源可能发生短缺时，应根据岗位的具体情况选择适宜的应对策略。表5-10列出了人力资源供不应求时的可行举措：①如果人力资源短缺现象较轻微，且企业员工愿意延长工作时间，可以参考相关法律法规制定延长工时并增加报酬的加班计划。这种方法实施速度快且灵活性高，适合作为短期应急措施。②如果空缺岗位对技能要求不高，可通过临时雇用、外包或派遣等方式快速补充人力资源。这些方式成本较低、撤回容易，非常适合应对临时性人力短缺问题。③当岗位对知识、技能、经验要求较高时，可雇用退休人员或对内部员工再培训后调岗等方式实现人力资源的补充。④从长远来看，可以通过优化工作流程、技术创新等手段提高生产效率，间接缓解人力资源供不应求的状况。⑤可以采取措施降低人员流动数量或者雇用新员工实现人力资源的补充。

表5-10　人力资源供不应求时的可行举措

人力资源管理举措	速度	可撤回程度
加班	快	高
临时雇用、外包或派遣	快	高
雇用退休员工	快	高
优化工作流程	慢	高
再培训后调岗	慢	高
降低人员流动数量	慢	中等
雇用新员工	慢	低
技术创新	慢	低

(二) 企业人力资源供大于求

当企业人力资源出现过剩或冗余时，需要及时采取措施降低人力成本并优化人力配置。表5-11列出了应对人力资源过剩的可行举措：①裁员是最直接的解决方案，能快速降低人力成本，但对员工的心理和士气打击较大，同时可能导致企业失去未来业务复苏时所需的人才储备。因此，应谨慎使用裁员措施，并尽量通过合理补偿降低负面影响。②企业也可以通过与员工协商约定减薪、降级、工作轮换、工作分享、提前退休等减少人员冗余状况。例如，为接近退休的员工提供优惠措施(如额外补助)，鼓励其提前退休。又如，通过多个员工共同分担一项工作的方式，降低单个员工的工作时长，同时减少人工成本。③为员工提供技能培训，帮助其适应组织内的其他岗位需求，以缓解人员过剩现象。此外，通过自然减员(如正常退休、员工自愿离职等)逐步调整人员规模，也是一种对企业和员工影响较小的方式。

表5-11 人力资源供大于求时的可行举措

人力资源管理举措	速度	对员工的伤害程度
裁员	快	高
减薪	快	高
降级	快	高
工作轮换	快	中等
工作分享	快	中等
提前退休	慢	低
自然减员	慢	低
技能培训	慢	低

(三) 企业人力资源供需平衡，但结构需要完善

除了数量上的供需不平衡，企业人力资源还可能存在结构性失衡的问题。例如，某些部门员工老龄化严重或关键岗位缺乏高技能人才，在这种情况下，企业需要采取有针对性的措施优化人力资源结构，包括内部晋升通道的优化(放开内部晋升渠道，激励年轻员工成长，并为老龄员工创造知识传承的机会)、强化培训(为员工提供与组织发展需求匹配的知识和技能培训，帮助其适应岗位要求的变化)、外部招聘高端人才(针对组织内缺乏的高端技术或管理人才，可通过外部招聘或猎头服务引入稀缺性人才)。

在实际操作中，企业内部各部门的供需状况往往不一致。例如，高层岗位可能存在供不应求的情况，而基层岗位却可能出现人力过剩。为了应对这种复杂性，企业可制定部门级或岗位级的详细人力资源规划、优化内部调配机制实现人力资源的动态调整、加强与外部人力资源市场联动并及时获取劳动力市场变化信息等。通过量化分析和细致管理，企业应实现人力资源在数量、质量、层次和结构上的全面均衡，从而更好地支持组织战略目标的实现。

本章小结

作为指导企业人力资源实践的统领性文件，人力资源战略与规划应服务于企业发展战略和竞争战略，强调其与外部环境、组织战略及人力资源管理内外部系统的匹配，同时注重灵活应对外部环境变化和内部资源调整的能力。制定人力资源战略时，企业应以组织愿景、价值观为基础，通过匹配与柔性的结合，实现人力资源的优化配置。

人力资源规划是人力资源管理的基础性工作，是战略实施的重要保障。其制定可分为资料收集、资料分析、规划制定、实施与评估四个阶段。在具体操作中，企业需要以人力资源供需预测为基础，识别组织内外部人力资源的需求与供给情况，采用定性与定量相结合的技术方法进行全面分析。其中，人力资源供给预测方法包括管理人员接替模型、马尔可夫模型、技能清单法等。人力资源需求预测方法包括经验预测法、自下而上法、工作负荷法、回归分析法、趋势预测法和德尔菲法等。

通过全面分析和科学预测，企业能够制定有效的人力资源供需平衡规划，涵盖数量、质量、层次与结构等维度，以确保人力资源满足组织当前需求和未来的战略需求，从而增强企业在市场竞争中的优势。

关键术语

人力资源战略	人力资源战略的匹配与柔性	
发展战略	竞争战略	横向匹配
纵向匹配	人力资源规划	
人力资源供给预测	人力资源需求预测	人力资源均衡
德尔菲法	马尔可夫模型	经验预测法
工作负荷法	回归分析法	趋势预测法
管理人员接替模型	技能清单法	

思考题

1. 如何定义人力资源战略？如何理解其匹配与柔性在企业实践中的重要性？
2. 人力资源规划的核心目标和实施步骤有哪些？如何确保规划的有效性？
3. 人力资源需求预测的常见方法有哪些？请结合实际案例说明其应用过程及适用场景？
4. 如何运用人力资源供给预测方法？试举例说明不同方法的特点和实施步骤？
5. 面对以下三种典型人力资源供需情境：供不应求、供大于求、供需平衡但结构失衡，企业可以采取哪些有效举措？如何权衡不同方法的优劣？
6. 如何通过人力资源规划的实施与评估环节优化企业战略目标的实现路径？

案例5-1

数智转型下的人力资源规划实践：XYZ公司

XYZ公司是一家致力于人工智能和软件开发的高成长企业。随着业务规模迅速扩张和技术更迭加速，公司发现传统的人力资源规划已无法满足日益复杂的市场环境和战略需求。为此，XYZ公司决定全面引入数智技术，对人力资源规划进行全方位革新，取得了显著成效。

步骤一：数据驱动的精准需求预测。XYZ公司充分利用内部ERP（企业资源计划系统）、CRM（客户关系管理系统）以及市场情报部门提供的数据，通过整合未来产品路线图、市场销售预测、技术发展趋势等多维信息，构建了基于机器学习模型的预测系统。该系统能够自动分析历史业务增长与人才需求之间的关系，准确预测未来三年各个岗位上的人力资源需求。预测结果不仅包括具体的岗位数量，还细化至技能要求和地区分布。例如，系统预测到公司需要在未来两年内新增15名具备云计算和大数据分析能力的资深开发工程师。

步骤二：智能招聘平台助力人才获取。为解决传统招聘流程中的效率瓶颈，XYZ公司引入了基于人工智能技术的招聘平台。该平台利用自然语言处理技术对简历进行语义分析，结合职位描述自动匹配最佳候选人。同时，平台还能通过算法分析候选人的潜在能力，如团队协作、领导力等。例如，在招聘一名高级项目经理时，平台优先推荐了一位既有丰富技术背景，又在多个跨部门项目中表现出卓越协调能力的候选人，从而帮助公司快速锁定优质人选。

步骤三：人才画像构建与潜力挖掘。通过整合人力资源管理系统和员工数据库，XYZ公司为每位员工构建了详细的人才画像。画像涵盖了员工的技能背景、绩效表现、职业倾向等多维度信息。一次预测中，系统识别到初级研发工程师小张表现出较高的自我驱动力和快速学习能力，尽管他当前的职位层级较低，但系统建议将其纳入关键岗位继任者培养计划。由此，公司在人才培养方面实现了更具前瞻性的布局。

步骤四：动态人才盘点与预警机制。XYZ公司实施了一套实时人力资本管理系统，能够动态监测员工流动率、绩效水平等关键指标。当核心成员出现离职风险上升的预警时，系统会自动生成应对策略，包括诸如对表现优异员工的晋升激励、启动外部招聘储备人才、优化现有人才调配等。例如，当系统识别到一名资深工程师的离职风险激增时，会即时推送一份内部晋升方案，并为其岗位推荐了两名具有接替潜力的工程师。

步骤五：个性化人才培养与员工赋能。在个性化培养方面，XYZ公司借助AI驱动的在线学习平台，根据员工的职业规划和公司战略目标为其定制个性化学习路径。平台能够自动推荐相关课程、认证和实战训练。例如，为满足区块链技术的业务需求，系统为10名高级开发工程师推送了涵盖智能合约开发、区块链安全和应用设计等内容的专项培训计划，并通过实际项目实践提升了他们的能力。

通过数智技术的深度应用，XYZ公司在人力资源规划方面取得了显著成效：①效率提升。人才配置效率提高了30%，招聘周期缩短了25%。②风险降低。通过动态预警系统，员工流失率降低了15%。③员工赋能。个性化培养策略帮助80%的参与者在短期内实现了职业发展目标。④企业竞争力增强。具有前瞻性的人力资源规划使公司能够快速抓住市场机遇，持续扩展业务版图。总体来看，数字化工具的应用，使得XYZ公司的人力资源规划从静态、被动转变为动态、主动，进一步推动了企业的可持续发展。

请根据案例材料分析并思考以下问题：

1. 数字技术的应用是否改变了企业传统人力资源规划的步骤与流程？具体体现在哪些方面？

2. 如何通过数据驱动技术更精准地预测人力资源需求？实施过程中可能会遇到哪些挑战？

3. 人才画像在企业人力资源管理中的应用价值是什么？分析XYZ公司如何通过人才画像提升了人力资源规划的成效？

4. 动态人力资本管理系统如何实现离职风险预警？对于离职风险较高的岗位，企业可以采取哪些措施进行应对？

5. 个性化人才培养的意义何在？请结合实际，设计一套基于企业战略需求的员工培训方案。

6. 在数智化人力资源规划中，如何平衡技术应用与人的价值？企业是否需要建立相应的伦理规范以防止数据滥用？

第六章 招聘与甄选

学习目标

(1) 理解招聘与甄选的概念,以及招聘与甄选在组织中的战略价值,分析其在提升组织效能和竞争优势中的作用,并熟悉招聘流程和职责分工,确保高效的组织资源配置。

(2) 熟悉人力资源招募的渠道及各自的优缺点,了解内部招募和外部招募的不同渠道的特征、优缺点和使用情景,优化组织的招募策略。

(3) 掌握人员甄选与录用的流程、工具,明确录用的原则和决策程序,并能根据招聘效果评估指标优化招聘成效。

当今时代,企业面临着日益激烈的人才竞争。优秀人才的获取不仅仅是人力资源管理的基础工作,而且是企业在市场中实现竞争优势的核心要素之一。因此,招聘与甄选已成为企业实现战略落地、提高组织绩效、保持市场活力的重要保障。优质的招聘策略和精准的甄选工具不仅能帮助企业获取优秀人才,还能优化人力资源配置,提升员工整体素质,进而帮助企业在激烈的市场竞争中赢得先机。

第一节 招聘概述

一、招聘的概念

招聘是指在企业整体发展战略规划和人力资源规划的指导下,根据相应的职位空缺情况,招募、甄选并录用合适的人填补到空缺岗位的过程。首先,招聘应符合企业发展战略、人力资源规划的需求,通过人力资源理想状态与现实状态之间的差距确定需求岗位和空缺岗位。其次,招聘包括三个核心环节,分别是招募、甄选与录用。招募是企业采取多种措施吸引内部和外部候选人申报企业空缺岗位的过程。甄选是企业采用特定方法按照一定标准对候选人进行评价、测评与选拔,最终挑选出最适合人选的过程。录用是企业确认最适合人选后开展初始安置、试用、正式录用,并为入职员工做好人才储备及管理的过程。招聘的最终目的在于招募、甄选并录用最适合企业且具备战略落地所需能力的人员，而非最优秀者。

一次良好的招聘活动必须达到6R的基本目标：①恰当的时间(right time)。在适当的时间完成招聘工作、补充所需人员。②恰当的范围(right area)。在适当的空间范围内开展招募活动，吸引到足够数量的候选者即可。③恰当的来源(right source)。因不同层级、岗位对人员的要求不同，要通过合适的渠道，针对与空缺职位匹配程度较高的目标群体进行招募。④恰当的信息(right information)。在招聘之前，应收集空缺岗位的工作职责、任职资格及相关信息，并撰写可以让候选人了解充分信息的招募公告。在招聘过程中，应充分收集候选人的相关信息以确保甄选到适宜空缺岗位的求职者。⑤恰当的成本(right cost)。招聘工作是一项经济决策，企业应该以最小成本甄选到适宜数量、适宜能力的求职者并完成招聘工作。面对招聘质量一致的招聘方案，应选择成本费用最低的方案。⑥恰当的人选(right people)。通过招募吸引到足够多的适宜的候选者，通过甄选筛选出最适宜的求职者。

二、招聘的流程

为了保证招聘工作的科学、规范、合理，招聘活动一般应按照图6-1所示的六个步骤开展相应工作，包括明确招聘需求、制定招聘方案、招募、甄选、录用及效果评估。

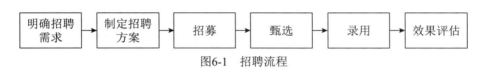

图6-1　招聘流程

1. 明确招聘需求

明确招聘需求是整个招聘活动的起点。招聘需求包括数量(空缺岗位及其所需人员数量)和质量(岗位要求任职者具备的任职资格、胜任素质等)。工作分析和胜任素质模型构建作为人力资源管理活动的技术基础，为企业开展招聘工作提供了具体要求和标准。一般而言，周期性的招聘需求由用人单位在人力资源规划阶段提出并汇总形成，明确各部门所需人员的数量、职位和要求等。临时性招聘需求则可由用人单位主管随时根据部门需要临时提出。通常，企业产生招聘需求可能源于三种可能：一是现有人员数量或质量无法满足工作需要，二是现有任职人员因升职、离职等原因调离现岗位，三是企业为未来发展储备战略性人力资源。当然，岗位空缺的填补不一定由招聘活动实现，企业也可通过增加其他岗位的工作职责等方式解决岗位空缺问题。因此，只有当企业决定采用招聘方式填补岗位空缺时，招聘工作才会启动。

2. 制定招聘方案

在明确招聘需求的基础上，应该由人力资源管理部门协同用人部门共同制订招聘计划，明确招聘方案的适用范围、可操作性、预测功能及经济价值等。具体而言，应充分考虑招聘的规模、招聘的范围、招聘的时间、招聘的成本等问题。

(1) 招聘的规模。招聘的规模是指企业应根据空缺岗位数量明确招募、甄选等环节所需求职者数量。一般而言，录取人数、面试人数、初试人数及潜在求职者之间的比例应该是1:3:10:100。换言之，当空缺岗位所需人员数量是1人时，招募时至少应吸引100人，初试应确认的人数为10人，参与面试的人数为3人。

(2) 招聘的范围。招聘的范围指企业在多大的地域范围内进行招聘活动。从招募效果来看，招聘范围越大，招聘效果越好。但是，随着招聘范围的增加，招聘成本也会随之升高。因此，企业应保持招聘范围适中，既不能过大也不能过小。一般而言，企业在确定招聘范围时，一是考虑空缺岗位的内容，管理层级越高的空缺岗位，需要在越大范围内开展招聘活动；二是考虑潜在求职者的劳动力市场状况，潜在求职者的当地劳动力紧缺时应该适当扩大招聘范围。

(3) 招聘的时间。招募、甄选及岗前培训等均需要大量时间，为了避免因人员缺少导致企业运行不畅，企业要合理确定招聘时间、保证空缺岗位的及时填补。确定招聘时间最常用的方法是时间流逝数据法，根据招聘过程中关键决策点的平均时间间隔确定具体的招聘时间。

(4) 招聘的成本。通常，招聘成本包括人工成本(包括招聘人员的工资、福利、差旅费用等)、业务成本(包括通信费、咨询服务费、广告费、资料费等)及其他相关费用。计算招聘成本时，应当仔细分析各种费用的来源并将其计入相应类别，避免重复或遗漏。

3. 招募

招募的目标是吸引到足够多的求职者应聘空缺岗位。此阶段需要明确两部分内容：一是确定招募的来源，二是明确招募的方法。招募来源既可以是企业内部，也可以是企业外部。无论是选择内部招募还是外部招募，都应依据空缺岗位的性质和劳动力市场状况进行判断。针对不同的招募来源，采用的招募方法亦有所差异。

明确了招募来源和招募方法后，企业还需要拟订招聘简章并发布招聘信息。其中，招聘信息应包含以下内容：①工作岗位的名称，并简单而明确地阐述其工作职责；②说明完成工作所需的技巧、能力、知识和经验；③工作条件，如地理位置、工作时间、作息制度、职权范围、薪酬福利、申请时间和地点等；④申请方式，如联系电话、网址、邮箱等，包括是否要寄送简历、填报申请表及面试方式等。

4. 甄选

甄选是招聘过程中最核心的环节之一，甄选质量将直接决定选择的人与企业的匹配程度。应用心理学及其他学科提出了心理测试、无领导小组讨论等诸多甄选方法，使得甄选环节成为招聘乃至整个人力资源管理过程中技术含量最高的流程。值得注意的是，甄选的最终目的并非淘汰应聘者，而是挑选出符合任职资格与胜任特质的适宜者。

5. 录用

录用包括录用决策、录取通知、录取者入职、试用及正式录用等关键点。录用决策是根据甄选环节中收集到的信息对候选者开展综合评价与分析，根据预先设定的标准选择胜任素质与任职资格等最适宜的候选者。决策制定后，应通过公示、邮件、电话或其他方式及时通知录用者，告知具体岗位、职责及报到时间、地点等信息。同时，企业不应忽视对未录用者的告知义务，亦应注意企业招聘需求并非一成不变，此时此刻的不适宜并不意味着之后不适宜。之后，人力资源管理部门负责办理被录用者的入职手续，包括签订劳动合同、明确岗位职责、安排试用等。

6. 效果评估

招聘的最后环节是对招聘效果开展评估，主要目的是帮助企业发现招聘过程中存在的问题，以便在未来工作中对招聘计划、方式、来源等进行优化，提高后续招聘的效果。

三、招聘的职责分工

在招聘过程中，招聘应由人力资源管理部门和用人单位共同决策。在传统人力资源管理实践中，招聘工作由人力资源管理部门及从业人员全权负责，用人单位处于被动地位，仅负责提交人力资源需求和接受人员录用决策。但是，鉴于越来越多的实践者和学者意识到人力资源管理部门和从业人员无法清晰知晓用人部门的需求和对求职者性格特征、价值取向等深层次特征的要求，越来越多的企业将用人部门作为各个招聘环节的最终决策者，由其决定面试、录用、人员安置、绩效评估等。用人部门和人力资源部门的招聘职责分工如表6-1所示。

表6-1 用人部门和人力资源部门的招聘职责分工

用人部门	人力资源部门
1. 招聘计划的制订与审批	2. 招聘信息的发布
3. 招聘职位的职位说明书及录用标准的明确	4. 应聘者登记、资格审查等
5. 应聘者经过初选，确定参与面试的人员名单	6. 通知面试人员的相关信息
	7. 考试、面试的组织工作
8. 负责考试、面试工作	9. 个人资料的核实、人员体检
10. 录用人员名单、工作岗位及待遇确定	11. 试用合同的修订
	12. 试用人员报到及安置
13. 正式录用决策	14. 签订正式合同
15. 新员工入职培训决策	16. 员工培训的规划与组织
17. 录用员工的绩效评估与招聘评估	18. 人力资源规划修订

(资料来源：郑晓明. 人力资源管理导论[M]. 2版. 北京：机械工业出版社，2005.)

四、招聘的意义

招聘工作的有效实施对人力资源管理乃至整个企业的生存与发展均具有重要意义。

(1) 满足企业人力资源需要。良好的人员招聘与录用工作为企业下一步的战略发展提供后备人才，为企业不断补充新生力量，实现企业内部人力资源的合理配置，为企业扩大经营规模和调整结构提供人力资源上的可靠保证。

(2) 提高组织队伍的稳定性，减少人员流动。合理的招聘与录用能使人才恰当地胜任工作，并从工作中获得高度满足感。新补充人员的素质不仅决定着其本人今后的绩效，也会影响组织气氛。低素质员工有可能使整个部门的绩效严重下降，带来一系列麻烦。

(3) 减少人员培训与开发开支，提高培训效率。素质好的新员工，接受培训的效果好，很可能成为优秀人才；素质差的新员工，需要在培训及思想教育方面投入很多，还不一定能成长为优秀人才。高素质的员工可以更快地适应企业文化，理解企业规章制度，满足工作要求，从而降低员工培训的费用。

(4) 激励员工。良好的人员招聘与录用工作可以更好地激励员工。企业应该更多地将精力投入如何使好员工变得更好，提高管理的效率，而不是改造不称职的员工。招聘工作会给现职员工带来压力，新员工会带来新的竞争，招聘的岗位会为员工带来新的挑战。企业应该保持一定的员工流动性，岗位必须通过竞争获得，而且要不断进取、努力奋斗才不至遭淘汰。在这种压力下，员工的能力提高得快，潜力得以挖掘，企业内部会形成进取、创新、向上的良好风气。企业应该鼓励员工在工作中找到符合自己兴趣的合适岗位，最大限度地用好人力资源。

第二节　人力资源招募

一、人力资源招募的概念与渠道

人力资源招募是基于企业当前及未来岗位需求，通过设定明确的任职资格与胜任素质标准，吸引尽可能多的高潜质求职者的过程。在此过程中，不仅涉及对空缺岗位的精准分析，还包括对招募渠道的选择、招募方法的决策等。招募渠道可分为企业内部招募和外部招募两种类型。内部招募主要依托企业已有人员库，通常包括晋升选拔、人员重聘、内部公开招聘、岗位轮换、临时人员转正等形式，常用的方法有工作公告法、档案记录法等。外部招募主要是通过人才交流中心、媒体广告、网上招聘、校园招聘、人才猎取等渠道吸引外部求职者。合理的渠道选择有助于企业迅速找到符合岗位需求的候选人，同时降低招聘成本，提升招聘效率。

二、企业内部招募

(一) 企业内部招募的渠道

企业内部招募主要来源于3个渠道：一是下级职位人员通过晋升的方式填补上级岗位空缺，二是同级职位人员通过工作调换、工作轮岗等方式填补空缺同级岗位，三是上级职位人员通过降职方式填补空缺岗位。然而，在实际操作中，企业通常不会采用降职方式进行内部招募。通过晋升方式填补职位空缺，虽然有助于通过助力其个人发展调动员工的积极性，但也可能导致"近亲繁殖"现象，甚至引发内部派系或"山头主义"，不利于企业文化的统一性与公平性。同级别人员发生工作轮换，有助于员工掌握多种组织所需技能与经验，工作多样性也会提升个体员工工作兴趣，但较为频繁的工作调动也会影响员工工作的专业性。

(二) 企业内部招募的方法

在企业中，常用的内部招募方法包括工作公告法和档案记录法两种。工作公告法是指通过内部平台向员工通报现有工作空缺职位信息，吸引内部适宜的员工自愿申请空缺职位的方法。公布空缺职位时，应详细描述该职位的工作内容、主要职责、任职资格、工作关系(上下级职位等)、工作时间、薪资等级、发展前景等岗位信息。同时，应标明截止日期、申请流程和所需提交的资料等要求一并通知。值得注意的是，工作布告应放置于醒目且所有人员都能够看到、容易接触的位置，或通过电子公告板等渠道发布，确保所有潜在候选人都有平等机会得知招聘信息。同时，公告应保留一定时间，避免信息传播不充分。

档案记录法是指利用公司内部员工的档案资料，对照空缺岗位的任职资格和胜任素质等要求，与档案中记录的员工教育、培训、经验、技能、绩效等相关信息进行对比，从而筛选出符合空缺岗位要求人员的方法。为了确认筛选结果的准确性，档案资料所记录的信息必须是真实可靠、全面详细、更新及时的，确保所记录的信息全面且符合当前员工的实际能力水平。此外，档案筛选后应征询候选人意愿，确认其是否有意愿接受岗位调整或新职责。

▌拓展阅读

桥水基金的员工档案管理

桥水基金(Bridgewater Associates)由雷伊·达里奥(Ray Dalio)创立于1975年，是全球领先的对冲基金管理公司之一。不同于许多传统上服务于富人阶层的对冲基金，桥水基金的主要客户是大型机构投资者，如养老基金、捐赠基金，以及各国政府和中央银行。在过去几十年间，桥水基金通过独特的投资策略和管理模式实现了资产规模的迅速增长，目前管理的资产规模约为1200亿美元，员工人数达到1200人。

桥水基金高度重视"人"的因素，认为员工的性格特质、价值观与技能同等重要。因此，公司采用了独特的"球星卡"系统(Baseball Card System)来管理员工档案。这一系统不仅记录了员工的背景信息，还深入分析了员工的性格类型、能力倾向和工作风格，从而帮助公司将员工匹配到最适合的岗位。

在"球星卡"系统中，员工首先根据性格测试结果被分为不同的核心类型。

- 创造者：擅长提出新想法，具有创造力和前瞻性，能够推动创新。
- 推广者：擅长将新想法传播出去，能够激励他人，善于通过沟通和情感调动来获得他人的支持。

- 完善者：专注于发现和质疑想法中的漏洞，帮助改进和完善想法，以提高方案的周全性。
- 实施者：注重执行力，能够将计划付诸实践，细致入微地完成具体的实施工作。
- 全能型人才：具备上述所有特点，能够在不同角色间灵活切换，胜任多样化的工作需求。

这种分类不仅帮助桥水基金了解员工的性格特征，还为各类岗位和团队配置提供了科学依据，使公司能够精准识别和利用每位员工的优势。

除了性格类型判断，"球星卡"系统还提供对员工可信度的量化评价。桥水基金认为，员工在某领域的可信度能够显著提高其在团队决策中的影响力。员工的可信度提升主要有两个途径。

一是成功经验。员工需要在某领域内至少具备3次成功的实际经验，这表明其在该领域的成熟度和可靠性。

二是逻辑表达。员工能清晰地表达本人观点背后的逻辑和因果关系，以证明其判断的合理性。

桥水基金采用可信度评价引入了"可信度加权投票"制度。在这一制度下，员工的意见将对个人可信度进行加权统计，以供最终决策者参考。这种机制确保决策更加科学、公平，也为公司复杂的投资决策提供了数据支持。尽管最终拍板权在负责人手中，但必须考虑可信度加权的团队意见，否则可能会影响其在团队中的威信。

在性格类型判断与可信度评价的基础上，桥水基金提倡精简而高效的团队协作，类似于爵士乐队的小规模团队合作模式。这种协作模式强调信息交流的高效性和决策质量，每个项目通常只安排最具可信度的少数几位成员参与决策，而非全员参与。即使团队成员在讨论中意见不一致，会议仍然要求达成明确结果，并要求所有员工在保留个人观点的同时无条件执行集体决定，体现了"君子和而不同"的原则。

总之，桥水基金通过"球星卡"系统进行精细化的员工档案管理，深入了解每位员工的性格特征、专业能力和可信度。这种档案管理体系不仅帮助公司有效配置人力资源，还构建了一套科学、严谨的决策机制。这种兼顾个体差异和组织整体效率的管理模式，是桥水基金在竞争激烈的金融市场中保持领先地位的基石之一。

(三) 企业内部招募可以采用的措施

企业开展内部招募时，可以采取的措施包括以下3种：内部晋升和岗位轮换、内部公开招募、临时人员转正。

(1) 内部晋升和岗位轮换。内部晋升和岗位轮换是建立在完善的职位管理体系和员工职业生涯规划基础上的举措。首先，完善的职位体系明确了不同职位的关键职责、职位级别，以及晋升与轮换的关系，同时为各个岗位不同职级的任职资格与胜任素质差异提供了依据，有助于合理开展内部晋升和岗位轮换。其次，基于绩效管理的职业生涯管理确保了晋升和轮换的公平与科学。绩效评估不仅考察员工的目标完成情况，还对其工作能力和潜在发展空间进行评估，并建立员工能力档案。这一过程不仅有助于优化员工绩效,而且为科学实施职业生涯规划提供了支持。通过了解员工的职业发展意愿,企业可以在满足员工个人成长需求的同时,科学地推进内部晋升与岗位轮换,提升员工的积极性和归属感。

(2) 内部公开招募。内部公开招募是企业通过内部网站主页、公告栏或群发电子邮件的方式向全体员工发送内部岗位空缺及必要信息,符合条件的员工可以自主报名应聘。内部公开招募也应如同外部招募一般,经历一系列选拔、评价过程,只有通过选拔、评价且符合空缺岗位需求的员工才能够予以录用。此外,公开招募时应明确申请者应满足的条件,如在现岗位的任职年限应满足两年、任现职以来绩效评定结果均为优秀等。通过公开招募,企业不仅鼓励态度积极、绩效出色的员工合理流动,也为员工提供了多样化的职业发展机会,形成良性的内部人才循环机制。

(3) 临时人员转正。对于符合任职资格和胜任素质要求的临时雇用人员,企业可以考虑将其转正以填补职位空缺。值得注意的是,临时雇用人员转正需要符合各项人事管理的政策法规规定,确保转正程序合法、规范,以免引起麻烦。

(四) 企业内部招募的优势与不足

总体而言,内部招募具有以下优势:第一,员工对企业文化和空缺岗位熟悉。内部员工熟悉企业业务、管理方式和内部文化,能够快速融入空缺岗位的环境,减少因适应过程导致的试错成本,压缩了候选人与空缺岗位及其所在部门、人员的磨合时间。现有员工能够快速接受新岗位的工作要求,沟通顺畅且了解管理方针,有助于组织效能的高效发挥。第二,降低招聘风险。由于企业对内部候选者的工作态度、能力素质及发展潜力有更深的了解,因此招聘风险相对较低。此外,内部候选人更容易接受现有薪酬体系,转岗后的薪资要求等也更容易符合企业的财务状况,有助于实现企业与员工的双赢。第三,促进员工职业发展和提高员工忠诚度。内部晋升机会能够激励员工提高绩效,增强工作动力。内部招聘机制让员工看到个人发展的路径,激发员工奋发向上,促进企业形成积极向上的文化氛围。同时,内部晋升和职业发展机会能提升员工忠诚度,降低员工流失率。第四,保持企业文化一致性。通过内部招聘,企业能够保持团队价值观的连贯性和一致性。内部员工已经适应了企业文化和工作模式,能够快速投入新岗位的工作,确保组织目标和文化的贯彻执行。

内部招募也存在以下不足:第一,限制外部优秀人才的引入。企业过度依赖内部招募可能会导致企业缺乏新的视角和创新思维,增加了管理和业务流程固化的风险。长期如此,企业接触不到外界的先进理念,则可能难以适应市场变化和激烈竞争。第二,企业内部招募往往难以保证选拔的公平性。虽然内部招募可以满足原有员工晋升的需求,但也会引发竞争。一旦遴选过程中的公平性问题处理不当,可能会引发内部矛盾,如不良竞争、消极情绪等,影响员工士气。特别是在空缺岗位有限且候选人较多的情况下,落选者可能产生不满情绪,导致团队协作的难度增大。

总体来看,内部招募是企业在保障岗位空缺及时补充、激励员工发展、保持组织文化一致性等方面的有效策略。然而,企业在实施内部招募时,需要综合考虑其优势和不足,合理设置晋升机制与竞争规则,并将其与外部招募相结合,以保持人才队伍的活力和创造力。

三、企业外部招募

(一) 企业外部招募的主要来源

企业外部招募是企业获取人力资源、填补空缺岗位的另一渠道。外部招募适用于初级岗位空缺、现有员工技术或经验不足、需要不同思维和经验背景的人才等场景。外部招募的主要来源包括学校、竞争企业和相关企业、失业者、老年群体、退伍军人及自由职业者等。①学校。校园招聘是企业填补初级岗位空缺的重要方式,企业可以从职业学校招募初级操作型员工,从大学招募潜在专业人员、技术人员及管理人员等。校园招聘的员工往往受到较少的社会化影响,更容易接受企业的理念与文化,便于被塑造成为符合企业价值观的员工。②竞争企业和相关企业。从竞争企业或相关企业招募具有工作经验的候选人,是填补需要经验的岗位空缺的有效手段。这种方式不仅能快速满足岗位需求,还为企业带来了新的管理理念和行业经验。③失业者。失业人员是企业招募的重要人力资源来源之一。重新获得工作的失业者通常对工作更加珍惜,表现出更高的工作热情和忠诚度,有助于企业构建稳定的人力资源队伍。④老年群体。随着社会老龄化加剧,重新雇用或返聘老年群体将成为重要的人力资源策略之一。经验丰富的老年人才能够在工作中利用其积累的知识和技能为年轻员工提供宝贵的指导。⑤退伍军人。退伍军人往往因经历过严格、制式化的军事训练,具备纪律性强、可靠性高、身体素质强等优势,也是企业获取人力资源的重要途径。⑥自由职业者。自由职业者通常在特定领域具备专业技术和独特知识,是企业短期人才或专业人才的有效来源。

(二) 企业外部招募的方式

由于企业与潜在求职者缺乏直接关联,外部招募通常通过一定媒体与平台发布招募信息,包括广告招募、外出招募、借助职业中介机构招募、推荐招募等方式。企业选择外部招募平台时应注意根据目标群体的特点进行有针对性的选择。例如,想招聘应届毕业生,则选择去大学校园进行招聘宣讲或者参加招聘会等开展招募活动。想招聘具有较高专业程度的专业人员,则可以在专业杂志中刊登招募广告等。想招聘高级管理人员或稀缺人才,通过猎头公司或管理咨询公司获取合适候选人更有效率。当然,面对同一群招募对象时,也可以综合运用不同招募平台。例如,招募一般员工,可以通过大学校招、报纸和杂志、员工推荐或求职者自荐的方式开展招募活动。再如,招聘高级管理人员或专业人员,可以通过猎头顾问、管理顾问公司等开展招募活动。

(三) 企业外部招募的优势与不足

总体来看,外部招募具有以下优势:第一,丰富的候选人来源。外部招募可以接触到不同年龄层、专业背景和工作经验的候选人,提供了多样化的人才选择空间,有助于企业创新与突破。第二,促进企业信息交流和雇主品牌建设。外部招募不仅为企业带来了新的观点和思维方式、防止组织的保守僵化,还能通过招募过程树立良好的企业外部形象,提升企业知名度。第三，激发内部员工的竞争意识。外部人才的加入无形中会给原有员工带来压力，产生"鲇鱼效应"，从而更好地激发他们的斗志和潜能，避免内部"近亲繁殖"带来的局限性。第四，具有更高的公平性。相比于内部选拔，外部招募为员工提供了心理上的公平感，有助于避免内部晋升带来的潜在矛盾，营造更为和谐的内部环境。第五，降低培训成本。尽管外部招聘的招聘费用较高，但可以直接获得有经验的人才，尤其是稀缺的复合型人才，减少内部培养和业务培训的费用，实现更高效的人才利用。

外部招募也存在一些不足：第一，成本高、周期长。外部招募通常需要经过全面的评估、考察和筛选，流程复杂、耗时较长，并涉及较高的人力和财力成本。第二，适应周期长。外部候选人对企业的组织架构、文化和业务流程较为陌生，需要一定时间适应组织环境，这在一定程度上影响了工作效率的发挥。第三，挫伤内部员工积极性。如果企业内部有胜任者却外聘人员填补职位，则可能导致部分内部员工产生消极情绪，影响其对企业的认同感和忠诚度。

总体来看，外部招募为企业提供了获取多样化和高素质人力资源的机会，有助于企业吸纳新的思维、创新理念及稀缺资源。企业进行外部招募时需要衡量成本和时间因素，并妥善管理内部员工的情绪和期望，以实现人才的合理配置和团队的稳定发展。

拓展阅读

字节跳动高级人力资源业务合作伙伴的招聘简章

字节跳动成立于2012年，是一家全球领先的科技公司，旗下拥有多款深受用户喜爱的产品，如今日头条、抖音等。作为一家跨国企业，字节跳动在全球范围内拥有数万名员工，业务覆盖内容创作、人工智能、云计算等多个领域。为了支持公司快速发展的业务需求，字节跳动高度重视人才的引进和培养，并且在全球范围内吸引高素质专业人才。

字节跳动招募高级人力资源业务合作伙伴的招聘简章如图6-2所示。

图6-2 高级人力资源业务合作伙伴的招聘简章

(资料来源：字节跳动招聘网站。)

这则招聘简章对职位进行了详细描述并列举了应聘者应具备的职位要求。你认为这则招聘简章还应该包含哪些内容,以便更好地吸引求职者?

四、企业内外部招募对比

企业内部招募与外部招募的优劣对比如表6-2所示。

表6-2 企业内部招募与外部招募的优劣对比

招募渠道	优势	劣势
内部招募	①有利于提高员工的士气和发展期望; ②对组织的程序、文化、领导风格等较为熟悉,能够迅速开展工作; ③目标认同感强,辞职可能性小,有利于个人和企业的长期发展; ④风险小,对员工工作绩效、能力和性格特征有基本了解,可靠性较高; ⑤节约时间和费用	①容易引起同事间的过度竞争,产生人员内耗; ②竞争失利者容易感到心理不平衡,难以安抚,容易降低士气; ③新上任者面对的是老员工,难以建立领导声望; ④容易出现"近亲繁殖"问题,思想观念因循守旧,思维方式固化,缺乏创新
外部招募	①为企业注入新鲜"血液",能够给企业带来活力; ②避免企业内部相互竞争造成紧张气氛; ③给企业内部人员压力,激发工作动力; ④选择范围较广,可以招聘到优秀人才	①对内部人员是打击,感知晋升无望,会影响工作热情; ②外部人员对企业情况不了解,需要较长时间来适应; ③对外部人员不了解,较难做出客观评价,可靠性较差; ④外部人员不一定认同企业价值观和文化,可能造成不稳定

(资料来源:董克用,李超平.人力资源管理概论[M].5版.北京:中国人民大学出版社,2019.)

综合来看,企业内外部招募各有利弊,企业需要在决策前综合权衡。有些企业倾向于外部招募,有些企业偏好内部招募,两者并无绝对的优劣之分。判断招募渠道决策有效性的关键在于能否提高企业的竞争能力和适应能力。总而言之,企业应该综合运用内部招募和外部招募策略,既要为内部员工提供足够畅通的晋升渠道,激励员工士气,又要引进外部优秀人才,注入新鲜"血液",产生"鲇鱼效应"。对于基层职位,可以侧重外部招募;对于高层或关键职位,则应强调内部晋升或调配,以保持组织的稳定性和文化传承。

第三节 人力资源甄选

一、人力资源甄选的概念与流程

人力资源甄选是指组织根据任职资格与胜任素质模型,利用一系列工具和方法对招募到的求职者进行鉴别与评估。甄选过程旨在通过考察求职者的知识、技术、能力与性格特征等，预测其未来工作绩效，从而挑选出最符合岗位需求的候选人。

甄选包含两项主要内容：第一，对求职者的知识、技术、能力和性格特征进行全面评估；第二，对求职者未来工作绩效进行精准预测。甄选应严格依据岗位的任职资格和胜任素质要求，确保选择的候选人最符合职位需求。甄选活动应由人力资源部门和岗位所在部门共同完成，最终录用决策权应归属用人部门。

成功的甄选意味着既未录用不符合要求的人员，也未错过符合要求的人员。为了保证这一目标的达成，甄选过程通常由多个环节组成，逐步筛选出最合适的候选人，具体流程如图6-3所示。

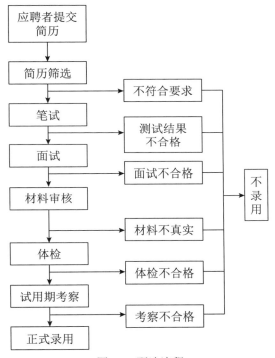

图6-3　甄选流程

(资料来源：董克用，李超平. 人力资源管理概论[M]. 5版. 北京：中国人民大学出版社，2019.)

一般而言，甄选过程由6个环节构成：简历筛选、笔试、面试、材料审查、体检和试用期考察等。每个环节都承担着不同的筛选任务，对应聘者的知识、经验、技术、性格特征和未来绩效等进行评估。每个环节都会淘汰不符合要求的候选人，只有符合该环节要求的候选人才能进入下一环节。

在甄选过程中，关键的注意事项如下：首先，甄选方法的科学性。每个环节的评估都要尽可能科学和客观，避免偏见，以保证公平性和准确性。其次，与淘汰者的关系维护。企业应与未被录用的求职者进行妥善沟通，帮助企业树立良好的形象，并为未来的招聘积累人才资源。淘汰通知应当面或以书面形式进行，并挑选合适的候选人建立人才储备库，以备未来之需。

二、人力资源甄选的技术

(一) 简历筛选

简历筛选是人力资源甄选的首要环节，也是初始筛选和淘汰规模最大的一个环节。筛选简历的过程中，应关注以下要点：首先，重点关注简历中与空缺岗位任职资格和胜任素质模型的匹配度。高质量的个人简历应体现出应聘者与空缺岗位需求的高度相关性。如果简历中包含的信息与空缺岗位要求的信息关联性较小，则表明该应聘者可能不具备胜任该岗位的核心素质与能力，未来培训成本可能较高。其次，要注重对简历内容真实性与合理性的辨识。关注简历中的专业资格、工作经历、相关技能、个性特点和发展潜质等信息，特别是空白期或时间线不一致之处，应在后续面试中准备相关问题，以深入了解背景，降低选拔风险。最后，关注简历整体质量。从整体结构和语言表达上评价简历的内容，简洁、有条理的描述通常可以反映应聘者的沟通能力和组织能力。一份优秀的简历应条理清晰、结构合理，能够体现应聘者良好的自我呈现能力。

(二) 笔试

笔试是通过书面方式对应聘者的知识、技术和文字表达能力进行评估。笔试过程中，应聘者需要完成选择题、填空题、判断题、简答题等多种形式的书面测评。常见的笔试包括以下几种方式。

(1) 专业知识测试，考查应聘者通用的基础知识和特定岗位所需的业务知识，确保其具备岗位必需的专业基础。

(2) 智力测试，主要评估应聘者的记忆力、分析与观察能力、归纳能力、思维反应能力与学习能力等，以衡量其智力水平是否符合岗位要求。

(3) 技能测试，能有效检验应聘者对专业知识和智力的实际应用能力，考察应聘者处理特定岗位问题的效率与准确度，评估其在岗位实际操作中的表现水平。

笔试的优势在于其适用面广，费用较低，适合大规模筛选求职者，通常作为简历筛选后面的环节。然而，笔试也存在劣势，信度和效度相对较低，试卷设计难度较大，要求出题者具备较强的专业能力。此外，笔试结果通常只能反映应聘者的静态知识水平，难以全面考察其动态的实际操作能力。

(三) 面试

面试指面试官通过与应聘者进行面对面交流，对应聘者的知识、能力、性格特征和适应性等方面做出评价的方法与过程。

1. 面试的类型

根据不同的标准，面试可以分为以下几种类型。

(1) 根据结构化程度，面试可分为结构化面试、非结构化面试和半结构化面试。结构化面试又称为标准化面试，面试前已经根据岗位胜任素质模型要求事先制定面试题目、评价标准和评价方法，流程固定。此类面试通过标准化问题确保面试的公平性和一致性，便于不同应聘者之间的横向对比，优点是能够确保信息的全面性和评价的一致性，缺点则是缺乏灵活性，不易深入了解应聘者的个性和应变能力。非结构化面试不设固定问题，面试官根据应聘者的具体情况和面试进展自由提问，优点在于灵活性强，可根据应聘者特点深入讨论，缺点是标准化低，可能导致不同应聘者的问题难度差异大，影响公平性。半结构化面试结合了结构化面试和非结构化面试的特点，在预定问题的基础上，面试官可以进行个性化提问。此类面试既保留了标准化评价的优点，又具备灵活性，适合需要深入考察但希望保持一定标准化的岗位。

(2) 根据组织方式，面试可分为陪审团面试和集体面试。陪审团面试指多个面试官共同对一个应聘者进行评价，通过多视角评估确保面试的全面性，这是最常用的面试形式。集体面试是一个或多个面试官同时对多个应聘者进行面试，适合应聘者较多的情况，能够节省时间，缺点是容易忽略个体细节。

(3) 根据面试氛围，面试可以分为压力面试和非压力面试。压力面试通过制造紧张的面试环境和压力情境(如挑衅式提问)考察应聘者的情绪调节、压力应对和应变能力，优点在于揭示应聘者在压力下的表现，但并不适合所有岗位。非压力面试一般在轻松、自然的氛围中，通过一般性问题进行考察，适合大多数岗位。

此外，面试还可以分为单次面试和系列面试。实际操作中，人力资源部门通常以陪审团面试为基础，结合其他面试类型，以确保甄选效果。

2. 面试的流程

面试流程主要可分为以下3个阶段。

(1) 面试的准备阶段，一般需要完成以下工作：①选择面试人员，一般由人力资源部门和空缺岗位所在部门的人员共同组成。②明确面试时间，让求职者和面试官都能够提前准备、合理安排时间以保证面试的顺利开展。③了解求职者的背景，阅读求职者提供的简历及其他相关材料，以便在面试环节更有针对性。

(2) 面试的实施阶段，一般由面试官主导。面试开始时，除非是压力面试，否则应当引入相对轻松的话题以营造宽松、融洽的面试氛围。在面试过程中，应根据事先准备好的面试提纲对应聘者提出问题并在面试评价表中填写各类评价。提问时应注意问题明确，不要含糊不清、引发歧义；应当简洁，以便求职者抓住主题，不浪费面试时间；避免感情色彩，尽量不要有点头、皱眉等异常表情和行为。面试结束前，应当设置求职者提问环节，让其提出一些自己感兴趣的问题并由面试官解答。

(3) 面试结束后，应当及时对面试记录进行整理，填写面试评价表等，要确保细节全面、准确。要尽可能在对求职者印象最深刻的时刻完成评价，有助于全面综合评估，为后续的录用决策提供支持。

拓展阅读

网络面试注意事项与技巧

随着技术的迅速发展，越来越多的企业利用网络对来自全国乃至全球的求职者进行面试和甄选。网络面试不仅在时间和空间上带来了便捷，也对求职者的沟通技巧和技术适应力提出了新的要求。求职者在参与网络面试时，应特别注意以下几点。

(1) 技术准备。在面试前，确保设备(计算机、平板或手机)运行正常且电量充足，测试视频通话软件(如腾讯会议、Zoom等)，熟悉其操作流程。检查网络连接的稳定性，以确保视频和音频清晰、流畅，避免因技术问题影响面试进程。

(2) 环境布置。选择一个安静、整洁且光线充足的空间进行面试，背景宜简洁、专业，尽量避免过于杂乱的环境或存在干扰的背景。如有可能，应关闭可能产生噪声的设备，如电话铃声、电视声音等。

(3) 着装得体。虽然网络面试通常只显示上半身，但仍应保持正式、得体的着装，最好着正装或职场合适的服装，显示对面试的重视和职业素养。即使下半身可能不在画面中，也建议保持正式穿着，以备不时之需。

(4) 眼神交流。视频面试过程中，眼睛应直视摄像头，而非屏幕上的面试官画面。这样可以更好地模拟面对面的眼神交流，显得更加自信、专注，给面试官留下良好印象。

(5) 身体语言。面试过程中，应保持端正的坐姿和适度的微笑，用自然的手势加强表达。避免夸张的动作，以免分散面试官的注意力，同时避免过多无意识的小动作，如摸头发、转笔等，以免显得紧张或不专注。

(6) 预先准备。提前准备好简历、作品集、参考材料等电子文档，并将它们放置在计算机桌面上便于查阅的地方，确保需要时能够快速查看而不影响与面试官的交流。同时，备好备用设备和备用网络连接，以便在突发情况下(如掉线、设备故障等)能够迅速恢复。如果出现技术问题，应当立即通过短信或邮件告知面试官，并尽快恢复连接。

(7) 积极互动。积极回应面试官的问题，给出清晰、有针对性的答案，以展示自己的专业能力和岗位匹配度。表现出热情、友好且真诚的态度，适时提出关于公司文化、岗位职责的问题，展示对职位的兴趣和热忱。

总之，网络面试不仅要求应聘者具备扎实的专业知识，而且要求应聘者具备良好的在线沟通能力和适应远程工作的素养。这些细节将帮助应聘者更好地展现自己，并在网络面试中脱颖而出。

(四) 评价中心

评价中心是一种整合多种测评技术的人力资源甄选方法，其通过公文筐测试、无领导小组讨论、案例分析等多样化的手段，在模拟工作情境中对求职者的表现做出综合评价的过程和方法。该方法能够多维度考察求职者的能力与潜质，因此被广泛应用于管理层和关键岗位的招聘。为了确保评价的公正性和科学性，开展评价中心的首要步骤是对评价实施者进行系统培训，使其能够掌握和正确运用相关测评技术。评估完成后，各评价实施者的评分需要集中讨论或通过统计方法汇总,以获得一致的评价结论。

(1) 公文筐测试。公文筐测试是用于测评管理人员潜在能力的核心技术之一,主要考察被评价者在信息处理、问题分析、规划决策等方面的综合能力。测试中,被评价者假设接任某个管理职位,在有限时间内对一组文件(通常不少于5份且不多于30份)进行处理。这些文件涵盖了不同业务领域的信息,如信函、电话记录、命令、备忘录等形式,内容涉及人事、资金、财务、合同、突发事件等。被评价者需要在2至3小时内完成文件的处理,并通过口头或书面形式汇报处理逻辑与决策依据。最后,评价实施者根据被评价者的处理情况对管理素质做出综合评估。

(2) 无领导小组讨论(leadless group discussion,LGD)。无领导小组讨论也是常用的测评技术,将大约6位求职者组成小组,并在无指定主持人的情况下围绕指定问题(如开放式问题、两难问题、多项选择问题、操作性问题等)展开讨论,要求在规定时间内得出决策。在讨论过程中,面试官不干预决策的对错,关注求职者的沟通能力、团队协作、人际互动、计划组织等行为表现。该方法特别适合测试求职者的行为倾向和潜在素质,是观察其应变能力、主动性和价值取向的有效途径。

拓展阅读

资源分配的无领导小组讨论示例

在无领导小组讨论中,资源分配是一个经典案例主题,通常用于观察参与者在分配有限资源时的思维方式、沟通技巧及团队协作能力。以下是一个模拟公司奖金分配的案例,以帮助小组成员(即面试参与者)在情景模拟中展示综合素质。

案例材料:公司共有研发部、市场部、销售部、人力资源部和生产部5个部门。由于公司的年度业绩突出,决定拿出100万元作为各部门表现优异的奖励资金,要求各部门负责人(即参与讨论的小组成员)提出一个奖金分配方案。

任务要求:作为各部门的负责人,小组成员需要根据部门对公司过去一年中的贡献以及对未来发展的需求,共同讨论并制定一个奖金分配方案。讨论结束后,需要向高层领导汇报分配方案,并说明分配依据及预期效果。

辅助材料:①部门绩效报告,包括各部门在过去一年的关键绩效指标(如完成的项目数量、销售额、客户满意度、新产品推出情况等),展示各部门的直接贡献。②部门未来战略计划,包括各部门为实现其目标,提出的未来战略及所需资金支持,显示各部门在未来发展中的资源需求。③公司整体发展战略与价值观。公司在发展战略中明确是否偏重创新研发、市场扩展、管理优化等,为奖金分配方案提供指导方向。

讨论流程与目标:①每位小组成员首先阐述自己部门在过去一年中的成绩、对公司的贡献,并说明应获得的奖金比例。②小组成员共同分析每个部门对公司的重要性及未来发展中所需的支持,讨论各部门的相对贡献度与资源需求。③在初步沟通的基础上,汇总各方意见,形成一个奖金分配方案。④对初步方案进行投票或进一步修改,确保方案具有激励效果并符合公司战略。⑤推选一位代表总结并陈述小组讨论过程,说明分配方案的依据、预期效果，以及讨论中达成的共识。

通过这样的讨论，面试官可以观察到每位参与者在资源分配上的策略思考、沟通与谈判能力、团队协作与决策能力、领导力与影响力等。

(3) 案例分析测评。案例分析测评让求职者阅读并分析一些描述组织问题的案例材料，随后要求其提出改进建议，供管理层评价。这种方法类似于公文筐测试，但更为聚焦，能综合评估求职者的计划与组织能力、分析与解决问题的能力、判断与决策能力等。通过此方法，面试官可以观察求职者在特定业务情境下的思维逻辑、决策偏好和执行力。

此外，还可以结合心理学测评工具，如能力测试、性格测试等，全面考察求职者的胜任素质。例如，能力测试可利用韦克斯勒智力量表、瑞文推理测试等进行一般能力测试，或进行一般能力倾向测试、鉴别能力倾向测试等进行语言理解、数量关系与逻辑推理能力测评。常见的性格测试包括大五人格测试、明尼苏达多项人格量表、MBTI性格测试等，用于评估求职者的性格特质、行为倾向和心理稳定性。工作样本测试、履历分析、背景调查和体检等其他工具，也可成为增强测评中心有效性的辅助手段。

总体来看，各类甄选技术各有优缺点，需要结合空缺岗位的特点和要求，综合运用各种方法对求职者做出全面、客观、准确、公正的评价。部分人力资源甄选技术的信度与效度比较如表6-3所示。

表6-3 部分人力资源甄选技术的信度与效度比较

甄选技术	信度	效度	适用性	效用
面试	较低	较低	高	低
评价中心	高	高	适用于管理类和专业技术类职位	成本高，但收益也相对较高
身体能力测试	高	中等	低，仅适用于有体力要求的工作	对某些危险性较大的工作效用较低
认知能力测试	高	中等	较高，可对大多数工作进行预测，适合复杂工作	高，成本较低，且适用于各项工作
人格测试	高	较低	较低，只有少数特征适用于多种工作	低
工作样本测试	高	高	通常适用于特定工作	高，但开发的成本相对较高

(资料来源：《人力资源管理》编写组.人力资源管理概论[M].北京：高等教育出版社，2023.)

第四节 人力资源录用

人力资源的录用决策是甄选职能的最后环节，是基于人岗匹配原则在对求职者与候选人进行一系列甄选活动后录用最适宜求职者、引导候选人正式进入组织任职并开展工作的过程。

一、人力资源录用的原则

人力资源录用时，应遵循以下原则。

(1) 透明原则。企业人力资源录用的相关信息有必要对外公开，包括录用部门、职位、数量，申请条件、甄选方法、程序、时间等，以及最终成绩、录用标准和结果等。将录用过程和决策置于社会的公开监督之下，防止不正之风，确保录用过程的公平、透明，有利于给社会上的人才提供公平竞争的机会，帮助企业最大限度地招聘到高素质的人才。

(2) 平等原则。凡符合企业录用条件的人员，均有平等的权利和机会报名参加招聘并被录取。招聘过程中给每一位应聘者提供的条件、机会、信息资料均等，严格执行保密规定，避免人为地制造各种不平等，努力为应聘者提供平等竞争的机会，不拘一格地选拔并录用各方面的优秀人才。

(3) 竞争原则。应聘者必须凭个人能力参与竞争，依照企业设定的招聘程序，通过笔试、面试、体检等环节的严格考核，以成绩的优劣为判别标准，科学地决定录用人选。动员和吸引的应聘者越多，竞争越激烈，就越容易选拔出优秀人才。

(4) 全面原则。录用前的甄选工作应兼顾德、智、体各方面，对知识、能力、思想、品德进行全方位考核。应聘者的质量，不仅取决于其文化程度，还取决于智力、能力、人格、思想，其中非智力素质对日后的工作有更大的影响。

(5) 择优原则。应聘者录取与否取决于本人能力和业务素质，企业应根据应聘者总成绩和体检、考核结果择优录用。

(6) 量才原则。招聘录用时，必须考虑有关人选的专长，量才录用，不仅要做到人尽其才、用其所长、人适其位，还要做到位适其人。对于应聘者来说，每个人的知识结构和能力性格是不一样的，企业不仅要有发现人才的本领，还要有正确辨别人才的本领。根据人的长处，安排在不同的岗位，扬长避短，最大限度地发挥他们的优势。

二、人力资源录用的流程

人力资源录用流程主要包括录用决策、录用通知、入职面谈、试用及考评、转正面试、正式录用并签订劳动合同等环节，如图6-4所示。

人力资源录用决策的制定，需要将通过甄选环节获取的相对真实、有效的求职者信息与空缺岗位要求的任职资格和胜任素质模型等进行匹配，确定一个与空缺岗位最适宜的求职者。研究显示，在选择求职者时，应选择个人素质与空缺岗位要求之间的匹配度达到80%以上的求职者，此类员工往往呈现出高度的适应能力和较强的长远工作动力；如果匹配程度高达100%，求职者会因为缺乏挑战和激励性而缺乏工作动力。

判定求职者与空缺岗位匹配后，需要对其发放录用通知。此时，应注意以下几点：一是尊重求职者，以平等的态度交流并提供清晰的录用信息；二是实事求是地向求职者介绍空缺岗位的相关情况，并真诚、有耐心地解答求职者提出的针对岗位、部门和企业的相关问题，切忌提供不实信息或做出无法实现的承诺；三是无论最终求职者是否接受岗位，都应该传达出组织对求职者的重视之意，并给求职者留下组织尊重和重视优秀人才的印象。

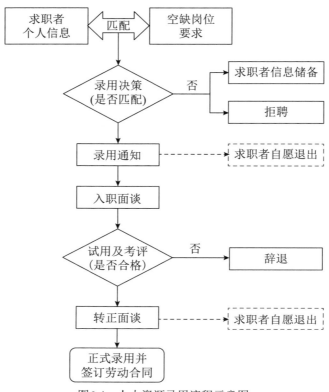

图6-4 人力资源录用流程示意图

(资料来源：《人力资源管理》编写组. 人力资源管理概论[M]. 北京：高等教育出版社，2023.)

对于不匹配的求职者，也需要针对具体情况展开原因分析。如果是过往绩效较差、品行不端等原因，企业应坚决拒聘。如果是暂时未达标或因岗位原因而无法录用的求职者，企业应考虑存储求职者相关信息并建立潜在人才库。

有时，会出现求职者拒聘的情况，招聘专员需要注意以下问题：首先，进一步了解求职者拒聘的原因，尽可能找到双赢的解决办法。其次，如果求职者坚决拒聘，则需要详细记录求职者的理由和相关情况，以便为后续招聘工作提供参考。最后，要与拒聘者保持友好、礼貌的和谐关系，在拒聘者心目中留下良好的组织形象。

员工入职后，要安排新入职员工进行体检、入职面谈等工作。一般而言，体检筛选合格后，组织将为应聘者安排为期30天或90天的试用期，以便了解应聘者的实际工作能力与绩效水平，为之后将要做出的正式录用决策提供重要依据。

处于试用期的员工通过试用期考评且经过转正面谈后就进入了正式录用及劳动合同签订阶段。企业应按法定程序办理录用手续，证明录用员工具有合法性，受到国家有关部门的承认，并且让招聘工作接受政府相关管理部门的业务监督。

第五节　人力资源招聘效果评估

人力资源招聘的效果评估是招聘过程中的关键环节。通过评估招聘活动的效率、效益和效果，为招聘工作的优化和改进提供重要反馈和依据。具体评估内容包括以下几方面。

(1) 招聘活动效率评估。招聘活动效率评估从时间维度评估招聘活动的时效性，即单位时间内完成的招聘人数。完成招聘目标与所耗费时间的比率可以反映招聘活动的整体效率。常用的评估指标包括完成总招聘目标时间比、完成岗位招聘目标时间比等。企业招聘活动可能常年开展，无法明确招募信息发布和招聘录用结束的具体时间节点，这种情况下需要划定明确的招聘周期以便准确评估。

(2) 招聘活动成本效益评估。招聘活动成本效益评估通过对比招聘成本与招聘成效，衡量招聘活动的经济效益。该评估包含以下方面：招聘成本评估、招聘效用评估和招聘收益率评估。招聘成本评估包括招聘的直接成本(如招聘宣传费用、面试差旅费用、候选人接待费用等)、间接成本(如内部晋升费用、岗位调动费用等)、其他相关费用(难以直接归类但与招聘活动有关的额外支出)的评估。招聘效用评估对招聘期间不同阶段的成本效用进行评估，如总招聘成本效用、人员选拔成本效用等。招聘收益率评估通过计算新员工在组织中创造的价值与招聘总成本之比来衡量招聘活动的收益率。招聘收益率越高，招聘工作越具有经济效益。

(3) 人员招聘数量与质量评估。该评估侧重于对招聘结果的分析，包括录用人员数量评估、录用人员质量评估等。录用人员数量评估可以通过录用比、录用完成比和应聘比3个指标进行评价。录用比是录用人数和应聘人数之比，越小则表明录用者素质越高、招募效果越佳。录用人员质量评估是对录用人员的能力、潜力、素质、绩效等进行评价与比较，可根据到岗报到人员的工作行为与绩效与原有组织成员的差异进行评价。

▎拓展阅读

人才流失的 136 法则

在人力资源管理中，人才流失一直是企业关注的焦点。许多公司发现，员工离职往往具有特定的规律和时间节点，了解这些离职高峰期能够帮助企业更有针对性地实施员工保留策略。136法则是一种广为流传的经验性理论，尽管未经过严格的科学验证，但它为理解员工离职的关键时间节点提供了实用的参考框架。

136法则主要关注员工在入职后第一个月、第三个月和第六个月的离职倾向，并总结了这些时间节点员工离职的常见原因。

入职第一个月：适应期离职高峰期。第一个月是员工适应新环境的关键时期，通常会面临适应公司文化、融入团队，以及了解工作流程的挑战。在这一阶段，员工的离职原因往往与人力资源管理密切相关，如招聘过程中的信息不对称、实际工作内容与应聘期望的落差等。此时，人力资源部门若能提供更完善的入职培训、适应支持以及密切的沟通，可以有效帮助新员工顺利度过适应期。

入职第三个月：工作期望差距显现期。第三个月往往是员工逐渐熟悉工作内容的阶段，员工此时会更深入地了解自己的职责范围、工作强度和发展前景。在此阶段，离职原因往往与直接上级的管理风格、沟通质量和支持力度有关。若上级能有效指导并激励新员工，使其获得成就感和明确的成长机会，就可以减少员工因期望与现实不符而离职的风险。

入职第六个月：长期留任评估期。第六个月通常是员工对公司文化和发展前景进行综合评估的时期。在此阶段，员工离职的原因多半与对企业文化的认同度、职业发展路径的清晰性，以及对长期工作环境的满意度有关。如果员工对企业认同度较高并能看到职业发展的潜力，他们更有可能选择长期留任。员工若对企业的价值观或工作氛围不适应，则可能选择离职。

企业在实际应用136法则时，可结合自身的人才流失数据进一步验证和调整，并有针对性地采取措施。例如，在第一个月，强化入职引导，主动跟进新员工适应情况，及时解答疑问并解决困难。在第三个月，上级应密切关注员工的工作进展和情绪，通过定期反馈帮助员工设立清晰的短期目标并提供实际支持。在第六个月，企业可通过提供职业发展培训并采取相应的管理和激励措施以降低员工流失率。通过有预见性的管理措施和分阶段的激励措施，企业可以更有效地降低员工流失率，形成良好的组织稳定性和人才吸引力。

本章小结

人力资源招聘是企业获取和补充人力资源、确保组织有效运作的重要职能过程，涵盖了招募、甄选、录用3个核心环节。招募阶段旨在通过内部或外部渠道宣传，吸引足够数量的潜在求职者；甄选是基于岗位的任职资格和胜任素质模型，通过简历筛选、笔试、面试等一系列方法对求职者进行筛选，挑选出最符合职位要求的候选人；录用是招聘的最终环节，涉及向合适的候选人发放录用通知、安排试用期、签订劳动合同，并妥善处理不符合录用要求的候选人，做好潜在人才库的维护与更新。

常用的人力资源甄选技术包括简历筛选、笔试、面试、评价中心等。其中，评价中心是一种多元化的测评技术，具有较高信度和效度，它结合了公文筐测试、无领导小组讨论、案例分析测评等多种评估手段，对候选人做出更全面、更客观的评估，为录用决策提供了有力支持。

关键术语

人力资源招聘　　　　　　招募　　　　　　　　　外部招募
内部招募　　　　　　　　人力资源甄选　　　　　人力资源录用
评价中心　　　　　　　　面试　　　　　　　　　招聘效果评估

思考题

1. 人力资源招聘的一般流程是什么？包括哪些关键环节？
2. 人力资源甄选中常见的甄选技术有哪些？请分析各自的优缺点。
3. 人力资源录用的主要原则有哪些？如何在实际操作中应用这些原则？
4. 招聘工作效果的评估指标有哪些？

案例6-1

张旭的烦恼

假设您是欣欣集团公司的副总经理张旭。该公司的组织结构如图6-5所示。公司总经理王伟兵两天前出国考察，为期三周，在此期间您需要代表总经理全权处理公司事务。此外，另一位副总经理张军也外出开会，将于两周后回来。欣欣集团创建于1980年，总部位于北京，是我国改革开放后的重点建设项目企业之一。经过40多年的稳定发展，公司现已是国内知名企业，并在东南亚地区具有较大影响力，主要产品是数字电视等视听设备，销往20多个国家和地区。

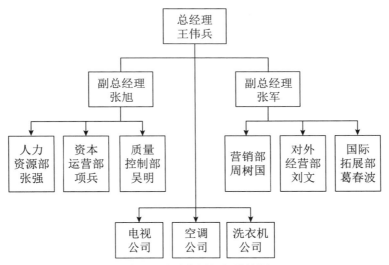

图6-5 欣欣集团组织结构图

今天是10月30日，下午3:00，您的办公桌上有几份需要紧急处理的文件，您必须在一个小时内独立决策并完成处理，因为您即将参加一个重要会议。

文件一：来自国际拓展部的报告

张副总：

澳大利亚科尔公司的一名员工透露，他们公司计划于今年年底从中国进口一批彩电、空调等家用电器，预计订单量大。我部与该公司曾有过良好的业务往来，并看到进一步合作的空间，预计有机会争取到这笔订单。此外，了解到国内几家企业也获悉此信息并有意

第二部分　实践职能篇

竞争该订单。科尔公司的副总裁Mark先生将于11月30日至12月5日来北京参加一个国际贸易洽谈会，是否派人与之接洽？

国际拓展部　葛春波　10月30日

　　您的处理意见：_____
　　处理依据：_____

文件二：来自人力资源部的报告

张副总：

我部的一名业务骨干小王近日递交了辞职申请。他表示因性格不适应公司文化，难以发挥有效潜能，但对公司在其职业发展中的支持表示感谢(曾被派往美国进修半年)。近三年数据统计显示，公司人员流动性较高，其中15%的员工不满1年辞职，39%的员工2年内离职，30%左右的员工在3年内跳槽。小王是很有培养潜力的员工，若有可能，我会倾向于挽留，但其辞职意愿坚定。请批示是否批准辞职。

人力资源部　张强　10月30日

　　您的处理意见：_____
　　处理依据：_____

文件三：来自国际拓展部的报告

张副总：

根据集团的战略方针，我部一直在积极开拓美国市场，目前已与美国NRC公司达成初步合作意向，对方愿意成为我公司产品在北美市场的总代理。我公司进入北美市场的产品质量认证工作已基本完成，这是进入该市场的先决条件。NRC公司邀请我司派人员于12月初前往美国商洽合作事宜(5人参团)，邀请函已到，预计签证可在一周内办理完成。建议洽谈团成员为一位公司领导、我部两位业务骨干及技术部的两位专家。国际拓展部20余位员工中，除我和副经理外，选派任何一人都可能引起内部不满。请批示人选，以便准备签证。

国际拓展部　葛春波　10月30日

　　您的处理意见：_____
　　处理依据：_____

第七章 培训与开发

学习目标

(1) 理解培训与开发的核心概念与重要性，掌握培训与开发的目标及其对于企业与员工的意义，理解培训与开发活动在提升组织竞争力中的关键作用。

(2) 掌握培训与开发的基本原则，明确企业在培训与开发过程中需要注意的关键问题，确保培训的有效性和科学性。

(3) 系统学习培训与开发的具体实施与设计过程，深入理解培训需求分析、培训方案设计、培训活动实施、培训转化与培训效果评估的完整流程，理解各环节的核心内容与具体方法。

(4) 掌握培训需求分析的方法，掌握培训效果评估的方法，能够在实际工作中设计并实施有效的培训需求分析与培训效果评估。

(5) 掌握不同培训形式的特点与运用场景，系统了解在职培训与脱产培训的区别和适用性，理解新员工、管理人员等不同对象的培训设计思路，并能够根据实际需要选择和运用适宜的培训方法。

> 在21世纪，企业唯一的竞争优势就是比你的竞争对手学习得更快、更多、更好！
> ——麻省理工学院博士彼得·圣吉(Peter M. Senge)

培训与开发作为人力资源管理的重要内容，不仅为企业战略目标的实现提供了关键支持，也为员工的成长和职业发展奠定了基础，因而在现代企业中越来越受到重视。尤其是在乌卡时代，企业所需的知识、技术和能力往往无法直接从劳动力市场获取，尤其是企业独有的目标、文化、岗位要求等隐性信息。从外部劳动力市场引入的人才，难以在短时间内全面掌握这些内容并高效融入企业，因此，开展培训与开发成为企业提升员工能力、缩短适应周期、增强组织效率的必要手段。

通过系统地培训与开发，企业不仅能够帮助员工快速掌握岗位所需的知识与技能，还能提升员工对企业文化、价值观和工作惯例等隐性信息的理解，从而增强员工的适应性和竞争力。此外，对于已经在组织中工作多年的老员工而言，当组织战略发生调整或员工轮换到新的工作岗位时，也需要通过培训与开发帮助他们掌握新能力、新技术和新手段，确保其能持续满足岗位要求。因此，培训与开发是企业在明确人力资源现状和战略需求的差距的基础上，通过主动培养与储备人力资源应对当前和未来需求的重要过程。

培训与开发活动中，培训主要关注企业当前的战略需求，强调针对性和时效性，旨在补足员工在完成现时任务过程中的技能与知识短板；开发则关注企业未来可能的战略调整，具有长远性、预测性和可持续性的特点。企业应结合战略目标和员工职业发展规划，从岗位类别、层级差异和个人潜能等维度，设计分层次、个性化的培训与开发方案，帮助员工满足当前和未来的工作要求，促使员工的价值取向与企业的核心文化相契合。唯有充分激发和释放员工的潜在价值，企业才能在实现战略目标的同时，提升整体经济效益和竞争力。

第一节　培训与开发概述

一、培训与开发的概念及异同点

培训与开发是指企业根据组织战略所需，通过系统化的方式培养员工当前或未来岗位所需的知识、技术、能力及工作态度，以改善个人工作绩效并推动组织整体绩效提升的具有计划性、连续性的活动。

培训与开发既有相似之处，也有明显差异。相同点在于：①目的相同。培训与开发的出发点是一致的，都是通过提高员工能力来实现员工工作绩效、组织整体绩效的提升。②主体一致。两者的实施主体都是企业，接受客体都是企业内部员工。③方法相同。两者采用相似的工具与方法，如课堂培训、工作轮换等。

培训与开发的区别在于：①两者的关注点不一致，培训更侧重于企业现时所需，开发更关注企业未来要求。②两者的培训内容不一致，培训更侧重于针对岗位现在的工作内容，开发更多地关注工作岗位未来所需，而与现有工作内容关联较小。③两者的前期基础要求不一致，培训要求参与者具有更多工作经验，而开发因针对未来工作所需，对工作经验要求较少。④两者的强制程度不一致，培训多是强制性活动并要求员工必须参与，开发则不仅考虑员工潜力筛选参与员工，也应考量员工未来发展规划和参与意愿。

尽管理论上培训与开发存在明显差异，但在实际操作中，两者常常融合在一起，难以完全分离。培训与开发的比较如表7-1所示。

表7-1　培训与开发的比较

对比项目	培训	开发
侧重点	当前	将来
工作经验的运用	低	高
目标	着眼于当前工作	着眼于未来所需
参与意愿	强制	自愿

(资料来源：诺伊，等.人力资源管理：赢得竞争优势[M].7版.北京：中国人民大学出版社，2023.)

二、培训与开发的目标

企业开展培训与开发活动旨在达成以下目标：第一，满足战略发展对员工素质的需求。培训与开发活动帮助员工掌握岗位所需的管理技能、技术水平和生产技能，为企业战略目标的实现奠定人才基础，同时提升员工的专业技能和协作能力，为构建积极、和谐的工作环境提供支持。第二，保障年度经营目标的完成。针对生产和销售人员的专项培训，例如产品性能、生产技巧或销售技巧等，能够显著提升工作效率，确保年度经营任务的顺利完成。同时，企业内部新管理体系的有效运转也依赖于员工通过培训掌握相应的流程与方法。第三，提升员工岗位胜任能力。针对职业技能需求的培训，帮助员工达到岗位要求，例如取得行业资格认证(如高压电工许可证、注册会计师职称等)或掌握特定设备的操作方法。第四，支持员工的职业生涯发展。培训与开发不仅能增强员工胜任工作的能力，还能满足他们的职业生涯规划需求。例如，员工期待获得技能提升机会或晋升路径，这些需求可以通过系统化的培训活动来满足。

三、培训与开发的意义

培训与开发对企业和员工的共同发展具有重要意义，主要体现在以下几个方面：第一，培训是一项面向人力资源的高价值投资。研究表明，企业在员工培训上的投入能够显著提升生产效率并带来更高的财务回报。摩托罗拉公司的一项数据表明，他们针对员工培训每投入10亿美元的费用，就能在利润上获得30亿美元的回报。第二，培训是企业创造竞争优势的重要途径。企业的核心竞争力来源于员工能力的积累和提升，而培训是实现这一目标的有效手段。通过制度化的培训体系，不仅能够增强员工素质，还能实现企业战略目标与市场竞争力的双重提升。第三，培训与开发能有效缩小员工能力与岗位需求之间的差距，挖掘员工潜能，使其胜任现职工作并为未来岗位储备知识与技能。此外，系统化的培训还能确保企业在管理岗位出现空缺时迅速选拔和晋升合适人才，避免人力资源断层。第四，培训是管理工作的基础。通过培训，管理者能够掌握必要的知识与技能，从而更有效地配置资源；而员工通过培训能明确职责与要求，提升工作绩效，确保管理体系的高效运行。第五，培训是增强企业凝聚力的有力杠杆。有效的培训可以使员工个人发展目标与企业战略发展目标更好地契合，提升员工对组织的认同感和工作积极性，构建高效团队。此外，培训为员工提供了明确的职业生涯规划路径，增强了企业的吸引力和凝聚力。第六，培训为企业文化的传播和深化提供了重要途径，帮助员工更好地理解和践行企业价值观。同时，系统的培训能减少工作压力，提高员工工作乐趣，降低员工流失率，优化劳动力成本，提升企业形象。

四、培训与开发的原则

企业在开展培训与开发活动时，为更好地服务企业战略目标，确保活动的有效性与针对性，应遵循以下基本原则。

(1) **服务组织战略和规划原则**。培训与开发活动应紧密围绕企业战略和经营规划展开。作为企业人力资源管理系统的重要组成部分，培训与开发需要从组织长远发展需求出发，立足于员工能力的提升与储备，为企业战略的实施与落地提供有力支持。例如，企业战略规划中强调创新能力提升，则培训与开发的设计应重点围绕创新技能的开发和实践能力的培养。

(2) **技能提升与文化建设并重原则**。企业的每一项培训与开发活动都需要关注两个核心维度：岗位相关的知识与技能、组织文化和价值观的内化。任职者不仅需要掌握工作所需的硬技能，还需要具备良好的职业道德、行为规范以及对企业文化的深刻认同。因此，培训与开发活动的设计应平衡技能提升与文化建设，关注技术性培训(如专业知识、操作技能)与文化性培训(如价值观、职业精神)，培训结束后应科学地评价培训效果，同时明确培训方向，提高员工的参与积极性。

(3) **激励与实效并重原则**。培训效果在很大程度上取决于员工的学习动力。因此，在培训与开发过程中，要注重通过激励机制调动员工的积极性，确保他们全情投入。激励既可以是正向的(如培训后的晋升机会、认可奖励等)，也可以是反向的(如设定明确的考核压力等)。例如，培训前通过宣传强化培训价值，在培训过程中设置反馈机制提升学习热情，培训后通过绩效考核引导员工巩固学习成果。只有将激励贯穿整个培训过程，才能真正实现培训目标和实际效果的统一。

五、企业培训与开发的注意事项

企业在培训与开发过程中需要注意以下事项，以确保活动的科学性和有效性。

(1) **设计科学且适宜的培训内容**。培训与开发的核心目标是改善员工绩效并推动企业整体发展，为此，企业在设计培训活动前必须开展充分的培训需求分析，以确保培训内容切合实际工作需求，而非盲目跟随行业潮流或开展无实际价值的项目。例如，针对销售团队的培训内容应侧重于产品知识和沟通技巧，而非单纯强调行业趋势的分析。此外，培训内容需要涵盖硬技能(如技术操作、流程规范)与软技能(如工作态度、文化认同)。实践中，许多企业过度强调业务技术培训，而忽略了员工对企业价值观的认同与行为规范的学习，导致培训效果大打折扣。

(2) **认识到培训是投资，而非成本**。培训与开发是企业对人力资本的投资，其投资回报率远超其他形式的投入。据统计，每投入1美元的培训成本，可为企业带来50美元的收益。然而，部分企业经营者担忧员工流失而不愿投入资源进行培训。这种短视行为忽略了高效培训带来的间接收益，如员工忠诚度的提升、创新能力的增强以及企业品牌吸引力的提高。企业应将培训与开发视为长期收益的重要来源，而非短期成本的消耗。

(3) **将培训与开发作为日常管理的重要内容**。培训与开发不应只在经济效益良好时开展，而应作为企业持续发展的常规性工作。事实上，经济效益低迷时期恰恰是开展培训的良机，因为员工有更多时间参与培训，为未来的工作积蓄能量。同时，将培训与开发常态化可以有效提升企业的创新能力和应变能力，使其在快速变化的环境中保持竞争力。

(4) **培训与开发应覆盖全体员工，有针对性地施策**。培训与开发活动的对象应包括企业所有员工，而不应局限于基层员工或高潜力人员。不同层级、部门和岗位的员工具有不同的培训需求，企业应基于具体需求设计个性化的培训方案。例如，针对基层员工可重点开展岗位技能培训，针对中层管理者可提供领导力提升课程，针对高管则可进行战略管理和企业文化的培训。同时，企业需要避免"一刀切"式培训方式，应根据员工特征实施差异化培训策略。

(5) **注重培训评估与反馈机制**。培训结束后，企业需要采用科学的评估方法衡量培训效果，包括知识掌握情况、技能运用能力以及对组织绩效的贡献等维度。通过员工反馈和绩效数据的双向验证，企业可及时调整培训策略，不断优化培训内容和方法，确保培训资源的高效利用。

总体来看，科学、有效的培训与开发需要企业以战略为导向，设计内容适宜、覆盖范围全面、激励机制贯穿始终的培训计划。同时，企业需要认识到培训是一项长期的、可衡量的高价值投资，而非短期内的资源消耗。通过合理的培训设计与严格的执行，企业不仅能实现人力资本的优化配置，还能推动组织文化的建设和核心竞争力的提升。

第二节　培训与开发的实施过程

培训与开发活动是一项复杂的系统工程，为保证活动的顺利开展及实现既定目标，企业需遵循系统化的实施流程。如图7-1所示，整个过程分为以下几个关键阶段：首先是培训需求分析，明确企业当前及未来的实际培训需求；随后开展培训方案设计，包括制订培训计划、做好培训准备、动员涉及员工等；接着进入培训活动实施阶段，完成培训活动的具体执行，包括安排培训场地、协调培训师资、确定培训时间等具体任务；最后进行培训转化和效果评估，确保培训成果能够落地并产生价值。

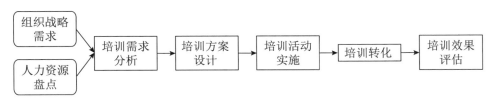

图7-1　培训与开发的实施过程示意图

一、培训需求分析

培训需求分析是开展培训与开发活动的起点，旨在系统识别企业及员工当前存在的问题及潜在未来需求，以确保培训内容的针对性和实用性。通过培训需求分析，企业可以有效避免盲目开展不必要的培训,从而节省资源并提升培训效果。

(一) 培训需求分析的内容

企业开展培训与开发活动的根本原因在于内部或外部存在问题或潜在问题,而这些问题的解决可能需要通过培训来实现。培训需求分析的核心在于识别这些问题及其性质,明确哪些问题能够通过培训解决。只有当问题能够通过培训与开发解决时,企业才应当进行培训活动。威廉·麦吉(William McGehee)和保罗·塞耶(Paul Thayer)提出了通过组织分析、任务分析和人员分析来识别培训需求的经典框架,如图7-2所示。

图7-2 培训需求分析的可能性与现实性

(1) **组织分析**。组织分析从企业整体层面出发,通过评估企业的目标、资源、特质、环境及特质,判断企业现存问题是否可以通过培训与开发活动解决。整体来看,组织分析应关注两方面的内容:一是战略导向分析,围绕企业未来发展战略与方向,确定企业今后培训的重点;二是绩效评估分析,通过比较实际绩效与既定标准,识别现存问题及原因,从而确定企业培训需求的压力点。例如,如果数据显示企业产品合格率较低,通过分析发现是员工操作不规范导致,则可通过提供操作规范培训解决;如果是员工质量意识不足导致,则可通过提供质量意识培训解决;如果是生产流程导致合格率较低,就无法通过培训与开发活动解决。

(2) **任务分析**。任务分析的核心在于明确岗位职责与胜任要求。通过对各职位的任务、绩效标准、任职资格及胜任素质模型进行分析,可以为培训提供具体方向。这一过程类似于工作分析,但侧重于识别岗位需求与员工能力之间的差距,以支持设计有针对性的培训内容。

(3) **人员分析**。人员分析以个体为核心,识别员工在知识、技术、能力或态度等方面的不足,主要包括:一是绩效差距分析。基于员工绩效考核结果,比较员工实际绩效与设定的目标、标准之间的差异,判断是否需要通过培训改善绩效。二是职业规划分析。结合未来可能的职位变化,判断员工当前能力是否满足潜在岗位需求。三是培训准备分析。通过调查员工对培训的理解、意愿和准备,确保员工知晓参与培训的目的、原因及可能带来的收益,强化员工的学习动机和自我效能,确保员工在心理和行为上为参与培训做好准备。

总体来看,培训需求分析的组织分析、任务分析及人员分析的根本目的和具体内容如表7-2所示。通过系统的培训需求分析,企业能够清晰地界定培训活动的方向,有效提升培训活动的针对性和科学性。培训需求分析是培训与开发活动得以成功的基础和保障。

表7-2　培训需求分析的根本目的和具体内容

对比项目	组织分析	工作分析	人员分析
根本目的	确定组织培训目标	确定岗位的培训内容	确定谁应该接受培训，以及需要什么培训
具体内容	• 技术需求 • 将组织效率和工作质量与期望水平进行对比 • 对员工进行知识审查 • 评价培训组织环境	• 完成任务所需要的知识、技能、行为和态度	• 通过绩效考核，分析造成业绩差距的原因 • 收集和分析关键事件，对员工及其上级进行培训需求调查

(二) 培训需求分析的方法

培训需求分析方法多种多样，企业在实际操作中可根据分析对象、目标及资源条件选择适合的方法。常用的培训需求分析方法包括观察法、问卷调查法、资料查阅法和访问法等。

(1) 观察法，是通过较长时间的持续关注，对组织、任务或员工行为进行细致观察，以此识别培训需求。这种方法尤其适用于对工作现场或员工工作过程的直接分析，例如观察生产线工人的操作流程或客户服务人员的接待工作。通过多角度、多方面的反复观察，管理者能够从细节中发现问题，如技能不足、流程不规范或态度不对等。观察法的优点在于能够真实还原工作场景，数据直观；缺点在于费时费力，观察者需要具备较高的专业素养和敏锐的观察力。

(2) 问卷调查法，是通过随机抽样、分层抽样或整体抽样等方式，向员工、管理者或相关人员发放问卷，以收集培训需求信息。问卷调查法中的问题可以是开放式的、探究式的或封闭式的，其类型、特征与作用如表7-3所示。该方法的优点在于能够快速获取大样本的数据，覆盖范围广；缺点在于开放式问题处理难度较大，而封闭式问题可能遗漏深层需求。

表7-3　问卷调查法中问题的类型、特征与作用

类型	特征	作用
开放式	使用"什么""如何""为什么"和"请"等词语，而不用"是"或"否"来回答，例如"你为什么参加此类培训"	发掘对方的想法和观点
探究式	更加具体，使用"多少""多久""谁""哪里""何时"等词语，例如"你希望这样的培训多久举行一次"	缩小收集信息的范围
封闭式	只能用"是"或"否"来回答，或者采用选择题的形式	限制所收集信息的范围

(3) 资料查阅法，通过收集和分析已有文献、企业内部文件及外部报告，获取培训需求相关信息。这些资料包括但不限于员工绩效考核记录、离职分析报告等企业内部文件，行业报告、立法性文件或政策指南等外部文献，行业趋势、技术创新等研究文章等。此方法尤其适用于组织层面的分析，通过对宏观和微观资料的对比与研究，识别企业在战略目

标、员工能力或制度执行中存在的培训需求。资源查阅法的优点在于数据来源广泛，可为后续分析提供重要背景依据，缺点在于过度依赖数据的准确性和时效性。

（4）访谈法，分为关键人物访谈和群体访谈两种形式，既可以采用正式的结构化访谈，也可以采用非正式的、非结构化的讨论方式等。关键人物访谈主要针对企业的管理者或专家，深入了解组织战略、工作任务或员工表现，以高层视角识别潜在培训需求，其典型流程如图7-3所示。关键人物访谈能够深入了解关键岗位需求并获取高层次建议，但对访谈者的访谈技巧要求较高、容易受受访者的主观影响。针对部门团队或任务组，也可采用集体讨论的形式分析问题。例如，群体访谈流程如图7-4所示，该方法能够集思广益、获取多方观点，缺点是可能因群体效应导致个别需求被忽视。

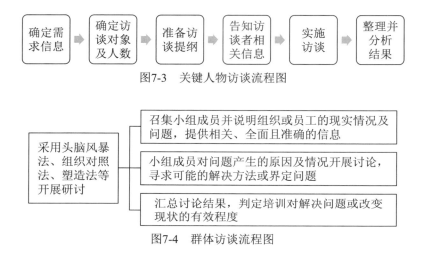

图7-3　关键人物访谈流程图

图7-4　群体访谈流程图

除了上述方法，培训需求分析还可以采用测试法(通过测试员工的知识、技术及行为表现，评估其与岗位需求的差距。例如，通过能力测评工具测试员工对新技术的掌握程度)、工作样本法(模拟工作场景或假设案例，要求员工完成特定任务，并对其表现进行评估。例如，要求销售人员撰写客户谈判报告以评估沟通与策划能力)等。

总体来看，不同的方法适合不同的分析场景，企业可根据具体需求灵活选择或采用多种方法，确保培训需求分析的准确性和全面性。

二、培训方案设计

明确培训需求后，企业需要制定具体的培训方案，确保培训活动的目标明确、内容充实、组织高效。培训方案设计主要包括确定培训目标与内容、开展培训管理系统设计、做好培训准备等具体任务。

(一) 确定培训目标与内容

从时间维度来看，培训计划可分为中长期培训计划、年度培训计划和单项培训计划。一般而言，中长期培训计划相对宏观，主要阐述组织的培训理念、培训投入政策、培训原则，以及未来的培训方向等内容，倾向于承担组织培训政策的角色。年度培训计划相对聚焦，是对企业一年的总体培训的规划，具有强约束性，决定了企业当前的主要培训活动和培训开支计划。单项培训计划则是针对此培训活动或项目所做的规划与活动指南，具有强操作性。

一般而言，一个完备的培训计划应该涵盖6W1H的内容，即培训目标(why)、培训内容(what)、培训对象(whom)、培训讲师(who)、培训时间(when)、培训地点(where)和培训方法(how)。

(1) 培训目标。从受训者角度理解，培训目标是指通过培训需要掌握的知识、技术、能力或动机改变等。设置培训目标有助于指导培训活动的顺利开展、增强受训者的培训效果。通常企业通过以下要素明确培训目标：一是企业期望员工完成的任务或行为，二是员工完成任务所需达成的标准，三是员工完成任务的具体条件。例如，一个销售培训的目标可以设置为"培训结束后，销售人员应当能够在不求助他人或不借助资料的情况下(条件)，在半分钟到一分钟之内(标准)向顾客解释清楚产品特征(内容)"。

(2) 培训内容和培训对象。培训内容和培训对象是依据培训需求分析确定的，针对不同员工的培训活动内容有所差异。表7-4呈现了不同培训对象的培训内容要求。为了强化培训效果，企业应根据培训内容要求为受训人员准备教材。对通用主题，可采用市场上的通用教材；对企业特定需求，建议开发专属教材。

表7-4 不同培训对象的培训内容要求

培训对象	培训内容要求
新聘员工	侧重企业价值观、行为规范、企业精神、有关工作岗位所需要的基本技能
老员工	与工作直接相关的职能，如新技术、新工艺等
管理人员	管理技能、人际关系协调能力、工作协调能力、决策能力、领导组织能力等

(3) 培训讲师。培训讲师是影响培训效果的关键因素，来源包括企业内部讲师和外部讲师。表7-5总结了不同来源讲师的优缺点。一般而言，通用性培训可选择外部培训讲师，专业性或特有性培训通常选择内部培训讲师。对企业而言，最佳做法是将内部讲师和外部讲师相结合，选择品质好、知识完备、沟通能力强的外部讲师长期聘用。一个好的讲师要具备以下特质：良好的品质、完备的知识、丰富的经验、有效的沟通能力等。

表7-5 不同培训讲师来源的优缺点

来源	优点	缺点
外部渠道	• 培训讲师比较专业，具有丰富的培训经验； • 没有什么束缚，可以带来新的观点和理念； • 与企业没有直接关系，员工易于接受	• 费用比较高； • 对企业不了解，培训内容可能不实用，针对性较差； • 责任心可能不强

续表

来源	优点	缺点
内部渠道	• 对企业情况比较了解，培训更有针对性； • 费用比较低； • 能够与受训人员进行更好的交流	• 可能缺乏培训经验； • 受企业现有状况的影响比较大，思路可能没有创新； • 员工对培训讲师的接受程度相对较低

(资料来源：董克用，李超平. 人力资源管理概论[M]. 5版. 北京：中国人民大学出版社，2019.)

(4) 培训时间。培训时间的安排应综合考虑企业实际需求和员工工作安排。具体而言，培训时间的确定，既要保证培训及时满足培训需求，也要确保受训人员安心接受培训、保证培训效果。确定了培训时间后，要及时发布通知，确保每一位受训者都知晓培训时间以便提前协调好工作、做好充足准备。

(5) 培训地点。企业应根据培训方式选择最适合的培训地点，有利于培训效果的提升。例如，授课式培训应选择安静、明亮的教室开展，讨论式培训应选择会议室进行，采用游戏法时应选择相对空间较大的地方等。此外，培训地点的选择也应考虑受训人数、培训成本和培训所需的设备(如桌椅、音响、投影仪等)。

(6) 培训方法。培训方法的选择应充分考虑成年人的学习特点，遵循汤姆·戈德(Tom Goad)提出的成人学习原则：

- 喜欢在实践中学习。
- 通过与原有知识的联系和比较来学习。
- 培训最好能运用实例。
- 更倾向于在非正式的环境中学习。
- 培训方式应当具有多样性。
- 培训应该能消除学习者的恐惧心理。
- 培训师应当是学习的促进者、推动者。
- 明确学习目标。
- 反复实践，熟能生巧。
- 培训应该是一种引导式、启发式学习。
- 良好的初始印象能吸引学员的注意力。
- 给予信息反馈。
- 循序渐进，交叉训练。
- 培训活动的安排应紧扣学习目标。
- 培训师要有激情。
- 重复学习，加深记忆。

(二) 开展培训管理系统设计

培训管理系统是确保培训活动顺利实施的重要保障，包括培训保证系统、培训支持系统和培训基础系统3个层次。

(1) **培训保证系统**。培训保证系统可以从组织架构、政策制度、资源分配等方面为培训活动的顺利开展提供支持。①组织与人员配置。企业需要设立专门机构负责培训工作，并建立内部讲师库，以兼职为主，专职为辅，确保组织培训能力。②培训政策与制度。企业应制定培训职责分工、培训考核制度、激励政策等，确保培训工作的开展有章可循。③培训经费管理。培训经费应纳入年度经营预算，可按企业营业额或员工总薪资的一定比例提取，确保培训活动资金充足。④培训导师体系。企业可建立三级导师体系，包括总培训师(企业高层管理者)、执行培训导师(人力资源部门或培训部门经理等)及部门培训导师(各部门经理、主管等)，确保培训活动开展时职责明确、分工合作。

(2) **培训支持系统**。培训支持系统由管理者、培训师资和受训人员共同构成。①管理者。培训工作的管理者往往由企业领导者指定或者由人力资源部的人员担任，确保培训目标与企业战略一致，提供资源支持并监督培训质量。②培训师资。培训师资是保证培训质量的关键所在。企业应通过多种渠道(如行业协会、培训机构等)获取优质培训资源，并定期更新课程和讲师信息。③受训人员。调动受训人员的积极性是增强培训效果的关键。通过合理安排培训内容与形式，增强受训人员的参与热情和对培训活动的认同感。

(3) **培训基础系统**。培训基础系统包括培训规范、培训资料、培训场地、培训档案等，是培训活动顺利开展的物质保障。①培训规范。企业应制定系统化的培训管理规范，包括管理规范、培训手册、培训计划与大纲、培训流程等，这是开展培训工作的基本要素。②培训资料。企业可根据培训内容，结合通用教材和企业定制教材，提供高质量的学习材料。③培训场地。企业最好有固定培训教室并配备现代化培训设备，包括多媒体计算机、投影机、摄影机等，以提升培训效果。④培训档案。企业需要详细记录员工培训经历，为后续绩效评估和职业发展提供参考。

通过科学的培训设计和系统的培训管理框架，企业可有效地实现员工技能提升、能力开发和态度改变。成功的培训设计不仅要明确目标与内容，还要兼顾管理流程的系统化与灵活化，为企业战略落地和员工职业发展奠定坚实基础。

三、培训活动实施

培训活动实施是将前期计划付诸实践的重要阶段，是确保培训活动达成预期效果的关键。根据培训活动的性质与形式，实施流程可能略有不同。

对于授课类的培训项目，其实施流程相对规范，需要重视以下关键环节：①接待培训师资。无论是内部师资还是外部师资，在授课当天，组织方需要提前做好接待及准备工作，提供必要支持，如设备调试、环节安排等，以便讲师能以最佳状态投入教学培训中。②准备签到表并记录出勤情况。工作人员应事先准备好签到表，确保出勤率，并为后续培训评估提供依据。③介绍培训项目并发放培训材料。培训的开场环节应包括介绍培训目的、课程安排及讲师背景等，有助于增强受训者的参与感和目标感。同时，提前发放培训材料可以帮助学员预习，提高学习效率。④培训师授课与课堂管理。培训期间，讲师主要负责核心教学内容的传递，培训组织方应管理课堂秩序，确保培训活动顺利进行。⑤培训效果评估与活动收尾。培训结束时,应组织受训人员填写培训满意度调查问卷,如表7-6所示,收集反馈意见。同时,培训组织方需要完成现场整理、培训结算等后续工作。

表7-6 培训满意度调查问卷示例

尊敬的学员:
感谢您参与此次培训!为了解培训效果,特进行问卷调查,希望您认真填写真实、客观的意见。谢谢您的支持和配合!

1. 对此次培训总体效果的满意度				
A非常满意	B比较满意	C不确定	D不太满意	E很不满意
2. 对课程内容丰富程度的满意度				
A非常满意	B比较满意	C不确定	D不太满意	E很不满意
3. 对培训讲师的满意度				
A非常满意	B比较满意	C不确定	D不太满意	E很不满意
4. 对此次培训所使用方法的满意度				
A非常满意	B比较满意	C不确定	D不太满意	E很不满意
5. 此次培训是否满足您的需求				
A非常满意	B比较满意	C不确定	D不太满意	E很不满意
6. 对培训时间合理性的满意度				
A非常满意	B比较满意	C不确定	D不太满意	E很不满意
7. 对培训专业性的满意度				
A非常满意	B比较满意	C不确定	D不太满意	E很不满意
8. 对培训授课环境的满意度				
A非常满意	B比较满意	C不确定	D不太满意	E很不满意
9. 您还想参加哪些方面的培训课程?				
10. 您对此类培训有什么建议?				

对于室外培训类的培训项目,如户外拓展训练,实施环节需要结合项目特点,注重安全性与互动性。例如,安排受训人员统一抵达拓展场地并安排签到、入场等具体工作。在正式活动开始前,培训师应详细介绍拓展项目的目标、项目内容及操作要求等,应特别强调安全注意事项,避免意外发生。根据项目特点分组实施活动,确保学员全员参与,同时注意互动性与团队协作。培训结束后,可通过分组讨论、个人分享等形式进行总结,组织方也可发放调查问卷等,收集活动效果与改进建议。

四、培训转化

培训转化是指员工将在培训中学到的知识、技能和行为应用到实际工作中,这不仅是培训活动成功的标志,也是衡量培训效果的重要指标。培训转化过程模型如图7-5所示。

培训转化效果受到三大因素的影响:其一是受训者特征。员工的认知能力、专业背景、学习能力等都会影响其学习速度与理解深度。与此同时,高动机的员工更有可能将所学知识应用到工作之中。其二是培训项目的特征。一方面，培训内容应尽量模拟工作场景，设置演练实操环节，从而帮助学员熟悉技能；另一方面，要建立即时反馈机制，帮助学员及时调整学习行为、巩固学习效果。其三是工作环境特征。一方面要建立管理者和同事之间的合作与反馈机制，另一方面要提供必要的工具、技术支持和执行机会，帮助员工在实际工作中运用新技能。培训转化效果是指学员能够将所学到的知识和技术在组织中推广与维持。所谓推广，指受训人员能够将所学技能应用到实际工作中。所谓维持，指受训人员所学技术和能力能够长期在组织中运用。

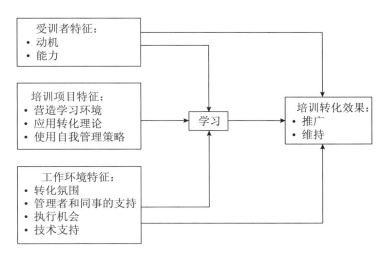

图7-5 培训转化过程模型

(资料来源：诺伊，等.雇员培训与开发[M].6版.北京：中国人民大学出版社，2015.)

根据图7-5，企业可以从以下几个方面提高培训转化率。首先，强化受训者的动机与准备。培训前，应明确培训目标与收益，提高受训者对培训的重视程度。同时，要提供有针对性的动员活动，如培训前测评或任务布置等。其次，要优化培训设计。一方面，应在培训实践中增加案例分析、角色扮演、模拟实践等互动环节，提高学员对技能的理解与记忆。另一方面，应在培训结束时设定具体应用目标，鼓励学员制订应用计划。最后，改善工作环境。上级主管应定期跟进培训后的应用情况，提供具体指导与资源支持。同时，应鼓励学员将培训所得分享给团队，通过知识共享进一步巩固培训成果。

总体来看，培训实施与转化是整个培训与开发活动的关键环节，其质量决定了培训的实际成效。科学、规范的实施流程能够确保培训与开发活动顺利开展，而良好的转化机制能将培训效果最大化，促进员工能力提升和组织绩效增长。

五、培训效果评估

培训效果评估是培训与开发活动的最后一个环节，是检验培训效果是否达到预期目标、总结经验并为未来改进培训提供依据的关键步骤。科学、系统的评估不仅能够衡量培训投资的效益，还能优化培训的设计与实施。一般而言，培训效果评估的流程如图7-6所示。

图7-6 培训效果评估流程图

评估培训有效性需要建立科学的评价体系。柯氏四层次培训效果评估模型是当前被广泛采用的框架，由唐纳德·克里帕特里克(Donald Kirkpatrick)提出，具体如表7-7所示。

表7-7 柯氏四层次模型培训效果评估

四层次	评估内容	评估方法	评估时间	评估主体
反应评估	员工对培训课程、培训师等的满意度	问卷调查、访谈、座谈	培训结束	培训机构、培训组织者
学习评估	学员对培训内容的掌握程度，以及从培训项目中学到了什么	提问、笔试、口试、心得体会	培训结束、培训进行时	培训机构
行为评估	通过培训，学员的行为是否发生了变化	问卷调查、观察、绩效评估、360度评估	培训三个月或半年后	直接主管
结果评估	培训对公司业绩的影响，学员行为的变化是否对组织产生了积极的影响	事故率、品质、生产率、成本、收益	培训半年或一年后	学员所在组织

(1) 反应评估。评估受训人员对培训的主观感受，例如培训内容是否有趣、培训讲师是否专业、培训环境是否舒适等。这类评估通过问卷调查或访谈方式完成，目的是了解受训者对培训的接受度和满意度。

(2) 学习评估。评估受训人员对培训知识和技能的掌握程度，常通过考试、案例分析或讨论等方式进行评估，判断受训人员接受培训后，知识、技术和能力等得到了多大程度的提高和改善。这一层次侧重于认知层面的提升。

(3) 行为评估。评估受训人员将所学知识和技能应用于实际工作行为的程度，例如是否改善了沟通能力或提高了生产效率。开展行为评估时，通过观察、360度评估等方式，评估受训人员将培训的认知结果转变为行为结果的程度。

(4) 结果评估。评估培训活动对企业整体绩效的影响，例如事故率降低、生产率提升、利润增加等。结果评估的时间通常较长，包括成本收益分析、企业绩效指标对比等内容。

根据评估层次的不同，可采用多种方法和工具。常见的评估方法包括问卷调查法、考试测试法、观察法和绩效评估法、控制组比较法、时间序列法等。问卷调查法主要用于反应评价。设计问卷时，应围绕培训内容、培训师资、环境设施等展开，既可以采用选择题，也可以设计开放性问题以收集详细意见。考试测试法常用于学习评估，包括笔试、案例分析、模拟练习等。通过测试受训者掌握知识和技能的程度,直接反映培训效果。观察法和绩效评估法常用于行为和结果的评估。观察法可由培训师、直接主管或同事完成,记录受训者的行为变化;绩效评估法可根据关键绩效指标等衡量受训人员工作产出的改进情况。控制组比较法是通过对比培训组和未接受培训的控制组在行为和结果上的差异,衡量培训效果。这种方法消除了外界干扰因素的影响,评估结果更加精准。时间序列法是在培训前后及培训过程中,按照既定时间点连续收集数据,形成时间序列分析,适合评估培训对企业整体绩效的长期影响。

培训效果评估方法的选择可参考图7-7。①培训后测试,指在培训结束后对受训人员的培训效果进行测试,能够反映培训目标的达成程度。②培训前后对比测试,指在培训之前和之后分别使用同一标准对受训人员进行测试并对比两次测试的差异,多用于学习评估。③有控制组的培训前后对比测试。此方式在培训前后对比测试的基础上增加了控制组,以消除其他外界因素对培训效果评估的影响。控制组的选择应该确保除了培训方面有所差异,其他方面都应该保持一致。这种方式多用于对行为和结果进行评估。④时间序列法是在培训前后的一段时间里,按照既定时间间隔收集培训效果方面的信息。采用这一方法进行培训效果评估时也可以加入控制组。

图7-7 培训效果评估方法的选择

第三节 培训与开发的具体应用

在实际应用中,培训与开发的形式多样,其目标和实施方式因对象、内容和形式的不同而有所侧重。了解培训与开发的分类能够帮助企业在实际操作中选择更合适的培训方案,增强培训效果。培训与开发的分类主要依据培训对象、培训形式、培训性质和培训内容等。根据培训对象的不同，可以将培训与开发活动划分为新员工培训和在职员工培训两大类。根据培训形式的不同，可以将培训与开发活动划分为在职培训和脱产培训两大类。根据培训性质的不同，可以将培训与开发活动划分为传授性培训和改变性培训两大类。根据培训内容的不同，可以将培训与开发活动划分为知识性培训、技能性培训和态度性培训三大类。下面主要介绍一些常见的培训与开发形式。

一、在职培训与脱产培训

(一) 在职培训

在职培训，也称在岗培训，指在员工继续承担工作职责的基础上对员工开展培训与开发活动。其特点是培训和实际工作同时进行，使培训内容和工作实践紧密结合。在职培训的优点在于：一是不影响员工本职工作的完成，对其薪酬、晋升等皆无影响；二是员工接受培训的环境就是其实际工作的环境，能够确保培训效果的落实与转化；三是培训费用和成本相对较低。在职培训的缺点在于：容易受到日常工作任务的干扰而影响培训效果；培训的时间安排受到工作安排限制，不够灵活；特定工作岗位必须接受培训后方可上岗。

一般而言，常见的在职培训方法包括学徒培训、工作轮换和导师制等。

(1) 学徒培训。学徒培训采用师傅带徒弟的培训方法，由经验丰富的员工和新入职员工形成相对固定的师徒关系，由师傅对徒弟的工作进行指导和帮助。该方法适合对技能要求较高的岗位，如理发师、木匠、机械师、印刷工等，能够节约成本，有利于工作技能的快速掌握和组织内部的知识、技能传承，也便于形成和谐、友好的工作氛围和上下级关系。学徒培训的缺点在于受师傅的影响较大，容易形成惯性思维，不利于组织和工作创新，也会因为"教会徒弟饿死师傅"的消极观念而影响师傅传授技能的意愿。

(2) 工作轮换。工作轮换是让员工在特定时期内变换职位以获得不同职位工作经验的培训方法。通过工作轮换可以丰富员工的工作经验，拓展其知识和技能，帮助员工了解不同职位的工作内容，从而胜任多岗位的工作。工作轮换虽然有助于员工熟悉不同岗位的工作内容，掌握不同岗位所要求的知识、技能和要求等，但并不利于帮助员工在单一专业领域的专与精。因此，工作轮换适用于管理人员，而较少用于培训职能专家。

(3) 导师制。导师制也称为辅导培训，是受训者以一对一的形式向经验丰富的组织成员学习。这种方法类似于学徒培训，差异在于导师制中辅导者的身份不一定是师傅，也可以作为朋友、知己或顾问对受训者进行辅导，两者的关系也不像学徒制中师傅与徒弟般紧密。导师的挑选以人际关系技能和技术能力作为依据，为了帮助导师更好地指导被指导者，企业需要对导师进行培训。

(二) 脱产培训

脱产培训指员工离开所在岗位，专门参加集中培训。根据时间长短，脱产培训可分为全脱产和半脱产两种类型。常见的脱产培训可采用讲授法、讨论法、案例分析法、角色扮演法、工作模拟法等。

(1) 讲授法。讲授法以培训讲师为核心，通过课堂教学的形式向受训人员传授知识。优点在于适合大规模知识性培训，成本低，时间效率高。同时，它的缺点也相对明显：对受训者前期基础要求较高；因单向沟通导致受训人员参与度较低，难以培养实践技能。

(2) 讨论法。讨论法指培训师和受训人员以小组形式共同讨论并解决问题。在这一过程中，鼓励受训人员参与并表达自己的观点。此类培训往往是短期、紧凑的，且包含多种活动。一般而言，首先由培训师就主题介绍一些基本概念、原理等，然后受训人员和培训师开展讨论。该方法的优点在于互动性强，有助于激发受训者的主动思考和团队合作能力；缺点在于对受训者和培训师的知识储备与表达能力要求较高。

(3) 案例分析法。案例分析法是由培训师提供一个基于现实的案例，让受训者独立分析后开展群体讨论，进而提出解决方案。案例分析法的优点在于：一是案例源于企业现实场景，有助于受训者提高解决现实问题的能力；二是案例分析强调自我思考，有助于提高受训者独立思考、分析与解决问题的能力；三是案例分析法寻求的并非唯一答案，而是借助特定案例提高受训者分析和思考类似问题的能力。缺点在于案例设计和选择需要专业性。

(4) 角色扮演法。角色扮演法是在培训过程中给受训者提供一个模拟场景，通过扮演不同的角色让受训者呈现适宜的行为和情感。在扮演过程中，培训讲师要及时提供指导和反馈。结束后，组织受训者针对所扮演的角色发表看法，以帮助受训者进行换位思考。通过角色扮演法，受训人员可以体会与工作有关的其他角色的心理活动，有助于反思并改正过去工作中的不良行为，以便建立和谐、友善的人际关系。这一方法的缺点在于操作复杂，对培训师要求较高，仅适用于态度改变类培训，对知识和技能的培训并不适用。

(5) 工作模拟法。利用模拟设备和环境，对错误代价较高、风险较大的工作开展培训，如用飞行模拟器培训飞行员等。其优势在于：因与实际工作场景接近而能增强培训效果；能够有效控制培训过程，规避其他因素干扰。缺点在于培训费用较高，且难以完全模拟实际场景。

除了以上方法，还有移动学习、拓展训练、行动学习法等脱产培训方法。

二、新员工培训

新员工培训是特殊类型的培训活动，是面向新入职员工、针对公司基本情况、管理制度、行为规范等内容开展培训，旨在帮助新入职员工更好地适应组织环境、更快地融入组织氛围等。作为职业培训的重要一环，新员工培训旨在达成以下目标：首先，引导和培训新入职员工的态度、行为、方法等，培养职业素养、提高工作技能、适应工作氛围。其次，帮助新入职员工转变角色，树立正面的职业心态，根据企业职业发展通道构思并设计自身职业生涯。最后，帮助新入职员工了解企业文化、融入工作团队，掌握建立良好合作关系的技巧。

为达成以上目标，新员工培训涉及4方面内容：公司基本情况、公司相关制度和政策、基本礼仪与工作基础知识、部门职能、岗位职责及知识技能。

(1) 公司基本情况，包括以下信息：①公司创业、成长与发展过程；②公司经营战略和目标、经营范围；③公司性质、优势与挑战；④公司组织结构与部门职责；⑤公司产品及市场；⑥公司经营理念、企业文化和价值观、行为规范和标准；⑦公司主要设施。

(2) 公司相关制度和政策，包括以下信息：①工资构成与计算方法；②奖金与津贴、福利等；③绩效管理系统与办法；④晋升、培训及职业发展制度等；⑤其他与员工相关信息，如劳动纪律、上下班时间、报销制度、安全制度等。

(3) 基本礼仪与工作基础知识，包括：①问候与措辞、着装与礼仪；②指示、命令和接受方式；③报告、联络与协商方式；④与上级或同事的交往方式；⑤个人与企业的关系。

(4) 部门职能、岗位职责及知识技能。其中，部门职能主要指部门目标及最新优先事项或项目、与其他职能部门的关系、部门结构及部门内各项工作之间的关系等；岗位职责及知识技能主要包括工作职位说明书、工作绩效考核的具体标准和方法、常见的问题及解决办法、工作时间和合作伙伴或服务对象、请求援助的条件和方法、加班要求、规定的记录和报告、设备的领取与维护等。

三、管理人员培训

管理人员培训是针对当前或未来承担管理职能的员工所开展的系统化培训活动，旨在提升其在管理岗位上的综合能力，以满足当前工作的要求，同时为未来职业发展打下坚实基础。这一培训过程既包括对新晋升或转岗管理者的职能培训，也涵盖对潜在管理者的能力开发。管理人员培训的核心目标在于提升管理者的综合管理能力，使其能够有效地执行决策、协调团队、解决问题以及应对动态的组织环境。具体而言，管理人员需要具备多项核心管理技能，主要包括沟通、决策、谈判、应变、文化融入、问题解决、团队建设、领导、专业等，如表7-8所示。

表7-8 管理人员核心管理技能

技能名称	核心特征
沟通能力	快速表达想法和有效地倾听
决策能力	在两个或多个可供选择的方案中快速做出判断，选择最佳方案
谈判能力	与内、外组织的谈判，及时、直接地解决分歧并达成协议
应变能力	在动态环境下成功、敏捷地调整工作计划、方法和组织结构来达到组织目标
文化融入能力	成为企业文化的楷模，在公司系统和文化背景下有效地工作
问题解决能力	具有确认和分析问题的能力，可以建设性地解决问题，确定相关的选择并且进行全面的判断
团队建设能力	为团队指引方向，做出承诺，注重结果，保证团队具备工作所需的知识与能力
领导能力	平等地对待下属，遵守公司的规章制度，做出明智的决定
专业知识	成为本领域的专家，从而有效地控制计划的进行，能够影响结果

针对以上核心管理技能，管理人员培训通常采用集体研讨法、多层次参与管理、在职辅导、经营管理策略模拟、行动学习法等。

(1) **集体研讨法**。集体研讨法是将管理人员汇集在一起，就特定管理问题展开讨论、分析并做出决策的培训方式。这种方法适用于定期会议(如战略规划会议)或者不定期问题研讨会(如企业转型讨论)。下级管理人员参加集体研讨会，可观察和学习上级管理人员处理各类事务和解决各种问题时采用的管理方法。这一培训方法的好处是通过实际问题的探讨，帮助参与者学习管理技能，特别是高级管理人员的决策模式；也可以通过促进思想碰撞、激发创新思维，增强团队协作与共识。这种培训方法适用于管理团队需要共同决策的场景，也可以作为新任领导者观察学习的机会。

(2) **多层次参与管理**。多层次参与管理是通过鼓励不同层次管理人员就企业更高层次的决策问题提供建议，促进他们了解高层决策过程并参与其中。该方法提供了真实的高层决策模拟机会，积累高层管理经验，促进跨层级的沟通与协作。因此，该方法更适用于未来可能晋升至高层管理岗位的潜力人才。

(3) **在职辅导**。在职辅导是指较有经验的现任管理人员对其直接下属的辅导，给下属放权，提供学习管理的机会，提供帮助和指引。这种方法有助于确保当现任管理人员因退休、提升、调动、辞职等离开岗位而出现职位空缺时，企业能有训练有素、熟悉业务进展情况的人员接替，避免产生比较严重的衔接问题。因此，该方法更适用于初次担任管理岗位或职责调整的员工。

(4) **经营管理策略模拟**。该方法通过构建虚拟的竞争环境让受训者以团队形式模拟企业经营决策。经营管理策略首先为受训者分配不同角色，如总经理、审计、营销副经理等，模拟企业的日常经营活动。通过计算机程序处理决策数据，并反馈经营结果。受训者通过反复调整战略和策略，掌握决策与管理的精髓。该方法的优点在于高度贴合实际工作环境，有助于提升决策能力和团队合作意识，也因能够及时看到决策的后果而有利于学习效果的增强。

(5) **行动学习法**。行动学习法是让管理人员组成小组，在完成实际工作任务或解决具体问题的过程中学习管理技能。这种方法既强调通过"做中学"来积累管理经验，其优势在于能够将学习和工作融合，实现实际操作能力的提升；也可以促进团队合作，帮助受训者在实践中发现并弥补自身不足。

本章小结

培训与开发是现代企业实现人力资源优化配置的重要手段，通过系统的培训与开发活动，帮助员工提升知识、技能、态度和行为，满足企业现时与未来发展的需要。为了更好地满足战略需要，培训与开发应该遵循一定的流程，包括培训需求分析、培训方案设计、培训活动实施、培训转化及培训效果评估等。培训需求分析需从组织、任务和人员三个层面深入挖掘。在培训方案设计阶段，需要结合培训目标制定培训内容并选择适宜的培训讲师，明确培训形式、地点和时间等。在培训转化阶段，应帮助员工将所学知识和技能应用于实际工作。最后，在培训效果评估阶段，通过柯氏四层次(反应层、学习层、行为层和结果层)培训效果评估模型全面评估培训效果，为后续活动提供依据。

关键术语

培训与开发　　　　培训需求分析　　　　培训方案设计
培训效果评估　　　　案例分析法　　　　　情境模拟法
在岗培训　　　　　　脱岗培训　　　　　　新员工培训
管理人员培训　　　　柯氏四层次培训效果评估

思考题

1. 什么是培训与开发？试分析其对员工和企业的意义。
2. 如何结合组织分析、任务分析和人员分析进行全面的培训需求分析？
3. 设计一个完整的培训活动实施方案，需要包含目标、内容、时间、地点、讲师和方式的选择等内容。
4. 新员工培训的重点和注意事项有哪些？如何提升新员工的入职适应能力？
5. 针对管理人员培训，如何选择适宜的培训方法，并确保培训效果？
6. 柯氏四层次培训效果评估模型在培训效果评估中的应用是什么？如何结合实际案例运用这一模型？
7. 在企业实践中，如何推动培训成果向实际工作的转化？

案例7-1

华为大学的成功实践

华为大学成立于2005年，是华为公司内部专门设立的企业大学，肩负着培养全球化高级管理人才和技术专家、传承企业文化、推动战略落地的重要使命。通过系统化的人才培养体系和创新性的培训模式，华为大学已成为企业提升核心竞争力的重要支撑。

一、战略驱动的人才培养体系

华为大学紧密围绕公司的长期发展战略和短期业务需求，在课程设计和培训实施上注重与企业核心竞争力、技术创新及市场拓展的高度契合，确保培训内容能够服务于企业的战略目标和业务增长需求。所有课程均以推动战略落地、促进文化传承和提升员工能力为核心，形成了独特的"战略驱动+业务导向"模式。

华为大学根据员工职业发展阶段和岗位要求，建立了覆盖全员、分层分类的培养路径。以下是几项具有代表性的项目："种子计划"针对新入职大学生，帮助其快速融入企业文化，掌握基本技能，适应岗位要求；"明日之星"计划针对高潜力干部，提供系统的管理技能培训和领导力开发，帮助他们快速成长为未来的中坚力量；"蓝血十杰"计划更专注于高级管理层,提升其战略决策能力、全球化视野和创新管理水平。

二、多元化与创新性的培训方式与内容

在培训方式上,华为大学注重实战性和互动性,采用多种创新教学手段提升教学效果。在开展案例教学时,结合华为内部成功案例和失败教训,帮助员工深入理解企业运营和管理的本质。通过模拟真实情景开展角色扮演与沙盘模拟培训,提升员工的决策能力、问题解决能力和团队协作能力。通过行动学习,让员工参与实际项目管理和问题解决环节,培养其动手能力和应变能力。

选择培训内容时,华为大学密切关注行业动态和技术趋势,及时更新课程内容,确保员工的技术知识储备紧跟前沿科技的步伐。同时,鼓励员工参与技术研发和创新活动,通过企业大学的平台,实现技术和管理经验的迭代升级。

三、全球化视野与本地化实践

为了满足华为全球化布局,华为大学积极拓宽培训范围,在全球范围内设立分校和合作机构。例如,通过组织国内员工赴海外培训,帮助其了解国际商业环境和文化差异,培养全球视野。通过海外分校或合作机构,提供适应当地文化和市场需求的培训课程,培养适应性强的本地化人才。这一全球化与本地化相结合的培训策略,有效支持了华为在不同市场的快速发展,同时培养了一批具有国际视野和本地适应能力的员工。

四、培训成果的转化与激励机制

华为大学在培训效果转化方面注重激励与绩效挂钩。通过以下方式实现培训成果的价值最大化。一是绩效评估联动。培训结果与员工绩效考核和职业晋升直接关联,表现优秀的员工有机会获得晋升或物质奖励。二是学习型组织建设。通过构建全员学习的文化氛围,激发员工的学习动力,形成"学习促进发展"的正向循环。三是反馈与改进。华为大学根据培训后的反馈和实际应用效果,不断优化培训课程和方式,确保其持续改进和迭代。

华为大学的成功实践表明,企业大学不仅是人才培养的平台,更是企业实现战略目标、提升核心竞争力的重要工具。通过高度战略协同、创新培训模式、全球资源整合和持续改进,华为大学成为企业大学建设的典范。

请根据案例材料分析并思考以下问题:

(1) 华为建设企业大学的核心目的是什么?

(2) 华为大学在课程设计、培训实施和评估方面采取了哪些具体措施确保预期目标的实现?

(3) 企业大学在提升企业核心竞争力方面有哪些独特的价值?

(4) 面对日益复杂的国际环境和技术变革,华为大学应如何保持其培训的前沿性和适应性?

第八章
职业生涯规划与管理

学习目标

(1) 了解职业生涯的概念，认识职业生涯规划与管理对个体发展和组织发展的重要价值。

(2) 系统学习职业发展理论、职业发展性向理论、职业锚理论、特征-因素理论及职业决策模型理论，能够运用这些理论开展职业生涯规划。

(3) 掌握职业生涯规划的基本原则和程序，熟悉职业生涯通道管理的方式以及组织支持职业生涯发展的具体方法。

企业中的多数员工都渴望在工作中不断成长和发展，希望通过自身的努力实现自我价值，并推动职业生涯的进步。对于企业而言，将员工的个人价值实现与职业生涯发展有机结合，并与组织的战略规划保持一致，开展全面覆盖且系统、完整的职业生涯管理至关重要。通过有效的职业生涯规划与管理，企业能够有效减少因员工个人目标与组织目标偏离而导致的绩效损耗、动机下降等问题，从而实现员工目标与组织目标的协调一致。这是企业提高员工满意度和促进组织绩效双赢的重要手段。

职业生涯规划以实现个人发展最大化为目的，通过对个人兴趣、能力及发展目标的系统管理，帮助员工明确职业发展方向，并实现自我价值。职业生涯管理以推动组织的持续发展和战略目标达成为核心，通过为员工提供职业发展支持，促进其成长与进步，最终实现员工发展与组织发展的双向驱动。这种双向结合的管理模式不仅有助于增强员工对组织的归属感和职业满意度，还能有效提升组织竞争力，为企业的长期发展奠定坚实的人才基础。

第一节　职业生涯规划

一、职业生涯概述

(一) 职业

"职业"是一个历史悠久的概念。从字面来看，"职"代表社会职责、权利和义务等，"业"指个人从事的业务、事业与工作等。不同学者对职业的界定有所差异，具体如表8-1所示。

表8-1　不同学者对职业的核心观点

学者	核心观点
泰勒	一套成为模式的、与特殊工作经验有关的人群关系
塞尔兹	个体为获取持续收入而从事的具有市场价值的特殊活动
霍尔	个体工作经历的进展过程
保谷六郎	有劳动能力的个体为生活所迫而发挥个人能力、向社会做贡献的连续活动

不同领域的学者对"职业"的理解存在差异。社会学、经济学等领域对职业内涵的界定如表8-2所示。

表8-2　职业的内涵

学科领域	内涵界定
社会学	职业是社会分工体系中的一种社会职责
	职业是从事某种相同工作内容的职业群体
	职业与权利、利益紧密相联
	职业是国家确定和认可的
经济学	职业是社会分工体系中劳动者所获得的一种劳动角色
	职业是一种社会性的经济活动
	职业具有连续性和稳定性
	职业具有经济性

总体来看，职业是指个体通过参与社会分工，运用专业知识、技术和能力，为社会创造精神和物质财富，并获得经济报酬和精神满足的一种活动形式。其核心特征包括相对稳定性、经济性、社会性与动态发展性。职业是个体生活方式、文化水平、行为模式的综合体现，是其掌握的权力、义务、职责等的一般性表征。值得注意的是，职业并非静态概念，而是动态发展、持续变化的过程。

职业具有以下6个特征：①同一性。职业的同一性指具有相同职业的群体会因职业习惯而形成同一性的行为模式，具备共同的思维特征等。②差异性。职业的差异性指不同职业在职业活动内容、个人行为模式、职业社会心理等方面有很大的差异。随着社会分工的进一步细化，职业差异也随之不断加大，这种差异导致了人们在职业转换中的矛盾。③市场性。职业的市场性指职业选择也符合一定的市场规律。具体而言，当特定职业处于供大于求的市场状态时，其可以享受的待遇、条件等相对较差，选择该职业的人员数量会相对减少，反之亦然。④社会性。职业的社会性指职业的存在需要得到社会的认可和国家的认同，因为职业本身就是一种社会性的活动。⑤广泛性。职业的广泛性指职业涉及社会的政治、经济、文化、道德心理等众多领域。可以说，社会的方方面面无不与职业发生着广泛而紧密的联系。⑥时代性。职业的时代性是指随着时代的发展，职业在不断发生变化，有的职业已经被历史淘汰，新的职业也在不断出现，个人职业的选择在一定程度上受到时代的影响。

根据《中华人民共和国职业分类大典》，我国职业可划分为8大类、66个中类、413个小类和1838个细类，如表8-3所示。

表8-3 职业的分类

大类	类别	中类	小类	细类(职业)
第一大类	国家机关、党群组织、事业单位负责人	5	16	25
第二大类	专业技术人员	14	115	379
第三大类	办事人员及有关人员	4	12	45
第四大类	商业、服务业人员	8	43	147
第五大类	农、林、牧、渔、水利业生产人员	6	30	121
第六大类	生产、运输设备操作人员及有关人员	27	195	1119
第七大类	军人	1	1	1
第八大类	其他从业人员	1	1	1

(二) 职业生涯

职业生涯是一个动态发展的概念，占据了个体一生的重要阶段。它不仅涵盖了过去和当前的职业发展过程，还包括对未来职业生涯的期许。具体而言，职业生涯从个体认知前的职业学习阶段开始，贯穿职业发展全过程，最终止于职业生涯的结束。根据道格拉斯·霍尔(Douglas T. Hall)的定义，职业生涯是一个人一生工作经历中活动和行为的总和，即职业轨迹。职业生涯的目标是通过职业发展实现个体的全面成长，满足人生需求。

职业生涯可分为内职业生涯和外职业生涯两部分。内职业生涯指个体从事一项职业时所具备的知识、观念、心理素质、能力、内心感受等因素的组合及其变化过程，是个体通过提升自身素质与职业技能而获取的个人综合能力、社会地位及荣誉的总和。外职业生涯指个体从事职业时的工作单位、工作地点、工作内容、工作职务、工作环境、工资待遇等外部因素的组合及其变化过程，其特征在于既可由别人给予，也可被他人撤回。内职业生涯的发展是外职业生涯发展的前提，内职业生涯发展带动外职业生涯的发展，两者关系如表8-4所示。

表8-4 内外职业生涯之间的关系

关系	详细说明
内职业生涯决定外职业生涯	内职业生涯的状况是外职业生涯的状况、性质和形式的前提
	内职业生涯发展的要求推动了外职业生涯的突破
外职业生涯对内职业生涯的反作用	外职业生涯的条件与机会有力推动内职业生涯的发展
	当外职业生涯不适合内职业生涯发展要求时,会阻碍内职业生涯的发展

职业和职业生涯是个体生活中至关重要的组成部分。通过明确职业的定义与特征,以及内外职业生涯的互动关系,企业与个人均能更好地规划职业发展,最大限度地实现个体与组织的共同目标。

二、职业生涯规划概述

职业生涯规划是个体结合自身性格、能力、兴趣等特征,通过对个人与外部环境的全面分析,设计出一条能够充分发挥特长、实现自我价值的发展路径,同时将其与社会和组织的需求紧密结合,制订实现职业目标的详细计划和措施。有效的职业生涯规划既能提升个体的职业满足感,又能帮助组织优化人力资源配置,从而实现个体与组织的双赢。

职业生涯规划通常包括以下关键步骤(见图8-1)。首先,通过对个体兴趣、能力、价值观等内在特质的系统分析,明确自身优势与潜在发展方向。其次,识别行业动态、职业需求、市场趋势等外部机会与挑战。再次,结合自我评估与环境分析,设定符合个体价值观和能力的长期职业目标与阶段性目标,要综合把握目标取向、能力取向和机遇取向。之后,细化行动步骤,明确具体任务、资源需求及时间安排等。最后,将职业发展路线付诸实践,并根据内外部环境变化和实施效果进行动态调整。

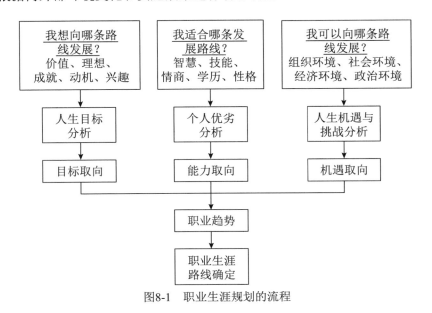

图8-1 职业生涯规划的流程

总体来看，职业生涯规划以心理、生理、智力、技能及伦理等人的潜能开发为基础，以岗位的工资待遇、职称职务等岗位相关特征为外部标志，以满足自身发展与组织发展为双重目标，在组织中存在如图8-2所示的职业生涯的发展路径。

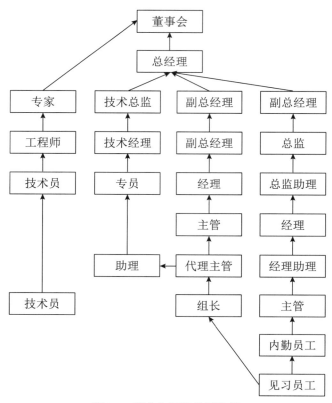

图8-2 职业生涯的发展路径

职业生涯规划有以下特征：第一，个体与组织互动结合。职业生涯规划并非强加于员工的管理工具，而是员工在内在动力驱使下，结合社会和企业的发展利益，依据现实条件和机会制定的个人发展方案。第二，规划的可变性。职业生涯规划是有机的、动态的、逐步展开的过程，而不是机械的、固定不变的。随着职业经历、体验、社会环境及个人目标的变化，职业生涯规划需要灵活调整方向和策略，确保其适应性和持续性。第三，解决问题的有限性。虽然职业生涯规划能够帮助个体明确职业发展路径，解决职业发展中的某些问题，但它无法涵盖所有个体可能面临的挑战。职业生涯规划的重点在于预测问题、确定方向，而非给出一劳永逸的解决方案。第四，职业生涯规划的现实性。职业生涯规划的成功不仅取决于个人努力，还依赖于目标与现实的协调性。在职业生涯规划过程中，需要充分考虑市场需求、行业发展、岗位特性等现实因素。第五，基于个人能力的规划。任何职业生涯规划都需要以个人能力为基础，强调对个人能力的深刻认知和动态调整。在此过程中，个体的能力提升决定了职业选择的空间与高度。

为了确保职业生涯规划的有效性，应严格遵守实事求是、清晰性、激励性、长期性等原则。①实事求是原则。职业选择需要结合个人特质与现实环境，选择切实可行的途径，避免不切实际的目标。②清晰性原则。职业生涯目标应明确，规划步骤应具体，包括阶段性目标的清晰描述和执行步骤的具体细化。③激励性原则。目标设置一定要具有一定的挑战性，与个体兴趣和爱好相符，从而激发个体持续学习和努力的内在动力。④长期性原则。职业生涯规划应注重长期目标，而不能仅关注短期收益，强调个人职业发展和长期成就之间的联系。

总体来看，职业生涯规划的核心目标是实现个体发展与组织发展的有机结合。对个体，帮助其明确职业方向、提升职业能力、实现自我价值与职业成就感；对组织，通过优化员工技能与岗位匹配度实现整体绩效提升、竞争优势获取和强大的人才吸引力。因此，职业生涯规划的成功需要个人与组织的共同努力，通过动态调整和持续评估，促进个体与组织在变化环境中的共同成长和发展。

第二节　职业生涯规划的理论

职业生涯规划理论为组织和个体开展职业生涯规划提供了系统框架，有助于深刻理解职业选择和发展的一般性规律。本节从多种经典理论入手，阐述了职业发展的不同视角和应用实践。

一、职业发展理论

唐纳德·萨帕(Donald Super)将"职业"视为"自我概念"，提出职业发展是一个持续"妥协"和"自我概念"演进的过程。萨帕认为：①人的才能、兴趣和人格各不相同，会因此而适合不同职业。②各种职业均有一系列对人的才能、兴趣和人格等的特定要求，但职业与个体均有一定的改变余地。③人们对特定职业的偏好和个体所具备的自我概念、所处的生活与工作情境等都会随时间和经验的改变而改变，这使得职业选择与调适呈现渐变特征。④职业生涯模式的不同性质，由个体不同的家庭地位、经济状况、智力水平、人格特征，以及个人的机遇所决定。⑤职业发展各阶段均可通过指导而加以改善，是自我完善、折中调和的过程。

整体而言，人的职业生涯大致可分为5个阶段：①成长阶段(0~14岁)，以幻想、兴趣为中心，对所理解的职业进行选择与评价的过程，其主要任务是基于想象力对不同职业开展评估，形成兴趣、爱好及职业倾向等。②探索阶段(15~24岁)，逐步对自身的兴趣、能力以及对职业的社会价值、就业机会进行综合考虑，初次进入劳动力市场或开始从事某种职业。在这一阶段，主要任务是在一个理想组织中获得一份工作或学到足够的知识、技能、信息后选择适宜的工作。③确立阶段(25~44岁)，此阶段对选定职业进行尝试、调整并逐步稳定，主要任务是学习职业技术、提高工作能力、学习组织规范、学会协作与共处后逐步适应职业与组织并期望职业成功。④维持阶段(45~64岁)，劳动者在工作中已经取得了一定成就，职业生涯中已取得了一系列进步，主要是维持现状并提升社会地位。在这一过程中,个体也会对早期职业生涯重新评估,强化或转变职业理想,为中年生活做适当选择,在工作中再接再厉。⑤衰退阶段(65岁及以后),职业生涯接近尾声或退出工作领域的阶段。此时,精力、体力等都逐渐减退,也逐步退出职业劳动领域,主要任务是调整心态,做好退休后的打算。

二、职业发展性向理论

美国职业指导专家约翰·霍兰德(John Holland)提出职业发展性向理论,以人格类型与职业环境的匹配为核心,认为职业选择是个体人格类型与职业类型相契合的结果。在此观点下,霍兰德提出了以下基本假设:①人的个性可分为六种类型:实际型、研究型、艺术型、社会型、企业型和常规型。②职业可划分为相应的六大基本类型,任何职业都可以归属于六种类型的一种或几种类型的组合。③人们一般倾向于寻找与个性类型一致的职业类型。④个人的行为取决于其个性与所处的职业类型,包括职业选择、工作转换、工作绩效,以及教育和社会行为等。在以上四个假设的基础上,霍兰德提出了图8-3所示的职业发展性向理论六边形模型。

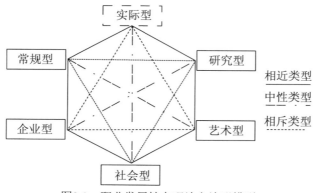

图8-3 职业发展性向理论六边形模型

图8-3中,六边形的六个角分别代表霍兰德所提出的六种类型:社会型、企业型、常规型、实际型、研究型、艺术型。六种职业发展性向类型之间具有一定的内在联系。按照彼此相似程度定位,相邻两个维度在各种特征上最相近,相似程度最高。距离越远,两个维度之间的差异越大,相关程度越低。根据霍兰德的职业发展性向理论,不同职业类型的共同特征、适合的职业特征及典型职业并不相同,如表8-5所示。

表8-5 霍兰德的职业发展性向理论

职业类型	共同特征	适合的职业特征	典型职业
社会型	喜欢与人交往、不断结交新朋友、善言谈、愿意教导别人;关心社会问题、渴望发挥自己的价值;寻求广泛人际关系,比较看重社会义务和社会道德	与人打交道的工作,能够不断结交新朋友,需要向其他人提供信息、启迪、帮助,完成培训、开发等事务工作	教育工作者(教师、教育行政人员)、社会工作者(咨询人员、公关人员)

续表

职业类型	共同特征	适合的职业特征	典型职业
企业型	追求权力、权威和物质财富，具有领导才能；喜欢竞争、敢冒风险、有野心，有抱负；为人务实，习惯以利益得失和权力、地位、金钱等来衡量做事的价值，做事有较强的目的性	具备经营、管理、劝服、监督和领导才能，以实现机构、政治、社会及经济目标	项目经理、销售人员，营销管理人员、政府官员、企业领导
常规型	尊重权威和规章制度，喜欢按计划办事，细心、有条理，习惯接受他人的指挥和领导，自己不谋求领导职务；喜欢关注实际情况和细节情况，通常较为谨慎和保守，缺乏创造性，不喜欢冒险和竞争，富有自我牺牲精神	适合注重细节、精确度，有系统、有条理，能够根据特定要求或程序组织数据和文字信息的职业	秘书、办公室人员、记事员、会计、行政助理、图书馆管理员、出纳员、打字员、投资分析员
实际型	愿意使用工具从事操作性工作，动手能力强，手脚灵活，动作协调；偏好于具体任务，不善言辞，做事保守，较为谦虚；缺乏社交能力，通常喜欢独立做事	适合使用工具、机器，需要基本操作技能的工作；要求具备操作机械方面的才能、体力，对与物件、机器、工具、运动器材、植物、动物相关的职业有兴趣	技术性职业(计算机硬件人员、摄影师、制图员、机械装配工)、技能性职业(木匠、厨师、技工、修理工、农民、一般劳动)
研究型	思想家而非实干家，抽象思维能力强，求知欲强，肯动脑，善思考，不愿动手；喜欢独立的和富有创造性的工作；知识渊博，有学识和才能，不善于领导他人；考虑问题理性，做事喜欢精确，喜欢逻辑分析和推理，不断探讨未知的领域	适合智力的、抽象的、分析的、独立的定向任务，具备智力或分析才能，并能将其用于观察、估测、衡量、形成理论、最终解决问题	科学研究人员、教师、工程师、计算机编程人员、医生、系统分析员
艺术型	有创造力，乐于创造新颖、与众不同的成果，渴望表现自己的个性，实现自身的价值；做事理想化，追求完美，不重实际；具有一定的艺术才能和个性；善于表达，怀旧，心态较为复杂	具备艺术修养、创造力、表达能力和直觉，并能将其用于语言、行为、声音、颜色和形式的审美，不擅长事务性工作	艺术方面(演员、导演、艺术设计师、雕刻家、建筑师、摄影家、广告制作人)、音乐方面(歌唱家、作曲家、乐队指挥)、文学方面(小说家、诗人、剧作家)

三、职业锚理论

埃德加·沙因(Edgar Schein)提出"职业锚"的概念，将其定义为自我意向的习得部分，由习得的实际工作经验所决定，是达到自我满足和补偿的长期、稳定的职业定位。沙因认为存在五大类型的职业锚，包括技术职能能力型职业锚、管理能力型职业锚、安全型职业锚、自主型职业锚和创造型职业锚。

(1) 技术职能能力型职业锚的员工有特有的职业工作追求、需要和价值观，适合强调实际技术或某项职能业务工作。技术职能能力型职业锚的员工热爱自己的专业技术或职能工作，注重个人专业技能发展，多从事工程技术、营销、财务分析、系统分析、企业计划等工作。

(2) 管理能力型职业锚的员工愿意承担管理责任，且责任越大越好。与不喜欢，甚至惧怕全面管理的技术职能能力型职业锚的员工不同，管理能力型职业锚的员工倾心于全面管理，掌握更大的权力，肩负更大的责任，具体的技术工作或职能工作仅仅被看作通向更高、更全面管理层的必经之路。他们从事一个或几个技术职能区工作，只是为了更好地展现自己的能力。

(3) 安全型职业锚，又称稳定型职业锚，职业的稳定和安全是这一类职业锚员工的追求、驱动力和价值观。他们的安全取向主要分为两种：一种是追求职业安全，稳定源和安全源主要是一个给定组织中的稳定的成员资格，例如大企业组织的安全性高，则其成员稳定系数高；另一种是注重情感的安全与稳定，例如使家庭稳定和使自己融入团队。

(4) 自主型职业锚，又称独立型职业锚，该类职业锚员工的特点是最大限度地摆脱组织约束，追求能施展个人职业能力的工作环境，且认为组织生活太限制人，是非理性的，甚至侵犯了个人私生活。他们追求自由自在、不受约束或少受约束的工作与生活环境。

(5) 创造型职业锚，在某种程度上同其他类型的职业锚有重叠。追求创造型职业锚的人要求有自主权，能施展自己的才干。但是，这些并不是他们的主要动机和主要价值观，创造才是他们的主要动机和主要价值观。

沙因认为，通过职业锚，可以有针对性地为员工开展职业生涯规划，最大限度地激励员工。判定个体是否找到职业锚的标志是个体能否清晰地回答以下有内在联系的三个问题：①我到底要干什么？②我实际能干什么？③我为什么要干？

四、特征-因素理论

特征-因素理论，又称人职匹配理论，由弗兰克·帕森斯(Frank Parsons)提出，强调人格特质与职业发展的紧密关系，即以个人特质为重要指标进行职业选择。其中，特质指个人的身体状况、能力倾向、兴趣、价值观和人格等，均可通过心理测试工具加以测量。帕森斯认为，个体职业生涯设计具有三要素模式。

(1) 评价求职者的生理和心理特点，通过心理测试及其他测评手段，获得有关求职者的身体状况、能力倾向、兴趣与爱好、气质与性格、自身局限和其他特质等方面的个人资料，并通过会谈、调查等方法获得有关求职者的家庭背景、学业成绩、工作经历等情况，并对这些资料进行评价。

(2) 分析各种职业对人的要求并向求职者提供有关的职业信息，包括：各种职业必备的条件及所需的知识；职位要求的最低条件(如学历要求、所需的专业、身体状况、年龄、各种能力以及其他心理特点的要求)；职业的性质、工资待遇、工作条件，以及晋升的可能性；为准备就业而设置的教育课程计划，以及提供这种教育的机构、学习年限、入学资格和费用等；在不同工作岗位上的优势、不足和补偿、机会、前途等。

(3) 上述两者的平衡，指导人员在了解求职者的特质和职业的各项指标的基础上，帮助求职者进行比较与分析，以便选择一种既适合其个人特点又能在职业上取得成功的工作。

特征与因素匹配理论的三要素模式被广泛应用于职业设计，并得到不断地发展和完善，形成职业选择和职业指导过程的三个步骤：第一步，进行人员分析，评价个体的生理和心理特征。第二步，分析职业对人的要求，并向求职者提供有关的职业信息。第三步，人职匹配，个人在了解自己的特点和职业要求的基础上，基于职业指导者的帮助，选择一项既适合自身特点又有可能获得成功的职业。

五、职业决策模型理论

个体在进行职业决策时会受到不同因素的作用，这一过程大致由以下三种模型构成。

(1) 描述型模型。该模型认为，职业生涯决策是不断递进、深化的完整过程，在参与阶段完成探索、定型、抉择、证实等工作，在履行和调整阶段完成定向、变动、调整等工作。

(2) 诊断型模型。该模型认为，职业生涯决策时应综合运用科学方法，在强调主体价值观、期望值和客观可能等要素重要性的同时，循环往复地进行理性决策，测算决策的收益和成本之比并选择最优方案。

(3) 描述与诊断混合型模型。综合以上两种模型的特征，该模型认为谨慎的决策者具有以下特征：①对各种选择方案进行广泛而全面的考虑；②审查各种方案的价值和目标；③认真权衡各种选择方案的利弊；④获得相关信息；⑤吸收所有得到的新信息；⑥决策之前对选择方案进行反复审视；⑦为实施方案准备条件。

总体来看，职业决策模型理论运用经济决策原理分析和研究职业决策行为，为编制职业决策能力量表和计算机辅助指导提供了理论基础。

第三节 职业生涯规划的原则和流程

职业生涯规划是个体基于对自身特点及外部环境的系统分析，明确职业目标、制定实现路径和行动计划的系统性活动。它不仅关乎个人职业发展，也对组织战略目标的达成起到重要支持作用。

一、职业生涯规划的原则

制定职业生涯规划时，应遵循以下原则：①符合兴趣与爱好。兴趣是职业发展的原动力,也是职业满意与成功的基础。选择符合兴趣的职业,择己所爱,选择自己所喜欢的职业。②扬长避短,发挥优势。个体在职业选择时应注重发挥自己的优势,通过分析自身能力和职业要求的匹配性,最大化个人贡献和职业成就。③充分考虑社会所需。社会需求是职业发展的重要基础,选择符合社会发展趋势的职业有利于个人职业生涯的持续发展。④个体收益最大化。职业的根本目的是谋求幸福。选择职业时,应综合考虑个人收入、社会地位及长远发展,在个人利益与社会需求之间找到平衡点,从而实现收益最大化。⑤明确职业锚。职业锚是个体职业选择时不可妥协的核心价值观、需要和才能。找到自己的职业锚,是制定职业生涯规划的基础。

二、职业生涯规划的流程

职业生涯规划的流程如图8-4所示,主要包括以下步骤。

(1) 自我认识与职业定位。自我认识是职业生涯规划的第一步,旨在回答"我是谁""我能干什么""我想要做什么"等问题。全面评估自身的兴趣、特长、性格、学识、技能、智商、情商、思维方式与方法、道德水准,以及社会中的自我等,同时识别劣势,为后续的职业定位和职业目标设定提供基础。

职业定位是职业发展的前提,包括对感兴趣行业的选择和职业目标的明确。个体在企业中的发展路径可分为三类:①纵向发展,即员工职务等级由低级到高级的提升;②横向发展,指在同一层次不同职务之间的调动,有助于拓宽经验范围;③向核心方向发展,提高决策参与度,强化专业性。

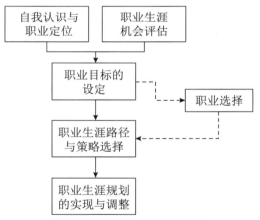

图8-4 职业生涯规划的流程

(资料来源:董克用,李超平. 人力资源管理概论[M]. 5版. 北京:中国人民大学出版社,2019.)

(2) 职业生涯机会评估。职业生涯机会评估主要回答"什么可以干"的问题,可参照SWOT分析法对外部机会和威胁开展系统分析,主要因素包括:①家庭环境,主要包括家庭关系(如夫妻关系、父子关系、婆媳关系等)、家庭生活环境、家庭经济状况、孩子学业情况、家庭成员健康状况等。②同事情况,特别是与自身工作密切相关的同事,包括年龄层次、家庭背景、性格、情商、学历、专业技术职称、工作能力、工作业绩、竞争优势及未来打算等。③组织环境,主要涉及组织规模和组织结构,组织文化、组织氛围和人际关系状况,组织发展战略和发展态势,组织政策和制度,组织人力资源开发与管理状况(如人力资源需求、晋升发展政策、薪资和福利、教育培训、工作评估等),工作设施条件和工作环境。其中,最关键的是组织文化、管理制度、领导者素质。④社会环境,主要涉及表8-6中的内容。⑤经济环境。在经济发展水平高的地区,企业相对集中,优秀企业也比较多,个人职业选择的机会就比较多,有利于个人职业发展;反之,在经济落后地区,个人职业发展也会受到限制。因此,可以通过经济改革状况、经济发展速度、通货膨胀率、经济建设状况、国际贸易状况等了解经济环境。⑥技术和企业变迁。随着信息技术的发展与知识经济的到来,企业的形态出现急剧变化,企业发展呈现信息化、全球化、分散化、虚拟化、扁平化、小型化与多元化的特点和趋势,也对员工的职业生涯规划产生重要影响。

表8-6 社会环境因素及说明

社会环境因素	说明
社会政策	主要指人事政策和劳动政策
社会变迁	例如,知识经济和信息社会的发展,会对人的职业生涯产生较大影响
社会价值观	一个人的思想发展、成熟的过程,其实就是认可、接受社会主体价值观的过程。社会价值观正是通过影响个人价值观而影响个人的职业选择的
科技的发展	科技的发展会带来理论的更新、观念的转变、思维的变革、技术的进步,而这些都是职业生涯规划中不可缺少的要素
社会文化环境	包括教育条件和水平、社会文化设施等,在良好的社会文化环境中,个人能受到良好的教育,从而为职业发展打下基础

(3) 职业目标的设定与职业选择。经过自我认识和对外部环境的分析,员工可以在自身理想的基础上初步确定既有挑战性又有现实性的职业生涯目标,这也是职业生涯规划的关键所在。明确职业目标后,个体应该做出职业选择,即职业生涯规划的一种蓝图式指导性计划,需要综合考虑工作价值观、兴趣、爱好、性格与职业的匹配、职业锚、内外部环境与职业适应性等。职业性格类型及其对应的典型职业如表8-7所示。

表8-7 职业性格类型及其对应的典型职业

类型	表现	职业举例
服从型	喜欢按照别人的指示办事,不愿意自己做出决策	秘书、办公人员、翻译人员等
独立型	喜欢计划自己的活动和指导别人的活动	管理人员、警察、律师等
协作型	在与人协同工作时感到愉快	社会工作者、咨询人员等
孤独型	喜欢独立工作,不愿与人交往	校对员、排版员、雕刻师等
重复型	偏好重复的、有标准的工作	纺织工、装配工、机床工等
变化型	在新工作环境中感到愉快,追求工作内容多样化	记者、推销员、演员等
经验型	喜欢处理能直接经历和直接感觉到的事情	采购员、批发商、供应商等
事实型	喜欢用调查、统计数据来说明问题	化验员、检验员、科学工作者
明智型	临危不惧,镇定自如,自我控制力强	飞行员、消防员、驾驶员等

续表

类型	表现	职业举例
劝服型	善于表达自己的观点,以及影响别人的态度和观点	辅导员、行政人员、作家等
严谨型	注重细节,按部就班地把工作做得尽可能完美	会计、出纳、统计、档案管理等
自我型	喜欢根据感情选择工作,通过工作表达理想	诗人、演员、音乐家、画家等

(4) 职业生涯路径与策略选择。确定职业目标和职业选择后,个体应对自身的职业生涯路径做出选择,需要思考以下三个问题:①我想向哪条路线发展;②我适合哪条发展路线;③我可以向哪条路线发展。这三个问题的答案可以帮助个体决策最佳职业生涯路线。

明确了"我想向哪条路线发展"的答案后,个体应该思考"我该如何沿着这一路径达成职业目标",明确具体的职业生涯策略,包括工作、训练、教育、轮岗等措施,以及一些前瞻性准备,如参加进修班学习、掌握额外技能或专业知识、明确学习与提升计划等。职业生涯策略一般较具体,应有很强的可行性。

(5) 职业生涯规划的实现与调整。个体应周期性审视内在和外在环境的变化,及时调整既定生涯规划,不断修正和完善职业规划。职业生涯规划评估与修订的内容包括职业的重新选择、职业生涯路线的选择、人生目标的修正、实施措施与计划的变更等。

第四节　职业生涯管理

一、职业生涯管理概述

职业生涯管理是企业通过制定科学的职业发展阶梯,将员工的个人成长需求与组织的战略目标相结合的一种系统管理活动。除了薪酬等物质激励手段,在组织中实现自我价值和职级晋升,是个体员工最认可的激励手段之一。当员工在企业中看到明确的发展前景,并能够沿着既定轨道实现职业目标时,其工作热情和潜能会被充分激发,从而提高工作效率,实现企业与个人的双赢。

职业生涯管理的核心在于根据企业战略需求、人力资源现状及岗位资源,为员工提供职业发展参考和支持。科学的职业生涯管理不仅能帮助员工全面认识自己,明确发展方向,还能帮助企业打造一支高效、忠诚的团队。

科学的职业生涯管理对员工具有以下积极意义:①帮助员工准确评估自身特点与优势,减少焦虑情绪,促进职业发展机会的获取;②明确奋斗方向,提高工作与生活效率,更易获得成就感;③增强自信和自主能力,使员工掌握职业发展方向,不轻易受到外界干扰;④提升个人价值感,实现自我增值,同时为他人带来积极影响;⑤减小目标与现状的差距,准确定位职业方向,增强职业竞争力;⑥将个人、事业与家庭有机结合,助力员工成为更全面的"社会人"。

科学的职业生涯管理对企业的价值体现在：①吸引和留住优秀人才。掌握专业技术的员工通常对个人成长和职业发展有较高要求。如果他们仅视自己为企业的"高级打工者"时，往往很难形成对企业的忠诚感。企业需要为员工提供公平的报酬、清晰的职业发展路径，使员工对未来充满信心，从而激发其忠诚度和贡献意愿。②激发职业动机。职业动机由职业弹性、职业洞察力和职业认同感构成。职业弹性指员工应对工作挑战和环境变化的能力。职业洞察力包括对自己兴趣、优势和不足的认知程度及其与职业目标的关联。职业认同感反映员工对个人价值和企业使命的认可程度。具有高职业动机的员工不仅能快速应对外界变化，还会主动学习新技能，努力提升自己，为企业创造更多价值。③促使企业可持续发展。职业生涯管理帮助员工发现职业机会并制订职业发展计划，从而激发其潜在创造力和适应能力。员工的成功将为企业整体发展提供动力，从而提升企业的创新能力和市场竞争力。

二、职业生涯通道管理

职业生涯通道是组织内部员工职业发展与晋升的标准路径，构建清晰的职业生涯通道是企业人力资源管理的重要内容。完善的职业生涯通道能够协调组织内部的岗位资源配置，使能力和兴趣不同的员工找到各自适合的晋升路径，避免岗位或职级拥挤带来的问题。一般而言，人力资源管理应该建立多元化职业生涯通道，为同一个员工提供职务等级和职能等级两种不同的职业生涯通道，即一位员工既可以选择成为企业中的管理者，也可以选择成为企业中具有核心专长和技能的专家，专家在企业中也可以获得和管理者同样的报酬、待遇、权限、地位和尊重。

优秀的职业生涯通道管理需要综合考虑以下因素：通道的宽度、速度和高度。职业生涯通道宽度指员工可以晋升的岗位或部门范围，宽泛的通道通常适用于管理类职业，需要员工具备较强的综合能力。职业生涯通道速度指员工在通道中晋升的时间长短，通常依据员工能力、绩效表现而定。无论是破格晋升还是正常晋升，都应有具体、明确的政策依据。职业生涯通道高度指员工在组织中晋升的层级空间，决定其未来职业发展的最高可能。

拓展阅读

女性职场"天花板"现象

女性职场"天花板"现象指职场中一种普遍存在的无形障碍，限制了女性在职业生涯中晋升到高级管理层或获取与男性同等的薪酬与领导地位。这种现象广泛存在于各类组织中，即使女性在教育背景、专业技能等方面不逊色于男性，也往往在晋升高层职位时遇到瓶颈，难以进入高层决策层或董事会。

导致女性职场"天花板"现象的主要因素包括：①性别偏见。传统的性别角色认知使部分人认为女性在领导力、决断力等方面不及男性，导致女性在竞争高层职位时处于劣势。②家庭责任期待。社会对女性在生育、育儿等家庭责任上的期待较高，使许多女性在职业发展关键期被迫中断职业发展或削减职业投入。③文化与制度环境。企业文化中存在隐性的性别歧视，缺乏对女性晋升的有效支持系统。此外，相关法规政策可能未能充分保障女性职场平等权益。④人脉网络的排他性。高层领导通常通过自身的社交网络选拔接班人或重要岗位候选人，这些网络由于过往通常以男性为主，女性难以获得平等机会。⑤心理预期与自我设限。部分女性因社会刻板印象影响，对自身突破职场"天花板"的能力产生怀疑，进而降低其职业自信和追求更高职位的动力。

为打破女性职场"天花板"，许多企业和组织已采取以下措施：①建立公平的人才选拔机制。实施透明化、标准化的晋升和选拔流程，减少主观偏见对女性晋升的不利影响。②提供平等的职业发展机会。为女性员工制定明确的职业发展路径，提供高层管理岗位的培训与发展。③实施灵活的工作安排。通过弹性工作时间、远程办公等措施，帮助女性平衡工作与家庭责任。④加强性别平等意识培训。在企业内部推广性别平等文化，提升管理层和员工的性别敏感性，消除隐性的性别歧视。⑤推动董事会多元化。鼓励企业设定明确的性别多元化目标，确保女性在决策层中的数量比例逐步提高。⑥完善法律法规。强化性别平等立法和执法力度，为女性提供更全面的职场权益保护。

近年来，全球范围内多个国家和地区正积极推进女性在职场的全面参与。一些国家已通过法律强制企业董事会实现性别平等，部分国际领先企业通过设立女性领导力项目已取得显著成效。这些实践表明，打破女性职场"天花板"现象不仅能够帮助女性实现个人职业目标，还能显著提升组织的多元化水平与创新能力。

根据职业生涯通道的宽度、速度和高度，职业生涯通道的模式可分为传统模式、横向模式、网状模式和双重模式。

(1) 传统职业生涯通道模式。该模式以纵向晋升为主，员工在同一职能部门内逐步晋升，如公务员晋升体系，晋升方向明确，但较为单一，缺乏灵活性和激励性。

(2) 横向职业生涯通道模式。该模式鼓励员工通过调动、轮岗等方式拓展职业发展机会，适合职业发展中期的员工，有助于丰富其工作经验，为未来发展奠定基础。

(3) 网状职业生涯通道模式。该模式将传统模式与横向模式相结合，拓宽了员工的职业发展路径，减少了职业路径堵塞的可能。但是，因为该模式的灵活性较强，对员工而言缺少一定的清晰度。

(4) 双重职业生涯通道模式。该模式是企业中普遍采用的模式，提供管理和技术两种晋升路线。沿着管理类职业生涯通道，员工可以晋升至相对较高的管理岗位；对于某些不愿意从事管理岗位但技术突出的员工，则可以选择技术类职业生涯通道。两者在薪酬、职位、待遇等方面是平等的。该模式满足了具有不同职业兴趣和能力的员工的需求，实现了薪酬与地位的公平性，是吸引和保留高素质人才的有效方式。

三、职业生涯管理方式

职业生涯管理是企业帮助员工规划和发展职业路径的关键手段，主要包括职业生涯咨询与辅导、员工能力开发计划,以及定期或不定期的检查与评估。通过这些方式,企业可以为员工提供有效支持,帮助其在组织中实现职业目标。

(一) 职业生涯咨询与辅导

职业生涯咨询与辅导是一种专家诊断与服务,通过对员工的职业选择与发展提供指导,帮助其做好职业准备,优化技能,明确职业发展方向。这种服务通常由企业专门的职业发展辅导机构提供,相关责任由人力资源管理部门、直接主管或资深员工承担。

开展职业生涯咨询与辅导时,应根据员工职业发展阶段提供差异化、分阶段辅导。在职业规划前期,要协助员工了解企业发展方向、组织结构变化和工作需要,帮助其收集员工职业生涯的相关信息。在职业规划制定期,应参与制订员工的工作安排与安置计划,与员工深入讨论,明确职业发展方向。在职业规划执行期,应跟进与反馈员工的职业生涯规划实施情况,并提供资源协调和问题解决支持。

通过差异化的职业生涯咨询与辅导,企业能够在员工职业生涯的不同阶段提供精准帮助,确保职业生涯规划的有效实施。

(二) 员工能力开发计划

员工能力开发计划是企业为支持员工实现职业发展目标而设计的系统化的能力提升措施。该计划通常涵盖工作实践、工作轮换、业务指导等内容。工作实践可以通过增加工作内容等为员工现有工作增加挑战性和责任感,例如安排员工执行特别项目、在团队内变换角色、为顾客提供新服务等。工作轮换通过跨职能领域的轮岗或部门内部的岗位流动,帮助员工积累不同领域的经验,例如,在营销部门与运营部门之间调动,或在同一部门中尝试不同岗位的工作。业务指导指企业匹配有丰富经验和高效生产力的资深员工为缺乏经验的员工提供业务培训和实践指导。通过这些实践活动,企业能够全面提升员工能力,激发其职业潜能,为组织和员工的共同发展奠定坚实基础。

(三) 定期或不定期地检查与评估

职业生涯管理中的检查与评估是一个动态调整与优化的过程,用于应对内外部环境的变化以及员工个人状态的变化。由于职业生涯规划的实施受到诸多不确定因素的影响,偏离初始目标的可能性较大,因此需要通过定期或不定期地检查与评估来修正职业发展方向。一方面,企业与员工应持续关注环境变化,包括社会、组织和个人因素,定期回顾职业生涯规划的执行效果,识别过程中存在的问题并做出调整。另一方面,通过自省和回顾,企业和个体可以检验职业生涯规划是否符合实际情况,同时评估目标实现的可能性。这一过程不仅能发现偏差,还可以找到新的职业发展机会,进一步优化职业目标。因此,定期或不定期地检查与评估能够帮助员工更新对自我和社会的认知,促使员工主动思考职业发展进程,及时调整职业发展方向,确保职业生涯规划与环境的动态适配,并提升职业生涯管理的科学性与实效性。

本章小结

职业生涯规划是个体基于自身特点和外部环境，明确职业目标并制定实现路径的过程。科学的职业生涯规划能够帮助员工协调个人发展目标与组织战略利益，最终实现企业与员工的双赢。职业生涯规划的核心理论包括职业发展理论、职业发展性向理论、职业锚理论、特性-因素理论、职业决策模型理论等。在实践中，职业生涯规划的流程包括自我认识与职业定位、职业生涯机会评估、职业目标的设定与职业选择、职业生涯路径与策略选择、职业生涯规划的实现与调整等。从企业角度看，职业生涯管理通过设置职业生涯通道等，为员工职业发展提供支持。企业应根据职业生涯通道的深度、速度和高度，选择适合的职业生涯通道模式，包括传统模式、横向模式、网状模式和双重模式。此外，职业生涯管理包括职业生涯咨询与辅导、员工能力开发计划，以及定期或不定期的检查与评估等方式。通过这些管理手段，企业能够有效提升员工满意度，促进组织可持续发展。

关键术语

职业生涯规划　　　　职业生涯管理　　　　职业发展理论
职业发展性向理论　　职业锚理论　　　　　特性-因素理论
职业决策模型理论

思考题

1. 什么是职业生涯？它与职业生涯管理的主要区别是什么？
2. 职业生涯规划涉及哪些核心理论？阐述不同理论的主要内容及应用场景。
3. 职业生涯规划的流程是什么？每个步骤的主要任务是什么？
4. 企业如何根据员工需求和组织资源选择合适的职业生涯通道管理方式？
5. 职业生涯咨询与辅导在职业生涯管理中扮演什么角色？如何为不同职业发展阶段的员工提供有针对性的辅导？
6. 企业如何通过员工能力开发计划以及定期或不定期地检查与评估来提高职业生涯管理的有效性？

案例8-1

阿里巴巴的职业生涯管理

阿里巴巴集团是中国乃至全球领先的电子商务和科技公司，以技术创新和数字经济生态系统建设推动了多个行业的变革与发展。在人力资源管理方面，阿里巴巴始终致力于将员工个人职业发展规划与企业战略目标相结合，通过多元化的职业发展路径，公平、透明的绩效管理机制，系统化的人才培养体系，开放、包容的企业文化与信息技术的支持，实现了企业与员工的双赢。

1. 多元化的职业发展路径

阿里巴巴根据员工特质与岗位需求，设立了多条职业发展路径，包括技术线、管理线和专业线等。其中，技术晋升路径支持技术人员在技术专长领域深耕，成为技术专家；管理晋升路径为愿意从事管理岗位的员工提供机会；专业晋升路径涉及产品、设计、运营等领域，为员工提供深入发展的平台。通过岗位轮换、内部调岗等措施，员工可以根据自身兴趣与能力选择适合的发展方向，从而在实现职业目标的同时支持企业战略需求。

2. 公平、透明的绩效管理机制

阿里巴巴以"六脉神剑"价值观为核心，结合SMART目标管理与360°反馈系统，确保绩效管理的公平性和透明性。同时，根据绩效结果，员工可获得薪酬调整、股权激励及晋升机会，增强其工作动力和组织承诺感。

3. 系统化的人才培养体系

阿里巴巴实施"百年阿里"计划，以培养未来领导者为目标，开展多层次、系统化的人才发展项目，包括新入职员工培训(旨在帮助员工快速融入企业文化)、中层管理人员培训(旨在提升团队管理能力和业务领导力)和高级领导力课程(旨在提升未来高管的战略决策能力和综合管理能力)。

此外，阿里巴巴通过阿里学院在线学习平台，为员工提供丰富的线上学习资源，员工可根据自身需要进行个性化学习和能力提升。

4. 开放、包容的企业文化与信息技术的支持

阿里巴巴还构建了开放、包容的企业文化，并利用持续改进的人力资源信息系统支持员工的职业生涯发展。一方面，阿里巴巴倡导上下级之间、跨部门之间的沟通，通过导师制度、内部分享会等形式鼓励员工主动表达职业意愿。另一方面，阿里巴巴利用人力资源信息系统记录员工教育背景、工作经历、技能培训、绩效表现等信息，形成系统化的人才档案，为员工职业发展决策提供数据支持，也为员工自我规划提供参考。

综上所述，阿里巴巴的职业生涯管理不仅关注员工个体成长，还紧密围绕企业发展战略。通过创新的职业发展路径、科学的人才培养机制、有效的绩效激励和开放的文化支持，阿里巴巴激发了员工潜能，保持了企业的创新活力与竞争力。

请根据案例材料分析并思考以下问题：

1. 阿里巴巴是如何将员工个人职业发展与企业持续发展统一起来的？结合案例，具体说明企业实现这一目标的过程。

2. 多元化的职业发展路径如何帮助不同类型的员工实现职业目标？其对企业整体绩效有什么影响？

3. 阿里巴巴在人才培养和激励机制上有哪些创新之处？这些措施对员工职业生涯规划有何启发？

4. 结合其他企业(如腾讯、华为等)的实践，你认为职业生涯管理的最佳实践应具备哪些要素？

第九章 绩效管理

学习目标

(1) 明确绩效与绩效管理的定义,阐述绩效管理在组织中的作用,以及绩效管理对组织绩效的影响。

(2) 熟悉目标管理、关键绩效指标、平衡计分卡、目标与关键结果等绩效管理工具,分析不同绩效管理工具的特点、适用场景及实施方法。

(3) 描述绩效计划、绩效实施与监控、绩效考核与评估、绩效反馈与改进、绩效结果应用的绩效管理流程,掌握绩效管理应遵循的基本原则,确保绩效管理的公平性、科学性。

(4) 掌握比较法、量表法、描述法等绩效评价方法的原理与实施步骤,能够根据组织特点选择合适的绩效评价方法并设计绩效评价体系。

(5) 明确绩效评价的主要参与者的职责和作用,分析多主体绩效评价在不同组织中的应用实践。

绩效管理是现代人力资源管理最核心的职能之一,也是企业最关心的实践活动之一。作为一种系统化的管理活动,绩效管理的核心在于通过目标设定、过程监督、结果评估与反馈改进等方式将个人绩效与组织战略目标紧密对接,从而实现个人、团队与组织的协同发展。

绩效管理不仅是一种单纯的考核工具,更是一项驱动员工发展、激发组织潜能的综合性管理实践,其核心要义在于:通过明确员工的工作目标和期望,监控并指导员工的日常行为和任务进展,收集与评估绩效结果,并基于反馈机制持续改进工作效率与质量。在这一过程中,绩效管理注重将员工个人能力与工作表现、组织目标、价值导向相结合,激发员工内在动力,调动其工作积极性,提升其创造力。

绩效管理不仅关注个人层面的改进,还强调群体协作与整体绩效提升。在构建透明、公平的绩效管理机制的基础上,企业可以有效促进团队合作,优化资源配置,提升组织的核心竞争力。通过科学的绩效管理体系,企业得以全面识别优秀人才、发现改进机会,并形成动态适应的管理文化。

因此,绩效管理在实践中不仅承担着员工绩效提升的任务,更肩负着推动组织持续成长的使命。这也是绩效管理成为企业高度关注的管理实践的原因。

第一节 绩效与绩效管理

一、绩效概述

(一) 绩效的定义

广义上,绩效包括组织绩效、团队绩效和个体绩效。本书中,绩效被限定为个体绩效,即个体在工作过程中达成的成果和表现出的行为,既包括从事某项活动所产生的结果,也涵盖活动过程中员工的工作行为与态度。

从管理学角度看,绩效是个体在组织预期下完成特定目标的有效输出,既包括结果,也强调过程中的行为表现。从经济学角度看,绩效反映了员工通过劳动产出与组织之间的对等价值交换关系,包括薪酬、福利等在内的对价机制。从社会学角度看,绩效是个体作为社会成员在角色分工下履行职责的体现,反映了员工在社会体系中所做出的功能性贡献。

关于绩效的定义,目前学术界主要存在以下三种代表性观点。

(1) 绩效结果说,代表人物为伯纳丁,其将绩效界定为在特定时间内,通过特定活动和行为所产出的成果。这一观点突出了结果的重要性,但未充分考虑行为本身及外部因素的影响,可能导致短视行为或不公平评价。

(2) 绩效行为说,代表人物是坎贝尔,其将绩效界定为员工为达成组织目标所采取的相关行为。该观点强调行为的内在价值性,即使未达成具体成果,只要行为符合组织目标亦可视为绩效。

(3) 绩效综合说,代表人物是阿姆斯特朗等,其认为绩效体现在行为与结果两个层面。行为是达成结果的过程和手段,而结果则是行为所产生的最终效应。绩效包括工作态度等因素,是员工在特定时间内工作表现的总和。此观点更具有综合性,能够反映绩效的多维特征。

(二) 绩效的核心要素

本书认为,绩效是员工在特定岗位上,通过与组织目标相关的工作行为和产出结果所呈现的综合表现。这一定义包含以下三个核心要素:第一,基于工作职责。绩效需要与员工的岗位职责直接相关,超出工作范围的行为与结果不属于绩效范畴。第二,关联组织目标。绩效需要对组织目标的实现产生直接或间接影响。例如,销售人员的服务态度直接影响销售业绩,因此应纳入绩效考核范畴。第三,可评价性。绩效必须是可观察、可衡量和可评价的,与招聘时强调"潜力"的评估不同,绩效管理关注员工在实际工作中的具体表现和成果。

(三) 绩效的特征

绩效作为动态的管理对象,具备以下三个显著特征。

(1) 多维性。绩效体现在工作结果(如质量、数量、时间等)和工作行为(如合规性、及时性等)两方面。评价绩效时,应综合考虑员工的能力、态度和业绩,并根据组织战略、岗位要求设计多维评价指标体系。例如,技术岗位可能更关注创新和准确性,而销售岗位则注重业绩和服务态度。

(2) 多因性。绩效受到多种因素的综合影响,既包括个体因素(如员工的知识、能力、价值观和动机等),也有组织因素(如管理制度、激励机制、工作环境和资源支持等)。因此,在设计绩效管理体系时,应识别影响绩效的关键因素,抓住主要矛盾,确保绩效评价的科学性和有效性。

(3) 动态性。员工绩效并非静态不变,随着时间、环境和主观因素的变化,绩效可能呈现波动。例如,市场状况、个人学习成长和激励措施等均会影响绩效表现。因此,绩效管理应采用动态思维,根据实际情况调整绩效指标与评价标准,确保绩效管理能够反映员工的真实表现并引导其持续改进。

二、绩效管理概述

(一) 绩效管理的定义

绩效管理的相关实践最早可追溯到19世纪初。罗伯特·欧文(Robert Owen)将绩效管理引入苏格兰工厂管理,被誉为"人事管理之父"。1813年,美国军方首次尝试开展绩效管理。1842年,美国联邦政府将绩效管理用于公务员管理。20世纪80年代以后,绩效管理作为一种系统化的管理工具,受到了广泛关注并得到了长足发展。

绩效管理是将个体(员工、管理者)的工作与组织目标紧密联系的系统性管理过程,其核心在于协调个体绩效与组织战略目标的一致性。科斯特洛(Costello)认为,绩效管理是一种通过提高个体(员工、管理者等)的潜力、改善个人绩效以达成组织整体目标的管理过程。阿姆斯特朗(Armstrong)指出,绩效管理是员工与管理者就目标、标准和能力达成共识的过程,其目的在于协调并提升个体、群体和组织绩效。方振邦提出,绩效管理是通过识别、衡量和传递个体绩效相关信息,确保组织目标实现的系统性方法。

综上所述,绩效管理可定义为:通过制定员工绩效目标,监控并收集与绩效相关的信息,定期开展绩效目标完成情况的追踪、评价与反馈,确保员工工作活动、工作产出等与组织预期保持一致的管理手段和过程。

(二) 绩效管理的作用

有效的绩效管理具有以下作用:第一,通过与薪酬挂钩的绩效体系,激发员工工作积极性和动力。第二,高绩效员工在管理过程中能够获得认可,提升自我价值感。第三,管理者可通过绩效管理更深入地了解员工的能力和态度,识别优秀人才。第四,绩效管理有助于界定工作的内容和标准,与工作分析和职位说明书相辅相成。第五,通过反馈和评估,员工能更清晰地了解自身工作状态,提升自我开发能力。第六,公开、透明的绩效管理机制能让员工感受到付出与回报的公平性。第七，通过科学的绩效管理流程，企业可避免由不公平管理引发的法律诉讼。

(三) 绩效管理的主要目标

绩效管理的主要目标包括：①战略目标。通过绩效管理将组织战略目标逐层分解，将其落实为员工当前绩效周期中的具体绩效指标，确保个体绩效与组织绩效对接。②管理目的。绩效管理为组织开展薪酬管理、晋升决策、人员流动等多项管理活动提供绩效数据支持。③开发目的。通过评估员工表现，发现其优势和不足，为其制订匹配的培训与开发计划，提高员工能力。

(四) 绩效管理的原则

为确保绩效管理的科学性和有效性，企业在实践中需要遵循以下原则：①结构功能原则。绩效指标体系的各组成部分应相互联系、相互作用，形成一个有机整体。绩效管理的核心功能是实现个体目标与组织目标的一致性，因此绩效指标的设计需要明确其对组织目标的支持作用。②测量评定原则。测量是绩效评价的基础，评定是对测量结果的深化与应用。设计绩效评价系统时，需要明确测量指标的内涵、评定标准及其相互关系，确保程序的合理性和评价的公平性。③定性定量原则。绩效指标应结合定量数据(如销售额、完成率等)与定性数据(如工作态度、创新能力等)，通过前沿测评手段实现综合考量。既要关注最终结果达成情况，也要注重过程中行为的合规性和有效性。④静态评价和动态评价相结合原则。静态评价聚焦员工当前及过去的工作表现，有助于识别绩效问题并优化现状。动态评价关注绩效随时间和情境变化的趋势，强调用发展的视角看待员工表现，支持持续改进和长远规划。

第二节　绩效管理的工具

随着管理理论的发展，自20世纪50年代以来，涌现了大量广受认可的绩效管理工具，包括目标管理(management by objective，MBO)、关键绩效指标(key performance indicator，KPI)、平衡计分卡(balanced scorecard，BSC)和目标与关键结果(objectives and key result，OKR)等，它们在提升组织绩效、协调目标达成方面发挥了重要作用。

一、目标管理

目标管理由彼得·德鲁克于1954年在《管理的实践》中首次提出。他指出，工作应该以目标为导向，目标不仅指引行动，还决定了资源分配的优先级。如果某项工作没有明确的目标，则它将被忽视或执行效果不佳。目标管理的核心理念是，通过上级与下级共同设定目标并评估其达成情况,使员工个人目标与组织战略紧密对接,形成全员参与的管理过程。目标管理作为一种系统化绩效管理工具,其核心特征在于:①强调目标的设定与分解;②通过上下级之间的协商,形成对目标的共识;③以目标达成情况为依据,开展绩效评价与改进。

目标管理的实施通常包括以下4个步骤,如图9-1所示。

图9-1 目标管理的实施步骤

第一,确定并设置组织目标。根据组织战略、行业趋势及内外部环境变化,制订下一年度的组织目标及工作计划。第二,讨论并确定部门目标。各部门负责人与上级协商制定部门目标,并组织员工讨论,明确部门对组织目标的贡献和每位员工的初步个人目标。第三,制定并明确个人目标。部门负责人和员工共同讨论并设定个人绩效目标,将部门目标具体化为短期内可操作的个体目标,同时明确绩效指标和预期成果。第四,绩效评价与反馈。将员工实际工作表现与个人目标进行比较,评价目标达成情况,并通过绩效反馈获得员工认同,为后续改进提供依据。

在具体实施过程中,目标管理强调目标分解的双向互动过程:上级传递战略目标,下级提出可行建议,双方通过协商形成目标共识。这种上下级的反复沟通能够确保目标既符合组织战略,又具备实际可操作性。

目标管理作为首个系统化绩效管理工具,与传统的绩效管理模式相比,具有以下显著优势:①促进目标对齐。目标管理通过建立三级指标体系,确保个体目标与组织战略的紧密衔接,使员工将时间和精力投入到对组织目标最有贡献的活动中。②激发员工主动性。员工在目标制定过程中享有较高的参与度和自主性,有助于激发员工的主动性、积极性和创造力。③改善沟通与协作。目标管理强调充分沟通,上下级之间的互动增强了双方的意见交流和相互了解,也有助于形成和谐的组织氛围。④注重结果导向。目标管理强调以结果为导向,通过制定明确、具体的目标提升管理效率,促进资源的高效配置。

当然,目标管理在实践过程中也存在以下局限性:①目标管理假设员工具备高度的责任感和自律性,但忽视了实际工作中可能存在的本位主义、机会主义等问题,尤其在监督不足时可能导致执行力下降。②目标管理很容易导致员工过于专注短期目标,为了完成当前任务而忽视长期目标,甚至采取急功近利的行为。③组织存在一些难以量化或分解的目标(如创新、文化建设等),导致部分目标难以评估和追踪。④目标分解与协商过程中需要大量的沟通与协调,可能增加管理成本,同时易导致部门间的目标冲突,削弱整体协作性。

目标管理作为系统、科学的绩效管理工具,对企业战略目标的分解和落实具有重要意义。绩效管理通过对目标的分解、评估和反馈,可以有效激发员工潜能,促进组织目标的实现。然而,企业在应用目标管理工具进行绩效管理时需要警惕其局限性,通过完善监督机制、平衡短期与长期目标、加强跨部门协作,才能充分发挥目标管理的优势,推动组织和个人的共同发展。

二、关键绩效指标

关键绩效指标作为一种重要的绩效管理工具，于20世纪80年代开始得到广泛应用。关键绩效指标是一种衡量企业战略实施效果的系统性关键指标体系，通过提取关键领域、关键因素和关键指标，将组织战略目标逐级分解到部门及员工层面，从而实现组织整体目标的落地和执行。

广义来看，关键绩效指标是一种结合目标管理思想的绩效管理方法，通过对组织成功关键领域的量化指标进行评价，确保战略目标的实现。狭义来看，关键绩效指标是可操作性较强的具体指标体系，是考察员工、团队或部门对组织贡献程度的重要工具。其核心思想是绩效指标必须与企业战略高度挂钩，通过重点关注少数关键绩效指标，确保战略目标的高效执行。因此，具有战略导向的关键绩效指标和一般绩效考核体系的区别如表9-1所示。

表9-1 具有战略导向的关键绩效指标和一般绩效考核体系的区别

对比项目	具有战略导向的关键绩效指标体系	一般绩效考核体系
假设前提	假定人会采取一切行动来努力达到目的	假定人没有积极性，不知道如何实现目标，企业战略与员工无关
考核目的	以战略为中心，指标体系的设计与运用都是为组织战略的达成服务的	以控制为中心，指标体系的设计来源于控制的意图，是为更有效地控制个人的行为服务的
指标产生	在组织内部自上而下对战略目标进行层层分解而产生的	通常是自下而上根据个人以往的绩效与目标产生的
指标来源	基于组织战略目标与竞争要求的各项增值性工作产出	来源于特定的工作程序，即对过去行为与绩效的修正
指标构成和作用	通过财务指标与非财务指标的结合，体现关注短期效益、兼顾长期发展的原则；指标本身不仅传达了结果，也传递了产生结果的过程	以财务指标为主、非财务指标为辅，注重对过去绩效的考核，且指导绩效改进的出发点是过去绩效存在的问题，绩效改进行动需要与战略脱钩
价值分配与战略的关系	将关键绩效指标的值、权重相搭配，有助于推进组织战略的实施	与组织战略的相关程度不高，但与个人绩效的好坏密切相关

(资料来源：付亚和，许玉林.绩效管理[M].上海：复旦大学出版社，2005.)

由表9-1可知，关键绩效指标具有如下特征：①战略关联性。关键绩效指标源于组织战略分析，是对驱动组织战略目标落地的关键领域和关键因素的挖掘，是组织战略对各部门、各职位和各员工关键工作绩效要求的具体表现。②可控性与可操作性。关键绩效指标衡量的是员工可控制和影响的关键部分，并以明确的定义、计算方法和量化标准为依据，确保指标易于操作和追踪。③系统性。关键绩效指标体系是一个从组织到个体的完整系统。上下级通过沟通与协调，共同制定并实现绩效目标，形成一致的绩效认知和行动导向。

构建关键绩效指标体系通常采用基于战略的关键成功因素分析法，具体流程如图9-2所示。

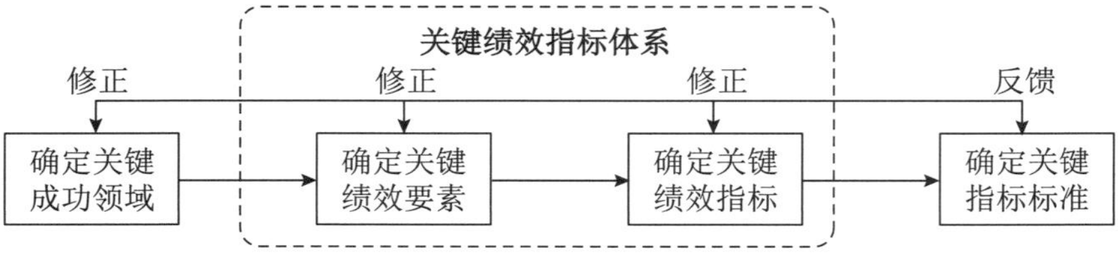

图9-2 构建关键绩效指标体系的流程

第一，确定关键成功领域。根据组织战略目标，利用鱼骨图或头脑风暴法，与专家和高层领导共同分析影响组织成功的关键领域。这些领域代表了组织未来发展的核心竞争力和关键人物。在这一环节，主要思考如下问题：组织成功依靠的是什么？组织未来追求的目标是什么？未来组织成功的关键因素是什么？通过思考这些问题，可以进一步明确组织战略目标，厘清组织的竞争优势，找出关键成功领域。例如，某企业的关键成功领域可能包括人力资源、客户服务、市场领先、利润与增长等，如图9-3所示。

图9-3 某企业的关键成功领域示例

第二，确定关键绩效要素。将每个关键成功领域细分为具体的关键绩效要素，明确各领域的标准和推动措施。主要涉及以下问题：每个关键成功领域包括哪几方面的内容？如何在该领域获得成功？促进该领域成功的关键措施和手段是什么？在该领域获得成功的标准是什么？例如，推动市场领先这一关键成功领域的关键绩效要素包括市场份额的提升和销售网络有效性的增强，如图9-4所示。

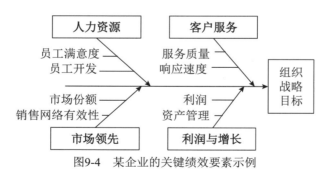

图9-4 某企业的关键绩效要素示例

第三，确定关键绩效指标。根据"二八原则"筛选对战略目标具有决定性影响的少数指标，并遵循SMART(specific、measurable、attainable、relevant、time-bound，具体、可衡量、可实现、相关、时间限制)原则进行界定和描述。确定关键绩效指标时需要回答以下问题：组织最关心的工作产出是什么？如何衡量这些工作产出的数量、质量、成本和时限？是否存在可以追踪的数量或百分比？如果存在，则列出这些数据；如果不存在，那么谁可以更准确地评估这项工作的完成情况？能否描述工作成果完成的好与坏分别是何种状态？有哪些关键的衡量因素？

第四，确定关键绩效指标标准。对每一项关键绩效指标设定明确的评分标准和评级方法，形成可操作的评价体系，并构建企业层面的关键绩效指标库。随后，将关键绩效指标逐层分解到部门和个人，形成组织、部门、个人的三级关键绩效指标体系。

公司的关键绩效指标体系并非一蹴而就的，需要在完成绩效指标体系构建后开展一定时间和周期的试运行，收集相关人员意见，对初步建立的指标体系进行补充、修改、完善，最终确定稳定、可行的关键绩效指标体系。同时，关键绩效指标体系应该随着组织战略目标的变化而变化，而非一成不变的。

关键绩效指标的优势在于：一是目标导向与战略对齐。关键绩效指标以战略为核心，通过逐级分解目标，将组织战略转化为各层级的具体行动计划，确保所有员工朝着同一方向努力。二是量化管理与效率提升。关键绩效指标以数据为基础，对绩效进行量化管理，使员工明确自身职责，提高工作效率和执行力。三是增强竞争力与执行力。通过关注关键领域和核心任务，关键绩效指标帮助组织优化资源配置，提升核心竞争力和战略执行力。

关键绩效指标也存在较为明显的局限性：一是关键绩效指标设计难度较大。制定有效的关键绩效指标需要设计者具有深厚的专业知识和能力，同时需要使用专业化工具对复杂的关键领域进行分析。二是过度量化的倾向。关键绩效指标倾向于量化考核，容易忽视非量化的软性指标(如文化建设、团队协作等)，导致考核思维机械化，影响整体绩效。三是目标过于局限。员工可能因为过度关注关键绩效指标而忽视未列入指标的工作，甚至出现"唯指标化"的倾向，损害组织的长远利益和员工的主人翁精神。四是职能部门适用性较差。关键绩效指标更适合与战略关联性较高的业务部门，而对难以量化绩效的职能部门而言，其应用难度较大，可能存在导致考核失真的现象。

三、平衡计分卡

平衡计分卡是哈佛大学教授罗伯特·卡普兰(Robert Kaplan)和大卫·诺顿(David Norton)于20世纪90年代初共同开发的一种绩效管理方法。两位教授注意到，传统的绩效管理工具(如关键绩效指标)过于关注短期财务绩效，而忽视了企业长久发展的关键因素。为弥补这一缺陷，他们通过对12家美国企业的深入研究，提出了"平衡计分卡"这一系统化的绩效评价框架。平衡计分卡一经推出，迅速在全球范围内得到了广泛采用。据统计，《财富》1000强企业中有70%采用了平衡计分卡。《哈佛商业评论》将其列为20世纪最具影响力的绩效管理工具之一。与传统工具相比，平衡计分卡不仅是一个绩效评估工具，更是一种战略管理方法，其核心思想在于："如果你不能描述，就不能衡量；如果你不能衡量，就不能管理。"

通过战略地图，平衡计分卡清晰地描述企业战略目标及驱动因素的因果逻辑；通过将战略地图转化为指标体系，平衡计分卡提供了衡量和管理战略执行情况的有效手段。因此，平衡计分卡实现了从战略制定到执行的全流程支持，成为一种兼具战略和绩效管理功能的综合性工具。平衡计分卡具有以下五大核心功能：第一，战略管理功能。平衡计分卡通过将企业使命、愿景和战略转化为具体目标和指标,促进资源的优先配置和战略执行。第二,变革支持功能。平衡计分卡在处理内外部复杂因素的同时,确保组织变革的系统性与均衡性,推动企业在变革中的稳定发展。第三,绩效评价功能。平衡计分卡提供了一套完整的绩效管理框架,克服了传统绩效评价的片面性和主观性,实现从目标制定到行为引导,再到绩效改善的全链条管理。第四,管理控制功能。平衡计分卡将财务指标和非财务指标、短期目标与长期目标、组织目标与个人目标有机结合,形成了系统化的管理工具。第五,有效激励功能。当平衡计分卡与薪酬、奖励挂钩时,能够有效激励员工实现目标,同时强化企业价值观和战略方向的实践。

平衡计分卡从财务、客户、内部流程、学习与成长4个层面衡量企业绩效,旨在实现以下平衡:财务指标和非财务指标的平衡、组织内外部指标的平衡、前置指标和后置指标的平衡、长期指标和短期指标的平衡,如图9-5所示。

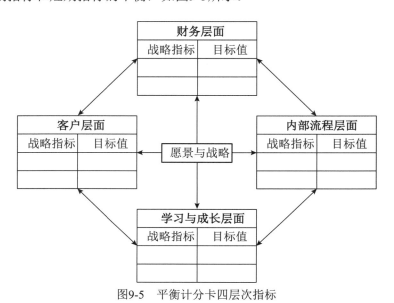

图9-5 平衡计分卡四层次指标

(1) 财务层面,衡量公司财务和利润情况,是平衡计分卡的核心,其他层面的目标和指标最终都服务于财务绩效的改善。设置财务层面指标的主要目的在于实现利润最大化,提升股东价值,主要回答以下问题:我们怎样满足企业所有者的需求?常见的财务层面指标包括收入增长、成本控制、资产利用率、投资回报率等。

(2) 客户层面,反映企业在吸引、保留客户及提高客户价值等方面的能力,回答的是"客户如何看待企业"这一核心问题。设置客户层面的绩效指标时,企业应先确定目标市场和细分市场,然后针对目标客户确定自己的客户价值主张(如总成本最低战略、产品领先战略、全面客户解决方案、系统锁定战略等)。常见的客户层面指标包括客户满意度、客户保持率、市场份额、客户价值主张等。

(3) 内部流程层面,关注企业内部运营的资源和效率,旨在优化内部流程并提升运营效率,主要回答"企业在哪些方面必须表现出色"这一问题。内部流程包括运营管理、客户管理、创新、法规与社会责任等4类,常见的内部流程层面指标包括产品合格率、生产周期、新产品开发速度、出勤率等。

④学习与成长层面，是前三个层面的基础架构，确保企业具备实现长期发展的内在驱动力，其核心在于回答"企业能否持续创新和发展"这一问题。这是平衡计分卡区别于其他传统绩效管理工具的特征之一，为了避免短期行为，学习与成长层面重点关注员工能力、信息系统和组织文化等维度，以支持战略目标的实现。常见的学习与成长层面指标包括员工满意度、员工流失率、员工保留率、战略信息覆盖率、战略目标一致性等。

总体来看，平衡计分卡的4个层面皆源于组织使命、愿景和战略，内部存在层层支撑、层层传递的联系，构成了一个紧密联系、有机统一的整体。因此，其优势在于：一是多维视角。平衡计分卡将财务指标和非财务指标、定量数据和定性数据结合起来，弥补了传统绩效评价的片面性。二是战略落地。通过战略地图和指标体系的结合，平衡计分卡将企业战略清晰地转化为各级目标和行动计划，确保战略执行的一致性。三是行为引导。平衡计分卡提供了明确的指标和目标值，对员工行为具有清晰的导向作用，能够有效支持组织文化的塑造与价值观传播。同样，其局限性也较为显著：一是复杂性高。平衡计分卡的实施需要企业具备较高的管理能力并投入较多的资源，构建战略地图、分解指标及目标值的过程耗时耗力。二是指标修订难度大。在动态环境下，企业战略目标可能频繁调整，而指标体系的修订与更新需要大量投入。三是实践门槛较高。平衡计分卡需要企业具备较强的数据管理能力和专业化团队，对中小企业而言，实施难度较大。

平衡计分卡通过多维度的绩效衡量实现了战略与绩效的有机结合，是现代企业实现全面绩效管理的重要工具。尽管其在复杂性和实施门槛上存在一定局限，但通过合理规划和动态调整，平衡计分卡能够为企业提供清晰的战略执行路径和有效的绩效改进方案。

四、目标与关键结果

随着大数据、云计算、人工智能等技术的普及，组织所面临的内外部环境愈加复杂化和动态化，传统绩效管理理论在适应这些变化时逐渐显现出局限性。这种背景下，目标与关键结果绩效管理工具应运而生。目标与关键结果由英特尔公司总裁安迪·格鲁夫(Andy Grove)在20世纪80年代基于目标管理理论提出，后经约翰·杜尔(John Doerr)引入谷歌公司并成功推广。之后，领英、奈飞等众多企业纷纷将目标与关键结果作为提升绩效和激励创新的重要工具。参考保罗·尼文(Paul Niven)等的定义，目标与关键成果是一套严密的思考框架和持续的纪律要求，旨在通过设定目标和关键成果，确保组织员工紧密协作，聚焦于推动组织发展的关键领域。

目标与关键成果由两部分构成：一是目标，是对组织期望达成的目标的定性描述，回答"我们想要实现什么"的问题。在对目标进行描述时，应鼓舞人心、清晰明确，并与组织长期战略目标保持一致。二是关键成果，是衡量目标达成情况的定量描述，回答"如何衡量目标是否达成"的问题。设置关键成果时应符合SMART原则，具体、可衡量、有挑战性，能够直接体现实现目标的关键行动。

一般而言，目标要相对宏伟，是管理者与员工充分沟通后达成共识的结果，具有鼓舞人心、可达成、周期性、团队可控性、服务商业价值等特征。鼓舞人心指目标应激励员工为更高追求而努力。可达成意味着目标在员工努力后能够达成，要在挑战性和可行性之间找到平衡。周期性指目标应尽量以季度为单位，确保对市场变化的快速响应。团队可控性指目标需要在团队能力范围以内，不依赖外部难以控制的条件。服务商业价值指目标最终支持组织的核心商业目标，为组织整体的商业目标实现贡献价值。值得强调的是，目标通常以正向语言描述，以动词开始，使用通俗易懂的语言并及时澄清员工的疑问。

与目标要求不一致，关键成果应具有以下特征：定量化、有挑战性、具体、自主、可追踪性、对齐一致和行为导向。定量化指关键成果需要以数据形式表现，可以是原始数据，以成本、收益、比例或其他定量形式存在。有挑战性意味着关键成果应具有一定难度，需要通过努力方可实现。具体指对关键成果的要求应该清晰明确、易于理解。自主指关键成果应由员工自主制定，经与管理者沟通达成一致意见后确定，而不应由管理者单方面制定。可追踪性指关键成果需要具备动态更新和阶段性成果的体现。对齐一致指关键成果需要与上下级及平行部门的目标保持一致(见图9-6)。行为导向是指关键成果应驱动组织所需的行为表现，避免与组织背道而驰的行为表现。

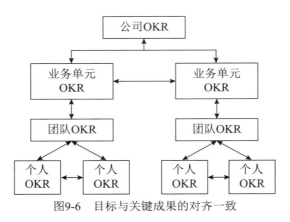

图9-6　目标与关键成果的对齐一致

(资料来源：董克用，李超平. 人力资源管理概论[M]. 5版. 北京：中国人民大学出版社，2019.)

表9-2所示为目标与关键成果和关键绩效指标的区别与联系。

表9-2　目标与关键结果和关键绩效指标的区别与联系

比较因素	目标与关键成果	关键绩效指标
理论基础	以人性假设Y理论和Z理论为基础，员工天生热爱创造，员工能够对自己的工作和行为负责，进行自我管理和自我激励	以科学管理和人性假设X理论为基础，员工需要通过管控和利益杠杆来驱动
考核实质	评估员工对组织愿景、战略及团队的贡献与价值创造	评估员工是否完成上级及组织分派的任务
考核导向	贡献导向，鼓励员工进行创新，注重过程与沟通，关注的是实现目标	结果导向，重结果、轻过程，关注的是完成指标
员工关系	员工与其直接领导共同设定目标，共同成长，员工创造价值，组织提供突破性进展，可以容忍失败	采用"命令-服从"模式，相互博弈，强调监督管控

续表

比较因素	目标与关键成果	关键绩效指标
目标来源	聚焦有限和关键目标，致力指引前进方向，富有挑战性，要求取得突破性进展，可以容忍失败	侧重于完成明确的目标任务，以及对团队或个人的全面衡量
制定方法	上下结合，指向组织愿景、使命和战略	自上而下分解目标，并对个人目标进行指标化
透明程度	视为员工和大家的约定，公开、透明，包括目标、进展和结果	视为员工和直接上级之间的约定，主要内容不需要公开，可以保密
过程管理	持续跟踪，根据市场和聚焦重点而动态调整、不断迭代	周期内相对稳定，基本不改变，一般需要在考核时着重关注
结果应用	考核结果不直接关联绩效与薪酬	考核结果直接关联薪酬
条件要求	对员工素质要求高，相互认同，具有开放性、信任型文化	对员工无特别要求，控制导向、按部就班下的传统绩效模式
使用条件	适用于创造性强、灵活性高的知识经济时代和创新型岗位	适用于经营环境相对稳定的工业经济时代和流水线岗位

(资料来源：《人力资源管理》编写组.人力资源管理概论[M].北京：高等教育出版社，2023.)

因此，在开展目标与关键成果绩效管理时，应关注以下实施要点：①上下沟通，共同确定目标。目标与关键结果强调上下级协商共同制定目标，以激发员工参与热情和主动性，确保目标具有创新性、挑战性且在团队能力范围内。②明确、具体且数量有限的目标。一般而言，每个层次的目标不应超过5个，每个目标下的关键成果不应超过4个。目标应具备明确的商业价值和战略意义。③公开、透明，促进协作。除敏感职位外，目标与关键结果应在组织内公开，明确每位员工的职责与贡献，促进部门间的协作与信任。④评分标准灵活。目标与关键成果应避免追求满分，理想得分区间为0.6~0.7。得分过高意味着目标值过低，不利于激励员工。得分过低则意味着目标设置过高，缺乏激励性。

目标与关键成果的优势在于：第一，激发创新与主动性。在清晰传达组织核心目标的前提下，通过自下而上设置个人绩效目标，倡导员工自主思考达成目标的方法和路径，有利于充分激发员工热情，增强其使命感、责任感、主动性与创造性。第二，加强协作与沟通。倡导上级与下级密切沟通，要求上级参与下级的目标制定及实现过程，并进行监控及提供必要的指导或帮助，有助于促进团队协作。第三，灵活应对变化。目标与关键成果提倡动态绩效考评模式，要根据外部环境、组织事务变化及用户变化等及时调整目标和关键成果，保证绩效考评具有更大的弹性和包容度。其局限性在于：一是对员工素质要求过高，不仅要求员工具有一定的业务能力和素质，还要求员工具有强自驱力、主动创造价值的热情；二是沟通成本较高，目标协商与对齐需要消耗大量时间和精力；三是适用范围有限，该方法对组织公开、透明氛围要求高，对信任感要求高，更适用于扁平化、创新导向和高素质团队的组织，对传统层级制企业效果有限。

目标与关键成果以其灵活性和创新性为组织提供了新的绩效管理模式，通过明确目标、强化沟通和动态调整，激发员工潜能，推动组织适应复杂多变的环境。然而，目标与关键成果对员工的高素质要求和较高的沟通成本限制了其普适性，企业需要根据组织文化和战略目标合理应用，以实现绩效管理价值的最大化。

第三节　绩效管理的流程

绩效管理是一个有机整合的系统，专注于建立、收集、处理和监控绩效数据，帮助企业维持和提升生产力，实现组织目标。绩效管理的流程通常被看作一个完整的循环系统，涵盖了绩效计划、绩效实施与监控、绩效考核与评价、绩效反馈与改进、绩效结果应用5个主要环节，见图9-7。其中，持续、有效的绩效沟通贯穿绩效管理的全过程，为确保绩效管理的动态性和高效性提供保障。

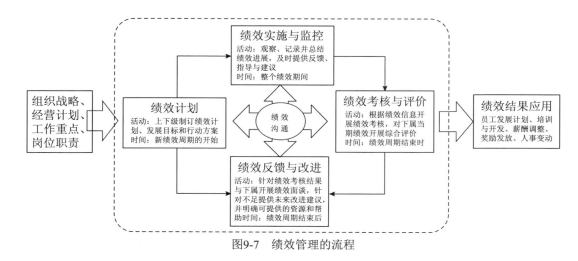

图9-7　绩效管理的流程

一、绩效计划

绩效管理始于绩效计划，其核心是通过持续的沟通确保管理者与员工针对当前绩效周期里对员工的绩效期望达成共识与承诺，形成明确的绩效契约。这一阶段的最终产出是绩效计划的制订。制订绩效计划时，管理者可参考的主要依据有3种来源：一是上级部门的绩效目标，确保个人和部门目标与组织战略目标对齐；二是岗位职责，明确岗位的核心任务和职责范围；三是内外部客户需求，兼顾利益相关者对绩效的期望和需求。

绩效计划的设计需要遵循以下7项重要原则：①价值驱动原则。绩效计划应围绕公司价值创造和股东回报最大化的核心目标展开。②流程系统化原则。绩效计划应与战略规划、资本计划、预算管理、人力资源管理等紧密结合。③一致性原则。确保绩效计划由上而下逐级分解，与企业总体发展战略和年度生产经营目标保持一致。④突出重点原则。聚焦关键绩效指标，选择那些与公司价值关联大、与职位职责结合更紧密的绩效指标和工作目标，避免目标过多导致分散资源和注意力。⑤可行性原则。绩效计划中应设定具有挑战性和可以实现的目标值，确保员工有能力和有动机达成目标。⑥全员参与原则。在制订绩效计划的过程中，要通过上下沟通增强员工认同感，提高绩效计划的科学性和可执行性。⑦客观、公正原则。保持绩效计划的透明性和一致性，确保标准统一、公平、合理。

绩效计划的制订可分为以下3个阶段：①准备阶段。管理者需要充分了解组织战略、部门职责和员工绩效历史，确保计划符合企业和员工的实际情况。采用适当的沟通方式，选择安静、舒适的环境，与员工共同讨论绩效目标。②沟通阶段。绩效计划的核心是双向沟通。管理者与员工需要充分沟通完成什么工作(任务目标)、如何完成(过程与方法)、何时完成(时间要求)和需要哪些资源支持(条件保障)等问题。此时，管理者需要站在部门整体的视角，科学、合理地分配资源，并给予员工自主制定目标的空间，避免命令式下达任务。③审定与确定阶段。将绩效计划以书面形式记录下来并签订绩效合同，进一步明确绩效周期内的工作、任务及要求等。需要注意的是，绩效计划订立后并非不可更改。当外部环境、企业战略发生重大变化时，绩效计划可通过上下级协商的方式及时调整，以保持其动态适应性。

绩效计划制订的过程比绩效计划的达成更为重要。在这一过程中，管理者和员工要充分沟通。管理者可以向员工传达组织期望，员工也可针对自己的认识、疑惑、可能遇到的问题及需要的资源等进行沟通、交流与反馈。这一过程不仅增强了员工对绩效目标的认同感和承诺感，也为后续绩效实施奠定了坚实的基础。

总体来看，绩效计划的核心要点在于：一是明确目标，确保目标具体、可衡量，且与组织战略保持一致；二是注重参与，确保员工的广泛参与以实现对目标的认同与目标的激励作用；三是关注动态性，应根据绩效周期内的实际情况及时调整计划以确保灵活性和适应性。

二、绩效实施与监控

签订绩效合同后，员工开始根据既定计划开展具体工作，而管理者的作用从"制定目标"转向"支持与监督"。在这一阶段，管理者需要对员工的工作表现和工作行为进行监督与指导，及时提供绩效反馈，帮助员工实现目标，最终达成优秀绩效。绩效实施与监控的核心任务包括选择适宜的领导风格、保持与员工的持续沟通、收集绩效信息，以及提供辅导与咨询。

(1) 选择适宜的领导风格。绩效实施与监控阶段是领导者与员工交流最频繁的阶段，管理者的领导风格直接影响绩效目标的达成。关于领导风格的理论较为丰富，包括领导情境理论、路径-目标理论、领导成员交换理论等，其中领导情境理论的应用最为广泛。该理论认为，领导效率取决于领导风格与下属成熟度的匹配程度。管理者可以根据任务行为和关系行为形成4种领导风格：指示型(高任务、低关系)、推销型(高任务、高关系)、参与型(低任务、高关系)和授权型(低任务、低关系)。员工可以根据能力和意愿分为4种类型：无能力、无意愿，有能力、无意愿，有意愿、无能力，有意愿、有能力。当下属无能力且无意愿时，管理者不仅要明确完成工作所必需的行为和能力，还要不断改善彼此的关系以实现意愿调动,即推销型领导风格;当下属有能力但意愿不高时,管理者应该呈现出高关系、低任务的参与型领导风格;当下属有意愿但能力不强时,管理者应更注重于告知员工具体的工作任务、指导其具体工作行为,即指示型领导风格;当员工有能力又有意愿时,领导者可以扮演"甩手掌柜"的角色,即授权型领导风格。通过调整领导风格,管理者能更有效地支持员工在不同成熟度阶段达成目标。

(2) 保持与员工的持续沟通。绩效实施与监控依赖管理者与员工的持续沟通。这种沟通不仅是绩效管理的重要环节,也是提高绩效和解决问题的关键。持续沟通的意义包括:①动态调整绩效目标。通过沟通,根据实际进展和外部变化调整绩效计划。②传递信息与反馈。通过沟通,及时向员工传递组织信息,获得真实的绩效反馈。③识别问题与需求。通过持续沟通,了解员工在工作中面临的障碍与困境,明确员工需要的资源。持续沟通一般具有两种形式:一是正式沟通,包括工作日志、周报、月报等形式的书面报告和会议、正式会谈等形式的口头沟通等,应确保信息记录和责任分工清晰。二是非正式沟通,包括走动式管理、开放式办公室、非正式会谈等。在沟通过程中,管理者应重点关注员工的工作进展、困难、调整需求和支持条件等,员工应重点关注任务完成情况是否符合预期、是否需要调整目标等。持续沟通的有效性决定了绩效实施的成败,管理者需要在沟通中既保持正式性,又注重灵活性。

(3) 收集绩效信息。收集充分且真实的绩效信息是开展绩效评估和制订改进计划的基础。管理者可采用以下方法获取绩效信息:观察法、工作记录法、他人反馈法等。观察法指管理者直接观察员工在工作中的表现和结果并如实记录,能够获取一手信息。工作记录法是指对员工的销售额、产品合格率等目标完成情况进行书面记录,应确保数据的客观性和可追踪性。他人反馈法是指从员工的服务对象或有工作交集的第三者处获得信息,丰富信息来源。在收集信息时,管理者需要确保记录的客观、真实和准确,为后续绩效考核与反馈提供事实依据。

(4) 提供辅导与咨询。在绩效实施与监控过程中,管理者还需要承担员工辅导与咨询的角色,帮助员工解决问题、提高能力。辅导侧重提升员工的知识、技术和能力,帮助其改进不足,进一步挖掘潜能。最常见的形式包括技能培训、模拟演练、角色扮演等。咨询聚焦于帮助员工识别和克服工作中的障碍,并提供解决方案。管理者需要根据员工的实际需求灵活调整辅导与咨询策略,既要着眼于当前绩效的改善,也要注重长远能力的提升。

总体来看,绩效实施与监控是绩效管理的重要环节,通过领导风格的调整、持续沟通、信息收集,以及辅导与咨询的综合作用,保障绩效目标的顺利实现。管理者在这一阶段的核心任务是提供支持、监督进展,并动态调整绩效计划,以确保员工在努力实现个人目标的同时推动组织绩效的提升。

三、绩效考核与评估

绩效周期临近结束时,管理者需要对员工的绩效进行全面考核与评估。这一环节是绩效管理流程的重要组成部分,其核心任务是依据绩效计划和绩效实施与监控环节所收集的绩效信息对员工在周期内的表现进行客观、公正地评价，为后续的绩效反馈、激励和改进提供依据。绩效考核与评估的关键在于明确考核对象、考核内容、考核主体和考核方法。

(1) 考核对象。绩效考核对象通常分为3个层级：组织层面、部门层面和员工层面。在实践中，管理者往往需要综合使用平衡计分卡和关键绩效指标等工具，将组织目标逐层分解，并最终落实到个人。在组织层面上，考核的重点在于战略目标的达成情况，包括财务表现、市场份额、客户满意度等核心指标。在部门层面上，关注部门目标的实现程度，如任务完成质量、资源利用效率、部门间协作等。在员工层面上，聚焦个人对组织目标的贡献，通过具体绩效指标评估工作表现与产出。明确考核对象是确保绩效管理体系层层对接、无缝衔接的前提条件。

(2) 考核内容。员工绩效考核的内容通常涵盖工作能力、工作态度和工作业绩3个方面。工作能力的考核通常通过胜任素质模型进行评估，关注员工在特定岗位上履行职责的知识、技能和行为表现。工作态度包括员工的工作主动性、责任感、团队合作精神等，亦可结合胜任素质模型进行量化或定性评价。工作业绩的考核是绩效考核的核心部分，评估员工在绩效周期内的工作完成情况，通常从数量(如销售额、项目数量等)、质量(如产品合格率、客户满意度等)和效率(如完成任务所需的时间和资源投入情况)3个维度衡量。通过明确考核内容，管理者可以全面了解员工的工作表现，以及员工对组织目标的贡献程度。

(3) 考核主体。考核主体指负责评估员工绩效的人员或群体，通常基于360度绩效考核理念，选择多维度的考核视角，包括被考核者的上级、同事、下级、员工本人和客户。上级是最重要、最常见的考核主体，对员工工作表现和行为最为了解，有助于确保管理权威和管理目标的统一性。具有长期协作关系的同事能够提供更真实、全面的反馈，将其纳入考核主体，能够有效避免单一视角的偏差，更适合团队协作密切的岗位。下级作为考核主体的优势在于能够真实反映被考核者的管理能力，迫使被考核者更关注下属发展、建立良好的上下级关系，适用于对管理者的绩效考核。将员工自身纳入考核主体的优势在于能够增强员工的参与感和自我约束意识，强化员工的自我开发能力，适合鼓励员工自主改进和成长的组织文化。对于强调以客户为中心的岗位(如销售、客户服务等)，应将客户也纳入考核主体，因为客户的直接反馈有助于推动员工关注客户需求和服务质量。为了确保绩效考核的公平性与科学性，管理者应根据考核指标的性质和被考核者的工作特点，灵活选择合适的考核主体，并在不同主体的评估中找到平衡点。

(4) 考核方法。绩效考核方法是整个评估环节的技术基础，其选择需要综合考虑组织特点、岗位需求及考核内容的性质。常见绩效考核方法可大致分为3类：一是比较法，如个人排序法、配对比较法等；二是量表法，如评级量表法、行为锚定评价法等；三是描述法，如业绩记录法、能力记录法等。每种方法各有优缺点，具体应用将在本章第四节中详细展开。管理者需要结合组织实际需求，选择合适的考核工具并设计科学的评价流程，确保绩效考核结果的有效性和公平性。

绩效考核与评估的目的在于对员工表现做出评价，还要为后续的激励与绩效改善提供依据。通过明确考核对象、考核内容、考核主体及考核方法，管理者能够构建全面、科学的绩效评估体系，推动组织和个人的共同发展。

四、绩效反馈与改进

绩效考核结果并非绩效管理的终点，而是提升员工和组织绩效的重要起点。通过有效的反馈、科学的绩效改进方案以及合理的结果应用，绩效管理才能真正促进组织目标的达成和员工的发展。

(一) 绩效反馈

绩效反馈是管理者与员工围绕绩效考核结果进行深入沟通并达成共识的过程，其核心在于帮助员工理解自身的绩效状况，并引导其改善表现。

对管理者而言，开展绩效反馈要做好以下准备：①选择面谈场景。根据不同情境选择合适的时间和地点(见表9-3)。②熟悉员工背景。熟悉被访谈者的相关资料，包括教育背景、家庭环境、工作经历、业绩情况等，尤其是被访谈者的性格特征。③规划面谈流程。提前制定绩效反馈面谈的程序与内容，包括讨论重点、时间分配及目标达成计划等。

表9-3　面谈时间和地点的选择

地点	特点	适用范围
办公室等	严肃、正式	犯错误的人，性格外向、喜欢交际的人
私人场所	亲切、平等	沟通思想、增进双方了解，密切双方关系，或劝导难度较大时
非正式场合	随意	性格内向、胆小敏感的人，屡教不改的人
户外场地	平等、非正式	情绪低落、消沉的人

对员工而言，参加绩效反馈面谈前应做好以下准备：①回顾自身表现。分析当前绩效周期内的行为、态度与业绩，收集数据材料。②明确职业发展需求。结合考核结果，思考未来职业发展目标并做好相关规划。③梳理问题与需求。总结工作中的疑惑或障碍，准备在面谈中与管理者探讨。

绩效反馈面谈的核心在于围绕以下3个主题展开：①工作目标的完成情况，明确员工在绩效周期内的工作成果，肯定其成功之处；②成功与失败的原因分析，深入探讨绩效的影响因素，应综合考量内部与外部因素；③未来改进方向，探讨下一绩效周期的改进措施和目标。

为了确保绩效反馈的有效性，管理者应注意以下技巧：①关注具体事项。反馈应以事实和数据为基础，避免空泛评价或针对个人特征进行批评。②倾听与共情。充分倾听员工心声，关注其情绪状态，表现出理解与支持。③双向沟通。通过互动、讨论明确问题和改进方向，避免单向灌输式交流。④聚焦改进。将反馈重点放在未来改进上，而不是过分纠结于过去的问题。

在开展绩效反馈面谈的过程中，要注意进行书面记录，形成表9-4所示的标准化的绩效反馈面谈表，记录员工的绩效状况、改进计划和相关签字。绩效面谈结束后，应通过后续沟通与观察确保改进措施的落实，同时动态调整方案以适应新的变化。

表9-4 绩效反馈面谈表

面谈对象：	职位编号：
面谈者：	面谈时间：
绩效考核结果(总成绩)：	
工作业绩：　　　　　　　工作能力：　　　　　　　工作态度：	
上期绩效不良的方面：	
上期绩效不良的原因：	
下期绩效改进的计划：	
面谈对象签字：	面谈者签字：
绩效改进计划执行的情况：	
记录者签字：	时间：

(资料来源：董克用，李超平.人力资源管理概论[M].5版.北京：中国人民大学出版社，2019.)

(二) 绩效改进

绩效管理的根本目的是不断提升员工与组织的整体绩效，因此针对考核中发现的问题，需要制订科学、合理的改进计划并确保其实施。首先，绩效诊断。绩效诊断旨在分析绩效问题并明确问题出现的原因，可从能力(是否具备完成任务所需的知识、技能和能力)、态度(是否具备完成任务的责任感、主动性和积极性)和环境(是否提供了完成任务所必需的资源、支持和制度保障)3个维度分析绩效不佳的潜在原因。其次，制订绩效改进计划。绩效改进计划分为个人绩效改进计划和组织绩效改进支持两个层面。个人绩效改进计划由员工主导，思考上一周期绩效不佳的原因、制订绩效改进计划、针对绩效改进计划明确组织必须提供的资源支持。组织绩效改进支持由管理者主导，一是基于自身经验告知员工可采用的举措，二是针对员工个人绩效改进计划提出完善意见以确保其可行性，三是为员工提供必要的支持和帮助，包括组织可提供的培训等。最后，指导和监督。在员工个人绩效改进计划实施期间，管理者应与员工保持持续沟通，动态监控员工进展，并适时提供辅助与支持，以确保改进目标的实现。

五、绩效结果应用

绩效结果的有效应用是整个绩效管理工作成败的关键所在，也关系着人力资源管理的效率与效益。绩效结果主要用于以下3方面。

第一，薪酬奖金的分配。绩效结果是薪酬激励的重要依据，主要体现在：①根据绩效等级分配奖励，激励员工提升业绩。②根据绩效结果调整基础薪资水平，体现员工的价值。

第二,职位的调整。绩效结果是考量员工是否适合填补空缺岗位的重要依据之一。企业可优先考虑将绩效优秀的员工晋升至更高岗位,承担更大责任;也可以通过岗位轮换为员工提供多样化的发展机会,培养员工的综合能力。对于长期无法胜任岗位要求的员工,可考虑调整岗位甚至解聘。

第三,员工培训。绩效结果可用于培训与开发决策,例如,为绩效较差的员工提供岗位所需的知识、技术和能力培训,为绩效优异的员工提供高端培训,提升其未来岗位的胜任力。

总体来看,绩效反馈与改进、绩效结果应用是绩效管理的延续与深化,其核心在于通过反馈、改进与激励闭环,推动组织和员工共同发展。通过科学的绩效反馈、合理的改进计划和有效的结果应用,绩效管理才能真正为组织战略目标的实现和员工职业的发展发挥实效。

第四节 绩效评价方法

绩效评价是绩效管理的核心环节,旨在通过科学、公正的考核方法准确评估员工及团队对组织绩效的贡献。合理的绩效评价不仅能推动组织目标的实现,还能优化员工的工作方法、激发潜能。常见的绩效评价方法包括比较法、量表法和描述法,如表9-5所示。

表9-5 常见的绩效评价方法

方法		主要特点
比较法	个人排序法	• 简单,易操作
	配对比较法	• 适合作为奖惩的依据
	人物比较法	• 无法提供有效的反馈信息
	强制比较法	• 无法对不同部门的员工进行比较
量表法	评级量表法	• 有具体、客观的标准,可在不同部门之间进行考核结果的横向比较
	行为锚定评价法	
	行为观察量表法	• 有具体的考核标准,可以明确员工的不足与问题
	混合标准测评法	• 开发量表的成本较高,需要制定合理的指标和标准
描述法	业绩记录法	• 提供了对员工进行考核和反馈的事实依据
	能力记录法	
	态度记录法	• 一般只作为其他考核方法的辅助方法使用
	综合记录法	

(资料来源:董克用,李超平. 人力资源管理概论[M]. 5版. 北京:中国人民大学出版社,2019.)

一、比较法

比较法,又称排序法、分级法等,是一种相对考核方法,通过员工之间的相互比较来评估员工绩效优劣。比较法的操作简便,可避免宽大化、严格化和中心化倾向,适合作为奖惩依据。但该方法对具体差距程度描述不够详细，难以提供改善指导。常见的比较法包括个人排序法、配对比较法、人物比较法和强制比较法。

(1) 个人排序法将员工按照从绩效好到绩效差的顺序排列，适用于人员较少的组织中。其不足在于缺乏明确的绩效评价标准，较为主观。

(2) 配对比较法通过两两对比员工表现，每次比较中为表现优异者标记"+"，为表现较差者标记"-"，最终按每个人的"+"数量从大到小排序。如表9-6所示，企业A对张强、王云、宋玲和赵四维等4名员工进行绩效考核。当张强和王云比较时，张强表现优于王云，则分别记"+"和"-"。比较后，宋玲在四人中表现最优，依次排序为张强、王云和赵四维。配对比较法的优点是结果较为准确，但其操作复杂，仅适合人数较少的情境。

表9-6 运用配对比较法对员工进行绩效考核

员工姓名	张强	王云	宋玲	赵四维	"+"的数量
张强		+	-	+	2
王云	-			+	1
宋玲	+	+		+	3
赵四维	-	-	-		0

(3) 人物比较法以某位基准员工为参照，逐项比较其他员工的表现。实际操作时可参考表9-7。该方法可直观评估员工间的差异，但标准设定较为主观。

表9-7 人物比较法示例

被考核者名称	档次				
	A	B	C	D	E
甲					
乙					
丙					
丁					
戊					

注意：与基准员工相比，在相应栏目中做标记。其中，A为更优秀，B为比较优秀，C为相似，D为比较差，E为更差。

(4) 强制比较法按照正态分布原理，将员工划分为"优秀""良好""一般""较差"和"很差"等级，各自比例分别为10%、15%、50%、15%和10%，如表9-8所示。强制比较法适合大规模考核，能有效避免过于宽松或严格的评分倾向。但是，当员工整体表现较好或较差时，强制比较可能引发不公正性。

表9-8 强制比较法示例

员工总数	分布比例				
	优秀(10%)	良好(15%)	一般(50%)	较差(15%)	很差(10%)
100人	10人	15人	50人	15人	10人

二、量表法

量表法通过制定绩效考核指标和标准,将员工实际绩效与具体指标进行比较,以评分的方式完成考核。该方法具有较强的客观性,且结构化程度较高,结果可量化,便于绩效结果之间的横向比较,是实践中应用最广泛的绩效考核方法之一。常见的量表法包括评级量表法、行为锚定评价法、行为观察量表法、混合标准测评法。

(1) 评级量表法。该方法首先将绩效指标分为多个等级,每个等级都对应一个分数区间。在考核时,考核主体根据员工具体表现给每个指标选定一个等级后汇总所有等级的分数,算出具体的考核结果。设计具体量表时,要确定绩效考核的维度和具体内容,尽量做到全面、准确且定义完整。一般分为5个等级,即非常优秀(A)、优秀(B)、基本满足要求(C)、略有不足(D)和不满足要求(E)。同时,应明确具体等级的分数区间,如非常优秀为90分以上,优秀为70~90分等。具体评级量表如表9-9所示。总体来说,评级量表法相对简单且易于操作,但容易受到考核主体的主观偏见影响。

表9-9 评级量表示例

考核内容	考核项目	说明	评定				
基本能力	知识	是否具备现任职务的基础理论知识和实际业务知识	A	B	C	D	E
业务能力	理解力	能否充分理解上级指示,干脆利落地完成本职工作任务,不需要上级反复指示	A	B	C	D	E
	判断力	能否充分理解上级意图,正确把握现状,随机应变,恰当处理	A	B	C	D	E
	表达力	是否具备现任职务所要求的表达能力,能否开展一般联络、说明工作	A	B	C	D	E
	交涉力	在与企业内外部的人员交涉时,能否具备使对方诚服、接受或达成协议的能力	A	B	C	D	E
工作态度	纪律性	是否严格遵守工作纪律和规章,有无早退、缺勤等问题。是否严格遵守工作汇报制度,按时进行工作汇报	A	B	C	D	E
	协作性	工作中是否充分考虑别人处境,是否主动协助上级、同事做好工作	A	B	C	D	E
	积极性	对分配任务是否不讲条件,是否主动、积极,尽量多做工作,主动改进、挑战困难	A	B	C	D	E

评定标准: A:非常优秀,理想状态 B:优秀,满足要求 C:基本满足要求 D:略有不足 E:不满足要求	等级分数换算: A:64分以上 B:48~63分 C:47分及以下	合计分: 等级:

(2) 行为锚定评价法结合评价量表法和关键事件技术,针对特定行为锚定量表上不同

的点开展测评。具体而言，采用关键事件技术明确绩效要素及其定义、明确考核要素并对关键事件进行描述、确定关键事件的考核等级并最终形成行为锚定评价表。图9-8呈现了巡逻警官巡逻前准备工作的行为锚定量表示例。该方法的优点在于能够为考核主体和被考核主体之间就绩效考核结果的反馈与面谈提供切实依据，能够尽可能地客观评论而避免主体考察偏差；缺点在于关键事件技术难度较大，难以形成科学、有效的行为锚定量表。

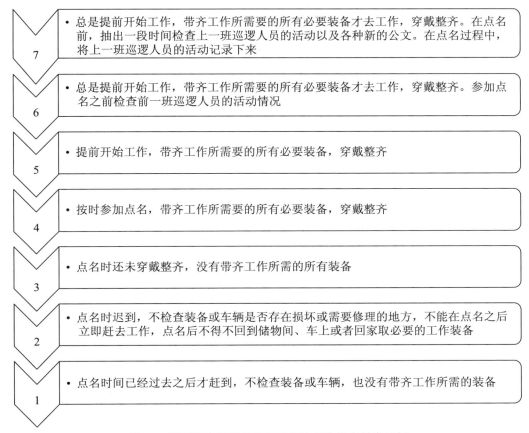

图9-8 巡逻警官巡逻前准备工作的行为锚定量表示例

（3）行为观察量表法将每个项目都细化为具体行为，通过对行为出现频率的评价实现对绩效的考核。表9-10列出了机关单位中层管理人员的行为观察量表示例。行为观察量表法具有以下优点：使用方便，可作为工作说明书或工作说明书的补充；能够形成对被考核者的全面评价，以及清晰、明确的反馈；能够有效降低评价主体的主观偏见，提高评价准确性。该方法的缺点在于量表开发需要消耗大量时间、精力，对频率的评价也缺乏有效依据，难以有效区分"总是""经常""偶尔"等不同频率等级。

表9-10 机关单位中层管理人员的行为观察量表法示例

岗位名称：机关单位中层管理人员					
请根据真实情况评价员工以下行为出现的频率，其中：5=总是；4=经常；3=有时；2=偶尔；1=从不					
克服改革过程中阻力的能力	5	4	3	2	1

续表

向下属说明改革的细节	5	4	3	2	1
解释改革的必要性	5	4	3	2	1
与员工讨论改革会对他们产生什么影响	5	4	3	2	1
倾听员工所关心的问题	5	4	3	2	1
在推进改革的过程中寻求下属的帮助	5	4	3	2	1
如果需要,则指定下一次会议的日期,以便对员工所关心的问题做出答复	5	4	3	2	1

不合格:6~10;合格:11~15;中等:16~20;良好:21~25;优秀:26~30

(4) 混合标准测评法,包含许多组描述语句(一般是3个语句一组)来描述同一考核项目的高、中、低三个层次。这些描述语句在测评量表中是随机排列的,测评主体只需要评价员工的表现是"好于(+)""相当于(0)"还是"劣于(-)"描述语句中所叙述的行为即可。混合标准测评法示例如表9-11所示。

表9-11 混合标准测评法示例

评价特征		具体描述	评价
主动性	高	该员工工作一贯积极、主动,做事从来不需要督促	+
	中	虽然这个员工工作是积极、主动的,但有时需要督促	+
	低	这个员工有点坐等指挥的倾向	+
智力	高	这个员工非常聪明,学东西速度非常快	−
	中	尽管这个员工不是天才,但确实比许多人聪明	+
	低	尽管这个员工了解和接受新事物慢一点,但还是具有一般智力水平	+
与他人关系	高	这个员工与每个人的关系都很好,即使与别人有意见分歧,也能友好相处	−
	中	这个员工与大多数人相处良好,只是偶尔在工作上与他人发生较小冲突	−
	低	这个员工有与别人发生不必要冲突的倾向	0

赋予标准:

	陈述			得分
高	中		低	
+	+		+	7
0	+		+	6
−	+		+	5
−	0		+	4
−	−		+	3
−	−		0	2
−	−		−	1

根据上述评价等级确定分数的过程举例

	陈述			得分
	高	中	低	
主动性	+	+	+	7
智力	0	+	+	6
与他人关系	−	−	0	2

如表9-11所示，首先根据评价特征对被考评者与描述语句之间的差距进行对比并标记"+""-"或"0"。之后，根据赋予的标准计算被考评者的最终得分。

三、描述法

描述法是通过叙述性文字对员工的绩效表现进行综合评价的方法，通常作为其他考核方法的补充。其优势在于提供了详尽的事实依据，但系统性和量化不足，难以单独使用。常见的描述法包括业绩记录法、能力记录法、态度记录法和综合记录法等。其中，最具代表性的是基于关键事件技术改造的业绩记录法。该方法基于关键事件技术，记录员工表现中有显著影响的行为，包括事实发生的背景、发生时的环境、行为的有效或无效事实、事实后果受员工控制的程度。

本章小结

绩效管理是人力资源管理的重要职能之一，也是企业实现战略目标的重要管理工具，其核心在于通过绩效计划、绩效实施与监控、绩效考核与评估、绩效反馈与改进、绩效结果应用等环节，持续提升个体、团队和企业的绩效水平。由于绩效具有多因性、多维性、动态性，企业在开展绩效管理时应结合实际情况，科学地制定绩效目标，合理选择和应用目标管理、关键绩效指标、平衡计分卡、目标与关键结果等绩效管理工具。同时，绩效管理的有效性取决于考核的科学性和公正性。企业需要根据岗位特点、组织目标及员工特性，灵活运用比较法、量表法和描述法等考核方式，确保评价结果的准确性和适用性。此外，绩效管理不仅是考核与评价的过程，而且是提升员工潜力、优化组织资源配置的重要手段。通过合理应用绩效反馈与结果，企业可以实现持续改进，为战略目标的实现提供坚定支撑。

关键术语

绩效	绩效管理	目标管理
关键绩效指标	平衡计分卡	目标与关键结果
绩效计划	绩效监控	绩效考核
绩效评价	绩效反馈	绩效结果应用
比较法	量表法	描述法

思考题

1. 什么是绩效？绩效具有哪些主要特征？
2. 绩效管理的核心目标是什么？它如何促进组织绩效提升？

3. 企业在设计绩效管理体系时应遵循哪些原则?
4. 关键绩效指标的设计步骤与注意事项有哪些?
5. 目标管理法的实施步骤与评价如何?
6. 绩效管理包括哪些主要环节?每个环节的具体内容是什么?
7. 常见的绩效评价方法有哪些?它们的优缺点是什么?
8. 如何确保绩效管理的公平性和有效性?

案例9-1

A 公司的绩效考核

A公司成立于20世纪50年代初,经过七十多年的发展,已成为业内知名企业。目前员工总数约1000人。公司总部设置职能部门负责战略制定和管理协调,下辖若干子公司负责不同业务领域。在同行业内,A公司因对管理的重视程度和业务表现而占有一席之地,随着国家政策变化和行业竞争加剧,公司面临越来越多小企业的挑战。为此,A公司积极完善企业制度,并将绩效管理视为提高组织竞争力和管理效率的重要突破口。

一、绩效考核制度现状

A公司在人事部门主导下制定了《中层干部考核办法》,并且每年年初根据当年经营计划调整具体考核方案以提高可操作性。绩效考核的主要内容如下。

(1) 中层干部考核

流程:由公司高层领导和相关职能部门组成考核小组,负责考核实施。被考核者需要提交述职报告,在全体职工大会上述职,并接受全体员工民意测评和职工访谈。考核小组根据结果形成评价意见,经副总审核后报总经理审批。

考核内容:涵盖被考核单位的经营管理情况(包括财务业绩、目标完成情况等)、干部个人德能勤绩表现,以及未来工作计划。考核指标侧重于经营成果和思想品德,能力定义相对模糊。

反馈:考核完成后,在年终总结会上向被考核者反馈,考核结果虽被规定与薪酬、升迁挂钩,却未真正落实。

(2) 一般员工考核

业务人员:各部门负责人依据经营指标完成情况进行考核,业务人员需要承担明确的任务。

非业务人员:考核相对随意,多由部门领导主观决定,并仅在年度奖金分配时作为参考。

二、考核效果与挑战

在绩效改革的第一年,员工积极参与考核。员工因被征求意见而感到受重视,考核者也因权威感增加而热情高涨。然而,到了第二年,因考核流程重复,员工参与热情下降。第三年以后,企业普遍存在考核结果并未兑现为实际激励措施的情况,员工对考核失去信任,敷衍了事。被考核者认为因历史和资源条件差异,各部门的指标之间难以公平比较,考核流于形式。

请根据案例材料分析并思考以下问题：

1. A公司绩效考核制度存在哪些问题？影响考核效果的核心原因是什么？
2. 如何针对考核内容、流程和结果应用设计更科学的改进方案？
3. A公司可以采取哪些措施提升绩效管理的公平性和员工参与度？
4. A公司绩效考核的经验和教训对其他企业有什么借鉴意义？

第十章 薪酬管理

学习目标

(1) 了解薪酬的内涵及其多层次构成，比较不同薪酬形式的特点与使用情境，探讨薪酬的基本功能，以及薪酬对个人、团队和组织的作用。

(2) 掌握薪酬管理的主要影响因素，熟悉薪酬管理的基本理论，能够阐述薪酬管理的根本原则并结合企业实践进行分析。

(3) 理解薪酬设计的核心要素(基本薪酬、可变薪酬与福利体系等)，掌握薪酬设计的关键决策点和设计方法，了解宽带薪酬、技能薪酬等薪酬设计的特征与实施方法。

(4) 明确福利体系的主要内容，了解福利在激励员工、提升组织吸引力与保持竞争优势方面的作用，熟悉福利设计与实施的基本流程。

(5) 掌握销售、技术、管理等特殊人员的薪酬管理要求与要点，比较不同类型员工的薪酬设计策略并结合岗位特性提出优化建议。

薪酬是企业激励员工、增强组织凝聚力的重要手段之一，也是员工最关心的核心人力资源职能之一。在现代组织中，薪酬不仅是对员工劳动付出的回报，而且是企业传递价值导向、激励员工行为、体现文化和竞争力的重要工具。在整个人力资源管理体系中，健全的薪酬管理系统是吸引、激励、发展与留住人才的关键，更是企业战略目标实现的有力保障。

一个科学、高效的薪酬管理系统能够实现员工个人目标与企业发展目标的有机统一，提高员工的工作积极性、创造性和忠诚度，同时提升企业在市场中的竞争力。薪酬管理不仅涉及薪酬水平的设计，还包括薪酬结构的优化、薪酬激励的实施、薪酬公平性的保障及福利制度的完善，旨在通过合理的薪酬激励体系构建一个动态平衡的利益共同体。

第一节 薪酬概述

一、薪酬的概念

薪酬,常被称为薪水、薪金或工资,传统上侧重于指货币层面的员工激励。在日常语境中,薪酬(compensation)与报酬(reward)常被混用,但两者有所区别。报酬泛指员工因组织工作而获得的所有有价值的事物,包括外在报酬和内在报酬,外在报酬是外部刺激物,包括经济性报酬和非经济性报酬;内在报酬指内心的满足感,如工作成就感、职业成长感等。经济性报酬即广义上的薪酬,通常包括工资、奖金、福利等直接或间接的物质激励;非经济性报酬包括职业成长机会、参与决策的机会、舒适的办公环境等。狭义上的薪酬仅指基本工资和奖金,不包含福利。

报酬的整体结构如图10-1所示。

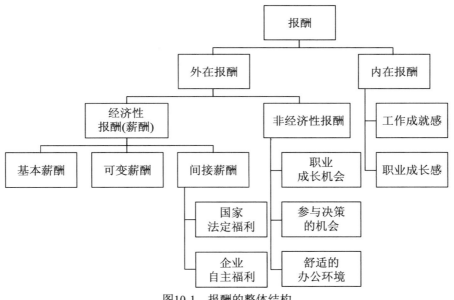

图10-1 报酬的整体结构

二、薪酬的构成

广义的薪酬通常包括基本薪酬、可变薪酬和间接薪酬。

(一) 基本薪酬

基本薪酬,又称固定薪酬,是企业根据员工所承担的工作或具备的能力支付的稳定经济收入。这部分薪酬是员工收入的基础,保障员工基本生活需求,同时为可变薪酬的发放提供标准与依据。一般而言,企业在确定基本薪酬时,可建立职位薪酬体系,即以岗位价值为核心,依据岗位职责和贡献的重要性确定薪酬;也可建立能力薪酬体系,即以员工能力、技能和胜任力为核心,依据员工个人素质确定薪酬。职位薪酬体系和能力薪酬体系都应充分考虑市场上同质劳动力的薪酬水平。企业还应根据组织战略和实际需求决定基本薪酬的等级数量与宽窄程度。薪酬体系大致可分为宽带薪酬体系和窄带薪酬体系。宽带薪酬体系的薪酬等级数量较少,但每一个等级之间的薪酬变化幅度较大;窄带薪酬体系的薪酬等级数量较多,但每一个等级之间的薪酬变化幅度较小。通常情况下,基本薪酬是所有企业薪酬体系中必须包含的部分。特殊情况下,部分岗位(如销售人员)会采用无基本薪酬,以纯佣金或纯提成为主的薪酬模式。

(二) 可变薪酬

可变薪酬,又称浮动薪酬、奖金或绩效工资,是依据员工、团队或部门绩效波动支付的经济报酬。这部分薪酬与绩效直接挂钩,对个人和团队具有较强的激励作用,有助于提升企业绩效。根据薪酬支付的差异,可变薪酬可分为个人可变薪酬(依据个体表现确定)和群体可变薪酬(依据集体绩效确定)。根据薪酬支付周期的差异,可变薪酬可分为短期可变薪酬(基于季度、月度等短期目标确定)和长期可变薪酬(鼓励实现跨年度目标,如股票期权、利润分析等)。

(三) 间接薪酬

间接薪酬是企业为员工提供的各类津贴、补助和福利,与岗位或绩效无直接关联,具有普遍性和全体性。国家法定福利是最常见的间接薪酬形式,包括基本养老保险、基本医疗保险、失业保险、工伤保险、生育保险及住房公积金。企业也可自愿为员工提供自主福利,如企业年金、员工折扣等。津贴与补贴是企业为补偿员工在特殊条件下的劳动消耗及生活费额外付出的经济补偿,包括高温津贴、驻外津贴、取暖费等。

企业也可通过实际或虚拟股权的方式与高层管理人员或技术骨干等关键员工形成长期利益共同体,即股权激励。常见形式包括股票期权、限制性股票和利润分享计划等。

三、薪酬的影响因素

薪酬管理是企业和员工高度重视的人力资源管理核心职能,其管理模式、薪酬水平受到多种因素的共同影响。

(1) 企业相关因素。企业的薪酬水平直接受企业盈利能力的制约,这种盈利能力又与以下因素密切相关:①行业特点与产业政策。不同行业的盈利水平、政策支持力度差异较大,如高科技行业因高附加值和政策扶持,其薪酬水平通常较高。②行业劳动力市场竞争程度。竞争激烈的行业中,为吸引并留住优秀人才,企业通常需要提供更具吸引力的薪酬。③企业生命周期阶段。处于初创期的企业往往现金流较紧张,薪酬水平相对较低,但可通过股权激励等形式弥补；处于成熟期的企业则更注重薪酬的稳定性与吸引力。④经营性质与内容。企业是国有、外资还是民营，以及主营业务的性质，也直接影响薪酬政策的制定。⑤人力资源管理理念与模式。企业文化、薪酬管理哲学(如公平性、竞争性、激励性等)是薪酬管理的核心驱动力。

(2) 职位相关因素。员工所任职位的价值决定了其薪酬的高低。企业通过岗位价值评估明确不同岗位对组织战略目标的贡献程度，以此为依据设置基本薪酬。岗位职责的复杂性、任务完成的重要性等都是影响薪酬的重要因素。

(3) 员工相关因素。员工的能力、绩效水平及潜力等个人特征是影响薪酬的重要因素。例如，可变薪酬直接取决于员工的绩效表现，而员工的胜任力、潜在发展能力不仅影响其晋升机会，也间接决定了其薪酬的提升空间。

(4) 环境相关因素。企业外部环境对薪酬的影响也不容忽视，具体包括：①法律法规与政策。如《中华人民共和国劳动法》(以下简称《劳动法》)等劳动法规为薪酬管理划定了法律框架。②人才市场供需状况。在人才紧缺的行业或岗位，企业往往需要提高薪酬以增强吸引力。③物价水平。薪酬作为员工维持基本生活的保障，应随着通货膨胀和物价水平波动而调整。④工会因素。强大的工会组织能够提高员工的薪酬议价能力，影响企业薪酬制度的设计与实施。

四、薪酬的功能

整体而言，薪酬具有以下几大功能。

(1) 保障功能。薪酬作为绝大多数劳动者的主要收入来源，是保障员工及其家庭基本生活的核心手段。合理的薪酬保障机制不仅关乎员工的生活质量，也关乎企业的社会责任履行。

(2) 激励功能。薪酬是企业对员工能力和业绩的肯定与回报，也是提升员工士气和工作动力的重要手段。科学的薪酬体系能够最大限度地激发员工潜能，吸引优秀人才、留住关键员工，并通过中长期利益的结合实现企业和员工的共赢。

(3) 信号功能。薪酬是社会地位的外在体现，既可以体现员工的个人成就和社会认可度，也是企业对员工价值肯定的重要载体。一方面，高薪酬能够传递员工在企业内部的特殊地位等信息；另一方面，通过薪酬分配，企业也向外界传递自身对人才的渴求程度等信息。

(4) 协调功能。薪酬是调节劳资双方关系的重要杠杆。企业通过合理的薪酬分配，不仅能够协调企业内部各层级员工之间的利益关系，还可以控制运营成本、提高员工满意度，促进企业的长期发展。同时，薪酬在引导企业内部人才流动、优化组织资源配置方面也具有不可替代的作用。

薪酬管理作为一种系统性工具，不仅影响员工的个人利益与行为，也关系企业的长远发展战略和社会责任的履行。科学、有效的薪酬管理应综合考虑多重影响因素，实现薪酬的保障、激励、信号和协调等多重功能的平衡与优化。

五、薪酬的设计模式

薪酬体系的形式多样，不同的薪酬形式各有特点，企业应根据岗位性质、员工特征和组织目标综合考虑，选择合适的薪酬设计模式。常见的薪酬设计模式如下。

(一) 职位工资制

职位工资制是依据职位在组织中的相对价值确定薪酬水平与结构的薪酬设计模型。该模式认为，不同的职位承担的职责、工作内容和对组织目标的贡献程度不同，因而薪酬应根据职位价值而非员工个人特征来确定。职位工资制强调职位本身的价值，薪酬调整与职位晋升紧密相关，因此员工薪酬的提升取决于其在组织中的晋升路径。

职位工资制适用于等级分明、职责明确、分工清晰的组织，尤其是工作流程程序化、岗位职责相对固定的科层制企业。其优点在于能够通过岗位价值评估实现内部薪酬的公平性，激励员工通过努力提升岗位价值、获取晋升机会，并且为企业构建系统化的职位管理体系提供了基础。职位工资制的缺点在于对职位晋升的依赖性较高，当员工无法晋升时，则薪酬调整空间有限，可能削弱其长期激励效果。此外，岗位价值评估复杂且耗时，对科学性要求较高，否则容易影响薪酬体系的公平性与可信度。

(二) 技能工资制

技能工资制以员工的胜任特征(如知识、技术、能力等)为核心，强调薪酬的支付应与员工个人技能水平挂钩。该模式适用于以知识和技能为核心竞争力的组织，尤其是技能型员工较为集中的企业。技能工资制要求建立完善的胜任素质模型，以区分不同层次员工的能力水平，并据此设计薪酬结构。

技能工资制的优势在于，将技能水平与薪酬挂钩，引导员工提升个人素质，激发其不断学习和提升能力的意愿。此外，该模式还支持员工在专业领域深耕，不必转向管理岗位，即可实现职业成长。然而，技能工资制也存在一定的不足，例如胜任力模型的构建和实施成本较高，且对技能水平较高但工作职责有限的员工，其薪酬调整可能缺乏有效激励。

(三) 绩效工资制

绩效工资制基于员工的绩效表现确定薪酬水平，是现代企业广泛应用的一种薪酬设计模式，能够综合反映员工的能力、态度与行为，同时突出绩效管理的核心作用，直接将员工个人目标与企业战略目标相结合。

绩效工资制的优点在于，其激励性和灵活性较强，可以有效推动员工为实现组织目标而努力。然而，绩效工资制也面临一些挑战，例如保障功能相对较弱，员工收入的不确定性可能引发心理压力。此外，员工绩效不仅受个人因素影响，还受到外部环境等非个人可控因素的干扰，可能导致薪酬发放结果的偶然性。同时，对于无法量化绩效的职能部门，绩效工资制的应用效果有限。

(四) 计时工资制与计件工资制

计时工资制与计件工资制是两种直接与劳动成果相关联的薪酬模式。计时工资制按照员工的工作时长支付薪酬，适合产量难以明确衡量的岗位(如保安、清洁工等)。计件工资制根据员工的产量支付薪酬，适用于生产效率易于衡量的岗位(如流水线工人、销售人员等)。这两种薪酬模式的优点在于操作简单、成本可控，且支付规则明确。但计时工资制无法体现劳动强度与劳动效果，计件工资制则可能导致员工忽略质量以追求产量。

除了以上常见薪酬设计模式，企业还可灵活采用浮动工资制、年功工资制等。事实上，成熟的薪酬体系通常是多种模式的有机结合，根据岗位、员工特点和组织战略的不同，制定综合性的薪酬方案，达到激励与公平并重的效果。

六、薪酬管理的基本理论与根本原则

薪酬管理是一项系统工程，其设计与实施需要以多种理论为基础，同时遵循科学的管理原则，以实现企业与员工的双赢。其中，与薪酬管理关系较为紧密的理论包括公平理论、需求层次理论、强化理论和锦标赛理论等。

(1) 公平理论强调，员工对薪酬的满意程度取决于其所得到的回报和投入的比例。这一比例不仅来源于员工对自己现有状况与过去经验的纵向比较，还包括与同岗位其他员工之间的横向比较。公平的薪酬分配可以提升员工的工作满意度和组织认同感，增强其积极性。

(2) 以需求层次理论为代表的激励理论揭示了员工的需求多样性和复杂性。因此，薪酬设计应考虑员工在不同阶段的需求变化，例如初入职场的员工更注重基础保障，而资深员工可能更关注尊重与自我实现需求。通过有针对性地满足员工需求，薪酬管理可以更有效地激励员工。

(3) 强化理论指出，薪酬管理应通过合理设计奖励机制来强化员工的积极行为。薪酬支付方式的设计(如固定薪酬、绩效奖金、利润分享等)需要根据不同激励目标进行匹配，以实现最佳的行为引导效果。

(4) 锦标赛理论强调，通过适当拉开薪酬差距可激发员工的竞争意识，提高整体绩效水平。企业在设计薪酬体系时应注重岗位层级之间的差距，以激励员工通过努力晋升到最高层级。

基于此，企业在开展薪酬管理时应遵循以下原则(见图10-2)：首先，兼顾内部公平性与外部竞争性，既要确保薪酬在组织内的公正分配，又要在市场中具备吸引力。其次，充分考虑员工需求的多样性和动态变化，以确保薪酬管理具备激励性。再次，薪酬结构、比例和层次的设计应科学、合理，确保实施的可操作性和有效性，从而在企业内部形成良好的薪酬管理氛围。最后，考虑薪酬的层次和差距。

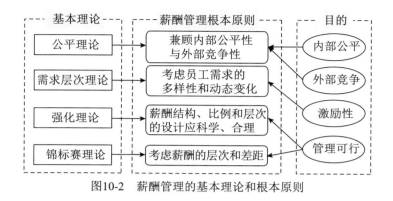

图10-2 薪酬管理的基本理论和根本原则

第二节 薪酬设计

薪酬设计是薪酬管理的核心环节，也是企业人力资源管理的重要内容之一。科学、合理的薪酬设计能够有效实现吸引、激励、发展和保留人才的目标，进而推动企业战略目标的实现。在薪酬设计过程中，一方面需要深入了解员工需求、市场薪酬状况、企业战略及相关法律法规，另一方面应注重与员工保持充分沟通，确保其理解薪酬体系的原则与理念，从而增强其对薪酬体系的认同感。这样的设计既能激发员工工作积极性，又有助于企业提升市场竞争力。

薪酬设计的基本框架通常包括薪酬战略的制定、薪酬政策与理念的确立、薪酬体系的设计及具体执行。基于战略的结构化薪酬体系设计如图10-3所示，强调薪酬设计不仅要满足企业的发展需求，还要注重员工的职业发展与激励机制的结合。为了实现这一目标，薪酬设计需要围绕薪酬体系、薪酬水平、薪酬构成和薪酬结构等关键要素展开，遵循科学的实施流程，并不断优化实践中的具体细节。

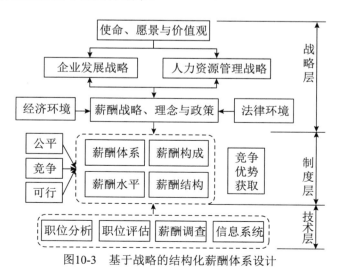

图10-3 基于战略的结构化薪酬体系设计

一、关键决策点

薪酬设计的关键决策涉及企业薪酬体系的选择、薪酬水平的定位、薪酬构成的比例，以及薪酬结构的设计等。这些决策直接影响组织绩效、员工满意度和市场吸引度。

(一) 薪酬体系

薪酬体系是薪酬设计的基础，决定了企业薪酬分配的核心逻辑。当前企业主要采用职位薪酬体系和能力薪酬体系，如表10-1所示。

表10-1 职位薪酬体系与能力薪酬体系的比较

对比维度	职位薪酬体系	能力薪酬体系
薪酬分配依据	员工所在职位的价值	员工掌握的能力
价值决定	职位价值的大小	员工能力的高低
管理者关注的焦点	职位对应薪酬，员工与职位匹配	能力对应薪酬，员工与能力相关
员工关注的焦点	追求职位晋升以获得更高报酬	寻求能力提升以获得更高报酬
程序	职位分析、职位评价	能力分析、能力评价
工作变动	薪酬随着职位变动而变化	薪酬保持不变
培训作用	工作需要而非员工意愿	增强工作适应性和增加报酬的基础
员工晋升	需要职位空缺	通过能力认证或测试即可
优点	清晰的期望、进步的感觉	鼓励员工持续学习，便于员工水平流动
缺点	潜在的官僚主义、潜在的灵活性不足	对成本控制的要求较高

(资料来源：董克用，李超平. 人力资源管理概论[M]. 5版. 北京：中国人民大学出版社，2019.)

职位薪酬体系以员工所在职位的价值为薪酬分配依据，强调职位的重要性而非个人能力。企业首先对每一职位进行价值评估，明确其对组织目标的贡献，然后据此设定薪酬等级。这种体系的优势在于易于操作，能够实现薪酬的内部公平性，同时激励员工通过努力晋升到更高价值的职位。其不足在于不能充分反映员工能力与贡献的差异。当晋升机会有限时，员工可能因薪酬增长停滞而失去动力。

能力薪酬体系以员工技能、知识和胜任特质为薪酬分配依据，强调个人能力及其对组织的贡献。如果能力薪酬体系以员工技能为基础，则称之为技能薪酬体系；如果能力薪酬体系以胜任特征为基础，则称之为胜任特征薪酬体系。设计能力薪酬体系时，首先应对员工能力进行评价并明确差异，确定不同能力等级。该体系更适用于知识型、技能型岗位，有助于员工主动学习和能力提升。然而，能力薪酬体系对能力评价的科学性要求较高，实施成本较大，且在岗位职责固定的情况下激励效果有限。

(二) 薪酬水平

薪酬水平反映企业的薪酬竞争力和成本控制能力。确定薪酬水平时，企业需要结合行业特性、市场状况及实际需求，选择以下薪酬策略：①领先型策略。通过提供高于市场水平的薪酬吸引人才，提升组织竞争力。这种策略适合注重创新与发展、追求卓越团队文化的企业，但需要权衡薪酬成本与收益。②匹配型策略。通过将薪酬水平与市场平均水平保持一致，既保证具有一定的竞争力，又避免过高的成本负担，是多数企业的常用选择。③滞后型策略。通过提供低于市场平均水平的薪酬来压缩人力成本，适合劳动密集型或成本敏感型企业，但可能影响人才吸引与保留。④混合型策略。针对不同职位采取差异化策略，例如关键职位采用领先型策略，支持岗位采用匹配型策略，以实现薪酬资源的优化。

(三) 薪酬构成

薪酬构成包括基本薪酬、可变薪酬和间接薪酬，各部分的比例会影响薪酬的保障性、激励性和灵活性。根据比例差异可分为高弹型薪酬模式、高稳定型薪酬模式和调和型薪酬模式。其中，高弹型薪酬模式以可变薪酬为主，适合初创企业或高度竞争的环境，能够激发员工的绩效动机，但收入稳定性较低。高稳定型薪酬模式以基本薪酬为主，能够保障员工收入稳定，适合成熟型企业，但对员工的激励效果有限。调和型薪酬模式平衡了基本薪酬与可变薪酬的比例，兼顾激励性与保障性，被多数企业采用。

(四) 薪酬结构

薪酬结构指企业内部不同岗位之间薪酬分配的层级差异。设计合理的薪酬结构有助于增强员工的归属感与工作积极性。典型的薪酬结构有两类：窄带薪酬和宽带薪酬。窄带薪酬的薪酬等级划分精细但级差较小，适合岗位层级多的企业。宽带薪酬结构将传统窄带薪酬体系中的多个薪酬等级合并、整合为宽幅范围，增强了薪酬的灵活性和员工流动性。常见的宽带薪酬结构可能仅设置4~5个薪酬级别，每个薪酬等级的最高值与最低值的比例为2∶1~3∶1，具有典型的扁平化组织特征。但是，宽带薪酬实施复杂，对管理能力要求较高。

二、基本薪酬

基本薪酬设计是薪酬管理的核心内容，是构建企业薪酬体系的基础。通过科学、合理的基本薪酬设计，企业不仅能够满足内部公平性要求，还能提升薪酬体系的外部竞争力，从而有效吸引、激励和保留人才。在实践中，基本薪酬的设计通常包括职位分析、职位评价、薪酬调查、建立薪酬曲线、确定薪酬等级等步骤，如图10-4所示，强调从理论到实际操作的全流程科学性和合理性。

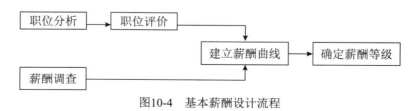

图10-4 基本薪酬设计流程

(一) 职位分析与职位评价

1. 职位分析

职位分析是基本薪酬设计的起点,旨在厘清企业内部各职位的工作职责、任职资格,以及对企业战略目标的贡献。职位分析不仅为职位评价奠定了基础,也为后续的薪酬设计提供了关键信息。通过系统的职位分析,企业可以确保薪酬体系的公平性与一致性,从而为员工创造透明的薪酬分配环境。

2. 职位评价

职位评价是在职位分析的基础上,借助科学方法确定各职位相对价值大小的过程,旨在确保薪酬体系的内部公平性。常见的职位评价方法包括排序法、归类法、要素比较法和要素记点法。

(1) 排序法是一种简单、直接的职位评价方法,通过对各个职位价值进行总体判断并排序,确定其相对重要性。常见的排序法包括直接排序法、交替排序法、配对比较法等。排序法的优势在于操作简单、成本低廉,缺点是缺乏明确的客观标准,适用于规模较小、职位数量有限的企业。

(2) 归类法是通过事先设置职位等级并将职位归入相应等级的一种方法。该方法强调职位与等级定义的匹配度,适用于企业内部职位分层明确的情境,但对职位等级划分的科学性要求较高。

(3) 要素比较法是基于多个薪酬要素分别对职位进行排序,从而确定职位价值的一种方法。大量国际咨询公司在开发薪酬体系时采用要素比较法,如怡安翰威特的报酬要素体系、美世的报酬要素体系、合益的报酬要素体系等,适合薪酬设计复杂的大中型企业。

(4) 要素记点法是一种量化评价方法,通过赋予职位若干薪酬要素具体分值,最终根据综合得分确定职位价值。该方法尽管复杂,但其科学性和准确性较高,适合组织规模较大、职位多样化的企业。

无论采用何种方法,职位分析与职位评价的核心是明确企业内部职位对组织目标的相对贡献,建立薪酬分配内部公平性的基础。这一过程需要注重数据的全面性和方法的科学性,以确保评价结果能够真实反映职位价值。

(二) 薪酬调查

在建立内部公平性的基础上,薪酬调查是确保外部竞争性的重要手段。薪酬调查是企业通过收集市场薪酬数据,分析同行业或同地区企业薪酬水平,为自身薪酬体系提供科学依据的过程。其主要目标是解决企业薪酬体系在外部竞争中的定位问题,确保企业在吸引和保留优秀人才方面具有竞争优势。

薪酬调查通常包括以下步骤:明确调查职位与范围、选择调查职位、明确调查项目、开展调查活动及结果分析。由于全面调查所有职位的成本较高,企业往往选取具有代表性的典型职位进行调查,如同类企业中普遍存在且易于对比的岗位。调查内容通常涵盖了基本薪酬、可变薪酬和间接薪酬等。

调查结束后，企业需要结合职位评价结果和薪酬策略建立薪酬曲线。薪酬曲线反映职位的市场薪酬水平与职位相对价值的关系，理论上应呈现线性关系。企业可根据自身薪酬策略对曲线进行调整，例如采用领先型策略时，将薪酬曲线向上平移以体现高薪优势；采用滞后型策略时，则将薪酬曲线向下平移以实现成本控制。

薪酬调查的结果不仅为提高薪酬体系的外部竞争力提供了依据，还可以指导企业制定合理的薪酬等级和范围，确保薪酬分配具有科学性和市场导向。

(三) 薪酬等级与区间设计

由于职位数量众多，直接针对每个职位制定薪酬水平并不现实。企业通常通过划分薪酬等级简化薪酬管理，同时确保内部公平性和外部竞争性。

薪酬等级的划分基于职位评价结果，将职位价值相近或相似的岗位归于同一薪酬等级。每一薪酬等级需要明确薪酬区间，包括最低薪酬、最高薪酬和中位薪酬。薪酬区间的宽窄取决于企业策略：对于灵活性要求较高的岗位，可采用较宽薪酬区间；对于结构性较强的岗位，则适宜采用较窄区间。设计薪酬区间时应综合考虑以下因素：企业支付能力、职位之间的价值差异、行业薪酬水平、职位晋升空间及市场状况。

薪酬等级的重叠程度也需要适当设置。薪酬等级的重叠程度指的是相邻薪酬等级的最高值与最低值的交叉范围，会直接影响员工的职业发展空间、薪酬公平性及组织的薪酬成本管理。一般而言，薪酬等级的重叠程度可分为低重叠度(20%~30%)、中重叠度(30%~50%)和高重叠度(50%~70%)。低重叠度的薪酬体系适用于等级划分清晰、职责差异较大的组织，能够体现职位之间的相对价值差异，但在一定程度上限制了员工在等级内的薪酬增长空间，从而导致激励不足。中重叠度可以在保持职位价值差异的同时，为优秀员工提供灵活的薪酬增长机会，被多数企业采用。高重叠度多见于宽带薪酬体系，尤其是创新型、扁平化组织，能够提高职位之间的流动性，但可能降低薪酬体系对职位价值的区分度。设置薪酬等级的重叠程度时，应考虑职位价值差距、组织类型、薪酬策略和员工发展路径。

(四) 薪酬调整

薪酬体系设计完成后并非一成不变，需要根据内外部环境的变化进行动态调整。薪酬调整主要分为整体性薪酬调整和个体性薪酬调整。整体性薪酬调整针对所有员工，通常是基于物价水平、市场薪酬水平、企业经营状况等因素。例如，在经济高速发展、物价持续上涨的背景下，企业可上调基本薪酬以保障员工生活质量。个体性调整是针对员工个体进行薪酬调整，通常与职业晋升、技能提升、绩效表现等直接挂钩。通过个体性薪酬调整，企业能够有效激励员工持续提升能力和贡献。薪酬调整不仅是企业对内外部环境变化的应对策略，而且是对员工贡献和发展潜力的认可，其核心在于保持薪酬体系的灵活性与公平性，进一步增强企业对优秀人才的吸引力和凝聚力。

通过职位分析与职位评价、薪酬调查、薪酬等级与区间设计、薪酬调整，基本薪酬设计能够为企业构建科学、有效的薪酬体系奠定坚实基础。在实施过程中，企业应始终关注内部公平与外部竞争的平衡，通过优化薪酬设计实现组织与员工的共同发展。

三、可变薪酬

可变薪酬，又称激励薪酬、绩效薪酬等，是指企业依据员工、团队、部门或整体企业的绩效表现，向员工支付的具有弹性特点的薪酬形式。与基本薪酬相比，可变薪酬的核心在于其激励性和灵活性。通过将薪酬与绩效挂钩，可变薪酬可以有效激励员工对企业目标的深度参与，有助于个人绩效的提升及企业整体目标的实现。可变薪酬设计既强调对个体工作的认可，也注重对团队合作的促进。

根据评估对象的不同，可变薪酬可分为个体可变薪酬和群体可变薪酬两类。

(一) 个体可变薪酬

个体可变薪酬是以员工个人绩效表现为基础制定的薪酬形式，旨在通过直接与个人贡献挂钩的薪酬激励机制，鼓励员工追求更高的个人绩效。然而，由于其着眼于个体表现，可能会在一定程度上弱化团队成员之间的协作精神。

常见的个体可变薪酬形式包括计件制、工时制、绩效工资等，其中绩效工资是使用最广泛的形式之一。绩效工资基于员工的绩效考核结果支付，特别适用于工作成果可以通过数量或时间衡量的职位。绩效工资主要包括以下形式：绩效调薪、绩效奖金和特殊绩效认可计划。

(1) 绩效调薪。绩效调薪是指企业根据员工的绩效考核结果对其基本薪酬进行调整。这种方式通常以年为周期，根据员工绩效等级决定调薪调整的幅度。例如，绩效等级为S的员工可能获得较高的正向调薪，而绩效等级为D的员工则可能面临负向调薪，如表10-2所示。

表10-2 绩效调薪举例

项目	绩效考核等级				
	S	A	B	C	D
等级说明	非常优秀	优秀	合格	存在不足	较大差距
绩效调薪幅度	6%	4%	0	-1%	-3%

(资料来源：董克用，李超平. 人力资源管理概论[M]. 5版. 北京：中国人民大学出版社，2019.)

实施薪酬调整时应注意以下两点：一是调整幅度应在合理范围内，不得突破薪酬等级的最高值和最低值；二是调薪必须兼顾公平性和激励性，既要奖励优秀者，也需要适当调低不达标员工的薪酬，以增强员工的绩效驱动力。

(2) 绩效奖金。绩效奖金是基于员工在某一特定考核周期内的绩效表现所支付的一次性奖励。绩效奖金支付周期灵活，可以是月度、季度、半年度和年度。实际操作中，绩效奖金的分配通常综合考虑个人绩效、团体绩效和企业整体绩效。与绩效调薪不同，绩效奖金仅奖励绩效优秀者,而对绩效不佳者通常不予处罚。

(3) 特殊绩效认可计划。特殊绩效认可计划是一种专门针对个人或团队在特定条件下表现卓越的奖励方式,通常用于表彰员工的突出贡献,形式既可以是精神层面的(如公开表扬、授予荣誉称号),也可以是物质层面的(如现金奖励、带薪休假、实物奖励等)。特殊绩效认可计划具有非预期性和高度认可性,能够极大地激发员工的额外努力和创造性。

(二) 群体可变薪酬

群体可变薪酬以团队、部门或企业整体绩效为基础制定,旨在通过鼓励员工关注整体绩效的实现,增强团队合作意识和企业凝聚力。群体可变薪酬通常包括利润分享计划、收益分享计划和员工持股计划等形式。

(1) 利润分享计划。利润分享计划是企业根据特定的利润指标向员工支付薪酬的方式。这种方式将企业的经营成果与员工的收入紧密联系,既激励员工努力工作,也赋予企业灵活调整薪酬水平的能力。利润分享计划的特点在于,它并不计入员工的基本薪酬,而是作为额外收入发放,有效降低了企业的固定薪酬成本。

(2) 收益分享计划。收益分享计划是企业基于生产率提升、成本节约、质量改进等带来的收益,为员工提供绩效奖励的模式。收益分享计划的常见形式包括斯坎伦计划(Scanlon Plan)和拉克计划(Rucker Plan)。斯坎伦计划通过激励员工提出生产改进建议来提高效率并与员工分享收益,而拉克计划通过节省资源成本实现收益分配。这些计划的核心在于通过分享绩效收益,激发员工的积极性和创造力。

(3) 员工持股计划。员工持股计划通过让员工直接或间接拥有公司股票,将员工的收入与企业的长期绩效紧密挂钩。员工持股计划的常见形式包括现股计划(直接授予股票)、期权计划(赋予未来以固定价格购买股票的权利)和期股计划(授予一定条件下的股票奖励)。这种激励方式不仅能提升员工的归属感和长期贡献意愿,还能在一定程度上促进企业的可持续发展。

可变薪酬在现代薪酬管理中扮演着重要角色,通过强化薪酬与绩效的关联性,显著提升员工激励水平和组织绩效表现。然而,企业在设计可变薪酬时应注重平衡个体激励与团队协作之间的关系,同时确保可变薪酬的支付方式与企业文化和战略目标相一致,最大限度地发挥其在激励、协同和驱动企业发展方面的积极作用。

四、福利体系

员工福利是指企业基于组织成员身份,为全体员工提供的基本薪酬和可变薪酬之外的间接薪酬。与其他薪酬形式相比,福利具有以下显著特征:首先,福利通常以实物或延期支付的形式存在,例如医疗保险、退休金等;其次,福利通常属于准固定成本,支出较为稳定;再次,福利面向所有员工,对员工一视同仁,体现出普遍适用性和均等性;最后,福利的形式灵活多样,可以根据员工需求调整内容和范围,从而满足员工在不同阶段的多样化需求。

通过提供福利，企业不仅可以有效满足员工对平等、归属感和安全感的心理需求，还能提升员工的收入、保障员工及其家庭的生活质量。此外，福利管理还是企业吸引和保留人才的重要手段之一，有助于营造和谐的企业文化，提升员工对企业的认同感。同时，企业在实施福利计划时，还可以享受国家相关的税收优惠政策，从而进一步优化人力资源成本管理。

一般来说，福利可以分为国家法定福利和企业自主福利两类。

(一) 国家法定福利

国家法定福利是国家通过法律法规规定的企业必须为员工提供的福利内容，具有强制性。这些福利制度旨在保障员工在遇到失业、疾病、伤残等突发状况时能够获得及时救助，从而维护其基本生活，增强风险防范能力。我国的法定福利体系主要包括以下几个方面。

(1) 社会保险是国家法定福利的核心内容，包括基本养老保险、基本医疗保险、失业保险、工伤保险和生育保险五大险种。这些保险项目由企业按照员工工资的一定比例缴纳费用，用于保障员工在特定情况下的基本权益。例如，根据《失业保险条例》规定，城镇企业事业单位需要按照本单位工资总额的2%缴纳失业保险金，而员工则按照本人工资的1%缴纳。此外，针对不同劳动者也有特殊规定。

(2) 住房公积金是国家为帮助员工解决住房需求而实施的长期储蓄计划，由员工和用人单位共同缴纳，一般依据当地政策和员工工资水平确定具体比例，用于购买、建造或修整自住房，也可用于支付租房费用。

(3) 公休日及法定休假日。《劳动法》规定，用人单位必须确保员工每周至少休息一天。此外，我国法定节假日包括元旦、春节、清明节、国际劳动节、端午节、中秋节、国庆节等，在这些法定节假日期间，用人单位如需要安排员工加班，则需要支付不低于工资300%的报酬。

(4) 带薪年休假。《劳动法》规定，劳动者连续工作满一年以上，有权享受带薪年休假。具体假期天数通常依照员工的工龄和企业的相关规定确定，员工在年休假期间的薪酬标准不得低于日常工资。

(二) 企业自主福利

企业自主福利是指企业根据自身情况和发展需要，灵活提供的非强制性福利内容。这类福利旨在超越法定要求，为员工提供更优质的保障和支持，进一步提升员工的归属感和满意度。例如，企业可以为员工提供额外的补充养老金计划(如企业年金)、健康医疗保险计划或人寿保险计划等，不仅提高员工退休后的生活保障，也为员工及其家庭提供更全面的医疗和生活支持。除法定假期外，企业还可以根据实际情况，为员工提供额外的假期，如带薪病假、育儿假、陪产假或弹性工作安排等，帮助员工更好地平衡工作与生活，提高其幸福感。部分企业还为员工及其家属提供多样化福利支持，如儿童看护、老年人护理、教育资助或心理健康辅导等，这些福利项目与企业绩效或员工贡献挂钩，能够有效提升员工的积极性和忠诚度。一些企业实施了弹性福利计划，允许员工根据个人需求自由选择福利项目和内容，例如，员工可以自主选择医疗保险、子女教育补贴或额外假期。弹性福利计划更能满足员工个性化需求，提升员工对企业的满意度。

福利不仅是一种物质激励手段，而且是企业文化和员工关怀的体现。通过科学、合理的福利设计和管理，企业能显著增强员工的归属感和忠诚度，吸引更多优秀人才，同时降低人员流失率。此外，福利管理也是企业履行社会责任的重要内容，能够提升企业的社会形象与美誉度。实施福利计划时，企业需要在经济成本、员工需求和法律法规之间寻求平衡，以确保福利计划的可持续性与有效性。

第三节　特殊人员的薪酬管理

在企业的薪酬管理中，特殊人员的薪酬设计因其岗位职责的独特性和对企业战略目标的关键贡献而备受关注。这些人员通常担任企业核心价值链中的重要角色，其工作性质、绩效标准和激励需求与普通员工存在显著差异。特殊人员的薪酬管理需要根据岗位特点量身定制，既要体现对其专业技能、管理能力或市场开拓能力的认可，也要考虑其工作环境中的复杂性和不确定性，以确保薪酬体系的公平性、竞争力和激励效果。销售人员、技术人员、管理人员和外派人员是特殊人员中最具代表性的群体。针对这些群体，企业需要通过科学、合理的薪酬设计实现吸引优秀人才、促进核心团队稳定、激发创造潜能的多重目标，从而提升企业整体绩效和市场竞争力。

一、销售人员的薪酬管理

销售人员的薪酬管理是一项复杂且富有挑战性的工作，需要深刻理解销售岗位的独特性，以及所处市场环境的特点。制定薪酬政策时，必须平衡激励效果和收入的稳定性，确保既能激发销售人员的积极性，又能帮助企业实现长期目标。

销售人员的工作特点直接影响其薪酬管理策略：首先，销售工作的时间安排具有极强的灵活性，销售人员经常需要根据客户需求调整工作时间，这种不确定性对薪酬的稳定性提出了更高要求。其次，销售人员通常具有较高的独立性和自主性，他们需要独立制订销售计划，利用自身资源完成销售目标，因此个人绩效的评估成为薪酬设计的重要依据。此外，销售人员的日常工作高度依赖与客户的互动，要求他们具备卓越的沟通能力和人际关系处理能力，这种技能的价值也需要在薪酬中得到体现。最后，销售工作的高度业绩导向性和市场环境的不确定性决定了销售人员要承受较高的工作压力，这进一步提高了薪酬管理的复杂性。

设计销售人员薪酬方案时，企业需要综合考虑产品市场、组织特征和劳动力市场等影响因素。竞争激烈的市场可能要求更高比例的绩效薪酬，以激励销售人员争取客户资源；

而在技术密集型行业，销售人员的专业知识可能成为薪酬定级的重要参考。同样，企业规模和战略定位也影响薪酬政策的制定。大型企业可能会通过高薪吸引并保留顶尖销售人才，而初创企业可能更倾向于依赖业绩提升机制以控制人力成本。

销售人员的薪酬模式通常包括以下几种形式，各自适应不同的岗位需求和市场环境：①纯佣金制，仅基于销售额提取一定的比例作为薪酬，没有固定工资。这种模式能够激励销售人员追求高销售业绩，但收入波动较大，可能导致销售人员承担较高的风险。此模式更适用于销售周期短、市场需求较稳定的产品或服务销售。②固定工资制，提供稳定的基本收入，与销售业绩无直接关系。这种模式减少了销售人员的收入不确定性，但可能因缺乏与绩效挂钩的激励机制而降低销售人员的积极性。固定工资制多用于那些强调客户关系维护而非单纯销售额的岗位。③基本工资加佣金制，结合了固定工资的稳定性和佣金的激励性，是最常见的薪酬模式之一。销售人员既能获得基本收入保障，又能通过努力工作获得更高收入。其缺点是需要合理设定销售目标，否则可能因销售定额过高增加销售压力，或者因定额过低削弱激励效果。④基本工资加奖金制，在基本工资的基础上，根据销售绩效发放奖金。这种模式能够有效地激励销售人员追求更高的销售额，同时避免了佣金制可能带来的恶性竞争。奖金的设计需要以合理的绩效评价为基础，否则可能导致奖励分配的不公平或变成常规化激励。⑤基本工资加佣金和奖金制，综合了多种激励手段，将基本工资、佣金和奖金结合起来，适用于复杂市场环境下的销售管理。然而，此模式的实施难度较大，需要企业在设计过程中充分考虑薪酬结构的合理性及激励机制的有效性。⑥特别奖励制，通常针对销售人员的突出贡献或超预期表现提供精神表彰或物质奖励。这种模式能够进一步增强销售人员的归属感，但需要确保奖励的公开性与公平性，以避免内部矛盾或不满情绪。

销售人员的薪酬管理需要兼顾多方面因素：首先，应在个人业绩和团队合作之间找到平衡点，不仅需要关注销售人员的个体贡献，还要鼓励团队协作，防止因过度竞争而影响团队凝聚力。其次，薪酬方案应同时具备激励性和稳定性，既要通过可变薪酬鼓励销售人员追求卓越绩效，又要通过固定工资降低市场波动对收入的不利影响。此外，薪酬设计还需要考虑市场竞争态势，研究同行业的薪酬水平，确保企业能够在劳动力市场中保持竞争力。最后，应关注销售人员的个人能力和职业发展。通过差异化的薪酬策略，为不同能力水平的销售人员提供适合其职业阶段的薪酬激励，并支持其长期职业成长。客户满意度和售后服务质量应成为薪酬评价的重要参考指标，鼓励销售人员与客户建立稳定的长期合作关系，推动业务的持续增长。

总体而言，销售人员薪酬设计的复杂性在于需要平衡多种利益需求。企业需要根据市场环境和战略目标灵活调整薪酬模式，在稳定和激励之间找到最佳结合点，不仅要充分挖掘销售人员的潜力，还要推动企业在竞争激烈的市场环境中持续发展。

二、技术人员的薪酬管理

技术人员的薪酬管理在企业中具有至关重要的地位。技术人员往往是企业技术创新和核心竞争力的关键推手，因此，为技术人员设计科学、合理的薪酬体系，是吸引、留住并激励技术人才的重要手段。在管理实践中，应充分考虑技术人员的工作特征和薪酬影响因素，灵活运用适宜的薪酬模式，确保激励机制的有效性与公平性。

首先，技术人员的薪酬管理需要针对技术人员工作的三大特征进行精准把握。第一，技术人员的工作具有高度的创造性和自主性。技术人员通过专业知识和技能的创新应用，为企业创造新成果，这种创造性工作通常伴随高度的自我管理能力。第二，技术人员的工作成果衡量难度较大。一方面，这种难度源于其成果往往需要经过较长时间才能显现；另一方面，技术人员的工作多为非例行性，充满不确定性，既无法完全标准化，也难以直接以传统绩效指标衡量。第三，技术人员的管理复杂性较高。因其工作具有自主性和专业性，企业对其工作过程和结果的检测与评估存在局限，进一步加大了薪酬管理的难度。

此外，技术人员的薪酬管理受到多种因素的影响：一是行业特点。技术人员的脑力劳动以专业知识为核心，学习曲线陡峭且专业复杂度高，这使得其工作更强调专业认同和技术导向，日常工作中更多地专注于事务性目标而非社交互动。二是企业重视程度。企业对技术人员的重视程度直接影响薪酬水平。技术人员在企业中的薪酬分配应充分体现其核心价值。企业需要通过制度设计提升技术人员在组织中的话语权和地位，为其提供技术支持和创新资源，同时营造包容性文化氛围以鼓励技术探索。三是技术人员的知识结构和能力水平。高技能、高水平的技术人员通常承担复杂任务并推动技术革新，他们对企业战略的价值决定了其薪酬应体现相应的激励与认可。

基于这些特征和影响因素，技术人员薪酬管理的实践中常采用以下几种模式：①项目工资制，基于技术人员参与的科研项目成果支付薪酬。以国家重点项目、企业科研项目或新技术推广项目为基础，根据项目级别、成果转化情况和实际经济效益等分配工资。项目工资制能够激励技术人员投入科研项目，但需要建立严格的项目评价机制以确保公平性。②协商工资制，技术人员与企业进行薪酬协商并达成一致，明确其薪资待遇与责任边界。该模式适用于高层次专业技术人才的引进。协商工资制需要在公平原则下设计考核标准，确保技术人员的薪酬既体现市场竞争力，又符合企业实际。③提成工资制，将技术人员的科研成果与经济效益直接挂钩。无论是专利转化还是技术创新带来的增益，企业都以一定比例的收益作为提成发放薪酬。通过一次性奖励或长期提成的方式，该模式能够有效激励技术人员积极参与技术攻关，但需要明确收益计算标准以确保分配透明。④技术承包工资制，通过承包协议将特定技术任务或生产管理职责交由个人或技术团队承担，并依据任务完成情况发放薪酬。该模式适合需要长期、稳定技术支持的岗位，能够强化技术人员的责任感和综合考量能力，激发其主观能动性。

综上所述，技术人员薪酬管理的成功在于结合其工作特点与企业发展需求，制定有针对性的薪酬策略。企业需要在公平性和激励性之间取得平衡，合理选择薪酬模式，充分调动技术人员的积极性和创新潜能，为企业的长期发展提供持续的技术支持和智力保障。

三、管理人员的薪酬管理

管理人员在企业中承担着战略规划、组织协调和目标实现的重要职责,虽然其并不直接创造可量化的工作成果,但通过有效的管理活动,能够显著提升企业整体绩效。因此,设计科学、合理的薪酬体系以激励管理人员,既是企业薪酬管理的重要内容,也是保持竞争优势的关键手段。

开展管理人员的薪酬设计时,需要特别关注以下几点:首先,管理人员的薪酬结构具有典型的浮动性特点。管理人员收入中的浮动部分通常占较大比例,与企业的经营状况和绩效表现直接挂钩。这种结构设计旨在强化管理人员对企业目标的关注,通过薪酬机制激励其积极推动企业绩效的提升。其次,管理人员的个人经济利益与企业的整体经营成果密切相关。这种紧密联系不仅增强了管理人员的责任感和使命感,还激励他们更加注重企业的长期利益,以实现企业和个人的共同成长。最后,坚持利益共享和风险共担的原则,管理人员在分享企业发展成果的同时,也需要共同面对挑战和承担风险。这种薪酬设计不仅强化了管理人员的合作意识,还为企业和管理人员之间建立了互信基础,形成了稳定的利益共同体。

管理人员薪酬的影响因素主要包括个人因素、企业内部因素和外部市场因素。个人因素主要涉及管理人员的人力资本、贡献水平,以及管理人员在企业运营中可能承担的风险。管理人员的薪酬通常与其教育背景、职业经验、专业能力和对企业的实际贡献密切相关。此外,管理人员需要在企业面临不确定性时承担相应的风险,这种责任意识和风险承受力也是薪酬设计的重要考量。企业内部因素包括行业特征、企业规模、薪酬战略、企业的盈利能力和经营情况。不同的行业因其技术需求、利润水平和竞争激励程度的差异,对管理人员的薪酬水平提出不同的要求。企业规模和薪酬战略对管理人员薪酬的整体水平和结构具有直接影响。同时,企业的盈利能力和经营情况也在很大程度上决定了薪酬支付能力和激励机制的实施效果。外部市场因素则包括市场对管理人员薪酬的普遍定位及国家相关法律的要求。管理人员的薪酬设计需要符合市场竞争力标准,同时应在法律框架内确保薪酬的公正性和合法性。

在薪酬模式方面,我国企业普遍采用基于岗位、绩效、技能、市场和年功的多样化薪酬模式。基于岗位的薪酬模式通过岗位价值评估确定薪酬水平,注重岗位之间的内部公平性。绩效导向的薪酬模式强调结果驱动,将薪酬与绩效目标的达成度挂钩,以增强管理人员对企业战略目标的聚焦能力。技能导向的薪酬模式则鼓励管理人员提升自身能力水平,从而在较长时期内为企业创造更大价值。基于市场的薪酬模式主要参照行业内同岗位的市场薪酬水平,确保企业在人才市场上的外部竞争力。年功导向的薪酬模式更多地关注管理人员的服务年限和忠诚度,通过薪酬增长增强其对企业的长期承诺。

综合来看,管理人员薪酬设计的关键在于平衡内部公平性和外部竞争性,通过灵活、适宜的薪酬模式,确保薪酬体系既能激励管理人员的积极性和创新力,又能支持企业长远发展目标。与此同时,企业人力资源部门需要具备敏锐的市场洞察力,关注环境变化,动态调整薪酬策略,以适应不断变化的市场需求和组织发展需要。只有在科学、灵活和可持续发展的薪酬体系支持下，管理人员才能充分发挥其在企业运营中的核心作用，推动企业在激烈的市场竞争中持续取得成功。

四、外派人员的薪酬管理

外派人员的薪酬管理是企业国际化经营和跨区域运营中不可或缺的一部分。外派人员通常承担着将总部战略转化为地方执行、协调跨文化团队、推动区域业务发展的重要职责。由于工作性质和外派环境的特殊性，他们的薪酬设计需要充分考虑任务的复杂性、外派地的环境差异及个人成本补偿等多方面因素，做到既能激励员工高效完成任务，又能确保组织目标的实现。

外派人员的薪酬一般包括工资、津贴和福利3个主要部分。工资包括基本工资和激励报酬。基本工资作为薪酬的固定部分，与外派人员的岗位职责、技能水平和职位价值相关，而不直接受业绩波动的影响，主要为外派人员提供稳定的收入保障。激励报酬包括短期和长期两类。短期激励报酬包括绩效奖金和外派任职奖金等，旨在激励外派人员在外派期间保持高效的工作表现；长期激励通常与企业股票价格或长期经营业务挂钩，如股权激励计划，能够有效增强外派人员对企业长期发展的关注和承诺。

津贴作为外派人员薪酬的重要组成部分，主要用于弥补外派人员因跨地域工作而产生的额外成本或生活不便。根据功能和目的，津贴分为外派激励型津贴和生活补偿型津贴。外派激励型津贴是为了激励员工接受外派任务而额外支付的补偿，如风险津贴或难度津贴等。生活补偿型津贴用来弥补外派人员在外派地因生活成本、居住条件或家庭支出的增加而产生的经济负担，包括住房津贴、交通津贴、子女教育津贴等。这种差异化的津贴设计能够更好地满足不同外派目的地和外派人员类型的需求。

福利是外派人员薪酬的另一关键组成部分，被视为企业增强员工归属感和忠诚度的重要手段。福利通常分为标准福利和额外福利。前者包括社会保险、健康保障和退休计划等，旨在为外派人员提供基本生活保障；后者根据外派任务的特殊性增加额外支持，如回国探亲机票、心理健康服务和外派家庭支持计划等。这些福利设计的目的是在激励外派人员的同时，帮助其更好地适应外派生活。

外派人员的薪酬设计需要综合考虑多方面的影响因素，包括外派期限、国籍、外派方式、外派人员类型及行业特点。外派期限直接影响薪酬设计的结构和内容，长期外派可能需要更多的长期激励，而短期外派则更注重生活补偿性津贴的设计。外派方式和人员类型(如管理型、技术型或支持型外派人员)决定了薪酬的具体差异。例如，技术型外派人员的薪酬设计可能更多地考虑专业技能的市场价值，而管理型外派人员的薪酬设计则需要匹配其管理职责和企业战略目标。行业特点也不可忽视，如高风险行业的外派人员对激励性津贴要求更高。

在薪酬模式上，企业常采用3种主要模式以适应不同外派情境：当地化模式、当地化附加模式和谈判模式。当地化模式是指以外派地的薪酬水平为基础，结合外派人员的岗位职责和个人能力设计薪酬方案，适合长期外派或外派地生活成本较低的情境。当地化附加模式是在当地化模式的基础上，为外派人员提供额外的津贴或福利，以弥补外派带来的不便和额外支出。这种模式适合外派地生活成本较高或文化适应难度较大的情境。谈判模式强调外派人员与企业之间的协商，薪酬设计根据外派人员的个人需求、外派任务的复杂性和企业的预算约束进行个性化定制，适合高级管理人员或特殊岗位外派人员。

总体而言，外派人员薪酬管理的核心在于灵活性和适应性，企业需要在全球化运营和本地化管理之间找到平衡点，通过科学的薪酬设计激励外派人员，同时确保其在外派地的生活质量和工作效率。随着全球商业环境的快速变化，企业还需要不断优化外派人员薪酬政策，以适应外派目的地的多样化和复杂性，从而更好地支持企业的国际化战略目标。

本章小结

薪酬管理在人力资源管理中起着战略性和基础性作用，是保障组织内薪酬公平性、激励性，以及吸引、保留优秀人才的重要手段。本章从薪酬的基本概念和构成入手，系统阐述了薪酬设计和特殊人员的薪酬管理等关键内容，为构建科学、合理的薪酬体系提供了全面框架。

在薪酬设计部分，本章详细分析了基本薪酬、可变薪酬和福利的特征及设计逻辑。薪酬设计以职位分析和职位评价为基础，通过薪酬调查和薪酬曲线构建薪酬体系的内部公平性和外部竞争性，同时兼顾薪酬等级的合理过渡与重叠程度。基本薪酬作为薪酬体系的核心，提供稳定的收入保障。可变薪酬通过与绩效挂钩，激励员工提升个人和组织绩效。福利作为间接薪酬的重要组成，不仅涵盖国家法定福利，还包括企业自主福利，具有提升员工归属感和组织吸引力的重要作用。

在特殊人员的薪酬管理部分，本章分别探讨了销售人员、技术人员、管理人员和外派人员的薪酬管理特征及设计策略，针对不同群体的工作特点和薪酬影响因素，提出了多样化的薪酬管理模式，强调薪酬的灵活性与适配性。

总体而言，薪酬管理的核心在于平衡公平性、激励性和灵活性，确保组织利益与员工需求的高度协同。科学设计并动态调整薪酬体系，能够助力组织实现长期的可持续发展。

关键术语

薪酬	薪酬管理	职位分析与职位评估
职位工资制	能力工资制	薪酬体系
薪酬结构	薪酬水平	基本薪酬
可变薪酬	宽带薪酬	窄带薪酬
福利	国家法定福利	企业自主福利
绩效工资	外派人员的薪酬管理	

思考题

1. 薪酬的概念是什么？它在企业管理中的作用体现在哪些方面？
2. 设计薪酬体系时，如何平衡宽带薪酬的激励性与公平性？
3. 员工福利的主要类型有哪些？法定福利和企业自主福利在功能与特点上有何区别？
4. 企业在设计员工福利时应遵循哪些步骤和原则？
5. 销售人员、技术人员、管理人员和外派人员的薪酬管理有何特殊性？应如何开展特殊人员的薪酬管理？
6. 薪酬设计的基本流程包括哪些步骤？如何确保薪酬体系既具有内部公平性又具备外部竞争性？
7. 在薪酬管理中，如何通过短期激励和长期激励的结合实现员工积极性与企业长期发展目标的统一？

案例10-1

A公司薪酬管理与福利设计

A公司作为中国乃至全球的科技领军企业，其薪酬管理和福利设计在业内独具竞争力，成为吸引和留住高端人才的重要保障。在薪酬管理方面，公司采取了市场化和多层次的薪酬管理策略，通过精细化设计确保薪酬体系的激励性、公平性与灵活性。

首先，A公司建立了与市场高度接轨的薪酬体系，确保薪酬水平在行业和地区中始终具有竞争力。公司定期开展薪酬调查，通过与国内外同行业、同岗位薪酬数据的对比，动态调整薪酬结构，以保证吸引力和外部竞争性。此外，A公司以绩效为导向构建薪酬结构，由"基本工资+绩效奖金+长期激励"三部分组成。其中，绩效奖金根据员工年度目标完成情况或项目进展情况浮动发放，旨在强化目标达成与薪酬回报之间的联系；长期激励则通过股票期权、虚拟受限股等方式发放，鼓励员工与企业共同成长，并共享企业发展的长期成果。

其次，A公司通过科学的职位评估与职级体系，确保薪酬的内部公平性。公司采用一套完善的职位评估方法，根据岗位对企业的价值贡献进行量化分析，明确不同职位的相对重要性，并基于评估结果设定合理的薪酬区间。此外，公司建立了清晰的职级体系，划分出基层员工、管理层和技术专家等多个层级，每个层级对应明确的薪酬范围和晋升路径。员工可以通过持续提升能力、实现绩效目标而获得职级晋升，从而享有更高的薪酬待遇。这种透明且公平的薪酬管理模式激发了员工持续学习与成长的动力。

最后，A公司致力于打造全面而贴心的员工福利体系，以提升员工的幸福感和忠诚度。一是健康保障与员工关怀。A公司为员工提供全面的社会保险和住房公积金，并额外配置商业补充医疗保险。同时，A公司园区内设有健身房、食堂、心理咨询室等设施，关注员工的身心健康，营造良好的工作环境。二是生活便利服务。A公司为员工提供租房补贴或宿舍支持，还为海外派遣人员提供优厚的生活保障。此外，部分园区配套建设幼儿园、小学等设施，解决员工子女教育问题，减轻员工家庭负担。三是教育培训与发展机会。通过企业大学等内部培训平台，定期提供专业课程培训和开展技术交流活动，帮助员工拓展技能、提升职业素质。同时，设立各类奖学金和研究基金，支持员工深造与技术创新，鼓励学习型文化的形成。四是退休规划与长期激励。针对有长期贡献的员工，A公司提供完善的退休金计划，并通过股权激励政策确保员工退休后仍可分享企业发展成果，增强其对企业的归属感。

总体而言，A公司的薪酬管理和福利设计遵循公平、透明、竞争性的原则，设计科学的薪酬体系和多元化的福利政策，最大限度地激发了员工的积极性与创新潜能。这种以人为本的管理模式，不仅提高了员工满意度和忠诚度，还为公司吸引和保留全球顶尖人才提供了坚实保障。

请根据案例材料分析并思考以下问题：

1. A公司是如何在薪酬设计中实现市场竞争力与内部公平性的？其具体实现方式有哪些？

2. 在A公司的薪酬管理体系中，绩效奖金和长期激励对员工行为有何种激励效果？其在企业战略中的作用是什么？

3. A公司通过哪些机制确保职位评估和职级体系的公平性与透明性？这对员工的职业发展有何意义？

4. A公司的员工福利制度有哪些特点？它在提升员工满意度和企业吸引力方面发挥了什么作用？

5. 面对快速变化的市场和技术环境，A公司的薪酬管理策略是否具有足够的灵活性和适应性？结合案例内容讨论其优化思路与策略。

第十一章
员工关系管理

学习目标

(1) 准确把握员工关系和员工关系管理的概念，深入了解员工关系管理在企业管理中的核心作用，阐述其在促进组织和谐与提升员工满意度方面的战略意义。

(2) 深入分析劳动关系的概念与本质，熟悉劳动合同的订立、变更与终止的具体程序和法律要求，熟悉相关法律法规对劳动合同管理的要求。

(3) 理解劳动争议的来源、处理原则及程序，能够分析典型案例，能够制定预防和应对劳动争议的管理策略，理解离职管理的关键点与规范流程，确保离职过程对员工和企业的双向价值最大化。

(4) 明确劳动保护的核心任务与基本内容，包括工作时间和压力管理等，探讨通过制度设计与员工关怀提升员工工作效率及福祉的路径和步骤，促进组织长期可持续发展。

员工关系管理是企业人力资源管理的核心部分，贯穿组织管理的全生命周期，是提升组织绩效和员工满意度的重要保障。通过拟订和实施科学、合理的人力资源政策，各级管理者和人力资源职能部门不仅要灵活运用柔性、激励性和非强制性的沟通手段，还需要调节企业与员工、员工与员工之间的多维关系，从而构建和谐、高效的工作环境。员工关系管理的目标不仅在于解决矛盾、平衡利益，更在于促进员工对组织目标的认同，激发个人潜能，实现员工和企业的共同成长。

企业人力资源管理对员工关系的影响主要体现在3个方面：工作设计、人力资源流动和员工激励。工作设计决定了员工的职业边界和价值感，是员工关系的物质基础；人力资源流动通过招聘、调岗和离职管理直接影响员工的工作稳定性和归属感；员工激励则通过薪酬、福利、培训等多种方式强化员工的行为动机。这3个方面相互交织、相辅相成，共同构建了企业的员工关系管理系统，而这一系统也对上述3个方面的运转产生反馈和制约作用，从而深刻影响企业的目标实现和组织发展。

员工关系管理的起点在于员工对企业愿景和价值观的认同。企业价值观作为一种伦理基准，为员工的行为提供共同的判定标准和行为准则，是员工关系管理的精神基础。利益关系是员工关系管理的核心，企业目标和市场竞争状况成为处理员工关系的基本出发点。在此过程中，心理契约的作用尤为重要。心理契约是员工对组织非明示承诺的感知，其核心体现为员工对公平、信任和归属感的心理认知。这种无形的契约在日常工作中发挥着有形合同无法替代的调节作用。心理契约的衡量指标包括工作满意度、工作参与度和组织承诺。高水平的工作满意度不仅是员工关系管理成效的重要体现，而且是提升员工归属感的关键，也是提高员工工作积极性和主动性的重要前提。

在现代管理实践中，员工关系管理已超越了单一的事务性操作范畴，成为企业实现长期发展和竞争优势的重要战略抓手。企业通过优化员工关系管理，既能够提升员工的职业幸福感和归属感，也能够更好地支持组织管理目标的达成，推动企业在动态、复杂的市场环境中获得持续成功。

第一节　员工关系管理概述

一、员工关系

(一) 员工关系的概念

员工关系(employee relations，ER)指因雇佣行为而形成的企业与员工之间依法享受权利和承担义务的互动关系。这一关系涵盖了劳动合同、劳动纪律、工作时间与休息时间、劳动安全与卫生、工作环境等各个方面。员工关系作为企业内部的一个复杂系统，不仅包含企业与员工的关系，还涵盖员工与员工之间、员工与管理者之间的多层次互动。这些关系根植于企业发展目标、经营战略及管理实践过程，同时受到社会、经济、文化和法律等多方面因素的影响。

从本质上看，员工关系是企业与员工基于工作目标和过程而建立的一种动态互动关系，以法律、经济和心理契约为核心，涵盖人际互动、经济利益和伦理规范三大内容。员工关系既包含以法律为基础的正式权利义务关系，也包含人际与情感的非正式互动关系。

(二) 员工关系的特征

员工关系具有以下几个核心特征：第一，共同目标与价值观。企业通过确立共同的愿景和价值观，为员工提供行为准则和决策基准。员工关系管理的基础是员工对企业目标的认同，这种认同是构建和谐劳动关系的前提。第二，利益关系的核心地位。企业与员工关系本质上是一种利益关系。经济利益的分配既是吸引和留住优秀人才的关键，也是员工满意度和组织绩效的重要来源。第三，心理契约的重要性。心理契约是员工对企业期望与企业对员工承诺的非正式约定。高满意度的心理契约能够激发员工的工作热情、归属感和忠诚度，是员工关系管理的核心内容。第四，动态性与多维性。员工关系受多种因素影响，包括员工需求变化、组织发展阶段及外部环境变化。管理者需要动态调整策略，以适应员工关系的不断演变。

(三) 员工关系的内容

员工关系的内容包括劳动合同管理、劳动纪律、工作时间与休息时间的管理、劳动安全卫生，以及工作环境等方面，其核心目标是建立和维持一种平衡关系，使员工的需求和企业的目标相互协调。

(1) 劳动者的权利与义务。法律明确了劳动者在就业、薪酬、休息、职业培训和劳动保护等方面的权利。例如，《宪法》规定，中华人民共和国公民有劳动的权利和义务。《劳动法》明确，劳动者享有平等就业和选择职业的权利、取得劳动报酬的权利、休息休假的权利、获得劳动安全卫生保护的权利、接受职业技能培训的权利、享受社会保险和福利的权利、提请劳动争议处理的权利以及法律规定的其他劳动权利。同时，相关法律也明确了劳动者需要履行完成任务、提高技能、遵守法律等义务。

(2) 用人单位的权利和义务。企业有权决定招聘、调动和辞退员工，制定薪酬政策和激励计划等，但也需要依法为员工提供公平劳动的机会和合理的工作条件。

二、员工关系管理的相关内容

(一) 员工关系管理的概念

员工关系管理(employee relations management，ERM)是通过制定和实施人力资源政策及沟通策略，协调企业与员工、员工与员工之间关系的过程，其目的是通过提升员工满意度和激励水平，支持企业的经营战略和管理目标。广义上的员工关系管理涵盖劳动争议、员工离职、员工申诉及纠纷处理等多方面内容。狭义上的员工关系管理强调企业与员工之间的沟通与协调，主要采用柔性和非强制性的方法。无论是广义还是狭义，员工关系管理的核心均在于通过平衡企业利益与员工需求，构建和谐的内部工作环境。

(二) 员工关系管理的内容

员工关系管理的内容广泛，包括但不限于以下几个方面。

(1) 劳动关系管理：包括劳动合同的签订与解除、劳动争议的预防与解决、离职管理等。

(2) 劳动保护与安全：包括职业健康与安全管理、工作时间安排、压力管理与员工援助计划。

(3) 员工沟通与支持：通过有效的沟通渠道，解决员工关切的问题，提升员工对企业的满意度和信任度。

(4) 文化建设：通过企业文化的传播和价值观的培养，增强员工对组织的认同感和归属感。

(三) 员工关系管理的特征

员工关系管理具有以下特征：第一，内部视角与组织导向。员工关系管理强调从组织内部视角解决问题，以实现组织效率和绩效最大化。第二，刚性制度与柔性协调。在依法维护组织纪律的同时，通过非强制手段实现利益协调和员工激励。第三，冲突管理与利益共同体。注重预防和化解员工与组织之间的矛盾，致力于建立利益共同体。

因此，员工关系管理的核心作用在于：①提高员工满意度和忠诚度，增强企业的吸引力；②构建良好的人际关系，营造和谐的组织氛围；③降低劳动争议的发生率，提升企业运营效率；④实现宏观目标与微观目标的有效结合，推动企业核心竞争力的提升。

通过科学、系统的员工关系管理，企业能够有效构建和谐的工作环境，提升组织绩效，确保员工与企业的共同成长。

第二节 劳动关系

员工关系管理的核心内容之一是劳动关系管理。劳动关系管理不仅影响企业的内部和谐与效率，也是企业社会责任的重要体现。本节将从劳动关系的概念、性质、特点和基本要素等多角度展开论述，并结合劳动合同、劳动争议及离职管理等实际内容，深入分析劳动关系管理的核心内容与实施要点。

一、劳动关系概述

(一) 劳动关系的概念

劳动关系是劳动者与用人单位之间根据法律法规形成的一种具有法律约束力的权利和义务关系。《中华人民共和国劳动合同法》(以下简称《劳动合同法》)将其定义为劳动者与用人单位之间通过签订劳动合同而产生的法律关系。劳动关系包括抽象和具体两个层面：抽象的劳动关系指社会生产中不可避免的、与生产力发展和社会经济结构密切相关的生产关系；具体的劳动关系又称劳资关系，主要指劳动者与用人单位之间在劳动过程中的社会利益关系。在企业背景下，劳动关系具体表现为企业管理者或经营者与劳动者之间的社会经济利益关系，这种关系建立在雇佣契约的基础上，涉及劳动报酬、劳动条件、社会保障等多个方面，具有高度的复杂性和动态性。劳动关系的主体主要包括企业管理者和劳动者。前者作为劳动力需求方，负责管理企业资源并确保资产保值增值；后者作为劳动力供给方，通过劳动获取报酬和福利。在这一过程中，劳动关系反映了企业生产目标与员工个人目标之间的相互协调与冲突。

(二) 劳动关系的性质

劳动关系的性质可以从经济、契约和文化3个维度理解。

首先，经济关系。劳动关系本质上是一种利益交换的经济互动，包括工资、福利以及职业发展机会等内容。现代劳动关系强调通过经济利益的合理分配来实现企业与员工的双赢。

其次，契约关系。劳动关系的契约性是现代劳动关系的核心，体现了通过法律和合同规范行为的法治原则。劳动合同既是雇佣协议，也是企业与员工共同成长的合作框架。

最后，文化关系。劳动关系不仅是一种经济关系，也是一种文化关系。企业文化在劳动关系中发挥着重要的导向作用，能够增强员工的归属感和责任感。良好的企业文化通过塑造共同价值观，推动员工目标与组织目标的深度融合，进而提升劳动关系的和谐度和组织绩效。

(三) 劳动关系的特点

劳动关系具有以下显著特点：①纽带性。劳动关系将劳动者与企业紧密联系在一起，是企业运行和员工职业发展的核心纽带。②动态性。随着生产力发展、社会需求变化及法律环境的完善，劳动关系在形式和内容上呈现出动态发展趋势。③经济性与社会性。劳动关系既反映劳动的经济价值，又具有重要的社会属性，对员工与企业的整体利益产生深远影响。④复杂性与多层次性。劳动关系涉及劳动者与企业、管理层与基层员工、工会与企业等多个层面，同时需要平衡不同利益相关者的诉求。⑤利益冲突与协作并存。劳动关系中，企业和员工的利益既有重合之处，也存在冲突点。如何通过管理协调冲突、增强协作是劳动关系管理的核心任务。

(四) 劳动关系的基本要素

劳动关系的构建依赖3个基本要素：一是劳动者群体(就业主体)。作为劳动关系的主要主体，劳动者通过提供劳动力来换取报酬和福利。工会组织是劳动者维护权益的重要工具，通过与雇主协商保障劳动者的合法权益。二是用人单位(用工主体)。作为劳动关系的另一主体，用人单位通过提供岗位和报酬来换取劳动者的劳动付出，同时承担法律规定的用工义务。三是政府及劳动管理部门。作为外部调节者，政府通过法律法规和政策指导维护劳动市场秩序，调节劳动关系中的利益冲突，确保劳动者权益和企业合法利益的平衡。

二、劳动合同

劳动合同是用人单位与劳动者之间确定劳动关系、明确双方权利和义务的协议。其签订、履行和解除受到法律保护，是维系稳定劳动关系的重要法律工具。通过劳动合同，用人单位与劳动者明确彼此的权利与责任，有助于实现劳动力的合理配置和劳动市场的健康发展。

劳动合同具有法律约束力和规范性，其特征主要体现在以下维度：第一，契约性。劳动合同基于双方的平等协商和自愿签订，必须符合法律法规的要求。第二，管理性。劳动合同签订后，用人单位有权管理劳动者的工作内容、方式和行为，劳动者必须遵守合同条款、履行职责。第三，动态性。劳动合同的内容可因工作条件变化、劳动者需求调整等因素而发生变更。第四，双向约束性。劳动合同同时约束劳动者和用人单位双方的行为，维护双方权益。

根据我国《劳动合同法》的相关规定，劳动合同签订的原则包括：第一，合法原则。所有劳动合同的订立形式、行为、主体、内容、目的、程序等必须符合相关劳动法律法规的要求。合法性是劳动合同有效性的前提条件。第二，公平原则。在合法的前提下，劳动双方经过协商制定公平、合理的劳动合同。尽管合法性是最低要求，但公平性可以确保劳动合同的合理性。第三，平等自愿原则。劳动合同的订立双方必须处于平等的法律地位，并表达真实意愿。双方不存在地位上的高低从属之分，双方均有权选择对方并自主决定合同内容，没有任何一方能够强迫另一方接受其意愿。第四，协商一致原则。制定劳动合同的过程中，合同的订立与内容必须在双方以协商方式达成一致意见的基础上确定。只有双方协商一致，劳动合同才能有效成立。第五，诚信原则。劳动合同的签订双方应诚实守信，不得有隐瞒事实真相或进行欺诈等行为。诚实守信是劳动合同签订和履行的基本准则，确保合同的诚信性和稳定性。

企业劳动合同的履行是指在合同订立后，劳动者和管理者按照合同规定的要求，共同实现劳动过程，相互履行权利和义务的行为与过程。在劳动合同履行过程中，应当遵循以下原则：第一，实际履行原则。双方当事人需要按照合同规定的标的履行义务和实现权利，不得以其他标的或方式代替。劳动者提供一定数量和质量的劳动，确保企业正常生产；用人方支付必要劳动报酬和提供必要劳动条件，保障劳动者正常生活和工作需要。第二，亲自履行原则。双方当事人要以自己的行为履行合同规定的义务和实现权利，不得由他人代为履行。劳动者的义务只能由劳动者自己履行；管理者的义务只能由管理者亲自履行。第三，正确履行原则。当事人应按照合同规定的内容全面履行，不得打折扣，不得改变合同的任何内容和条款。只有按照合同规定的标的、方式、时间、地点和方式亲自履行，才算是合同的正确履行。第四，协作履行原则。双方当事人在合同履行过程中需要发扬协作精神，相互帮助，共同完成合同规定的义务，实现合同规定的权利。在劳动合同履行过程中，双方要相互关心、检查和监督，遇到问题，共同寻找解决办法。发生违约时，一方需要帮助另一方纠正违约。管理者应通过说服教育帮助劳动者纠正违约；劳动者也需要及时反映问题，协助管理者纠正违约。

三、劳动争议

劳动争议是劳动者与用人单位之间因劳动权利和义务的实现或履行而产生的冲突与矛盾。劳动争议通常涉及工资、劳动合同、工作条件等方面，是劳动关系中的常见现象。劳动争议主要涵盖以下内容：①集体合同的执行、撤销和重新谈判等问题所引发的争议；

②劳动合同的执行、解除、变更和终止等问题所导致的争议；③工人录用、辞退、辞职和工作变动等方面的争议；④有关工资、津贴和奖金等问题所引发的争议；⑤就业培训和职业训练等方面的争议；⑥劳动保险、劳动福利、女员工、未成年劳工特殊保护等方面的争议；⑦与社会宏观因素和企业外部环境有关的争议，包括通货膨胀、失业、社会保障、外国投资、政治因素和税率等问题；⑧有关工会成立、运作、管理和代表权等方面的争议；⑨有关工作安全和劳动卫生等问题的争议；⑩工作时间、休息、休假等方面的争议。

处理劳动争议时，应遵循以下原则：①合法原则。处理机构应以法律为准绳，在遵循法定程序的前提下处理争议案件。②公正、平等原则。在处理过程中，应公正、平等地对待双方当事人，不得偏袒或歧视任何一方。③调解原则。在双方自愿的情况下，由第三方进行协调、疏通，促使双方达成一致协议。④及时处理原则。处理机构应在法律和规定的时间范围内对案件进行受理、审理和结案，无论是调解、仲裁还是诉讼，均不得违背时限要求。

劳动争议的处理主要有两大类方法：劳资双方自行解决和第三方参与解决。在劳资双方自行解决的过程中，可以采用多种处理方式，目的是在劳资双方平等的基础上解决争议，协调彼此的权利和义务。首先，劳资对话制，通过展开对话解决在劳动过程中产生的争议，强调员工与企业的对等地位，以保证双方能够进行顺畅的沟通，有效确保争议双方达成共同的谅解。其次，劳资共决制，是德国工人民主参与企业管理的一大特色，通过"伙伴式"对话关系解决彼此利益对立，协调权利和义务，以协商的方式解决劳动争议问题。最后，工人代表制，指选派工会代表或民主选举代表处理职工劳动争议的制度。这种制度不仅保障了职工的民主管理权利，还充分发挥了职工在劳动争议处理过程中积极沟通并解决问题的主动性，有助于提高企业的管理水平，促进企业内部劳动争议处理机制的完善。

但是，当劳资双方无法自行解决劳动争议时，则需要借助第三方的支持，通常有3种主要的方式：调解、仲裁和诉讼。其中，调解是在第三方的支持下，通过查清事实、分清是非，以疏导方式劝解产生劳动争议的双方当事人互相谅解，达成共同调解协议，解决纠纷，维护和谐的工作氛围。仲裁也叫公断，是在双方争执不决时，由第三方居中调解，双方在自愿的基础上达成协议，将劳动争议交由非司法机构的仲裁委员会进行裁判，其结果对双方有约束力。诉讼是指在双方不服劳动争议仲裁委员会的裁决时，通过法律上诉，由人民法院接受并对劳动争议案件进行处理。诉讼的最大特点在于它的权威性，以法的强制性保证劳动争议的彻底解决，双方必须按照审判结果履行相应的权利与义务，确保双方公平。借助第三方的支持解决劳动争议既提高了劳动争议解决的效率与质量，也在最大程度上确保了双方的公平，是劳动争议处理的最佳保障系统。

四、离职管理

离职指劳动者与用人单位结束雇佣关系的行为。员工离职可分为劳动合同解除和劳动合同终止。劳动合同解除是指在未完全履行的情况下，由于某种原因提前解除劳动协定的法律行为。劳动合同终止指在一定条件下，根据相关法律法规的要求，劳动合同不再具有法律效力。进一步，劳动合同解除可分为协商解除和法定解除。协商解除指在不违背法律法规的前提下，双方当事人通过协商调解达成一致的合同解除协议。法定解除则是指在特定条件满足的情况下，双方当事人根据规定依法提前终止合同的行为。劳动合同终止包括劳动期满终止、劳动者主体资格消灭终止(如劳动者死亡或被宣告失踪)、用人单位主体资格消灭终止(如企业宣告破产、被依法取缔经营权)。

员工离职管理是一个涉及法规和管理实践的关键方面。《劳动合同法》第三十七条规定，主动离职的员工应提前三十日以书面形式通知用人单位，而试用期内的员工则可提前三日通知。对于被动解雇的员工，用人单位也需要提前三十日以书面形式告知员工本人，在试用期内则提前三日通知。

在员工离职管理过程中，有一些关键事项需要考虑。首先，如果用人单位未按劳动合同履行劳动义务导致员工离职，用人单位应支付经济补偿金。如果员工未履行劳动合同的义务，则应承担相应的违约金责任。对于从事有职业危害工作的员工，企业有责任依法进行离职体检，以避免未来可能产生的责任纠纷。对于不辞而别的员工，管理者需要妥善处理，以免影响企业的正常运营，处理方法包括：以书面形式告知员工本人无法联系的同时通知其亲属；如果员工本人及其家属均无法联系，可采取公告形式向员工传达解雇信息或依法申请相应劳动机构处理；采取上述方式后，劳动单位可下发劳动解聘决议，同时需要妥善办理解除劳动合同需要的其他事项。这样的处理方式既保障了企业的合法权益，也考虑到了员工的权益。总而言之，离职管理的目标在于妥善处理离职事务，维护企业正常运营秩序，减少因离职带来的不利影响。企业需要依法处理离职手续，妥善保管相关资料，确保离职程序的合规性和公正性，同时关注离职员工的反馈，以优化劳动关系管理。

第三节　劳动保护

一、劳动保护概述

劳动保护是一项综合性、系统性的管理活动，其核心目标是为劳动者提供安全、健康的工作环境。作为人力资源管理的重要组成部分，劳动保护不仅体现了企业的社会责任，也对员工的生产力提高和企业的可持续发展发挥了关键作用。

从法律层面来看，《劳动法》明确规定了用人单位在劳动保护方面的义务，要求企业建立健全劳动安全卫生制度。这些制度涵盖了安全生产责任制、安全教育制度、安全检查制度，以及伤亡事故和职业病调查处理制度等，为劳动保护提供了法律框架。通过落实这些制度，企业可以有效规范生产运营管理，最大限度地消除潜在的危害和有害因素。

从组织管理来看，劳动保护需要企业通过组织机构和管理团队的建立与运行，将制度落到实处。这要求企业设立专门的安全生产管理机构,明确岗位职责,并将劳动保护责任落实到每个员工。与此同时,定期的安全教育和培训至关重要,这不仅能够提高员工的安全意识,还能帮助他们掌握必要的应急处理技能,为企业生产保驾护航。

从技术监控来看,劳动保护需要通过现代技术手段确保生产安全,这涉及机器设备、电气设施、动力系统的安全性管理,不同行业还需要根据特定风险采取有针对性的技术措施。此外,劳动卫生作为劳动保护的重要组成部分,涵盖了职业病的防治、劳动环境的优化及工作健康监测等方面的内容。通过全方位的技术监控,企业可以为员工提供更健康的工作环境,减少职业病的发生。

总体而言,劳动保护体系的建设需要法律、组织和技术三方面的共同努力。通过构建系统化的劳动保护体系,不仅能够有效保障员工的合法权益,还可以增强企业的运营效率和稳定性,助力企业实现可持续发展。

二、工作时间

工作时间是劳动者履行劳动义务、从事劳动或工作的法定时间,是劳动者权益保护的重要内容之一。合理的工作时间安排是保障员工身体健康、提高劳动效率及维护企业生产秩序的基础。

《国务院关于职工工作时间的规定》明确提出,劳动者每日工作不超过8小时,每周工作不超过40小时,实行五天工作制。这一规定为企业提供了工作时间安排的基本框架,同时为员工的生活和休息创造了条件。针对特殊工作条件的劳动者,《劳动法》规定了缩短工作时间的措施。例如,从事矿山、井下、高温、低温、有毒有害,以及其他特别繁重或紧张工作的劳动者,可以在法律允许范围内缩短工作时间。此外,对于夜班工人、孕期及哺乳期女职工等特殊人群,也应适当调整工作时长,以保障其健康和安全。

在一些情况下,企业因生产经营需要可以延长劳动者的工作时间,但必须严格遵守法律规定。根据《劳动法》,延长工作时间需要与工会和劳动者协商,并限定每日不得超过1小时,特殊情况下每日最多延长3小时,每月累计不得超过36小时。企业在安排加班时,应按法律规定支付高于正常工时工资标准的报酬,体现对劳动者额外付出的尊重和保障。

不定时工作制和综合工时计算制为特殊岗位提供了灵活的时间安排。不定时工作制适用于管理岗位、外勤人员及其他灵活性要求较高的岗位,而综合工时计算制则适用于交通、渔业等连续作业或受季节性影响较大的行业。两种制度在保障企业运营灵活性的同时,强调对员工休息权的保护。计件工作制是以劳动定额和计件报酬为基础的一种工作时间形式。企业需要合理确定劳动定额,确保员工在完成劳动定额的前提下,工作时间不超过法律规定的标准工时。

通过科学、合理的工作时间安排,企业既能确保劳动者权益,又能提升整体生产效率,实现员工与企业的双赢。

三、压力管理

压力管理是劳动保护的重要组成部分，关系员工身心健康及企业的稳定发展。压力是个体面对环境变化或挑战时产生的生理和心理反应，其过度积累可能对员工工作效率和生活质量产生负面影响。压力的形成主要来自三个方面：社会、组织和个体压力源。社会压力源包括经济不确定性、技术变革及社会政策的变化。组织压力源涉及工作任务的复杂性、工作负荷、人际关系及职业发展局限性等。个体压力源与个人生活状况、心理承受能力和自我期望等因素密切相关。研究表明，压力在一定范围内可以转化为动力，激发员工的潜能。然而，当压力超过员工的承受能力时，可能导致情绪失控、效率下降、健康问题甚至职业倦怠。近年来，由压力引发的健康问题，如焦虑、抑郁及心血管疾病等，已成为组织管理中需要关注的重点。

在压力管理中，组织和个人均需要承担相应责任。个人可以通过调整时间安排、改变认知方式，以及采取适当的放松和锻炼方式来缓解压力。例如，合理规划工作与生活时间，进行适当的体育活动，以及通过心理咨询获得专业支持，都是有效的应对策略。此外，积极与他人沟通、倾诉内心困惑也能帮助减轻心理压力。从组织层面来看，企业需要通过改善工作环境、优化任务分配及塑造积极的组织氛围来帮助员工缓解管理压力。工作再设计是一项有效的管理策略，通过丰富工作内容、调整工作分工，可以减少单调性和过度负荷，为员工创造更具吸引力和可持续的工作条件。同时，良好的组织氛围能够增强员工归属感，形成相互支持的工作环境，从而缓解员工的压力感。

有效的压力管理不仅能够提高员工的工作效率和幸福感，还能减少因压力导致的健康成本和人员流失率。通过将个体与组织的努力相结合，企业可以在维持高绩效的同时，打造一个关怀员工身心健康的工作环境。

本章小结

员工关系是企业内部复杂的人际和组织关系网络，涵盖企业与员工之间、员工与员工之间在工作过程中形成的相互联系和影响。员工关系的建立基于企业的发展目标、经营战略和管理实践，同时受到社会、经济、文化、法律等多方面因素的综合影响。员工关系管理作为人力资源管理的重要组成部分，是通过制定和实施人力资源政策及沟通策略，实现企业目标、促进员工满意度的关键手段。在现代管理实践中，员工关系管理被分为广义和狭义两个层次，分别侧重整体组织管理，以及企业与员工之间的沟通与协调。

劳动关系是员工关系的重要组成部分，是企业与劳动者通过劳动合同确立的一种法律关系，涉及双方的权利和义务。劳动关系管理包括劳动合同管理、劳动争议处理和离职管理，强调通过法定程序和合理手段维护企业与劳动者之间的利益平衡和关系稳定。

劳动保护是员工关系管理的重要维度，其目的是保障劳动者在工作过程中的安全与健康。劳动保护通过法律制度、组织管理和技术监控等措施，预防工伤、职业病等风险，为劳动者提供一个安全、健康的工作环境。此外，劳动保护还包括对工作时间的科学安排以及压力管理，通过优化劳动条件、合理分配工作任务和关注员工心理健康，提高员工的满意度和工作效率。

关键术语

员工关系	员工关系管理	劳动关系
劳动保护	劳动争议	工作时间
压力管理	离职管理	

思考题

1. 如何理解员工关系的概念，以及员工关系在企业中的重要性？
2. 劳动关系的基本要素有哪些？
3. 劳动合同的订立和履行需要遵循哪些原则？
4. 企业在处理劳动争议时应注意哪些关键问题？
5. 离职管理对企业和员工有何影响？如何做好离职员工的关系处理？
6. 劳动保护的核心内容有哪些？如何在企业中实施劳动保护？
7. 压力管理为何成为现代企业的重要议题？企业和员工分别应采取哪些措施应对压力？

案例11-1

滴滴出行公司的员工关系管理

滴滴出行是中国领先的共享出行平台，公司管理着庞大的司机队伍和内部员工群体，如何在满足业务需求的同时保障劳动者权益，成为其人力资源管理的重要课题。在零工经济盛行的背景下，滴滴出行公司积极探索劳动关系管理、社会保障制度体系建设、薪酬激励和员工发展等领域的创新实践，力求为司机和员工提供全面的权益保障和激励支持。

劳动关系界定与合同签署。滴滴出行公司将签约司机定位为灵活就业人员，通过签订合作协议明确双方的权利与义务。协议条款涵盖服务内容、收益分配和运营规范，力求为司机提供清晰的工作依据，并在法律框架内保障司机的劳动权益。尽管这种模式在一定程度上规避了劳动合同的刚性要求，但滴滴出行公司也在不断完善司机权益保障方式，以适应零工经济。

社会保险购买与补贴政策。针对灵活就业人员社保覆盖率低的问题，滴滴出行公司鼓励司机按照国家规定自行参保，并在部分地区试点社保补贴计划，为司机减轻经济负担。例如，尝试在部分城市与政府部门合作，为司机提供参保指导，逐步探索灵活就业群体社会保险的创新模式。

薪酬与福利体系设计。滴滴出行公司采用基于订单数量和服务质量的动态薪酬模式，确保司机的收入与其工作付出紧密挂钩。同时，通过多样化的奖励机制，如高峰期补贴、星级评价奖金等，为司机创造额外收入来源。此外，滴滴出行公司还适时推出节假日补贴等福利措施，以提升司机的职业满意度。

培训与发展支持。为帮助司机提高服务质量和职业竞争力，滴滴出行公司提供了丰富的线上培训资源，涵盖安全驾驶、客户服务和平台操作等内容。表现优异的司机还有机会参与晋升计划，成为区域培训师或平台形象大使，拓宽其职业发展路径。

劳动强度管理与健康保障。针对司机工作时间长、休息不足的问题，滴滴出行公司推出了"强制下线休息"功能，通过技术手段限制司机连续工作的时间，保障其休息权利。同时，滴滴出行公司为司机提供健康保障计划，如意外保险和健康咨询服务，体现企业的关怀。

沟通机制与诉求处理。滴滴出行公司设立了"网约车司机生态发展委员会"，作为司机与企业沟通的桥梁，及时收集并回应司机的反馈与建议；还开通了多渠道的投诉与建议通道，例如热线电话、在线客服和定期座谈会等，努力在运营中保持与司机的互动与协同。

政策参与与行业规范推动。作为共享经济的代表性企业，滴滴出行公司积极参与政府和行业协会主导的政策制定和改革讨论。例如，滴滴出行公司多次与政府合作，探索灵活就业人员社保缴纳机制，推动建立适应新经济形态的劳动权益保障体系。

滴滴出行公司在员工关系管理实践中，针对零工经济的特点设计了多层次的劳动保障措施，在维护平台高效运转的同时，关注司机的权益和发展。然而，由于灵活就业模式在劳动法律框架中的特殊性，滴滴出行公司在员工关系管理上仍面临很多挑战，如劳动关系认定、社保覆盖不足等。未来，滴滴出行公司需要持续优化制度设计，推动政策创新，与员工和司机共同构建公平、和谐、可持续发展的员工关系。

请根据案例材料分析并思考以下问题：

1. 滴滴出行公司的司机和传统企业的员工有何不同？
2. 滴滴出行公司在管理和激励司机的实践中，与普通员工管理有何区别？
3. 如果你是滴滴出行公司的人力资源管理者，你会如何进一步确保滴滴司机的权益保障？

第三部分 数智转型篇

波动性、不确定性、复杂性和模糊性已经成为当今企业所面临外部环境的重要特征。在这个充满变化、信息涌现的时代，企业不仅需要通过基本的管理理论和问题解决方法来稳定发展，还必须引入不断革新、持续涌现的数智技术，重塑工作流程、拓展企业边界，从而实现更高的灵活性和持续的创造力。因此，数智化人力资源管理不仅是一种技术层面的信息化或数字化创新和应用，而且是一种应对乌卡时代不确定性的战略选择。它强调的是通过数智技术重新定义组织战略和人力资源角色与功能，帮助企业在不确定性中把握机会，实现长期价值增长。

数智技术的革新不仅带来了技术工具的进步，更深刻影响了组织文化和管理方式。从大数据分析到机器学习，再到人工智能，这些技术正在颠覆传统的人力资源管理模式，为管理者提供了更加智能、更加高效的支持。例如，大数据分析为人力资源管理提供了全新的思维方式，使人力资源专业人员能够对海量数据进行深度挖掘，精准洞察员工需求、优化决策并提高管理效率，从而为提升员工工作效率奠定了坚实基础。通过技术赋能，精准招聘、个性化培训及科学评估成为可能，不仅支持了员工全生命周期管理，也让管理者从琐碎事务中解放出来，更专注于情感支持和战略性人力资源管理。这种创新与实践不仅增强了员工满意度，还帮助企业优化组织体验，激发员工的创新力，提高员工的归属感和适应能力，助力企业在人才竞争中脱颖而出。

同时，数智技术的应用进一步模糊了传统的组织边界，使工作安排更具科学性和协同效应。大数据和人工智能技术通过分析员工的工作模式、习惯和偏好，为个性化和弹性工作安排提供了可能性；云计算、在线协同平台和视频会议技术的普及，让员工可以随时随地高效协同工作，虚拟现实和增强现实的应用则为远程工作的互动性和沉浸感带来了全新体验，弥补了空间距离带来的沟通障碍。与此同时，区块链技术的透明性和不可篡改性为合同管理、薪酬结算等提供了安全保障，增强了弹性工作和远程工作场景下的信任基础。

然而，数智技术的广泛应用也带来了伦理与隐私管理的新挑战。以机器学习为代表的技术虽然极大地提升了招聘、绩效评估等职能的效率和准确性，但对员工数据的收集和分析却引发了公众对隐私安全的担忧。在数据驱动的背景下，组织必须更加关注技术创新可能对员工权益及社会整体产生的影响。如何实现技术创新和员工隐私之间的平衡，成为乌卡时代企业管理者必须面对的重要议题。

综上所述，本书的第三部分将从以下四个方面对数智时代人力资源管理的实践与创新进行探索：数智化人力资源管理、员工体验管理、弹性工作、数据隐私与伦理管理。通过这些介绍，希望能够以点带面地呈现数智技术对人力资源管理的影响，为企业未来的人力资源实践提供启发与借鉴。

第十二章
数智化人力资源管理

学习目标

(1) 理解人力资源管理数智化的基本概念及特征。阐述人力资源管理数智化的内涵和主要特征,识别数智技术在各项人力资源管理职能中的应用场景和作用。

(2) 掌握人力资源管理数智化的历史演进与发展脉络。概述人力资源管理从信息化、数字化到数智化的转型历程,分析技术进步对人力资源管理职能的深刻影响。

(3) 分析人力资源管理数智化的关键趋势。描述智能化决策支持、员工体验中心、全员生命周期管理等趋势,探索其对管理效能与员工发展的实际意义。

(4) 明确人力资源管理数智化的流程与内容。熟悉数智化管理的推进步骤及其覆盖的主要职能领域,理解数智技术在优化人力资源规划、招聘、培训、绩效管理等方面的实际应用。

(5) 认识数据伦理与隐私保护的重要性。分析人力资源管理数智化中的数据伦理和隐私保护问题,讨论技术创新与社会责任的平衡策略。

第一节 人力资源管理数智化及其发展脉络

一、人力资源管理数智化的概念

人力资源管理数智化(smartification of HRM)是在人力资源管理领域广泛应用数智技术,通过数据的收集、分析、处理与应用,优化人力资源管理的流程,更加智能、高效和个性化的人力资源管理方式。这一过程涵盖了大数据分析、人工智能、机器学习、自然语言处理等前沿技术在招聘与甄选、培训与开发、绩效管理等核心人力资源管理职能中的应用。

数智化人力资源管理不仅关注前沿技术的应用,而且强调通过技术革新推动管理效能提升和员工体验优化,其特征主要体现在以下几个方面:①数据驱动决策,利用大数据和人工智能等技术分析员工行为、绩效和需求,为管理层提供科学的决策依据。②员工体验优化,利用数智技术改善员工从招聘到职位晋升的全过程体验,帮助员工更好地融入组织。③个性化管理,利用数据技术实现对员工的定制化管理,如个性化的职业规划、培训方案和福利设计等。④组织变革与效能提升,注重利用数智技术推动组织的流程优化、架构调整及资源配置的科学化。⑤数据伦理和隐私保护,在数据使用过程中,重视伦理管理和隐私保护,确保技术创新与社会责任的平衡。

综合而言,人力资源管理数智化是一种面向未来的管理模式,通过技术手段构建更加敏捷、智能化的管理体系,同时关注员工体验、个性化及数据伦理的综合发展。

二、人力资源管理数智化的历史演进

人力资源管理数智化的发展经历了3个重要阶段:信息化、数字化和数智化。

(1) 信息化阶段即20世纪90年代至21世纪第一个十年的中期。在这一阶段,人力资源管理以信息化为核心,通过引入信息技术对人力资源信息进行电子化处理。例如,建立电子档案管理系统、开发工资发放和考勤记录系统等。其核心目的是提高人力资源相关信息的获取、处理和传递效率,通过数据电子化存储和信息自动化流转使企业运营更具效率。

(2) 数字化阶段即21世纪第一个十年中期至第一个十年末。在这一阶段,人力资源管理在信息化的基础上将更多业务流程和服务转化为数字形式,其特点在于在线招聘平台、远程协作工具、数字化培训系统的广泛应用。同时,人力资源数据分析逐渐兴起,企业开始利用数据技术提升管理决策的科学性。

(3) 数智化阶段即21世纪第一个十年末至今。在这一阶段,人力资源管理以智能化为特征,利用大数据、人工智能、机器学习等技术对数据进行深度挖掘,实现精准的决策支持。数智技术广泛应用于招聘算法优化、绩效预测、智能化培训推荐等领域,不仅提升了管理效率,还助力企业实现个性化管理和高效管理。

在人力资源管理数智化的每一个阶段,技术的不断进步都推动了人力资源管理职能的深刻变革。从信息化到数字化,再到智能化,这一发展过程不仅优化了人力资源管理流程,还为企业的人才战略转型提供了重要支持。

三、人力资源管理数智化的发展趋势

随着数智技术的持续发展,人力资源管理的数智化发展将呈现以下趋势。

(一) 决策支持智能化

随着技术的不断进步,智能化决策支持成为数智化人力资源管理的核心。借助先进的人工智能和机器学习技术,企业能够更准确地进行预测和决策。

(1) 高级数据分析。人力资源管理将更依赖高级数据分析技术,包括预测分析、机器学习和深度学习等。通过对大量员工数据的分析,系统能够识别模式、趋势和关联性,为管理层提供更准确的预测和决策依据。

(2) 招聘系统的智能化。智能化招聘系统将成为未来的趋势。通过算法匹配和自然语言处理技术，系统能够更加准确地评估候选人的技能、经验和文化匹配度，为招聘决策提供更科学的支持。

(3) 实时人才分析。数智化人力资源管理系统将具备实时人才分析的能力，通过对员工绩效、培训记录、项目参与等方面的数据进行实时监测和分析，帮助管理者更迅速地做出决策，识别和培养高潜力员工。

(4) 个性化职业发展规划。基于大数据分析的个性化职业发展规划将成为员工管理的重要工具。系统可以深入了解员工的技能、兴趣和发展方向，为其量身定制职业发展路径，从而提高员工的职业满意度和忠诚度。

(5) 情感智能辅助决策。数智化人力资源管理系统可以整合情感智能技术，通过分析员工在工作中的情感状态，对员工情感进行实时监测，以及通过自然语言处理理解员工的情感需求，提供更贴近员工需求的决策建议。

(6) 虚拟人力资源助手。数智化人力资源管理系统可以引入虚拟人力资源助手，通过自然语言处理和人机交互技术，为员工和管理者提供更智能的咨询服务。这样的虚拟助手可以回答常见问题、提供培训建议，甚至可以协助解决员工间的工作纠纷。

(二) 员工体验个性化

员工体验将成为数智化人力资源管理的关键焦点。通过智能化工具，组织可以为员工提供个性化的职业发展规划和智能化的培训推荐，从而提高员工的满意度和忠诚度。通过关注员工个体需求，管理者能够更好地了解员工的期望，打造更具吸引力的工作环境。

(1) 个性化发展计划。数智化人力资源管理系统通过大数据分析员工的技能、兴趣和职业发展路径，为每位员工制订个性化的发展计划。这种个性化的职业规划有助于员工更好地寻找自己的职业方向和发展机会，提高了员工的工作满意度。

(2) 智能化培训推荐。基于数据分析，系统能够为员工推荐个性化、有针对性的培训计划。这不仅可以帮助员工提升所需技能，也提高了培训的效果，使培训更贴近员工实际需求。

(3) 科学性评估与激励。数智化人力资源管理系统通过对员工绩效和表现的数据分析，为员工提供更科学、更客观的评估。这有助于消除主观因素，使员工对绩效评价更为公正，并为个体员工提供更有针对性的激励方案。

(4) 情感智能支持。数智化人力资源管理系统可以整合情感智能技术，及时监测员工情感波动，提供情感的辅导和支持，促进员工心理健康。

(5) 人机协同办公。数智化人力资源管理系统的发展也将深化人机协同，通过自然语言处理、机器学习等技术，为员工提供更智能、更高效的办公环境。虚拟助手、自动化流程等工具将使员工更专注于核心工作，提高工作效率。

(6) 员工参与决策。数智化人力资源管理系统将促进员工更广泛地参与决策过程。通过智能化沟通工具，员工能够更方便地表达意见、提出建议，参与团队协作和决策，从而增强员工对组织事务的参与感和归属感。

(7) 反馈和调整机制。数智化人力资源管理系统将建立实时的反馈和调整机制，员工可以随时获取工作表现数据、个人发展信息等，也能及时获得系统的建议和调整方案，使员工更具主动性、更有参与感。

(三) 全员生命周期管理

全员生命周期管理是数智化人力资源管理的第三大趋势。在这一理念下，人力资源管理的范畴将不再局限于招聘或绩效管理，而是着眼于从员工入职到离职的全过程。通过数据分析，组织可以为员工提供更全面的支持，优化每个阶段的管理流程，最大限度地发挥人才的潜力。

(1) 招聘过程的优化。数智化招聘系统通过大数据分析、人工智能和机器学习技术，能够更精准地匹配职位需求和求职者能力。系统可以根据过去的招聘数据和员工表现，预测候选人在岗位上的表现，提高招聘效率和质量。

(2) 智能化培训规划。在培训阶段，数智化人力资源管理系统通过分析员工技能、兴趣和发展需求，为员工提供个性化、有针对性的培训规划。系统可以不断优化培训内容和形式，使培训更符合员工需求，提高培训的效果。

(3) 科学的绩效管理。在绩效管理方面，数智化人力资源管理系统通过数据分析和机器学习技术，能够客观、公正地评估员工的表现。系统可以根据具体的工作指标和项目成果，对员工进行更科学的绩效评价，帮助制定合理的激励政策。

(4) 员工发展路径规划。数智化人力资源管理系统通过对员工职业生涯的全面数据分析，可以为员工制定更合理、更有前瞻性的发展路径。系统会根据员工的技能、兴趣和市场需求，提供个性化的职业发展建议，帮助员工更好地规划自己的职业生涯。

(5) 离职过程的支持。在离职阶段，数智化人力资源管理系统可以提供更人性化的支持。通过分析员工的历史数据和离职原因，系统可以提供个性化的反馈和建议，帮助员工更好地面对职业发展过程中的挑战。

(6) 实时反馈和调整。在全员生命周期管理中，数智化人力资源管理系统还能提供实时的反馈和调整机制。员工可以随时获取关于自己表现、发展等方面的信息，也能及时了解系统的建议和调整方案。

(四) 数据伦理与隐私保护

随着数据的广泛运用，数据伦理和隐私保护将成为数智化人力资源管理的重要课题。管理者需要确保人才数据的合规性和安全性，同时平衡数据收集与员工隐私的关系。这需要组织建立完善的伦理框架，以保障员工的个人隐私权，从而在技术创新的同时维护组织的声誉和员工信任。

(1) 明确数据收集目的。在数据收集阶段，必须明确目的并确保收集的数据与业务目标相关。明确告知员工数据的使用范围，以提高透明度，建立员工的信任感。

(2) 合法合规的数据收集与存储。确保所有数据的收集和存储均符合相关法规，尤其是隐私法规。数据的获取需要事先得到员工的同意，并严格遵循法定的数据保留期限规定。

(3) 透明的隐私政策。制定和公布隐私政策，明确说明数据的收集目的、处理方式、存储期限和安全措施。这有助于员工了解其数据的用途,增强对数据处理流程的信任感。

(4) 数据匿名化和脱敏。使用员工数据时,采用有效的匿名化和脱敏技术,以保护个体隐私。确保脱敏后的数据不能被还原为具体的个人身份。

(5) 安全的数据传输和存储。采用先进的加密技术,确保数据传输和存储过程中的安全性。采取强大的网络安全措施,防止未经授权的访问。同时,建立精细的数据访问权限控制系统,只有被授权的人员才能访问特定的员工数据。这有助于减少数据泄露和滥用的风险。此外,应定期进行数据隐私和安全的风险评估,确保系统和流程符合最新的法规和标准;定期进行内部和外部审计,验证数据隐私保护措施的有效性。

(6) 员工教育与培训。提供有关数据隐私和保护的员工培训,强调员工的责任和权利,以及应对数据隐私挑战的最佳实践。组建专业的数据保护团队,负责监督和管理数据隐私事务,及时解决潜在的隐私问题,并提出改进建议。

(7) 响应数据泄露的预案,制定和实施应对数据泄露事件的详细预案,包括通知员工、监管机构和其他相关方等,以最小化潜在损害。

(五) 弹性工作与远程办公

弹性工作和远程办公将在数智时代得到更全面的支持。通过技术手段,组织能够为员工提供更灵活的工作方式,实现弹性工作和远程办公。这不仅提高了员工的生活质量,也有助于吸引和留住优秀人才。

(1) 智能化弹性工作安排。借助数据分析和智能算法,数智化人力资源管理系统可以根据员工的工作偏好、生活习惯和工作需求,智能地安排弹性工作时间和地点。系统可以根据员工的日程安排、工作负荷和团队协作需求,提供个性化的工作安排建议。

(2) 远程办公技术支持。通过云计算、在线协作平台和视频会议技术,数智化人力资源管理系统可以实现远程办公的无缝连接和协作。员工可以通过远程办公平台访问公司的数据和系统,与团队成员实时交流和协作,提高工作效率和灵活性。

(3) 虚拟办公环境搭建。建立虚拟办公环境,包括虚拟办公室、在线团队工作空间和远程协作工具等,为员工提供与实体办公室相似的工作体验。这些虚拟工作环境可以通过VR和AR技术实现,让员工在远程办公时感受到更加真实和互动性强的工作体验。

(4) 弹性工作制度制定。制定灵活的弹性工作制度,包括弹性工作时间、远程办公政策和工作地点建议等。这些制度需要充分考虑员工需求和工作性质,平衡员工的个人生活和工作需求,提高员工的满意度和工作积极性。

(5) 技能培训和支持。提供远程办公技能培训和支持,帮助员工适应远程办公环境和工作方式的变化。培训内容包括远程协作工具的使用、时间管理技巧和沟通技能等,以提高员工在远程办公中的工作效率和团队协作能力。

(6) 评估和优化远程工作效果。通过数据分析和反馈机制,评估和优化远程工作的效果,提高员工满意度。通过收集员工反馈和工作数据,不断优化远程工作政策和流程,提高远程办公的效率和员工体验。

(7) 建立沟通和协作机制。建立开放、透明和协作的工作机制,强调沟通和协作的重

(六) 终身学习与技能发展

终身学习和技能发展是数智化人力资源管理的必然趋势。在不断变化的职场环境中，员工需要不断提升自己的技能。数智化的培训和技能发展计划将更精准地满足员工的需求，使其更好地适应快速变化的工作环境。

(1) 个性化学习路径设计。利用人工智能和大数据分析，制定个性化的学习路径。通过收集员工的学习历史、兴趣爱好、工作表现等数据，系统可以为每位员工定制符合其需求和发展方向的学习计划，提高学习的针对性和效果。

(2) 智能化推荐学习资源。建设智能学习平台，利用机器学习算法分析员工的学习偏好，为其推荐相关性强的学习资源。这有助于员工更有针对性地获取所需知识，提高学习的兴趣和主动性。

(3) 实时反馈和评估机制。引入实时反馈机制，通过数据分析监测员工的学习进度和效果。系统可以根据学习数据为员工提供及时反馈，指导其调整学习计划，确保学习的及时性和有效性。

(4) 技能测评与匹配。借助技能测评工具，对员工的技能水平进行评估。系统可以通过算法匹配员工的技能与组织需求，为员工提供更符合市场和企业要求的技能培训，推动其在职业生涯中的可持续发展。

(5) 虚拟培训与模拟场景。利用VR和AR技术提供模拟真实工作场景的虚拟培训环境，帮助员工深入地理解和掌握所需技能，提高学习的实战性和深度。

(6) 导师制度和知识共享平台。建立导师制度，通过系统匹配经验丰富的员工与新入职员工或需要发展某项技能的员工。同时，创建知识共享平台，帮助员工分享和交流在学习与实践中积累的经验和知识。

(7) 营造持续学习的企业文化。建立鼓励持续学习的企业文化，通过激励机制、表彰制度等方式，打造学习型组织，推动员工保持学习的动力和习惯。

四、人力资源管理数智化的意义

人力资源管理逐步由信息化向数智化的转型给企业和员工带来了深远影响。

(一) 人力资源管理数智化对企业的意义

对企业而言，人力资源管理数智化具有以下意义。

(1) 提升决策效率和准确性。数智化人力资源管理通过智能化决策支持系统，为企业管理层提供更准确的数据和建议，促使决策更科学、更迅速。

(2) 提高员工的满意度和忠诚度。数智化人力资源管理强调员工体验，通过个性化的培训、职业规划和福利体系增进员工对企业的认同感和满意度,从而提高员工忠诚度,减少员工流失。

(3) 提高团队的协作和沟通效率。强调虚拟协作和团队沟通的数智化工具使企业在分散式工作环境下更好地组织团队活动,提高沟通效率,增强团队协作和凝聚力。

(4) 降低运营成本。通过自动化、智能化的人力资源管理流程,企业能够降低运营成本。例如,智能招聘系统可以缩短招聘周期,智能化培训推荐系统有助于优化培训资源,提高培训效益。

(5) 增强组织的灵活性和适应性。数智化人力资源管理使得企业可以更灵活地应对市场变化和不确定性,能够更迅速地调整组织结构、人才配置,提高组织的适应性和应变能力。

(二) 人力资源管理数智化对员工的意义

对员工群体而言,人力资源管理数智化具有如下意义。

(1) 助力员工制定个性化职业发展规划。通过分析员工的技能、兴趣和职业发展路径,为员工制定个性化的职业发展规划,帮助其更好地实现职业目标。

(2) 提高工作效率和满意度。引入智能化工具和流程,为员工提供更便捷的工作环境,进而提高工作效率。例如,智能化的办公工具、团队协作平台能够加速信息传递和项目推进,提升工作满意度。

(3) 支持弹性工作和远程办公。数智化人力资源管理使得企业可以更好地支持弹性工作和远程办公,为员工提供更灵活的工作方式,有助于保持工作与生活的平衡,减轻员工的工作压力。

(4) 持续学习与技能发展。通过个性化的学习路径设计和智能化的培训推荐,员工可以更容易地获取所需的知识和技能,不断提升自身职业竞争力,实现终身学习的目标。

(5) 提高工作满意度和忠诚度。通过数智化人力资源管理,员工可以更加方便地获取个性化的福利、培训和职业发展支持,增强对企业的认同感,提高工作满意度和忠诚度。

(6) 获得更多的支持和关怀。数智化人力资源管理强调人性化管理,通过智能化工具为员工提供更全面的支持,例如心理健康服务、工作与生活平衡的建议等,增强员工对组织的归属感。

总体而言,人力资源管理数智化转型使企业更具竞争力,在帮助企业提高运营效率的同时,也为员工提供更好的工作体验和发展机会,构建了双赢的人力资源生态系统。

第二节 数智化人力资源管理的流程与内容

一、常见的数智技术

数智技术(digital intelligence technology)结合了数字化和智能化的特点,通过大数据、云计算、人工智能等先进技术的应用，对数据进行深度挖掘和智能分析，以优化业务流程、提升效率、创造更大的价值。数智技术的核心在于将数据转化为智慧，支持更加高效、精准和灵活的管理与运营。这一技术的应用为企业从自动化到智能化的转型奠定了基础。

常见的数智技术有以下几类。

(1) 大数据技术：通过处理和分析海量数据，揭示数据间隐藏的模式、趋势和关联。其功能涵盖数据采集、清洗、存储、检索、统计分析与预测建模等，广泛用于业务决策、市场分析和用户行为预测等领域。

(2) 人工智能技术：包括机器学习(machine learning，ML)、自然语言处理(natural language processing，NLP)等，能够模拟和延伸人类智能，进行任务自动化、语音识别、情感分析等应用。例如，机器学习能在模式识别和预测中提高系统性能，自然语言处理能实现人机语言的高效性等。

(3) 云计算与边缘计算技术：提供灵活的计算资源和服务，支持实时数据分析和智能应用的分布式部署。边缘计算在靠近数据源头的地方处理数据，提高了响应速度，适用于延迟敏感型应用场景。

(4) 区块链技术：通过分布式存储和去中心化特性保障数据的透明性和安全性，其不可篡改和智能合约功能被广泛应用于合同管理、供应链追踪和金融交易等领域。

(5) 物联网技术：物联网是通过连接设备与物体，实现信息共享和智能控制的技术网络。这一技术的前提在于通过各类传感器收集物理世界的数据，结合数智技术实现实时监控、远程控制和预防性维护等功能，被广泛地应用于智能家居、工业自动化、健康监测等领域。

此外，数字孪生、仿真模拟、知识图谱、自动化与机器人等技术也在企业数智化转型过程中发挥重要作用。这些技术的交叉应用，不仅重塑了传统人力资源管理方式，也为企业人力资源管理的全面智能化提供了技术支持。

二、数智化人力资源管理的流程

人力资源管理数智化的推进是一个系统工程，需要遵循科学、合理的流程，以确保各环节的高效衔接和目标实现。数智化人力资源管理的流程如图12-1所示。

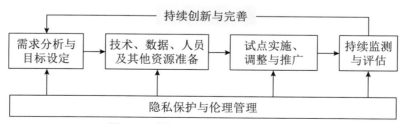

图12-1 数智化人力资源管理的流程

首先，需求分析与目标设定。人力资源管理部门需要全面评估企业的管理需求，明确数智化转型的核心目标，例如提高招聘效率、优化培训流程或改进绩效评估等。通过深入的需求分析，识别现有流程中的痛点，为转型提供方向指引。

其次，技术、数据、人员及其他资源准备。企业需要收集和整合现有人力资源数据，确保其准确性和一致性。同时，引入适配的智能化工具和系统，并评估其与现有系统的兼容性。在此基础上，建立专门的数智化团队，并通过培训提升人力资源从业者的技术使用能力。

再次，试点实施、调整与推广。在一个部门或业务单元中进行小规模试点，以检验新系统的适用性与效果。通过收集试点期间的反馈，及时调整技术方案和流程设计，优化系统功能。试点实施成功后，逐步将数智化管理推广至全企业。

最后，持续监测与评估。全面推广后，企业需要建立系统的监测与评估机制，对系统运行状况进行实时监控，并定期评估系统在用户满意度、运行效率等方面的表现。同时，关注新兴技术的发展动态，为系统的持续优化提供方向支持。

在整个流程中，隐私保护与伦理管理是贯穿始终的重要考虑。企业需要制定严格的隐私保护政策，确保员工数据的合规使用，并通过伦理审查机制规避技术决策中的潜在偏见和不公平问题。

三、数智化人力资源管理的内容

数智化人力资源管理覆盖了人力资源管理各项职能，其核心内容如下。

(1) 人力资源规划。利用大数据分析进行需求预测与结构优化，动态调整人才供需模型，确保人力资源配置的科学性。同时，建立智能化人才库，使得组织能够高效管理现有人才并挖掘潜在能力，为未来发展储备力量。

(2) 招聘与甄选。智能化招聘系统通过数据分析优化招聘广告的设计和发布，提高招聘精准度。AI筛选技术能够快速处理海量简历，匹配最符合岗位需求的候选人，提升招聘效率和准确性。智能面试工具则利用语音分析和情感识别等技术，为招聘决策提供科学支持。

(3) 培训与开发。数字化培训平台通过分析员工技能与偏好，制定个性化学习路径，并借助VR和AR技术开展虚拟培训，提升技能培训的实战性。实时反馈机制则帮助员工随时调整学习计划，确保培训效果的最大化。

(4) 绩效评价与管理。基于数据的绩效考核系统自动收集和分析员工绩效数据，提供客观、公正的评估结果。实时反馈机制和绩效预测工具帮助管理者快速调整绩效策略，促进员工表现的持续提升。

(5) 薪酬管理。利用大数据和人工智能技术分析市场薪酬水平，帮助企业制定公平、透明的薪酬政策。同时，智能化薪酬发放系统提高了流程效率，减少了人为错误，增强了员工对薪酬体系的信任感。

(6) 员工关系管理。数智化技术改善了员工与企业的沟通效率，例如通过自助服务平台和智能沟通工具提升员工满意度。此外，智能职业规划工具为员工量身定制职业发展路径建议，增强员工的归属感和忠诚度。

此外，人力资源管理数智化还涵盖风险管理、合规性建设和数据驱动的战略支持。通过深度挖掘人力资源数据，企业能够为高层决策提供依据，助力实现更高水平的组织目标。

本章小结

人力资源管理数智化是通过数智技术在人力资源管理领域的深度应用，实现智能化、高效化和个性化管理的一种未来导向模式。其核心在于利用大数据分析、人工智能、机器学习等前沿技术优化招聘、培训、绩效管理等关键职能，以推动组织效能提升并改善员工体验。人力资源管理数智化的主要特征包括数据驱动决策、员工体验优化、个性化管理、组织变革与效能提升，以及对数据伦理与隐私保护的高度关注。

本章从人力资源管理数智化的基本概念入手，详细介绍了其从信息化、数字化到数智化的历史演进过程，并分析了这一发展对人力资源管理职能转型的深刻影响。数智化人力资源管理的发展趋势包括智能化决策支持、全员生命周期管理、终身学习与技能发展等内容，为理解人力资源管理发展方向提供了重要参考。

数智化人力资源管理的推进是一个系统化的过程，从需求分析、目标设定到试点实施、全面推广，再到持续优化，所有环节都需要技术、数据、人员和资源的协同支持。本章深入讨论了数智化人力资源管理技术在规划、招聘、培训、绩效管理、薪酬管理、员工关系等领域的深度应用，展示了数智技术对人力资源管理流程的全面优化。

针对数智化人力资源管理带来的挑战，本章特别强调了数据伦理与隐私保护的重要性，指出在利用技术提升效率的同时，组织需要关注员工权益的保护，构建透明、合规且负责任的管理体系。通过对数智化人力资源管理的系统阐述，本章为后续深入理解其具体实践和技术应用奠定了理论基础。

关键术语

人力资源管理数智化　　信息化　　数字化
数智化　　数据伦理　　隐私保护
人工智能　　大数据　　云计算
物联网

思考题

1. 什么是人力资源管理数智化？其主要特征有哪些？
2. 人力资源管理数智化的发展经历了哪些阶段？请结合具体技术应用进行说明。
3. 数智化人力资源管理如何通过智能化决策支持提升企业管理效率？请举例说明。

4. 数据伦理与隐私保护在数智化人力资源管理中为何如此重要？企业应采取哪些举措平衡技术创新与隐私保护？

5. 在推动数智化人力资源管理的过程中，企业应遵循哪些流程？如何确保各环节的高效衔接？

案例12-1

数字时代天虹的人力资源管理变革

天虹数科商业股份有限公司(以下简称"天虹")作为中国领先的零售企业，通过数智技术与人力资源管理的深度融合，为企业的战略转型注入了全新的活力。面对消费升级和信息技术快速发展的双重挑战，天虹意识到传统科层制的低效和人才管理的不足难以支撑业务的持续创新与增长。因此，天虹通过构建灵活敏捷的组织模式、培养精兵强将的人才队伍、激发员工内驱力等多项举措，全面提升组织能力。

近年来，零售行业的外部环境发生了深刻变化。消费者需求日益呈现个性化、多样化趋势，这要求企业具备更高的响应速度与市场敏感度。然而，天虹原有的分工明确的多层级科层制组织存在反应迟缓、决策链条冗长的问题，难以适应快速变化的市场环境。此外，企业在业务高速扩张过程中面临人工成本攀升的压力，如何控制成本并激发员工创造力成为天虹在人力资源管理过程中亟须解决的核心问题。

为了应对上述挑战，天虹围绕组织模式、人才管理和员工激励等方面展开了全方位的数智化变革。

在组织模式方面，天虹着力推进扁平化管理，通过减少中层管理层级，将决策权下放至基层员工，从而提高企业对市场变化的响应速度。同时，天虹采用任务团队模式打破部门壁垒，形成以目标为导向的跨职能协作团队，这种网格化管理模式极大地提升了组织的灵活性与协同性。此外，通过建立共享服务中心，天虹将事务性功能进行集中处理，使业务部门有更多的精力专注核心运营。在此基础上，天虹还大力引入智能技术，实现部分标准化岗位的自动化操作，使员工能够将精力投入更具创造性和更具价值的工作中去。

在人才管理方面，天虹构建了以胜任素质模型为基础的人才管理体系，针对关键岗位需求，采用科学的评估工具对员工能力进行全面测评，并制订个性化的能力提升计划。与此同时，天虹实施了Z型轮岗的管培生计划，通过校招吸引高潜力毕业生，并为其提供跨岗位、跨部门的职业发展路径，从而确保未来管理与技术核心人才的充足储备。

为了激发员工的内驱力，天虹设计了多层次的激励机制。例如，针对一线员工，天虹搭建了星级评定体系，为优秀的基层员工提供非职务晋升的职业发展通道。此外，天虹推行了业绩导向的薪酬政策，包括超额利润分享和减亏专项激励，将员工的收入与其工作表现和贡献直接挂钩。同时，为进一步强化员工的归属感，天虹还实施了股权激励和子公司持股计划，充分实现员工与企业利益共享、风险共担。

天虹通过数智化人力资源管理实践，不仅提升了组织灵活性和运营效率，还显著增强了员工的参与感和主动性。其敏捷化的组织结构、精细化的人才培养体系以及多元化的激励机制,为企业在数字经济时代的转型升级提供了强大支撑。这一实践表明,组织能力的提升是企业在快速变化的环境中保持竞争力的关键,同时为其他企业探索数智化人力资源管理提供了宝贵经验。

(资料来源:根据《哈佛商业评论》第二届"卓越管理奖"案例《天虹:数字时代的人力资源管理》改编。)

请根据案例材料分析并思考以下问题:

1. 天虹通过组织扁平化和任务团队模式解决了哪些管理难题?这些措施在提升企业灵活性和市场响应速度方面发挥了怎样的作用?请结合案例进行分析。

2. 胜任素质模型和Z型轮岗如何帮助天虹培养高潜力人才?这些措施在应对快速变化的市场环境方面具有怎样的优势?请讨论其适用性。

3. 天虹实施的星级评定和股权激励机制如何激发员工的内驱力?你认为这些激励机制在推广到其他企业时需要考虑哪些因素以确保效果?

4. 在天虹的数智化实践中,技术替代人工的策略显著提高了效率,但也可能带来哪些潜在问题?企业应如何应对这些问题?

第十三章 员工体验管理

学习目标

(1) 理解员工体验的概念及关键环节。能够准确界定员工体验的含义，描述其在情感、认知、物理和文化层面的整体经历，并识别从招聘到离职等员工全生命周期的核心环节。

(2) 掌握员工体验的演进历程，分析员工体验从基础满意度到系统化管理的演变过程，理解其在数智时代的精细化和个性化趋势。

(3) 分析员工体验管理的核心流程。能够描述员工体验管理的关键流程，包括需求分析、设计与规划、实施与执行、数据收集与评估，以及持续改进与创新，掌握其具体步骤与关键措施。

(4) 识别员工体验管理的实施要素。理解领导力与文化、工作环境与设施、沟通与参与等对员工的影响，能够从系统性角度分析其在员工体验管理中的实践价值。

(5) 理解员工体验管理的核心触点及测评工具。识别员工体验在招聘与入职、日常工作体验、职业发展与学习机会、绩效管理、福利与关怀等触点的关键作用，掌握员工体验指数及相关测评工具的应用方法。

第一节 员工体验概述

一、员工体验的概念

员工体验(employee experience)是指员工在与企业接触和互动的过程中，在情感、认知、物理和文化层面的整体感受。这一概念涵盖了员工对工作环境、企业文化、管理风格、职业发展机会、工作生活平衡、薪酬福利、沟通协作及技术支持等方面的主观感受和客观实际。员工体验不仅关注工作任务的完成，还包括员工在组织中获得的归属感、满足感和发展机会等多个层面。

员工体验可以从以下几个关键环节具体理解：①招聘和入职。从应聘者与企业的第一次接触到正式入职，包括招聘信息的透明度、面试流程的公平性，以及入职培训和适应支持等，都直接影响员工对企业的初始印象。②物理环境与文化氛围。工作环境的舒适性、人性化设计和现代化水平，以及企业文化的实践情况和团队合作氛围，是员工日常体验的重要组成部分，积极、和谐的文化氛围能增强员工对组织的认同感。③职业发展与学习。企业提供的成长机会、清晰的晋升路径、个性化的职业发展规划，以及针对技能提升的培训项目，决定了员工对自身未来发展的信心和期待。④工作与生活的平衡。弹性工作安排、合理的工作节奏以及对员工个人生活的尊重，特别是对特定家庭需求的支持(如育儿、老年护理等)，有助于提升员工对企业的满意度。⑤薪酬、沟通与激励。薪酬体系的公平性和透明度、沟通机制的畅通性以及激励措施的有效性，直接影响员工对企业的满意度和忠诚度。精神层面的认可与激励同样重要，比如对员工贡献的表彰和荣誉的授予。⑥离职过程。离职体验是员工体验的重要组成部分。人性化的离职程序，不仅能帮助企业优化管理，也能维护企业的外部声誉。

综上，员工体验是贯穿员工与企业关系全生命周期的动态过程，其核心在于通过提供积极、健康、富有成就感的工作环境，提升员工满意度和敬业度，从而促进组织的长期发展。

二、员工体验概念的演变过程

员工体验的概念经历了从基础满意度到系统化管理的演变过程，并在数智技术的推动下更加精细化和个性化。

在传统管理阶段，企业关注的是员工满意度，即员工对薪酬、福利和工作环境等基本需求的满足程度。随着管理理念的进步，员工参与度和敬业度的概念逐步兴起，企业开始注重员工的主动性和价值感，强调通过赋予员工更大的参与权来提升他们的工作投入。

21世纪后，受到"用户体验"思维的启发，企业对员工的关注从单纯的满意度转向对全面体验的关注。员工体验的概念应运而生，超越了以往局限于工作场所的认知，涵盖了从招聘到离职的全周期触点。通过对员工情感、认同和发展的全面关注，企业试图提供连贯、积极、有意义的员工体验。

随着数字技术的普及，云计算、大数据分析和人工智能等技术为企业提供了优化员工体验的新工具，同时支持个性化发展。员工体验已不仅是企业文化的体现，更是其竞争力的重要来源。

三、关注员工体验的意义

在乌卡时代，企业对员工体验的关注具有如下意义。

第一，提高工作效率并降低人力成本。良好的员工体验通常伴随着更高的工作效率。员工在积极、愉悦的工作环境中更易发挥创造性和较高的工作效率，从而提高团队整体的生产力。良好的员工体验减少了员工的流失率，降低了招聘和培训新员工的成本。稳定的团队结构更有利于企业的长期发展，并降低了员工频繁更替所带来的管理和组织调整的成本。同时，优质的员工体验能够激发员工的工作积极性和创新精神。如果员工在工作中感到满意、支持和被尊重，他们的工作效率更高，对工作的投入度更强，更有可能提出改进方案或创新点子，从而推动企业的持续进步和发展。

第二，增强员工满意度、忠诚度并形成积极的企业文化。员工体验直接影响员工的满意度，而高满意度的员工更倾向于保持良好的工作表现、更强的工作动力和更高的工作投入。通过关注员工体验，企业可以创造积极的工作环境，提升员工满意度，从而促进整体绩效的提升。良好的员工体验有助于建立员工对企业的忠诚度。员工感受到企业对他们的关心和支持，就更有可能长期留在企业，并在竞争激烈的劳动力市场中展现出更高的忠诚度。减少员工流失，尤其是高绩效员工的流失，对企业的稳定和可持续发展至关重要。关注员工体验有助于塑造积极的企业形象。通过关心员工的需求、提供良好的工作条件和发展机会，企业能够传递出关爱员工的文化信号，营造积极的工作氛围。

第三，提升招聘竞争力并增强社会责任。企业在招聘过程中，如果能够展现良好的员工体验，将更具吸引力。口碑传播、员工分享美好感受，都有助于吸引更多优秀的人才加入企业。员工体验成为企业的一项竞争优势，有助于在激烈的人才竞争中脱颖而出。因此，关注员工体验不仅是对员工负责任的表现，而且是企业取得竞争优势、实现可持续发展的战略必然。同时，随着劳动法规的完善和社会对企业社会责任的要求提高，关注员工体验也是满足法律法规要求和承担社会责任的体现。良好的员工体验意味着企业在员工权益保护、工作与生活的平衡、身心健康等方面做得到位。

第二节 员工体验管理的相关内容

一、员工体验管理的流程

为了让员工有更好的工作体验，企业可遵循图13-1所示员工体验管理流程。

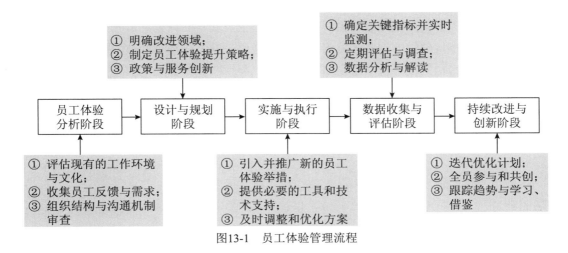

图13-1 员工体验管理流程

(1) 员工体验分析阶段。一是评估现有的工作环境与文化。对企业现有办公环境、设备设施、企业文化、价值观、行为规范等进行深入分析，了解员工对现有工作环境的满意度、对企业文化的认同度、对战略目标的承诺度等。二是收集员工反馈与需求。通过问卷调查、面对面访谈、焦点小组讨论等方式收集员工对工作体验的需求和反馈，包括薪酬福利、职业发展、团队协作、领导风格等方面的看法。三是组织结构与沟通机制审查。考察企业内部组织结构的合理性、决策的透明性、沟通渠道的畅通性，确保信息传递效率和员工参与度。

(2) 设计与规划阶段。一是明确改进领域。根据分析结果识别出影响员工体验的关键问题与短板，确定需要优先解决或改进的重点领域。二是制定员工体验提升策略。基于痛难点、针对重点领域，制定有针对性的员工体验提升策略，包括优化办公环境、改善沟通方式、提供丰富的培训和发展机会等。同时，为每一项策略制订详细的实施计划，明确责任人、时间表及预期效果。三是政策与服务创新。结合行业趋势和最佳实践，设计新的或优化现有人力资源政策、流程和服务，如弹性工作制度、远程办公支持、员工健康关怀项目等。

(3) 实施与执行阶段。一是引入并推广新的员工体验举措。将规划好的员工体验方案逐步落实到日常工作中，包括更新管理制度、配置相应资源、举办相关活动等，并通过内部通信、培训、会议等方式广泛宣传和推广。二是提供必要的工具和技术支持。确保员工能够顺利使用新系统或参与新项目，并设立专门团队定期跟进执行进度和效果。三是及时调整和优化方案。执行过程中持续收集员工反馈，根据实际情况适时调整实施方案，确保其贴合员工需求且有效落地。

(4) 数据收集与评估阶段。一是确定关键指标并实时监测。利用数字化工具(如员工满意度调查软件、人力资源管理系统等)实时监测影响员工体验的关键指标，如离职率、员工敬业度、参与度等。二是定期评估与调查。定期开展员工满意度调查、360度反馈评价，深度挖掘员工对公司各项改进举措的实际感受，量化员工体验的改善程度。三是数据分析与解读。对收集的数据进行深入分析，找出优势与不足，为下一阶段的改进提供客观依据。

(5) 持续改进与创新阶段。一是迭代优化计划。基于评估结果不断调整和完善员工体验管理计划，形成一个持续改进的循环过程。二是全员参与和共创。鼓励员工参与员工体验的改进过程，征集他们的创意和建议，共同创造更好的工作环境和体验。三是跟踪趋势与学习、借鉴。密切关注行业动态，研究竞争对手和行业标杆的最佳实践，不断汲取外部经验，推动企业员工体验管理的与时俱进。

二、员工体验管理的要素

实施员工体验管理时，企业应深入关注和实践以下要素。

(一) 领导力与文化

企业的领导力与文化对员工体验有着深远影响。领导者不仅要在宏观战略维度上确立明确且鼓舞人心的企业愿景与目标,也要在行动层面躬行践履,树立高标准的职业道德典范,以激发和促进员工的个人成长与发展。企业应营造互相信任的文化氛围,使员工的每一份贡献都能得到充分的尊重与认可,进而强化其归属感与工作投入度。领导者的核心任务之一是塑造积极的楷模形象,并积极推动形成开放、透明、互助以及尊重个体的企业文化。这一过程中,企业应建立有效的沟通机制,不仅要确保倾听来自员工的声音,而且要鼓励员工积极参与,勇于提出建设性意见和有价值的反馈,从而形成双向互动的沟通模式。此外,企业应当从顶层设计着手,制定一系列严谨而明晰的价值观体系及行为规范,作为指导全体员工日常行为决策的基石。通过这种方式,营造一个积极、正向的工作环境,推动全员共同为实现企业愿景和目标持续努力并协同发展。

企业文化在塑造员工体验的过程中所发挥的作用至关重要,深深地影响着员工的工作满意度、忠诚度及个人效能感。首先,企业文化能为员工提供明确的行为导向和价值观参照,帮助他们确立日常工作的目标,从而提升工作效率和质量。其次,企业文化的建设体现在对员工的尊重与保障上,这不仅能够满足员工的基本生活需求,而且能够激发他们的工作热情和创新精神,使他们感受到来自企业的关怀与支持。倡导多元化和公平、公正的企业文化则能够创造包容性强且富有竞争力的工作环境,让每一位员工都有充分的发展空间。最后,通过举办各种团队活动和仪式、庆典,企业能够进一步强化内部的文化凝聚力,增强员工对企业文化的认同感和归属感,促使他们在共享价值观念的基础上建立深厚的信任关系,形成良好的人际互动氛围。综上,优秀的企业文化对员工体验具有深远的影响,不仅能提高员工的职业素养和职业技能,而且能从心理层面赋予员工内在的动力和满足感,进而推动企业在人才吸引、保留和激励方面取得显著成效,最终实现企业和员工共同发展、共创价值的理想局面。

拓展阅读

腾讯公司:以企业文化与领导力提升员工体验

腾讯作为中国领先的互联网科技公司,在增强和完善员工体验方面有丰富的实践。通过独特的企业文化建设和卓越的领导力实施,腾讯为员工创造了一个积极开放、充满成长机会的工作环境。

1. 以企业文化提升员工体验

腾讯的企业文化是员工体验管理的重要基石,清晰的愿景与价值观,全面的人才发展战略、激励机制与福利制度,以及开放的沟通文化和协作氛围,深刻影响着员工的工作感受。

(1) 愿景与价值观。腾讯将自身定位为"最受尊敬的互联网企业",秉持长远眼光、诚信负责和共同成长的理念。这一高瞻远瞩的愿景和以人为本的价值观,不仅为员工提供了明确的职业发展路径,也激发了他们的热情和归属感。

(2) 人才发展战略。腾讯高度重视员工成长,于2007年成立腾讯学院,为员工提供多元化的学习平台和职业发展机会。通过定制化培训、跨部门轮岗和行业交流等举措,腾讯满足了员工的个人成长需求,同时为组织积累了丰富的人才储备。

(3) 激励机制与福利制度。腾讯设立了全面且富有竞争力的薪酬福利体系,包括股权激励计划、丰富的员工福利以及对工作生活平衡的全面支持。通过提供健身房、优质食堂等配套设施,体现了腾讯对员工的全方位关怀,增强了员工的幸福感和忠诚度。

(4) 沟通文化。腾讯推崇开放、透明的沟通文化,鼓励员工积极参与企业决策。内部论坛、定期分享会等平台让员工的声音得以被听到并可能直接影响企业战略,体现了组织对员工意见的高度重视。

(5) 创新氛围。腾讯的办公环境设计注重开放性与灵活性,通过促进跨部门合作和思维碰撞,为员工创造了充满活力与创新精神的工作空间。团队建设活动和协作项目进一步加强了员工之间的联系与合作。

2. 以领导力提升员工体验

腾讯的领导层在推动员工体验管理方面扮演着关键角色。他们以实际行动践行公司价值观,为员工提供支持与成长机会。

(1) 模范引领。腾讯高层领导以身作则,展现了诚信、负责任和关爱员工的精神风貌,为全体员工树立了良好的行为榜样。这种模范作用加强了员工对组织的认同感和信任。

(2) 赋能授权。腾讯的领导者注重给予员工更多的自主权,鼓励创新和冒险。这种信任和授权文化激发了员工的潜能和创造力,促使员工更主动地参与企业的发展。

(3) 关怀与认可。腾讯领导层通过提供个性化的职业发展指导、公正的晋升机制和及时、有效的反馈,让员工感受到自己的价值被充分认可。这种对员工成长的关注进一步增强了他们的满意度与工作热情。

腾讯将企业文化建设与员工体验管理深度融合,以企业文化和领导力为抓手,为员工打造了一个充满信任、开放和支持的环境。这不仅提升了员工的满意度和忠诚度,还显著增强了组织效能和市场竞争力。腾讯的实践证明,优质的员工体验不仅是一种管理理念,更是企业实现长期发展的重要战略。

(二) 工作环境与设施

工作环境与设施对于构建优质员工体验的作用不言而喻。精心策划和优化的工作环境及配套设备不仅能提升工作效率,而且可以直接影响员工的情感投入、满意度及忠诚度。

良好的工作环境不仅体现在物理层面的布局设计上,它应是一个集安全、舒适性、协作友好于一体的实体空间,确保员工能在符合人体工程学的工作站中高效作业,减少因环境不适带来的身体压力。与此同时,随着现代办公模式的发展,虚拟工作环境的重要性日益凸显。企业需要精心设计并提供先进的在线协作平台、实时沟通工具,以及灵活、机动的工作时间和远程办公支持,以适应全球化和数字时代的工作需求,确保无论身处何处,员工都能保持高效的连接与互动。

在设施与资源的配置方面,企业不仅要投资现代化、高品质的办公设备和技术支持,如高性能计算机、专业软件等,而且要着眼于满足员工全面发展的需要,包括设立休闲休息区域以促进非正式交流与放松身心,配备健身房和健康餐饮服务以关注员工的身体健康，甚至增设托儿服务等，从而助力员工实现工作与生活的有效平衡。通过全方位的关注与投入，企业能够切实提升员工在职场中的体验感，进而增强其对组织的归属感与忠诚度，最终转化为更高的团队绩效与创新能力。

举例而言，阿里巴巴以杭州西溪园区为基础打造了融合自然与科技的绿色办公环境，注重开放空间与灵活布局，设有大量公共讨论区和休闲角落，鼓励团队协作和创新思维。同时，通过采用先进的节能技术和智能化管理系统，确保员工在一个健康、舒适且高效的工作环境中发挥潜能。再如，华为不仅提供世界一流的办公设施，还在员工生活福利上进行了诸多创新实践，为解决员工后顾之忧，设立内部托儿所及优质学校资源，并投资建设了高品质的生活区，提供健身房、游泳池等休闲设施，还推行全面的员工健康计划，关注员工身心健康。

(三) 沟通与参与

在构建卓越员工体验的过程中，有效的沟通机制和积极的员工参与发挥着决定性的作用。企业应系统地构建多元化的沟通体系，涵盖正式与非正式、线上与线下等多种形式，确保信息传递的广泛性及及时性。例如，定期举办全员大会或部门会议，不仅传达高层战略意图和组织目标，而且实时更新业务进展及业绩表现；搭建内部反馈平台，如匿名建议箱、在线问卷调查等，为员工提供安全、便捷的意见表达途径；利用现代信息技术建立企业社交网络，促进跨层级、跨部门的信息交流与知识分享。

沟通透明度是塑造良好员工体验的核心要素之一。高效的沟通要求企业秉持公开、透明的原则，建立上下畅通、左右联通的信息流通机制，包括但不限于定期发布公司报告、公告，以及关键业务决策背后的原因分析，让每位员工都能全面了解公司的战略规划、经营状况及政策调整依据。双向沟通尤为重要，它强调了信息不仅仅是自上而下的单向传输，而且是鼓励员工积极参与讨论、发表观点和提出建设性意见的过程，确保每个人的声音都被听到并得到合理回应。举例而言，互联网巨头阿里巴巴尤为注重内部信息的透明化沟通。公司通过"阿里味儿"等内部社交平台，让所有员工能够及时了解公司的战略方向、业务动态及政策变化。定期举行全集团范围内的"月会"，由高层领导亲自分享公司内外部的重大信息，并鼓励员工提问和发表意见。这种高度开放和双向的沟通机制确保员工全面参与组织发展，增强了他们的主人翁意识。再如，腾讯在其企业文化中强调了公开、透明的沟通环境建设。通过内部论坛和在线会议系统，员工可以获取公司决策信息并提供反馈。腾讯还推行"全员共建"的文化理念，员工可以就公司产品改进、管理优化等方面提出建议，甚至有机会直接参与相关项目的讨论与决策过程。

就员工参与决策而言，企业的成功实践往往体现在赋予员工不同程度的决策权力和项目管理机会。通过设立跨职能项目小组，允许员工跨领域协作，共同探讨问题并制定解决方案；组织专题研讨会和开放式论坛，邀请员工就重要议题展开深度对话和互动，从而汇聚集体智慧；实施员工投票制度或进行专项调查，征求员工对重大决策的反馈和建议，并将合理的建议融入实际工作中。这种参与式管理模式显著提升了员工的工作投入感和满意度，因为他们在影响公司发展方向的同时，也在实践中增强了自主意识和责任感，进而加深对团队和组织的归属感,有力地促进了团队精神的凝聚与升华。举例而言,海尔集团是全球知名的家电制造商,在企业改革中引入了"人单合一"管理模式。这一模式下,每个员工都成为自主经营体的一部分,员工可以根据市场需求自我组织团队,共同制订并执行项目计划,实现从被动接受指令到主动创造价值的角色转变,极大地提高了员工的工作积极性和决策参与度。再如,近年来迅速崛起的互联网巨头字节跳动,以其扁平化的组织结构和高效的决策流程著称。公司鼓励各级员工积极参与决策,通过定期的团队讨论会、项目组会议以及各类创新研讨会等形式,确保员工在关键业务环节上拥有发言权。此外,字节跳动使用内部协作工具进行跨部门合作,促进信息共享和快速决策,提升员工在工作中的成就感和责任感。

综上所述,领导力与文化、工作环境与设施、沟通与参与是企业开展员工体验管理时需要关注的要素。通过建设积极的企业文化、提供良好的工作环境和设施、促进有效的沟通和员工参与,企业可以提升员工的工作体验,增强员工满意度和忠诚度,从而提升组织绩效和竞争力。

三、员工体验管理的核心触点

员工在企业的工作过程中,有一些阶段的体验和感受对塑造其观感具有重要的价值与意义,这些关键阶段可称为员工体验管理的核心触点,也就是在整个员工生命周期中,对员工感受和满意度产生显著影响的各个阶段和具体环节。

(1) 招聘与入职。在招聘阶段,招聘信息发布的准确性、招聘流程的公平性和透明度、面试过程的专业性和受尊重程度等都会影响求职者对企业的感受。在入职阶段,新员工欢迎仪式、公司文化介绍、办公环境熟悉、工作职责明确、相关培训及导师制度等都会塑造新员工的体验。

(2) 日常工作体验。在日常工作中,包括工作任务的分配、组织沟通、工作资源与支持等都是影响员工体验的核心触点。就工作任务分配而言,包括合理的工作量和挑战性、与个人能力匹配的任务,以及清晰、明确的目标设定;就组织沟通而言,包括信息传递的及时性、公开性、双向沟通机制及领导层的开放态度。就工作资源与支持而言,包括充足的硬件设施、软件工具和技术支持。

(3) 职业发展与学习机会。一方面,企业的职业规划与发展路径,包括明确的职业发展通道、晋升机会、跨部门轮岗机会等都可以提升员工体验;另一方面,企业提供的内部或外部的培训机会、研讨会、在线学习平台,以及定制化、个性化的学习资源等都有助于优化员工体验。

(4) 绩效管理与反馈,包括明确、公正且具有挑战性的绩效指标设定,定期开展的有效且富有建设性的绩效反馈,公正、合理的薪酬调整、奖金发放及荣誉表彰等。

(5) 福利与关怀,包括优厚且竞争力强的薪酬体系,全面的保险保障及健康检查、健身房会员、餐饮补贴等福利项目,以及灵活的工作时间安排、远程办公政策、年假及带薪年休假制度等。

(6) 离职与离职后处理。一方面，在离职过程中要遵循公正、体面的离职程序，倾听并尊重员工离职原因，妥善处理离职手续。另一方面，离职后亦应保持友好关系，邀请参加企业活动、设立校友网络，并持续关注前员工职业发展等。

以上核心触点形成了完整的员工体验循环，企业可通过优化每个触点的工作来提高整体员工体验的质量，进而促进员工满意度、忠诚度和工作效率的提升。

四、员工体验管理的测评工具

一般而言，较多企业采用组织承诺量表、工作满意度问卷、工作投入度量表、领导风格与效能量表、员工参与度调查问卷、企业文化评估工作、工作压力评估量表、工作生活质量量表等对员工体验进行评价和监控。近年来，学者持续针对员工体验开展研究，构建了员工体验指数(employee experience index)，从工作环境、文化氛围、职业发展、沟通机制、福利待遇、决策参与等维度对员工在组织中的经历和感受开展调研活动，其简化版本如表13-1所示。

表13-1　员工体验的测量问卷

①您对目前的工作空间和设施满意度如何？				
非常满意	满意	一般	不满意	非常不满意
②您对公司提供的办公设备满意吗？				
非常满意	满意	一般	不满意	非常不满意
③您是否了解并认同公司的核心价值观？				
完全了解且高度认同	大致了解且较为认同	知道但感觉与实际操作有差距	不太了解或不太认同	完全不了解或不认同
④公司在促进团队合作与沟通方面做得如何？				
非常好	较好	一般	较差	非常差
⑤您认为公司为您的个人职业成长提供了哪些支持？				
提供了丰富的发展机会和培训资源	提供了一定的发展机会和培训资源	提供的机会和培训资源有限	几乎没有提供相关支持	完全没有提供任何支持
⑥您对当前的绩效评价体系满意吗？				
非常满意	满意	一般	不满意	非常不满意
⑦您觉得领导层给予您的反馈频率和质量如何？				
频繁且富有建设性	偶尔提供有效反馈	较少提供反馈	提供的反馈很少或无实质内容	从未收到过有效反馈
⑧您对公司现有福利制度的满意度如何？				
非常满意	满意	一般	不满意	非常不满意
⑨您觉得公司在工作与生活的平衡方面的支持措施足够吗？				
非常充足	较为充足	一般	不够充足	完全不足
⑩您有机会参与影响您工作的决策吗？				
经常有机会	有时有机会	偶尔有机会	很少有机会	从没机会

本章小结

员工体验是员工在与企业接触和互动过程中所感受到的情感、认知、物理和文化层面的整体经历。它涵盖了从招聘到离职的全生命周期,包括工作环境、职业发展、薪酬福利、沟通协作等多个关键环节。员工体验管理的核心不仅关注任务的完成,还注重员工的归属感、成就感和发展机会。

员工体验的概念已从基础满意度逐步发展为系统化管理,并在数智时代实现了更高程度的精细化和个性化。通过云计算、大数据和人工智能等技术,企业可更有效地优化员工体验管理流程,增强员工与组织的互动质量和整体体验。

在实施员工体验管理的过程中,企业需要遵循系统化的关键流程,包括体验分析、设计规划、实施执行、数据评估和持续改进。其中,领导力与文化、工作环境与设施、沟通与参与是员工体验管理的核心实施要素,它们对员工的满意度、忠诚度及工作效率有着深远影响。

关键术语

员工体验　　　　员工生命周期　　　　员工满意度
员工敬业度　　　　员工体验管理

思考题

1. 什么是员工体验?员工体验的核心环节包括哪些内容?请结合招聘、日常工作、职业发展等场景进行说明。
2. 员工体验的演进历程是怎样的?从基础满意度到数智化管理,企业的关注点有哪些变化?
3. 员工体验管理的关键流程有哪些?这些流程如何帮助企业系统性地提升员工满意度和忠诚度?
4. 员工体验管理中,哪些核心触点对提升员工满意度和企业绩效最为重要?请结合招聘与入职、职业发展与学习、离职体验等方面进行讨论。
5. 数智技术(如大数据分析、云计算、人工智能等)如何应用于员工体验管理?

案例13-1

京东方人力资源共享服务中心打造极致员工体验

京东方科技集团作为全球领先的物联网技术、产品与服务提供商,致力于为信息交互和人类健康提供智慧端口产品和专业服务。在快速发展的过程中,京东方高度重视员工体验管理,积极通过数字化转型和人力资源共享服务中心的建设提升员工满意度和组织效能。

随着业务的快速扩展，京东方员工数量众多，分布地域广泛，文化差异显著，传统的人力资源管理模式难以满足员工多样化的需求，提升员工体验成为亟待解决的问题。为此，京东方于2018年底开始组建人力资源共享服务中心，旨在通过流程优化和数字化手段，提供专业、高效、精准的员工服务。

首先，京东方人力资源共享服务中心设立了华北、华东、华南、西南4个大区，采用集团统一交付和各地区独立交付相结合的方式，为全国各子公司提供服务。其中，薪酬福利、考勤、社保、合同管理等核心人事业务由集团统一交付，其他需要现场运营的业务由各地区独立交付。其次，为提升员工体验，京东方引入了数字化考勤管理系统，实现了60 000多名员工的劳动力业务统一规范化管理。通过线上智能考勤系统，管理者可以直观地了解部门考勤情况，将人力资源管理部门从繁重的事务性工作中解放出来，员工也能感受到管理的公平性和便捷性。最后，京东方人力资源共享服务中心基于客户导向理念优化流程，采用分层交付模型，提供专业化、一站式的人力资源管理服务。通过明确交付时限，快速、高效地解决员工问题，提升服务精准度和员工满意度。

在此基础上，京东方人力资源共享服务中心构建了全生命周期的体验提升服务。京东方人力资源共享服务中心为员工提供从入职、在职到离职的全生命周期服务。在入职阶段，办理入职手续、工卡、入职指南等；在职期间，提供考勤记录、社保缴纳、收入证明办理、请假、报销、医疗保险等服务；在离职阶段，确保离职手续的顺利办理。此外，京东方为规范员工培训与发展活动，设置了《员工手册》《培训管理制度》等，明确所有员工的培训项目和各发展阶段的专题培训。通过"京东方大学堂"数字化培训平台，员工可以随时随地进行课程学习，满足个人职业发展需求。最后，京东方通过人力资源共享服务中心提供多种业务在综合窗口一站式办理，解决员工各项疑问。通过人力资源共享服务中心转型，各岗位统一标准高要求，服务更精准；明确交付时限，快速、高效解决问题。

通过人力资源共享服务中心的建设和数字化转型，京东方在人力资源管理方面取得了显著成效：首先，提升了管理效率。考勤结账时间从原来的10个工作日缩短至1个工作日，帮助管理者及时决策。其次，增强员工满意度。线上化的考勤管理提高了员工的参与度，帮助员工实现自主管理，满意度和敬业度大幅提升。最后，优化组织效能。通过数据分析，京东方能够在组织内部进行横向对比，优化排班，提升生产效率。通过建设人力资源共享服务中心，京东方采用数字化手段，优化流程和服务模式，有效提升了员工体验，增强组织竞争力。

请根据案例材料分析并思考以下问题：

1. 京东方通过人力资源共享服务中心的建设和数字化平台的应用，解决了哪些员工体验管理中的痛点？这些措施在提升员工满意度和组织效能方面起到了怎样的作用？

2. 在京东方的员工体验管理实践中，领导力与文化、工作环境与设施、沟通与参与等要素如何得以体现？其具体机制是什么？

3. 京东方在员工体验管理中广泛运用了哪些数字技术？这些技术如何支持员工全生命周期的体验优化？企业在采用此类技术时需要注意哪些问题？

第十四章 弹性工作制

> **学习目标**
>
> (1) 理解弹性工作制的概念及类型，包括弹性工作时间、远程办公、压缩工作周、核心时间与弹性时间相结合等形式，并分析其特点与适用场景。
>
> (2) 掌握弹性工作制的演进历程和阶段性变化，理解信息技术与突发事件推动下弹性工作制的广泛应用及未来发展方向。
>
> (3) 掌握弹性工作制的实施流程与关键要素，包括政策目标制定、市场调研与内部讨论、方案设计与合规审查、试运行与制度公示、监督评估与持续改进等环节，理解技术支持、绩效评估、沟通机制等实施要素的重要性。

第一节 弹性工作制概述

一、弹性工作制的概念

互联网、云计算和移动通信技术的发展使得员工之间的远程协作成为可能，越来越多的企业开始尝试推进弹性工作制度(flexible work arrangement)。弹性工作制是一种灵活的工作模式，它允许员工在满足既定工作任务或固定工作时间要求的前提下，自主选择工作的具体时间、地点和方式。这种制度不拘泥于传统的早九晚五、固定的上下班时间以及办公室内办公，而是强调根据员工个人需求和工作效率来调整工作安排，最大限度地确保了员工工作的灵活性，帮助员工更好地平衡工作与生活。

二、弹性工作制的类型

通常而言，弹性工作制包含以下类型。

(1) 弹性工作时间。在确保工作量完成的基础上，允许员工在一定范围内自由选择工作开始和结束时间，而不是严格遵循传统早九晚五的工作时间安排。

(2) 核心时间与弹性时间相结合。遵守企业规定的每天或每周必须在岗的核心时间段安排，其余时间可由员工自由弹性安排。

(3) 远程办公(telecommuting)或居家办公(work from home)。远程办公允许员工灵活地选择工作地点，可以是居家，也可以是咖啡馆、共享办公空间等，而非一定在公司办公室办公。当员工选择将家庭住所作为办公场所时，就是居家办公。

(4) 压缩工作周。在确保工作时长的基础上增加每日工作时数但缩减每周总工作天数。举例而言，为确保每周40小时工作量的同时缩减周工作天数，可以每天保持10个小时的工作时数。

(5) 工作分享计划。在确保任务保质保量完成的基础上，团队或部门成员共享工作任务，更好地适应个体员工的生活安排。

三、弹性工作制的演变过程

弹性工作制的演变过程是一个逐步发展的过程，主要受到社会、经济、技术等要素的影响，大致可以分为以下4个阶段。

第一阶段：起源与早期实践(20世纪60—70年代)。弹性工作制源于20世纪60年代的德国。当时，因交通拥堵问题严峻，经济学家提出了一种新的工作时间安排策略来缓解上下班高峰期的交通压力，即通过实施灵活的工作时间表，让员工在一定范围内选择上下班时间，以避开高峰时段。随着工业化的推进，一些行业开始尝试开展轮班制度、弹性工作小时等实践，为员工提供不同的工作时间选择。

第二阶段：多元化发展与普及阶段(20世纪80—90年代)。在这一时期，弹性工作制度在欧美等发达国家和地区得到了稳定发展和持续推广。此时，除了灵活的工作时间安排，还出现了压缩工作周、分时工作、兼职工作，以及基于项目的阶段性工作等形式。这些工作安排与制度设置允许员工在满足工作要求的基础上更加自由地选择工作时间、地点和方式。

第三阶段：信息技术驱动的转变阶段(2000—2019年)。随着信息技术的飞速发展，特别是互联网的普及，为企业开展远程工作奠定了技术基础。21世纪后，随着互联网、移动通信技术、云计算和协作工具的快速发展，远程办公成为弹性工作制的一种重要形式。企业开始允许并鼓励员工在家或任何有网络连接的地方进行工作，极大地扩展了"办公室"的概念，使得员工可以在全球各地实现无缝协作，随时随地访问工作文件、进行在线协作和沟通，促使更多公司实行远程工作政策。

第四阶段：重大突发事件引发的普及阶段(2020年至今)。新冠肺炎疫情期间，众多企业被迫快速过渡到远程办公模式，使得弹性工作制迅速在全球范围内被广泛采纳和试验。后疫情时代，许多公司开始探索长期混合式办公模式，将现场办公与远程办公相结合。全球化趋势也加速了远程协作的需求，团队成员的全球式分布进一步加剧了企业对弹性工作制的需求。因此，越来越多的企业正式将弹性工作制纳入其人力资源政策中。

未来，弹性工作制将朝着更个性化、自主化和数字化方向发展，不限于时间、地点的灵活性，还包括工作任务分配、团队管理结构、绩效考核等方面的创新。

四、实施弹性工作制的意义

实施弹性工作制的意义如下。

(1) 帮助员工实现工作与生活的平衡。弹性工作有助于员工更好地协调职业和个人生活的需求，如照顾家庭、健康锻炼、继续教育等。

(2) 帮助企业吸引、保留人才。随着新一代劳动者对工作满意度及生活质量要求的提高，采用弹性工作制的企业能够吸引更多优秀人才并降低员工流失率。同时，允许远程工作和弹性工作的公司可以拓展人才池，吸引那些由于地理或家庭原因无法常规上班的优秀员工。

(3) 有助于提高员工满意度和工作效率。一方面，当员工可以按照自身时间节律安排工作与生活节奏时，往往具有更高水平的工作效率。另一方面，给予员工更多决策权和自主权，也有助于提高员工满意度和忠诚度。

(4) 节约成本并承担环境责任。弹性工作有助于减少通勤带来的交通拥堵、环境污染等问题，并节省了企业和员工的通勤成本。

综上所述，弹性工作制是现代社会和劳动力市场发展的产物，它的出现旨在回应员工对个性化、自主化工作方式的需求，并帮助企业在日益激烈的竞争中保持竞争优势。

第二节 弹性工作制的管理

一、弹性工作制的实施流程

弹性工作制对于企业和员工有重要价值与意义，企业想要尝试实施弹性工作制时，可遵循图14-1所示流程。

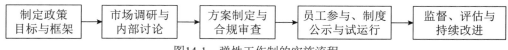

图14-1 弹性工作制的实施流程

第一，制定政策目标与框架。首先，企业应该通过业务需求、员工需求等现状分析业务的核心特点和运作模式，掌握员工工作时间、地点等需求，明确推行弹性工作制的主要目标(包括但不限于提高员工满意度、提升工作效率、吸引优秀人才、降低运营成本等)。其次，根据企业实际确定拟采用的弹性工作模式(如灵活上下班、远程办公、压缩工作周等)、拟适用的岗位范围、拟遵循的基本原则等，并以此明确时间管理规则、工作场所管理规定、沟通协调机制等具体操作规范。最后，确保符合所在国家、地区关于劳动法、隐私权、薪酬计算等的法律法规，并预设衡量弹性工作制成功实施的关键指标体系、规划检测周期等。

第二，市场调研与内部讨论。一方面，研究行业内成功实施弹性工作制的企业案例，了解其模式、策略与成效；搜集不同行业弹性工作制模式和政策，并分析其优缺点及应用场景；参考同行业或相关行业员工对弹性工作制的接受度、满意度与期望值数据。另一方面，开展管理层研讨会探索弹性工作制对企业战略目标、成本节约、人才吸引等方面的影响并达成共识；开展跨部门沟通会并邀请各部门负责人、关键岗位代表参与讨论，分析本部门或岗位实施弹性工作制的可行性与痛难点；人力资源管理部门针对薪酬、考勤、绩效等规章制度与硬件设施、软件工具、网络安全等IT资源支持进行调整并出台具体方案以适应弹性工作制要求；通过问卷调查、访谈、代表大会等方式听取员工对弹性工作制的看法、建议与顾虑。

第三，方案制定与合规审查。根据市场调研和内部讨论结果，进一步修订、完善弹性工作制的基本框架，明确灵活工时、远程办公、压缩工作周等模式的定义、适用范围及操作流程，并规范不同模式下的工作安排、场所规定、沟通机制、考核制度等详细规章制度。之后，邀请法律、劳务等相关专家和顾问进一步核对、审查方案初稿，针对所提出的潜在风险点进行改进与完善，修改或补充员工劳动合同中的相关条款，明确权利和义务关系等。如有必要，可向所在地劳动行政部门提交备案申请以确保符合地方性法律法规要求。

第四，员工参与、制度公示与试运行。首先，通过会议、培训研讨会、电子邮件等方式对实施的弹性工作制度进行充分传达以确保员工理解并有反馈机会；进一步收集员工对弹性工作制度的意见和建议，并据此进一步修正和完善具体制度与方案，及时向员工反馈。其次，编写《弹性工作制度管理办法》，应包括适用范围、工作模式、申请流程、考核标准、技术支持与保障措施等内容，并正式向全体员工公布；利用内部公告栏、公司网站、邮件系统、员工手册等途径进行制度公示，确保每一位员工都能获得完整信息。最后，选择部分部门、岗位等试行弹性工作制探索其可行性与有效性。

第五，监督、评估与持续改进。设立监督机制、跟踪制度实施情况并定期评估其对公司效益、员工满意度、团队协作等的影响，根据实际效果适时调整弹性工作制的方案。在此基础上，定期回顾并更新相关政策，以适应不断变化的工作环境与技术条件。

二、弹性工作制的要素

实施弹性工作制时，应重点关注以下要素以确保弹性工作制的顺利开展并获得最终效益。

(1) 明确的政策规定。企业应制定清晰、全面的弹性工作政策，包括不同类型的弹性工作模式(如灵活工时、远程办公等)的具体定义、适用范围、申请流程和审批标准。其中，要明确设定核心工作时间要求，确保团队有集中的沟通和协作时段。

(2) 必要的技术支撑体系。企业应确保员工具备高效工作的必要技术和工具支持，例如可靠的网络环境、安全的文件共享平台、即时通信工具及视频会议软件等。同时，对于远程办公，需要关注网络安全问题，提供必要的数据加密、身份验证等防护措施。

(3) 有效的沟通机制。企业应建立并维护有效的沟通渠道和规则，确保信息及时传递，团队成员能够保持良好的互动与协作。定期组织线上或线下的团队会议，以便同步工作进展、解决问题和增强团队凝聚力。

(4) 绩效评估与管理。企业应重新审视和调整绩效管理体系，使其适应弹性工作制的特点，例如以成果为标准而非以工作时间来衡量表现。同时，实施透明、公正的评价方法，保证员工的工作质量和效率不会因工作地点和时间的变化而受到影响。

(5) 员工培训与发展。为帮助员工成功过渡到弹性工作环境中，企业应提供时间管理、自我驱动和远程协作等方面的培训，并关注员工的心理健康，提供相应心理、情感、家庭支持，防止长时间独立工作导致的职业孤独感和压力。

(6) 合规性审查与保障。确保弹性工作制度符合当地劳动法规是顺利开展弹性工作制并获取制度收益的保障与前提。通过合规性审查能够最大限度地帮助企业避免法律风险。其中，应重点关注工时计算、加班补偿、休息休假等方面的规定。同时，企业应明确工作时间和成果的记录方式，确保员工的劳动权益得到保障。

(7) 企业文化建设。企业应自上至下地引导和支持企业文化的变革，塑造一种信任、自主和责任的文化氛围，让员工在享受弹性工作带来的好处的同时，也能保持高度的责任感和归属感。

本章小结

弹性工作制是一种灵活的工作模式，允许员工在完成工作任务的前提下，自主选择工作时间、地点和方式，包括弹性工作时间、核心时间与弹性时间结合、远程办公、压缩工作周以及工作分享计划等。

实施弹性工作制时，企业需要遵循科学的流程，包括制定政策目标与框架、市场调研与内部讨论、方案设计与合规审查、员工参与与制度公示、监督评估与持续改进等。同时，明确的政策规定、技术支持、有效的沟通机制、以成果为导向的绩效管理，以及合规性审查与企业文化建设是成功实施弹性工作制的核心要素。

关键术语

弹性工作制	弹性工作时间	远程办公
居家办公	压缩工作周	工作分享计划
核心时间与弹性时间相结合		混合办公模式

思考题

1. 什么是弹性工作制？包含哪些类型及各类型的适用场景与特点是什么？
2. 企业实施弹性工作制的价值与意义有哪些？分别从员工和企业两个层面进行分析。
3. 弹性工作制的实施流程包括哪些关键环节？结合企业实践，分析制定政策目标、员工参与、制度公示与试运行等对弹性工作制的重要性。
4. 实施弹性工作制的企业应重点关注哪些要素？如何通过明确政策规定、技术支撑体系和有效沟通机制，确保弹性工作制的顺利实施并实现预期效益？
5. 实施弹性工作制时，企业应如何处理与劳动法规相关的问题？请结合工时计算、加班补偿等合规性审查内容进行分析？

案例14-1

字节跳动的弹性工作制实践

字节跳动(ByteDance)成立于2012年，是一家全球领先的互联网科技公司，旗下拥有今日头条、抖音、TikTok等知名产品。随着全球业务的迅速扩展，字节跳动在多个国家和地区建立了办事处，员工总数已超过16万。随着业务的全球化和员工需求的多元化，公司逐步推行弹性工作制，包括弹性工作时间和远程办公等模式，旨在促进员工的工作与生活平衡，并提升企业的整体效率和竞争力。

字节跳动采用灵活的上下班时间制度，部分岗位实行"1075"工作制，即早上10点上班，晚上7点下班，每周工作5天。这种模式让员工可以根据个人的最佳工作状态安排工作时间，避免了传统朝九晚五的工作限制。在确保工作任务完成的前提下，员工能够更好地规划工作与生活。

为满足全球员工协作的需求，字节跳动开发并使用了自主研发的内部协作平台"飞书"(Lark)。该平台提供在线文档、视频会议、协同日历等功能，为远程办公提供了有力支持。特别是在2020年全球新冠肺炎疫情期间，公司迅速调整策略，允许员工在家办公，并提供必要的技术支持和设备保障，确保业务的连续性和员工的健康安全。

字节跳动强调开放和透明的企业文化，以弱化层级结构和加强信息共享为核心，鼓励员工自主决策并通过内部协作工具和公开的沟通渠道表达自己的观点。这种以信任和责任为导向的文化为弹性工作制的成功实施奠定了坚实基础。

弹性工作制使员工能够根据个人习惯和效率高峰期灵活安排工作，从而更高效地完成任务。同时，通过远程办公模式，公司减少了员工的通勤时间，进一步提升了整体效率。这种以员工需求为中心的工作安排极大地提升了员工的满意度和对公司的忠诚度。与此同时，借助飞书等协作工具，字节跳动实现了跨地域、跨时区的高效团队协作，满足了全球化业务对高效沟通的需求，同时支持了公司在国际市场的快速拓展。

请根据案例材料分析并思考以下问题：

1. 字节跳动如何通过开放、透明的企业文化来支持弹性工作制的有效实施？这种文化在员工的日常工作中有哪些体现?

2. 在远程办公模式下,字节跳动采用了哪些技术手段来优化团队协作和提升信息安全性?

3. 结合弹性工作制的特征,实施弹性工作制会给字节跳动带来哪些人力资源管理的挑战?应该如何应对?

第十五章
数据隐私与伦理管理

学习目标

(1) 理解数据隐私的基本概念和范围。了解数据隐私及其在企业管理中的重要性，明确数据隐私保护的核心特征和涵盖的范围，包括个人身份信息、金融记录、健康数据等的生命周期管理。

(2) 掌握数据在人力资源管理中的应用及相关隐私保护措施，掌握企业在人力资源管理过程中收集和处理员工数据的种类及其具体应用。了解企业在招聘、入职、绩效管理、薪酬等不同环节中的数据保护要求及合规实践。

(3) 熟悉相关法律法规与企业数据安全管理的实践。了解《中华人民共和国个人信息保护法》《中华人民共和国网络安全法》等重要法规对企业数据管理的要求，掌握技术手段(如加密技术、权限管理)和非技术手段(如培训、合规性审核)在企业数据安全管理中的具体应用。

(4) 掌握伦理管理的核心内容和决策流程。理解人力资源管理中伦理管理的基本原则及决策流程，学习如何识别伦理问题并制定符合伦理规范的决策。

(5) 知晓员工在数据隐私管理中的知情权、同意权、删除权等权益，探讨员工在数据安全和隐私保护中的角色与责任，构建企业内部由上至下的全员参与机制。

随着互联网、移动通信、物联网等技术的普及，个人的生活、工作、消费等行为日益数字化，大量数据被实时产生和收集。随着企业数智化转型的日益深化，大量员工的个人信息和工作行为数据被大规模处理和利用，这使得数据隐私保护问题日益凸显。为解决员工隐私保护问题并确保符合伦理规范，全球范围内对数据保护、隐私权的关注度不断提升，许多国家和地区纷纷出台严格的法律法规以保障公平的数据隐私权益，如欧盟出台的《通用数据保护条例》、我国出台的《中华人民共和国个人信息保护法》(以下简称《个人信息保护法》)等。同时，员工对自身隐私权利的认知亦在不断提升，越来越多的个体开始关注自身"数字足迹"的妥善保护，向企业提出隐私选择权的呼吁。因此，企业在使用员工数据的过程中，不仅需要遵循法律规定，还需要注意员工需求，主动承担社会责任和伦理道德责任，尽可能避免因过度收集、滥用或泄露员工数据而引发的信任危机、社会舆论谴责及潜在的法律诉讼。这也是在如今数据安全威胁加剧、网络犯罪活动频繁、数据泄露事件偶有发生的时代背景下，企业必须关注且尝试的关键实践。

第一节 数据隐私与伦理管理概述

一、数据隐私

(一) 数据隐私的定义

数据隐私(data privacy)指个人或组织拥有的信息,在未经其明确同意或缺乏合法依据的情况下,不应被他人无端收集、使用、披露或传播的敏感数据,其通常与个人身份、行为、属性、偏好等紧密相关,包括但不限于以下类型:

(1) 个人身份信息,如姓名、身份证号码、生物识别信息(指纹、面部特征等)、家庭住址、电子邮件地址和电话号码等;

(2) 金融记录,如银行账户信息、信用卡号、交易记录等;

(3) 医疗信息,如医疗记录、遗传信息、疾病情况、药物使用情况等;

(4) 位置信息,如GPS(global positioning system)定位数据、家庭住址、常去地点等;

(5) 社会网络信息,如社交媒体活动、帖子、好友列表、聊天记录等;

(6) 通信记录,如通话记录、短信内容、电子邮件内容、即时通信软件记录等。

(二) 数据隐私的关键特征

讨论数据隐私时,应该重点考虑以下关键特征。

第一,主体性。数据隐私应关联具有法律地位的自然人或法人,确保数据主体对其信息享有所有权和控制权。

第二,敏感性。信息涉及个人生活的核心领域,一旦泄露就可能对个人造成物质层面或精神层面的伤害。

第三,知情同意。数据主体应有权知晓自身信息是否被收集及哪些信息被收集,并在充分理解的基础上给予自愿同意。

第四,合法性。企业收集、处理和利用个人信息的任何行为都必须符合法律法规的要求,如不得违反数据最小化原则,只能出于特定、明确且合法的目的进行收集和使用。

第五,透明度。数据控制者应该公开其数据处理政策和实践,使数据主体能了解其信息如何被处理以及谁有权访问这些信息。

第六,保护措施。采取必要的技术和管理手段确保数据安全,防止未经授权的访问、篡改、泄露或丢失。

(三) 数据隐私的范围

数据隐私的范围涵盖了个人数据从产生、收集、存储、处理、使用到销毁整个生命周期内的保护措施和法律要求。数据隐私范围包括但不限于以下7个维度。

第一，个人数据收集。对个人信息的获取过程，要求信息收集者必须具有合法目的，并在收集前获取数据主体(即信息所有人)的同意或符合法律法规规定的其他合法依据。

第二，数据存储与安全。确保个人数据在存储期间的安全性，包括物理安全、网络安全及加密等技术手段的应用，防止未经授权访问、泄露、篡改或破坏数据。

第三，数据处理与使用。仅允许在事先告知并得到许可的情况下，按照约定目的进行数据处理和使用，不得超出原有授权范围。

第四，数据共享与转移。当个人数据需要被转移到第三方或在组织内部不同部门间共享时，必须遵循相关法规，保证数据接收方能够提供同等水平的数据保护。

第五，数据主体权利。应尊重数据主体的知情权、访问权、更正权、删除权、限制处理权、数据可携带权等。

第六，匿名化与去标识化处理。通过技术手段对个人数据进行处理以降低直接识别特定个体的可能性，从而在一定条件下降低隐私风险。

第七，合规与监管。企业应遵循国家和地区的数据隐私法律法规以确保其数据处理行为符合监管要求。

二、数据在人力资源管理中的应用

在人力资源管理中，不同类型的数据扮演着不同的角色，它们能够为决策制定提供依据，并有助于提升组织效能和员工满意度。不同类型的数据在人力资源管理中的表现形式及应用价值如表15-1所示。

表15-1　不同类型的数据在人力资源管理中的表现形式及应用价值

数据类型	表现形式	应用价值
个人身份与基本信息	包括员工姓名、身份证号、联系方式、家庭住址、紧急联系人信息等	建立员工档案的基础，用于识别员工身份、薪资发放、福利保障以及应对突发情况。在遵守相关隐私法律的前提下，企业需要确保此类数据的安全存储和合理使用
教育背景与职业资格	学历证明、专业资格证书、培训记录等	帮助企业了解员工的专业技能水平，为招聘、选拔、晋升、培训和发展计划提供依据，同时也关系到企业的合规性和资质要求
工作经历与业绩记录	以往的工作履历、绩效考核结果、项目参与记录、客户反馈等	通过分析员工的工作表现和业绩，企业可以评估员工的能力与潜力，为奖励、调薪、岗位调整、继任者规划等决策提供支持
薪酬与福利数据	基本工资、奖金、津贴、社保和公积金缴纳记录、股权激励方案等	用于计算薪酬、福利待遇、税收扣缴，也是构建公平薪酬体系、制定有竞争力的薪酬策略及保持员工满意度的关键因素

续表

数据类型	表现形式	应用价值
考勤与休假数据	打卡记录、请假条、加班时长、年假余额等	用于监控员工出勤情况,处理薪酬结算问题,维护员工权益,同时也是衡量工作效率、优化排班制度的重要参考
员工发展与培训数据	员工培训课程完成情况、能力评估报告、职业发展规划等	帮助组织发现员工的潜能和发展需求,制定个性化的职业成长路径,促进人才发展和留任
员工满意度等调查数据	员工满意度调查结果、员工离职面谈记录、内部沟通平台上的意见与建议等	反映员工对工作环境、领导风格、企业文化等方面的感受,是改进管理实践、提高员工忠诚度和降低流失率的重要线索
健康与安全数据	健康检查报告、工伤事故记录、心理健康状况等	确保员工享有安全、健康的劳动条件,及时预防和处理职业病和安全事故,体现企业社会责任

以上各类数据在确保人力资源管理科学化、精细化的同时,也凸显了保护数据隐私的重要性,企业必须在合法合规的基础上收集、管理和利用这些数据。

三、数据隐私与伦理管理的价值和意义

作为社会经济活动的能动主体,企业开展数据隐私与伦理管理除了对自身具有重要价值,还对员工和社会具有显著意义。

对企业而言,数据隐私与伦理管理确保企业合规经营与规避风险,维护自身品牌声誉与客户信任,增强内部管理和效率提升的同时,促进企业核心竞争力与创新能力的形成。第一,遵守数据保护法规是企业的法律义务。对我国企业而言,《中华人民共和国个人信息保护法》是企业必须遵守的法律法规。第二,维护品牌声誉与客户信任。数据安全事故会严重影响企业形象,良好的数据隐私实践有助于增强员工及客户对企业保护个人信息能力的信任,有助于提高利益相关者的忠诚度与认可度。第三,提升企业内部管理的效能。建立完善的数据管理体系有助于企业内部数据资源的合理利用和高效流转,减少不必要的信息泄露风险,保障业务流程的安全顺畅运行。第四,形成核心竞争力与创新能力。在遵守数据伦理的基础上创新数据使用方式,能够为企业提供合法合规的数据洞察,用于产品优化、市场定位和客户服务等方面,从而增强竞争优势。

对员工而言,数据隐私与伦理管理能保护员工权益,强化数据伦理意识。一方面,企业通过数据隐私政策,可确保员工个人信息和其他敏感数据得到妥善保管,尊重员工的隐私权和尊严,增强员工满意度和归属感。另一方面,通过提供关于数据隐私与伦理意识的相关培训,让员工了解并积极参与数据隐私保护工作,降低内部数据滥用的风险,提升全员数据素养,并形成积极的企业文化氛围。

对社会而言,数据隐私与伦理管理有助于形成社会公共利益与秩序,促进行业标准与规范的形成,并构建数智时代新人基石。企业作为社会公民,遵循数据伦理原则,有利于维护社会公平正义,遏制数据滥用带来的不正当竞争和不公平现象。重视数据隐私与伦理

管理，企业将推动行业间形成更严格的标准和最佳实践，促进整个行业的健康发展，并为政府制定相关政策提供实践经验。

综上，企业对数据隐私的尊重与保护将成为建立公众对数字经济信任的基础，在数智化转型加速推进的时代背景下对社会稳定和经济繁荣具有长远意义。

四、数据隐私与伦理管理的相关法律法规

鉴于数据隐私与伦理管理的重要性、价值，以及社会各界对其的重视程度日益加强，中国陆续出台了系列法律法规确保数据隐私与安全。其中，较为重要的法律法规包括《中华人民共和国个人信息保护法》《中华人民共和国网络安全法》《中华人民共和国民法典》《中华人民共和国电子商务法》《电信和互联网用户个人信息保护规定》《信息安全技术 个人信息安全规范》等。

《中华人民共和国个人信息保护法》正式生效于2021年11月1日，是我国首部针对个人信息保护的法律。其明确规定了个人信息的定义、收集、使用、处理和传输原则，以及个人信息主体的权利(如知情权、同意权等)，同时对个人信息安全保护义务、跨境提供个人信息的要求、法律责任等方面做出了详尽规定。

《中华人民共和国网络安全法》正式生效于2017年6月1日，涵盖了网络空间的安全维护、个人信息和重要数据保护等多个领域，要求网络运营者采取必要措施确保数据安全，防止个人信息泄露、篡改或丢失，并规定了相关违法行为的处罚标准。

《中华人民共和国民法典》生效于2021年1月1日，在人格权编中对隐私权和个人信息保护进行了规定，确认了自然人对其个人信息享有权益，任何组织或者个人需要获取他人个人信息的，应当依法取得并确保信息安全。

《中华人民共和国电子商务法》生效于2019年1月1日，规定了电子商务经营者在收集、使用用户个人信息时应当遵循的原则，以及保护消费者个人信息安全的责任。

《电信和互联网用户个人信息保护规定》实施于2013年9月1日，是针对电信业务经营者和互联网信息服务提供者收集、使用、保护用户个人信息的行为规范，明确了用户的权利及经营者的责任。

《信息安全技术 个人信息安全规范》实施于2018年5月1日。作为国家标准，该规范提供了个人信息收集、存储、使用、共享、转让、公开披露、删除等全生命周期过程中的安全防护指南。

除此之外，与人力资源管理中的员工数据隐私与伦理管理相关的法律法规还包括《中华人民共和国劳动合同法》《人力资源市场暂行条例》等。其中，《中华人民共和国劳动合同法》正式生效于2008年1月1日，虽未明确提及"隐私"二字，但其中关于劳动者个人信息保护的内容实质上涵盖了隐私权保护。例如，其明确规定，企业应妥善保管劳动者的个人信息档案，未经劳动者同意，不得随意公开或者向第三方提供。《人力资源市场暂行条例》正式实施于2018年10月1日，规定了人力资源服务机构在提供服务的过程中应当依法保护个人隐私和信息安全，不得泄露求职者和用人单位的商业秘密和个人信息。还有一

些涉及特定行业的相关规定，也存在专门针对员工隐私保护的相关法规和标准，如《商业银行信息科技风险管理指引》《医疗机构病历管理规定》等。

第二节　人力资源数据隐私安全与保护

一、员工数据收集与存储

企业在开展人力资源管理活动时，涉及多元员工信息。针对员工在企业中的生命周期，对不同阶段的数据类型与具体内容进行详细介绍。

在招聘阶段，人力资源管理部门涉及以下员工数据：①求职者个人信息，包括姓名、性别、出生日期、联系方式（电话、电子邮件）、家庭住址等基本资料。②教育背景，包括学历、毕业院校、专业、学位信息等。③工作经验，包括过往工作经历、职位、任职公司、离职原因、工作业绩和成就等。④技能资质，包括专业资格证书、语言能力、计算机技能以及其他特殊技能认证等。⑤求职意向，包括期望薪资、岗位目标、工作地点、可到岗时间等。⑥面试记录，包括面试官评价、评估分数、面谈内容摘要及推荐意见等。⑦参考核查，包括前雇主或推荐人的联系信息、背景调查结果等。

在入职阶段，人力资源管理部门涉及以下员工数据：①员工档案，包含正式签署的劳动合同、保密协议、竞业禁止协议等法律文件。②身份证明，包括身份证、护照或其他合法身份证明文件复印件。③银行账户信息，用于工资发放的银行账号及户名。④健康检查报告，确保符合工作岗位的身体条件要求。⑤税务信息，包括个人所得税申报表、税号等相关税务材料。⑥紧急联系人，为应对突发情况而收集的员工指定紧急联系人及其联系方式。

在绩效管理阶段，人力资源管理部门涉及以下员工数据：①绩效指标与标准，包括设定的关键绩效指标和其他量化的绩效衡量标准。②考核记录，包括定期或不定期的工作表现评价、项目完成情况、上级主管反馈、同事评价等。③培训与发展记录，包括参加过的内部或外部培训课程、学习成果、能力提升情况等。④360度反馈，即多维度评价，包括来自上下级、同级和自我评价的数据。⑤目标管理情况，包括制定并追踪的个人目标和组织目标达成情况。

在薪酬与福利管理阶段，人力资源管理部门涉及以下员工数据：①薪酬结构，包括基本工资、奖金、津贴、补贴等构成明细。②社会保险与公积金，包括企业及员工缴纳的社会保险金、住房公积金等数据。③福利计划参与，包括如股票期权、年金计划、医疗保险、员工食堂餐补等各类福利项目的参与情况和享受额度。④假期与缺勤记录，包括带薪年休假、病假、事假、婚假、产假等休假天数统计及余额。⑤激励与奖励，包括年终奖、长期服务奖、优秀员工奖等各种一次性或周期性奖励数据。

为了确保以上员工数据在收集和存储过程中符合法律法规与伦理规范，企业应遵循以下原则。

第一，合法正当原则。在收集员工数据前，企业应明确其收集目的、使用范围及保留期限，并确保这些活动符合国家法律法规。取得员工的明示同意是必不可少的步骤，通过签署告知书或合同条款等方式，让员工了解他们的信息将如何被使用以及他们拥有的权利(包括查看、更正、删除等)。

第二，最小必要原则。企业应遵循数据最小化原则，只收集完成人力资源管理所需最低限度的信息，避免不必要的数据积累。同时，对不同类型的数据进行分类，区分一般性信息和敏感性信息，例如健康状况、家庭背景、银行账户信息等高度敏感数据应当谨慎对待。

第三，透明性原则。企业应当公开数据处理政策和流程，让员工了解自身数据是如何被收集、收集到的具体内容及享受何种权利等(如访问、更正和删除个人信息的权利)。同时，维护详细的数据库访问记录，以便追踪和审计数据处理行为，一旦发生违规事件能够迅速定位问题源头。当企业政策或数据使用方式发生变化时，应及时通知员工并再次获取其同意。

第四，定期审查原则。一方面，企业应该定期对所收集与存储的数据进行审查、清理，对不再需要的数据应及时销毁，遵守数据生命周期管理的原则。另一方面，企业应定期进行数据保护系统的安全性评估和审计，及时发现潜在风险并采取补救措施。

第五，安全与加密原则。一方面，在存储和传输时应采用加密算法对敏感数据进行加密，保证即使数据意外泄露，也无法直接识别个人身份或敏感内容。另一方面，要实行严格的权限管理制度，不同级别的员工只能访问与其工作职责相关且必要的信息，防止内部人员滥用或误用数据。同时，应该进行数据脱敏，在不影响分析的前提下，对部分非实时使用的信息进行脱敏处理，如匿名化或伪名化等。

第六，事前预防原则。企业应该制定完善的隐私政策与规程，明确内部员工隐私管理与保护的具体规章制度，包括但不限于数据采集、使用、共享、存储和销毁等环节的具体操作指南。同时，要提前预设数据泄露或其他信息安全事件的应急响应机制，包括报告流程、调查方法和对外沟通策略等。

综上所述，企业在招聘、入职、绩效管理、薪酬等环节均涉及多项员工数据的收集、分析与处理。为确保这些数据的安全性且符合所在区域的隐私保护与安全政策法规，企业应遵循以上原则在制度方面、技术方面和人员方面构建完善的人力资源数据隐私保护体系，从而确保在整个人力资源职能实践过程中，员工数据始终处在安全、可控的范围之内。

二、数据安全与防护措施

收集和存储员工信息后，企业可以采用技术手段和非技术手段确保数据安全并做好防护措施。其中，技术手段包括访问控制与权限管理、加密技术应用、防火墙与入侵检测系统、数据脱敏处理、备份与灾难恢复计划等；非技术手段包括政策制定、人员培训、第三方风险管理、合规性审核、授权与同意机制。

(1) 访问控制与权限管理，通过身份认证系统和技术实施精细化的权限分配，限制员工数据访问权限。

(2) 加密技术应用，对传输中的数据采用SSL/TLS等加密协议，对存储的数据进行数据库加密或文件加密处理。

(3) 防火墙与入侵检测系统，部署网络防火墙防止非法入侵，并使用入侵检测系统实时监控潜在威胁。

(4) 数据脱敏处理，运用数据脱敏技术对敏感信息进行匿名化或去标识化处理。

(5) 备份与灾难恢复计划，利用备份软件定期备份数据至安全位置，并设计一套可靠的灾难恢复方案。

(6) 政策制定，制定并遵循合规的数据收集政策，确保数据收集过程合理且透明；建立企业内部数据保护政策，确保数据安全与防护举措被全体员工了解。

(7) 人员培训，定期组织数据安全与防护培训活动，切实提高员工的数据安全意识和合规操作能力。

(8) 第三方风险管理，通过合同约束第三方服务提供商的数据处理行为，要求其同样遵守数据隐私和安全法规。

(9) 合规性审核，设立专门团队负责监测法律法规动态，执行合规性审查，确保公司活动始终符合相关法律规范。

(10) 授权与同意机制，在收集员工数据前，明确告知并获取员工对其个人信息被收集和使用的明示同意。

企业不仅应采用技术手段和非技术手段确保数据安全，还应该遵循以下流程制定应急预案和响应机制等以预防潜在的数据泄露。

第一，风险评估与识别。对内部系统、网络环境、数据存储方式进行全面的风险评估，确定可能的威胁来源和攻击路径。定期审计信息系统的安全状况，识别出敏感数据的存储位置和访问途径。

第二，建立数据分类与保护策略。根据数据敏感度进行分类，如个人隐私信息、商业秘密、财务数据等，并根据类别制定不同的保护措施。

第三，制定应急预案及建立应急响应团队。制定详尽的数据泄露应急响应预案，包括发现阶段的快速识别、报告流程以及初步控制措施。设计紧急联络清单，明确在发生数据泄露事件时需要通知的内部团队成员、外部专家和监管机构。组建专门的数据泄露应急响应小组，由IT安全专家、法务人员、公关部门以及高层管理人员组成，确保各方能够迅速协作应对。

第四，设置监测与告警机制，并明确应急操作流程。部署入侵检测系统、日志管理系统和实时监控工具，以便及时发现异常活动或潜在的数据泄露迹象。设置触发告警阈值，当检测到可能的数据泄露行为时立即发出警报。明确详细的应急处理流程，包括隔离受影响系统以防止进一步扩散、启动备份恢复计划、对泄露数据进行取证分析等。制定数据泄露后的修复策略，包括数据恢复、系统加固及漏洞修复等。

第五，演练、改进与完善。定期组织数据泄露应急演练，检验预案的有效性和执行效率，通过实际操作来不断优化和完善预案。演练后进行复盘分析，找出存在的问题和不足，更新并完善应急预案及其实施流程。

此外，一方面应注重合法合规性，要遵循法律法规要求采取数据安全和防护举措；另一方面应通过培训活动提升全体员工的数据安全意识，确保其知晓数据泄露的危害，了解预防及危害发生时应采取的必要行动等。通过以上全面的规划与部署，企业能够在数据泄露事件发生时快速响应，最大限度地减少损失，保护企业和客户利益。

除了遵循以上流程，企业还可以采取以下举措加强数据安全与防护。

首先，定期审查与迭代升级。①定期进行内部与外部的安全审查以发现潜在的风险与漏洞。②使用自动化工具进行系统漏洞扫描，及时发现并修复操作系统、应用程序和服务中的安全弱点。③保持所有系统的软件和应用处于最新版本状态，定期安装最新的安全补丁，防止利用已知漏洞的攻击。

其次，数据生命周期管理。①根据数据的重要性及敏感度，制定明确的数据保留期限，并在达到期限后销毁不必要的数据，减少存储风险。②将安全性融入整个软件开发生命周期，实现持续集成/持续部署过程中的安全测试和代码审查。③实施网络安全分区策略，将不同安全等级的数据隔离开来，限制非必要的跨区访问。同时，在关键业务区域采用隔离技术，保护核心信息资产不受外界直接攻击。④对第三方服务提供商进行全面的安全审查，确保其符合公司的安全标准和法规要求。在合同中明确规定供应商对数据安全的责任和义务，并对其执行情况进行定期检查。⑤制订详细的灾难恢复计划，以便发生重大事件后快速恢复数据和业务运作。同时，设计业务连续性计划，保证即使在极端情况下也能维持关键业务功能的运行。

最后，技术与人员支持。一方面，对于使用移动设备或远程访问公司资源的员工，实施严格的设备管理和访问控制政策，如强制加密、禁止越狱设备等。使用虚拟专用网络确保远程连接时的数据传输安全。另一方面，当员工离职时，立即撤销其对公司资源的所有访问权限，包括电子邮件、文件共享和其他信息系统。清理离职员工的个人账户和相关数据，确保不会因为人员流动导致数据泄露。

三、员工权益与全环节参与

在数据安全与防护过程中，应确保作为企业内部能动主体的员工全员参与。只有员工从意识层面到行动层面上注重数据安全与防护，方可确保企业内部由上至下"全副武装"。

对员工而言，应该意识到对自身数据具有以下权利：①知情权。员工有权知道个人数据何时被收集、由谁收集、为何目的而收集，以及如何被处理和存储。企业应明确告知员工数据处理的范围、目的和方式。②同意权。员工享有对个人信息处理的决定权，企业需要在收集、使用或披露员工个人信息前取得员工的明确同意，并确保员工了解并理解相关用途。③访问权。员工有权查看自己提供的个人数据内容，要求企业提供个人信息副本。④更正权。如果员工发现公司存储的个人信息有误,有权要求企业进行修正。⑤删除权。删除权又称"被遗忘权",指在某些情况下员工可以请求企业删除与其相关的不再需要或者不再合法使用的个人数据。⑥限制处理权。员工有权要求企业在特定情形下暂停对其个人信息的进一步处理。⑦数据可携带权。员工有权获取自己的信息,并将其转移至其他服务提供者(如果适用的话)。⑧反对权。对于特定类型的个人信息处理活动,员工拥有表达反对的权利,如针对用于直接营销的目的。⑨隐私保护权。员工有权要求企业采取适当的技术和组织措施来保护其个人信息的安全,防止未经授权的访问、修改、泄露或丢失。

充分了解自身在数据隐私方面的权益后,员工能够更好地确保个人信息得到合理、合法的保护。同时,员工还应积极、主动地参与数据安全和防护的全部过程,主要涉及以下细节:①遵循公司数据安全政策和规定。员工应熟悉并严格遵守公司的数据保护政策、网络安全政策以及信息安全指南,确保所有数据处理行为合法合规。②密码管理。要求员工尽可能地使用强密码(8字符以上,包括多种字符类型,具有随机性和唯一性,且难以被预测的密码),并定期更改密码。避免使用容易被猜解的个人信息作为密码,提倡启用双因素或多因素认证。③敏感信息处理。一方面,要求员工不要随意分享或传播含有个人隐私、商业秘密或其他敏感信息的数据文件。另一方面,要求员工在传输敏感信息时,使用加密通信渠道(如企业级邮箱、内部加密消息系统)。④电子邮件安全。一方面,告诫员工不点击来源不明的邮件链接和附件,警惕钓鱼邮件和社会工程攻击。另一方面,要求员工避免通过电子邮件发送包含敏感信息的内容,除非已采取加密措施。⑤设备与软件安全。对于台式计算机及固定设备等,要集体保持操作系统和应用程序的最新更新,安装防病毒软件并定期扫描。对于移动设备,要求员工设置屏幕锁定密码,安装企业提供的安全管理应用,及时报告丢失或被盗情况。⑥网络行为规范。告知员工尽量不在公共网络环境下处理重要工作事务,尽量不访问非官方或未经验证的网站。使用公司指定的网络资源和服务,不在办公设备上进行私人浏览或下载非业务相关资料。⑦离岗操作。离开办公位置时,务必锁屏或关闭计算机,确保无人能接触到未受保护的工作界面。对于纸质文档,同样需要妥善保管,不得随意丢弃含有敏感信息的纸张。如需要废弃,尽量使用碎纸机处理后丢弃。⑧离职交接。员工离职前应按照公司流程办理工作交接,确保涉及敏感信息的所有账户权限得到撤销,且存储在自己设备上的工作资料被安全删除或归还给公司。

第三节 伦理管理实践与决策支持

一、伦理管理的原则

对于人力资源管理部门而言,在开展伦理管理时应遵循以下原则。

(1) 公平与公正原则。人力资源管理部门应该确保招聘、晋升、薪酬、考核等各环节的公平性，不因性别、种族、年龄、宗教信仰等因素歧视任何员工。

(2) 尊重个人隐私原则。人力资源管理部门在开展各项职能活动时应该妥善保管员工个人信息，仅在法律允许或必要业务范围内使用或披露员工信息。

(3) 透明沟通原则。人力资源管理部门应该通过内部公告栏、协同办公网等渠道公开企业各类管理政策、程序和决定，让员工了解并理解影响企业的决策依据。

(4) 参与管理原则。人力资源管理部门应通过政策制定、程序设置等方式从制度层面鼓励员工参与企业民主管理，尊重员工的意见和建议，保障其合法权益。

(5) 道德责任原则。人力资源管理部门应该通过培训活动树立管理者承担组织文化的责任与意识，并积极监控所有可能涉及伦理问题的行为。

二、伦理决策流程

为确保企业各项人力资源管理活动符合伦理规范，企业在做出相关伦理决策时，应该遵循图15-1所示流程。

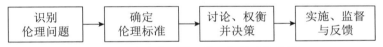

图15-1　人力资源管理伦理规范决策流程

首先，识别伦理问题。明确意识到某个决策或行为可能引发的伦理困境，如是否侵犯了员工权益、是否违反行业规范或公司政策。同时，详细调查事件背景，包括各方利益关系、潜在风险，以及相关的伦理准则和法律法规。

其次，确定伦理标准。对照职业道德守则、行业规定及法律法规进行分析，明确应该遵循哪些具体的原则。就伦理难题寻求内部或外部专家意见，举行必要的团队会议或伦理委员会审查。全面考量不同解决方案对各方的影响，包括长期的企业声誉、员工士气和社会责任等方面。

再次，讨论、权衡并决策。基于上述步骤，选择最符合伦理要求且对企业长远利益有益的决策方案。

最后，实施、监督与反馈。执行决策，并设立相应的监督机制，确保决策在实际操作中得以遵守和贯彻。定期回顾伦理决策的效果，根据实际情况适时调整相关政策和做法。

三、关键实践活动

人力资源管理部门为了确保企业各项人力资源管理活动符合伦理要求，应该注重开展以下关键活动。一是制定清晰、明确的人力资源政策，要确保政策上对伦理问题做出清晰的界定。例如，要清楚地规定防止歧视、保护隐私、反腐败等。二是针对伦理问题为员工提供培训与教育，增强全体员工的道德意识和伦理决策能力。三是建立伦理申诉机制，让员工有能力、有动机和有机会安全地报告伦理违规行为，及时处理投诉和争议。四是领导层要起到表率作用，以身作则地体现良好的伦理行为，塑造积极的企业文化。

本章小结

数据隐私与伦理管理是数智时代企业管理不可或缺的重要组成部分。数智时代，企业在收集、存储和利用员工数据的过程中，需要充分考虑数据隐私的保护和伦理责任。数据隐私涵盖了从个人身份信息到健康记录、金融数据等多个维度，其保护贯穿数据生命周期的各个阶段，包括数据的收集、存储、处理、共享及销毁。

在人力资源管理中，数据为企业决策提供了科学依据，从招聘入职到绩效管理、薪酬福利等环节，数据的有效利用能够提升管理效率和员工满意度。然而，这也对企业提出了更高的要求，即必须在合法合规的基础上采取技术和非技术措施保障数据安全。企业需要通过权限管理、加密技术、定期审查等手段预防数据泄露，同时加强员工隐私权的保护与数据伦理意识的提升。

企业可通过严格遵守《中华人民共和国个人信息保护法》《中华人民共和国网络安全法》等法律法规，制定清晰的隐私政策和伦理规范，推行全员参与的管理机制，并在促进数据安全的同时构建积极的企业文化。

关键术语

数据隐私	数据生命周期	敏感信息
数据脱敏	权限管理	伦理管理
数据主体权利	伦理决策流程	数据泄露
合规性审查		

思考题

1. 在人力资源管理中，企业如何平衡员工数据隐私保护与数据高效利用之间的关系？请结合数据最小化原则进行分析。

2. 企业在人力资源数据隐私与伦理管理中，如何确保在招聘、绩效考核、薪酬管理等环节的数据合法性和透明性？试举例说明。

3. 在防范员工数据泄露方面，企业可以采取哪些技术手段和管理措施？请结合案例或实际场景进行说明。

4. 员工在数据隐私保护方面享有哪些权利？企业应如何设计政策与流程以确保员工的

知情权和同意权？

5. 当企业的人力资源管理面临数据隐私伦理难题时，如何通过伦理决策流程解决问题，并同时维护企业利益和员工权益？

6. 数据隐私保护对企业社会责任的实现有哪些意义？试从社会信任、行业规范和公众利益的角度分析。

7. 企业在面对数据泄露事件时，应如何制定和执行应急响应机制，以最大限度地降低对员工和企业的影响？

案例15-1

京东的员工数据隐私与伦理管理实践

作为中国领先的电子商务企业，京东集团每天都要处理大量用户和员工数据，包括消费者购买记录、供应链数据，以及内部员工的身份信息、绩效记录和薪酬福利等。面对日益严格的隐私法规（如《中华人民共和国个人信息保护法》）以及社会对数据安全和伦理管理的关注，京东致力于构建完善的员工数据隐私与伦理管理体系，为员工提供安全、透明的数据保护环境。

在企业快速发展的同时，京东意识到，只有尊重和保护员工的数据隐私，才能增强员工的信任和归属感，从而提升整体组织效能。基于此，京东逐步建立了一套系统化的数据隐私与伦理管理机制。

京东在数据隐私管理过程中首先建立了完善的政策框架，制定了覆盖员工数据全生命周期的《员工数据保护管理规定》。该规定明确了以下关键内容：一是数据收集透明性。企业需要在收集员工数据前告知其数据用途、处理方式以及保存时限。例如，在招聘阶段，京东会通过入职协议明确说明所需收集的个人信息及其用途，如学历信息用于资格审查，银行账户信息用于工资发放。二是最小化数据收集。仅收集与业务需求直接相关的数据，避免不必要的信息存储。例如，京东在绩效管理中，仅对员工的工作成果和目标完成情况进行评估，而不涉及与工作无关的个人行为数据。此外，京东通过内部规章制度，确保所有数据处理行为都符合《中华人民共和国个人信息保护法》《中华人民共和国劳动合同法》等法律法规的要求。

为保障员工数据安全，京东在技术层面采取了多重防护措施：一是数据加密与权限管理。所有员工数据均采用加密存储技术，同时实施分级权限管理。只有相关部门的授权人员能够访问特定类别的数据，例如，薪酬数据仅供人力资源部门和财务部门查阅。二是实时监控与异常检测。京东部署了先进的数据监控系统，能够实时检测异常行为，如未经授权的访问或数据导出。同时，系统会自动生成日志，确保数据使用可追溯。三是数据脱敏与匿名化处理。进行数据分析时，京东会对涉及员工隐私的信息进行去标识化处理，确保数据即使泄露也无法被直接关联到个人。

京东高度重视员工在数据隐私管理中的知情权和参与权。通过多种方式，确保员工能够充分了解其数据的使用情况并行使相关权利。比如，公司通过员工手册、内部培训和电子公告等途径，详细解释数据隐私政策，并明确员工享有的权利，如数据访问权、更正权和删除权。同时，京东上线了员工数据自助管理平台，员工可以随时查看其存档信息，提交修改申请或删除特定数据的请求。例如，员工离职后可以选择是否删除个人的工作记录。

最后，京东设立了专门的数据隐私合规团队，定期对企业内部的数据处理行为进行审计，并发布《数据隐私合规年度报告》，总结数据隐私保护实践中的成效与不足。此外，公司每季度为员工组织数据伦理培训，重点讲解日常工作数据安全保护、敏感信息的正确处理方式、避免数据泄露的注意事项等内容。

通过以上实践，京东的员工数据隐私管理取得了显著成效。透明的隐私政策和参与机制显著提升了员工的满意度和信任感。内部调查显示，85%的员工认为京东的数据隐私管理体系保护了他们的合法权益。数据隐私保护实践也帮助京东获得了行业和公众的认可，被评为"2023年度数据安全最佳实践企业"。

请根据案例材料分析并思考以下问题：

1. 京东在员工数据隐私保护过程中如何实现透明性与参与性？这些措施如何影响员工的信任感和组织效能？

2. 京东在应对国际化数据隐私合规挑战时，可采取哪些策略以满足不同地区的法律要求？

3. 在数据隐私与商业价值的平衡中，京东如何通过伦理管理确保数据使用的合法性和合理性？

参考文献

[1] Duggan J, Sherman U, Carbery R, et al. Algorithmic management and app-work in the gig economy: A research agenda for employment relations and HRM[J]. Human Resource Management Journal, 2020, 30(1): 114-132.

[2] Guest D E. Human resource management and performance: still searching for some answers[J]. Human resource management journal, 2011, 21(1): 3-13.

[3] Jackson S E, Schuler R S, Jiang K. An aspirational framework for strategic human resource management[J]. Academy of Management Annals, 2014, 8(1): 1-56.

[4] Jiang K, Lepak D P, Hu J, et al. How does human resource management influence organizational outcomes? A meta - analytic investigation of mediating mechanisms[J]. Academy of management Journal, 2012, 55(6): 1264-1294.

[5] Lengnick - Hall C A, Beck T E, Lengnick-Hall M L. Developing a capacity for organizational resilience through strategic human resource management[J]. Human resource management review, 2011, 21(3): 243-255.

[6] Lu Y, Zhang M M, Yang M M, et al. Sustainable human resource management practices, employee resilience, and employee outcomes: Toward common good values[J]. Human Resource Management, 2023, 62(3): 331-353.

[7] Margherita A. Human resources analytics: A systematization of research topics and directions for future research[J]. Human Resource Management Review, 2022, 32(2): 100-107.

[8] Wright P M, McMahan G C. Exploring human capital: putting 'human' back into strategic human resource management[J]. Human resource management journal, 2011, 21(2): 93-104.

[9] Zhang J, Chen Z. Exploring human resource management digital transformation in the digital age[J]. Journal of the Knowledge Economy, 2024, 15(1): 1482 - 1498.

[10] 阿吉斯. 绩效管理[M]. 3版. 刘昕，柴茂昌，孙瑶，译. 北京：中国人民大学出版社，2013.

[11] 程德俊，赵曙明，唐翌. 企业信息结构、人力资本专用性与人力资源管理模式的选择[J]. 中国工业经济，2004(1)：63-69.

[12] 程德俊，赵曙明. 资源基础理论视角下的战略人力资源管理[J]. 科研管理，2004(5)：52-59.

[13] 德鲁克. 管理的实践[M]. 齐若兰，译. 北京：机械工业出版社，2018.

[14] 德斯勒. 人力资源管理[M]. 14版. 刘昕，译. 北京：中国人民大学出版社，2017.

[15] 董克用，李超平. 人力资源管理概论[M]. 5版. 北京：中国人民大学出版社，2019.

[16] 付亚和，许玉林. 绩效管理[M]. 4版. 上海：复旦大学出版社，2021.

[17] 蒋春燕，赵曙明. 人力资源管理实践与组织绩效的相关分析[J]. 经济管理，2005(4)：72-79.

[18] 蒋春燕，赵曙明. 知识型员工流动的特点、原因与对策[J]. 中国软科学，2001(2)：86-89.

[19] 蒋建武，赵曙明. 心理资本与战略人力资源管理[J]. 经济管理，2007(9)：55-58.

[20] 康纳狄，查兰. 人才管理大师[M]. 刘勇军，朱洁，译. 北京：机械工业出版社，2016.

[21] 莱克，梅尔. 丰田人才精益模式[M]. 钱峰，译. 北京：机械工业出版社，2016.

[22] 李安，萧鸣政. 战略人力资源管理及其职能[J]. 宏观经济研究，2004(2)：27-29.

[23] 李延喜，包世泽，高锐，等. 薪酬激励、董事会监管与上市公司盈余管理[J]. 南开管理评论，2007(6)：55-61.

[24] 李原，郭德俊. 组织中的心理契约[J]. 心理科学进展，2002(1)：83-90.

[25] 刘洪，赵曙明. 企业的发展演化与人力资源管理[J]. 南开管理评论，2002(2)：30-34.

[26] 刘洪波. 人力资源数字化转型：策略、方法、实践[M]. 北京：清华大学出版社，2022.

[27] 刘善仕，周巧笑，黄同圳，等. 企业战略、人力资源管理系统与企业绩效的关系研究[J]. 中国管理科学，2008(3)：181-192.

[28] 刘昕. 薪酬管理[M]. 5版. 北京：中国人民大学出版社，2017.

[29] 刘颖. 传统人力资源管理到战略人力资源管理的职能转变[J]. 上海管理科学，2003(5)：57-58+56.

[30] 马海刚，彭剑锋，西楠. HR+三支柱[M]. 北京：中国人民大学出版社，2017.

[31] 穆胜. 人力资源效能[M]. 北京：机械工业出版社，2021.

[32] 诺伊，霍伦贝克，格哈特，等. 人力资源管理：赢得竞争优势[M]. 9版. 刘昕，柴茂昌，译. 北京：中国人民大学出版社，2018.

[33] 彭剑锋. 人力资源管理概论[M]. 3版. 上海：复旦大学出版社，2018.

[34] 彭剑锋. 战略性人力资源管理[J]. 企业管理，2003(10)：93-96.

[35] 人力资源管理编写组. 人力资源管理[M]. 北京：高等教育出版社，2023.

[36] 苏中兴. 合作型人力资源管理与企业核心竞争力[M]. 北京：中国人民大学出版社，2016.

[37] 苏中兴. 中国情境下人力资源管理与企业绩效的中介机制研究——激励员工的角色外行为还是规范员工的角色内行为?[J]. 管理评论，2010，22(8)：76-83.

[38] 苏中兴. 重新审视资源基础理论——以人力资源为例[J]. 经济管理，2009，31(7)：182-186.

[39] 苏中兴. 转型期中国企业的高绩效人力资源管理系统：一个本土化的实证研究[J]. 南开管理评论，2010，13(4)：99-108.

[40] 韦斯特. 人力数据分析：运用数据思维，创造最佳绩效[M]. 吴鑫，艾亦菲，译. 北京：电子工业出版社，2022.

[41] 伍晓奕，汪纯孝，谢礼珊. 薪酬管理公平性对员工薪酬满意感的影响[J]. 外国经济与管理，2006(2)：7-14.

[42] 习近平. 高举中国特色社会主义伟大旗帜 为全面建设社会主义现代化国家而团结奋斗——在中国共产党第二十次全国代表大会上的报告[R]. 北京：人民出版社，2022.

[43] 习近平. 加快从要素驱动、投资规模驱动发展为主向以创新驱动发展为主的转变[R]//习近平谈治国理政：第1卷. 北京：外文出版社，2018.

[44] 习近平. 决胜全面建成小康社会，夺取新时代中国特色社会主义伟大胜利[R]//习近平谈治国理政：第3卷. 北京：外文出版社，2020.

[45] 习近平. 始终把人民放在心中最高位置[R]//习近平谈治国理政：第3卷. 北京：外文出版社，2020.

[46] 萧鸣政. 工作分析的方法与技术[M]. 5版. 北京：中国人民大学出版社，2018.

[47] 谢小云，左玉涵，胡琼晶. 数字化时代的人力资源管理：基于人与技术交互的视角[J]. 管理世界，2021，37(1)：200-216+13.

[48] 徐刚. 人力资源数字化转型行动指南[M]. 北京：机械工业出版社，2020.

[49] 许玉林，王剑. 战略构建与制度体系：组织与人力资源管理全景视角[M]. 北京：清华大学出版社，2023.

[50] 张一弛，李书玲. 高绩效人力资源管理与企业绩效：战略实施能力的中介作用[J]. 管理世界，2008(4)：107-114+139.

[51] 张正堂，李欣. 高层管理团队核心成员薪酬差距与企业绩效的关系[J]. 经济管理，2007(2)：16-25.

[52] 张正堂，刘宁. 战略性人力资源管理及其理论基础[J]. 财经问题研究，2005(1)：75-81.

[53] 张正堂. 高层管理团队协作需要、薪酬差距和企业绩效：竞赛理论的视角[J]. 南开管理评论，2007(2)：4-11.

[54] 赵曙明，杜娟. 基于胜任力模型的人力资源管理研究[J]. 经济管理，2007(6)：16-22.

[55] 赵曙明，翟俊生，覃友茂，等. 国有企业人力资源管理战略研究[J]. 管理世界，1998(3)：19-201.

[56] 赵曙明，张敏，赵宜萱. 人力资源管理百年：演变与发展[J]. 外国经济与管理，2019，41(12)：50-73.

[57] 赵曙明，张正堂，程德俊. 人力资源管理与开发[M]. 2版. 北京：高等教育出版社，2018.

[58] 赵曙明. 人力资源管理理论研究现状分析[J]. 外国经济与管理，2005(1)：15-20+26.

[59] 赵曙明. 人力资源管理理论研究新进展评析与未来展望[J]. 外国经济与管理，2011，33(1)：1-10.

[60] 赵曙明. 人力资源管理研究[M]. 北京：中国人民大学出版社，2001.